The Holt, Rinehart and Winston Accuracy Commitment: From Manuscript to Bound Book

As a leading textbook publisher in foreign languages since 1866, Holt, Rinehart and Winston recognizes the importance of accuracy in foreign language textbooks. In an effort to produce the most accurate introductory foreign language program available we have added two new stages to the development of the second edition of *Ciao!,* Fourth Edition – **double proofing** in production and a **final accuracy check** by experienced teachers.

The outline below shows the unprecedented steps we have taken to ensure accuracy:

Author	Writes and proofs first draft.
1st Round of Reviews	Review of first draft manuscript. Independent reviewers check for clarity of text organization, pedagogy, content, and proper use of language.
Author	Makes corrections/changes.
2nd Round of Reviews	Review of second draft manuscript. Independent reviewers again check for clarity of text organization, pedagogy, content, and proper use of language.
Author	Prepares text for production.
Production	Copyediting and proofreading. The project is **double-proofed** – at the galley proof stage and again at the page proof stage.
Final Accuracy Check	The entire work is read one last time by experienced instructors, this time to check for accurate use of language in text, examples, and exercises. The material is read word for word again and all exercises are worked to ensure the most accurate language program possible. The accompanying workbook/lab manual, tapescript, and video are proofed simultaneously.
Final Textbook	Published with final corrections.

Holt, Rinehart and Winston would like to acknowledge the following instructors who, along with others, participated in the final accuracy check for *Ciao!,* Fourth Edition: Wiley Feinstein, Loyola University of Chicago; Mark Friguglietti, Pennsylvania State University; Giuseppe Leporace, University of Washington; Luca Mazzotti, University of Pennsylvania; Tom Peterson, University of Georgia; Concetina Pizzuti, Northwestern University.

EUROPA
(Carta Politica)

SCALA DI CHILOMETRI

0   100   200   400   600

SCALA DI MIGLIA

0   50   100   200   300

FINLANDIA

SVEZIA

MARE
BALTICO

LETTONIA

LITUANIA

RUSSIA

Stoccolma

NORVEGIA

Oslo

DANIMARCA

Copenhagen

MARE
DEL
NORD

OCEANO

ATLANTICO

ISLANDA

Reykjavik

GRAN

IRLANDA

Dublino

20°

10°

0°

10°

20°

30°

60°

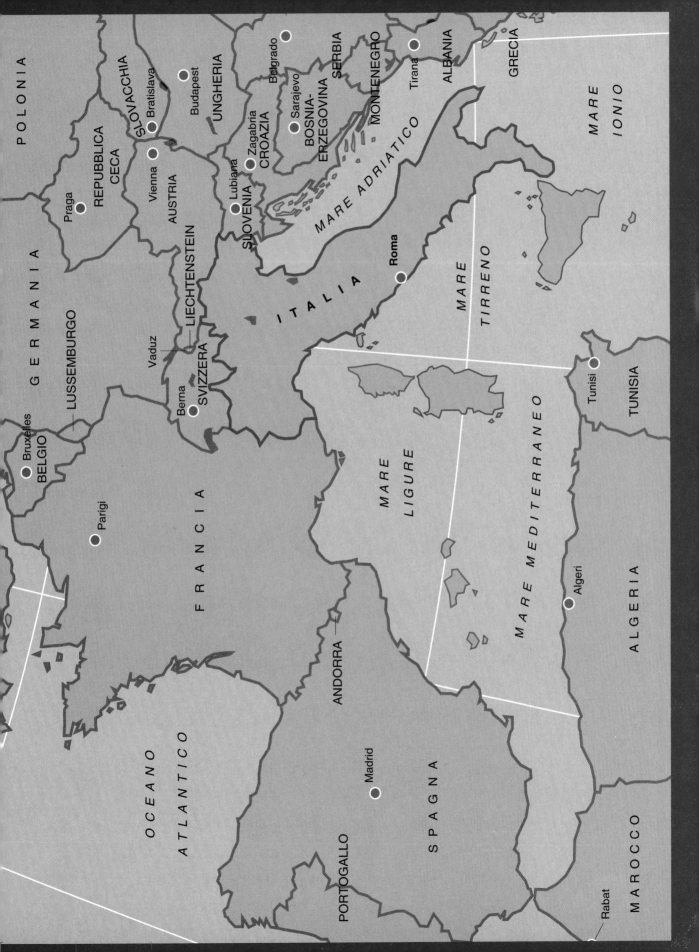

ITALIA
(Carta Fisica)

SVIZZERA

AUSTRIA

UNGHERIA

SLOVENIA

CROAZIA

SERBIA

BOSNIA-ERZEGOVINA

MONTENEGRO

A L P I

Monte Cervino ▲

Lago di Como

Lago Maggiore

Milano

Torino

Po

Taro

Genova

Rapallo

A

Bologna

P

Viareggio

Pisa

P

Firenze

Arno

E

Ombrone

ELBA

N

Tevere

N

Roma

I

Corsica (FRANCIA)

MARE LIGURE

FRANCIA

Cortina

Piave

Lago di Garda

Venezia

Adige

Po

Reno

Rimini

M A R E   A D R I A T I C O

MARE TIRRENO

Volturno

N

Napoli

▲ *Vesuvio*

Pompei

ISCHIA

CAPRI

Alberobello

Taranto

Agri

SARDEGNA

Coghinas

Tirso

Mannu

Flumendosa

SCALA DI CHILOMETRI

0   40   80   120   160

SCALA DI MIGLIA

0   20   40   60   80   100

Palermo

Belice

NEBRODI

Etna ▲

Dittaino

MARE IONIO

SICILIA

M A R E   M E D I T E R R A N E O

ALGERIA

TUNISIA

A F R I C A

Ciao!

Fourth Edition

CARLA FEDERICI
Professor Emeritus
San Jose State University

CARLA LARESE RIGA
Santa Clara University

HOLT, RINEHART AND WINSTON
HARCOURT BRACE COLLEGE PUBLISHERS

Fort Worth   Philadelphia   San Diego   New York   Orlando   Austin   San Antonio
Toronto   Montreal   London   Sidney   Tokyo

To Mario
C.F.

━━━━━━━━━

To My Daughters,
Liliana and Roberta
C.L.R.

Publisher	Christopher Carson
Acquisitions Editor	Jeff Gilbreath
Market Strategist	Kenneth S. Kasee
Project Editor	Kathryn M. Stewart
Art Director	Sue Hart
Production Manager	Serena Barnett

Cover credit: Tony Stone Images, Inc © Sylvain Grandadam. Sidebar photos courtesy of Bill Brammer.

ISBN: 0-03-022699-6
Library of Congress Catalog Card Number: 98-87428

Address for Orders
Holt, Rinehart and Winston, 6277 Sea Harbor Drive, Orlando, FL 32887-6777
1-800-782-4479

Address for Editorial Correspondence
Holt, Rinehart and Winston, 301 Commerce Street, Suite 3700, Fort Worth, TX 76102

Web Site Address
http://www.hbcollege.com

Holt, Rinehart and Winston will provide complimentary supplements or supplement packages to those adopters qualified under our adoption policy. Please contact your sales representative to learn how you qualify. If as an adopter or potential user you receive supplements you do not need, please return them to your sales representative or send them to: Attn: Returns Department, Troy Warehouse, 465 South Lincoln Drive, Troy, MO 63379.

Printed in the United States of America

8 9 0 1 2 3 4 5 6 7   048   9 8 7 6 5 4 3 2 1

Holt, Rinehart and Winston
Harcourt Brace College Publishers

Preface

Ciao!, now appearing in its Fourth Edition, continues to emphasize active and practical use of Italian, while teaching the four language skills. The Fourth Edition gives greater emphasis to communicative use of Italian, and adds also new cultural and contemporary dimensions to its portrait of Italy.

In the new edition, interactive activities have been increased throughout the chapters and more focus is given to the acquisition of useful contemporary vocabulary. A new feature, *Informazioni*, provides additional cultural information of a practical nature. Readings have been updated substantially or rewritten. Grammatical points have been streamlined, reducing the number of chapters from 20 to 18. Interesting new visuals offer a more vivid image of modern Italy and provide yet another springboard for conversation and discussion. A new Web-based activity, at the end of each chapter, expands upon the thematic content and encourages Internet exploration of areas of particular interest.

At the same time, *Ciao!*, Fourth Edition, has remained faithful to the principles that have distinguished it from the beginning. Each chapter is easily identifiable both by its theme and by its related grammar content. The theme, announced by the chapter title, is introduced and amplified in the opening *Punti di vista* section, then reflected and expanded upon throughout the chapter. This emphasis allows students to assimilate the vocabulary gradually, proceeding from practical and limited situations to broader and more abstract ones. A similar crescendo pattern distinguishes the presentation of grammatical structures, which are presented in a graded sequence throughout the program. This allows students to feel comfortable while mastering the new concepts gradually and encourages them to express themselves with confidence from the start. Whenever possible, the presentation of important topics has been confined to a single chapter in order to avoid dispersion and to facilitate the task of reviewing a given structure.

Organization of the Fourth Edition of Ciao!

Each of the 18 chapters of *Ciao!*, Fourth Edition, includes the following sections.

Punti Di Vista

An opening dialogue presents the chapter's theme in a simple, realistic manner. The dialogue provides practice of previously learned concepts while introducing new ones. The difficulty of the latter is minimized through judicious use of marginal glosses. The *Studio di parole* introduces related theme vocabulary, which is in turn amplified by a variety of cultural notes of a practical nature in the *Informazioni* section. The concluding *Ascoltiamo!* section, based on a second dialogue recorded on the student audio CD, and accompanied by related activities, develops the listening comprehension skill.

Punti Grammaticali

The *Punti grammaticali* focuses on the grammar topics informally introduced in the *Punti di vista*. A sustained effort is made to concentrate on the essential, and to explain grammar points in a clear, concise way. Each *Punto grammaticale* is introduced in a light vein by a captioned drawing or photo. Abundant charts and examples enhance the presentation. In the related *Pratica* section, there is a wide variety of graduated exercises, many of which are situational and interactive.

Lettura

This reading section recombines the chapter grammar and vocabulary, dealing with scenes from everyday life, and enlivened by recurrent characters. Related comprehension and personal questions invite students' involvement with the reading.

Attività Supplementari

Follow-up interactive activities, such as role-plays, interviews, discussion topics, directed conversations, descriptions and narrations, provide additional opportunities for self-expression and writing practice, while recombining chapter structures and themes.

Vocabolario

This vocabulary list contains all new words appearing in the chapter that are not presented in the *Studio di parole* section.

Pagina Culturale

The final reading, related to the lexical theme of the chapter, offers a wealth of information on Italian life and culture. Although many words are glossed, this section is a challenge to students because it encourages development of the ability to grasp ideas without relying on word-for-word translation. These cultural readings may serve as a stimulus to additional discussions about Italy's history, people, and culture.

The 18 chapters are preceded by a preliminary chapter, *Capitolo preliminare,* which deals with Italian pronunciation and cognates, and by a short section, *Primo incontro,* which focuses on common expressions of courtesy and expressions useful in class. The chapters are followed by appendixes (*futuro anteriore*; *passato* and *trapassato remoto*; passive and causative constructions; verbs and expressions requiring a preposition before an infinitive; conjugation of verbs); vocabularies (Italian–English; English–Italian); and an Index.

Visual Icons Used Throughout the Text

 The Pair or Group Work Icon is used throughout the chapters to help students and the instructor identify readily exercises and activities suitable for paired or group work.

 The Listening Icon is used in the *Ascoltiamo!* section to indicate that students must listen to the Student Audio CD in order to work with this section.

 The Web Icon is used to designate the *Sito Web* end-of-chapter activity that encourages Internet exploration of areas of particular interest related to the chapter's thematic content.

Program Components for the Student

◆ The *Student Activities Manual* provides supplementary reading, writing, and comprehension practice coordinated with *Ciao!*, Fourth Edition, and with the laboratory program. Answer keys to the Workbook section and the lab dictation texts are included.

◆ The *Ciao! CD-ROM* provides essential grammar practice and help in vocabulary building.

◆ The *Ciao! Web Site,* reached through the publisher's Web site at www.hrwcollege.com, includes supplementary activities and resources for students.

Acknowledgments

We wish to thank the students and instructors of Santa Clara University, San Jose State University and Foothill-De Anza College who used the first three editions of *Ciao!* and tested segments of our manuscript in its preliminary phase. Their reactions and comments have been helpful in the preparation of the present edition. We are particularly indebted to our Developmental Editor, Barbara Lyons, for her intense and thoughtful assistance in the various aspects of our project, and for her invaluable suggestions. Our gratitude goes also to Professor Mario Federici, who served as an ever-patient consultant. We would like to express our appreciation to Massimo Paolillo, who prepared the *Sito Web* activity for each chapter, to Ann Goodsell for her careful copy editing of the complete manuscript, and to Heather Stratton for her expertise in coordinating the production stages.

Finally, we wish to acknowledge the following reviewers who helped to shape this new edition of *Ciao!* with their constructive comments: Rosa Commisso, Kent State University; Gabriella Finizio, University of Delaware; Kathryn Freschi, College of Marin; Francesca Italiano, University of Southern California; Penny Popper, Ohio Wesleyan University; Laura Salsini, Purdue University; Albert Sbragia, University of Washington; Carlo Sclafani, Westchester Community College; Michael Sherberg, Washington University; Valeria Secchi Short, Boston University; Victor Vari, Santa Clara University.

Contents in Brief

Contents

Capitolo 4   A tavola

Capitolo 5   Attività e passatempi

Capitolo 6   La famiglia e i parenti

Capitolo 7   Buon viaggio

Capitolo 8   Soldi e tempo

Capitolo 9 Le stagioni e l'abbigliamento

Capitolo 10 In cucina

Capitolo 13   La casa

Capitolo 14   Mestieri e professioni

Capitolo 15   Paesi e paesaggi

Capitolo 16   Gli sport

Capitolo 17   Salute e ecologia

Capitolo 18   Arte e teatro

Appendixes

Vocabolario

Venezia. Basilica di Santa Maria della Salute, sul Canal Grande.

Capitolo preliminare

I. La pronuncia italiana

II. Parole affini per origine: Cognates

I. La pronuncia italiana

There are 21 letters in the Italian alphabet. The written forms and names are:

a	**a**	g	**gi**	o	**o**	u	**u**
b	**bi**	h	**acca**	p	**pi**	v	**vu (or vi)**
c	**ci**	i	**i**	q	**qu**	z	**zeta**
d	**di**	l	**elle**	r	**erre**		
e	**e**	m	**emme**	s	**esse**		
f	**effe**	n	**enne**	t	**ti**		

Five additional letters appear in words of foreign origin:

j	**i lunga**	w	**doppia vu**	y	**ipsilon (or i greca)**
k	**cappa**	x	**ics**		

The following sections deal primarily with spelling-sound correspondences in Italian and their English equivalents. Listen carefully to your instructor and then repeat the examples. Practice the pronunciation exercises recorded on the tape that corresponds to the Preliminary Chapter; they have been devised to help you acquire good pronunciation. In describing Italian sounds, we will make use of the international phonetic symbols (shown between slash marks). You will notice that pronunciation in Italian corresponds very closely to spelling. This is particularly true of vowel sounds.

1. *Vocali* (Vowels)

The five basic vowel sounds in Italian correspond to the five letters **a, e, i, o, u**. The pronunciation of e and o may vary slightly (closed or open sound).* Unlike English vowels, each Italian vowel represents only one sound. Vowels are never slurred or glided; when pronouncing them, the lips, jaws, and tongue must be kept in the same tense position to avoid off-glide. The vowels will be presented according to their point of articulation, **i** being the first of the front vowels and **u** the last of the back vowels, as illustrated in the diagram below.

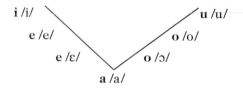

*Closed and open pronunciation of e and o are illustrated by the following words: e (and), è (is); o (or), **ho** (I have). The pronunciation of these two vowels often varies regionally.

i	/i/	is like *i* in *marine.*	i vini di Rimini
e	/e/	is like *a* (without glide) in *late.*	Se Ebe vede te
e	/ɛ/	is like *e* in *let.*	Ecco sette fratelli
a	/a/	is like *a* in *father.*	La mia cara mamma
o	/ɔ/	is like *o* in *soft.*	Oggi no
o	/o/	is like *o* in *oh.*	Nome e cognome
u	/u/	is like *u* in *rule.*	Una musica pura

2. *Dittonghi* (Diphthongs)

When **i** and **u** are unstressed and precede or follow another vowel, they form with this vowel a diphthong and acquire the semivowel sounds /j/ and /w/.

i	/j/	is like *y* in *yet.*	Più piano Lei e lui
u	/w/	is like the *w* in *wet.*	Un uomo buono

When two semivowels combine with a vowel, they form a triphthong (**miei, tuoi, guai**).

The vowels that form a diphthong or a triphthong are pronounced with just one emission of voice and correspond to just one syllable.

3. *Consonanti* (Consonants)

Many single consonants are pronounced in Italian as they are in English. The sounds of the consonants **b, f, m, n,** and **v** present no difference in the two languages. Several consonant sounds, however, need special attention because of the manner in which they are pronounced or the way they are spelled. In general, Italian consonants are clear-cut and without aspiration.

h is always silent:

ha	hanno	ahi!	oh!	hotel

d /d/ and **t** /t/ are similar to English but more dentalized:

due	denti	vado	grande	modo
tre	Tivoli	alto	tempo	molto

p /p/ is as in English but less plosive:

papa	Padova	dopo	piano	parola

q /kw/ is always followed by the letter **u** and is pronounced like *qu* in *quest:*

qui	quando	Pasqua	quale	quaderno

l /l/ is produced more forward in the mouth than in English:

la	lira	lei	libro	lingua

r /r/ is trilled. It is pronounced by pointing the tip of the tongue toward the gum of the upper front teeth:

Roma	caro	treno	amore	vero

s /z/ is pronounced as in *rose* when it is between vowels or when it begins a word in combination with the voiced consonants **b, d, g, l, m, n, r,** and **v**:

rosa	paese	esame	snob	sviluppo

s is voiceless /s/ as in *sell* in all other cases:

sto	studio	destino	rosso	sera

z is sometimes voiced /dz/ as in *beds,* sometimes voiceless /ts/ as in *bets:*

/dz/		/ts/	
zero	romanzo	marzo	Venezia
zeta	mezzo	pizza	grazie

c and g before i or e are soft /č/, /ǧ/ as in *chill* and *gentle:*

cento	baci	ciao	Cesare	cinema
gesto	gentile	giorno	viaggio	pagina

c and g in all other cases are hard /k/, /g/ as in *call* and *go:*

poco	caffè	caro	amico	cura	classe	scrivere
pago	guida	lungo	guerra	gusto	grosso	dogma

ch and gh (found only before e or i) are also hard /k/, /g/:

che	chi	pochi	perchè	cuochi
aghi	righe	laghi	ghetto	paghiamo

gli /ʎ/ sounds approximately like **lli** in *million:*

gli	foglio	figlio	famiglia	voglio

gn /ɲ/ sounds approximately like *ni* in *onion:*

ogni	signora	lavagna	cognome	insegnare

sc before **i** or **e** has a soft sound /š/ as in *shell:*

sciare   pesce   scienza   scena   scemo

sch before **i** or **e** sounds hard /sk/ as in *skill:*

schiavo   schema   dischi   mosche   maschio

4. Consonanti doppie (Double consonants)

Double consonants are a characteristic of Italian. The sound of a double consonant is longer then the sound of a single consonant. To pronounce it correctly, it is necessary to shorten the sound of the preceding vowel and hold the sound of the double consonant twice as long. (A similar phenomenon may also be observed in English when pronouncing pairs of words such as *miss school; met Tim.*) The reverse happens when pronouncing a single consonant. In this case one should keep the sound of the preceding vowel longer, especially if the vowel is stressed. Compare:

sono / sonno	sera / serra
casa / cassa	sano / sanno
rosa / rossa	camino / cammino
speso / spesso	lego / leggo

5. Sillabazione (Syllabication)

Phonetically, the tendency in Italian is, whenever possible, to begin the syllable with a consonant sound and to end it with a vowel sound. Grammatically, the separation of a word into syllables follows these rules:

a. A single consonant between two vowels belongs with the following vowel or diphthong.

a-ma-re   no-me   i-ta-lia-no   be-ne   le-zio-ne

b. Double consonants are always divided:

bel-lo   mez-zo   sil-la-ba   mam-ma   ra-gaz-za

c. A combination of two different consonants belongs with the following vowel, unless the first consonant is **l, m, n,** or **r.** In this case, the two consonants are divided:

pre-sto	so-pra	si-gno-ra	ba-sta	li-bro
but: pron-to	gior-no	El-vi-ra	par-to	dor-mi	lam-po

d. In a combination of three consonants, the first belongs with the preceding syllable, but **s** always belongs with the following syllable:

al-tro	sem-pre	en-tra-re	im-pres-sio-ne	in-gle-se
but: fi-ne-stra	gio-stra	e-sper-to		

e. Unstressed **i** and **u** are not divided from the vowel they combine with:

uó-mo	piá-no	pié-de	Gio-ván-ni	Eu-ró-pa
but: mí-o	zí-i	po-e-sí-a	pa-ú-ra	far-ma-cí-a

6. *Accento tonico* (Stress)

The great majority of Italian words are stressed on the next-to-the-last syllable:

signóra   bambíno   ragázzo   cantáre   veníre

Several words are stressed on the last syllable; these words have a written accent on the last vowel. Although the accent mark can be grave (ˋ) or acute (ˊ), most Italians normally use the grave accent, and that practice is followed in this text:

città   virtù   perchè   lunedì

A few monosyllabic words carry an accent mark to distinguish two words that are spelled the same but have different meanings:

e *(and)* vs. è *(is)*
da *(from)* vs. dà *(gives)*
te *(you)* vs. tè *(tea)*
si *(oneself)* vs. sì *(yes)*
se *(if)* vs. sè *(self)*
la *(the)* vs. là *(there)*

Some words have the stress on the third-from-the-last syllable, and a few verb forms on the fourth-from-the-last syllable:

sábato   cómpito   távola   difficile   diménticano

Note: When the stress does not fall on the next-to-the-last syllable, or when the word ends in a diphthong, the stress is indicated with a dot under the stressed syllable in Chapters 1–10:

fácile   spiággia   práticano

7. Intonazione (Intonation)

In general, the Italian sentence follows a homogeneous rhythm. Each syllable is important in determining its tempo. Pronounce the following sentence maintaining smooth, even timing:

Sono Marcello Scotti.

So - no - Mar - cel - lo - Scot - ti.
1   2   3   4   5   6   7

The voice normally follows a gently undulating movement, usually dropping toward the end when the meaning is completed. In a question, however, the voice rises on the last syllable:

Declarative sentence: I signori Bettini sono di Milano.

Interrogative sentence: Sono di Milano i signori Bettini?

II. Parole affini per origine: Cognates

While studying Italian, you will encounter many cognates. A cognate is an Italian word that looks like an English word and has a similar meaning because the words have a common origin. The following are a few tips that should help you recognize and use cognates.

1. Nouns ending in:

-ia in Italian and -y in English.

biologia	*biology*	**filosofia**	*philosophy*
sociologia	*sociology*	**anatomia**	*anatomy*

-ica in Italian and -ic(s) in English.

mųsica	*music*	**polįtica**	*·politics*
repųbblica	*republic*	**matemątica**	*mathematics*

-tà in Italian and -ty in English.

città	*city*	**identità**	*identity*
società	*society*	**università**	*university*

-za in Italian and -ce in English.

importanza	*importance*	**eleganza**	*elegance*
violenza	*violence*	**pazienza**	*patience*

-zione in Italian and -tion in English.

nazione	*nation*	**attenzione**	*attention*
educazione	*education*	**situazione**	*situation*

-ore in Italian and -or in English.

attore	*actor*	**dottore**	*doctor*
professore	*professor*	**motore**	*motor*

-ąrio in Italian and -ary in English.

segretąrio	*secretary*	**vocaboląrio**	*vocabulary*
saląrio	*salary*	**funzionąrio**	*functionary*

-ista in Italian and -ist in English.

artista	*artist*	**violinista**	*violinist*
pianista	*pianist*	**ottimista**	*optimist*

2. Adjectives ending in:

-ale in Italian and -al in English.

speciale	*special*	**personale**	*personal*
originale	*original*	**sentimentale**	*sentimental*

-etto in Italian and -ect in English.

perfetto	*perfect*	**corretto**	*correct*
eretto	*erect*	**diretto**	*direct*

-ico in Italian and *-ical* in English.

tipico	*typical*	**classico**	*classical*
politico	*political*	**geografico**	*geographical*

-oso in Italian and *-ous* in English.

generoso	*generous*	**curioso**	*curious*
nervoso	*nervous*	**ambizioso**	*ambitious*

3. Verbs ending in:

-care in Italian and *-cate* in English.

educare	*educate*	**indicare**	*indicate*
complicare	*complicate*	**masticare**	*masticate*

-izzare in Italian and *-ize* in English.

organizzare	*organize*	**simpatizzare**	*sympathize*
analizzare	*analyze*	**minimizzare**	*minimize*

-ire in Italian and *-ish* in English.

finire	*to finish*	**abolire**	*to abolish*
punire	*to punish*	**stabilire**	*to establish*

Firenze. Una studentessa, il fiume Arno e il Ponte Vecchio.

Primo incontro

Punti di vista

Un gruppo di studenti
universitari.

Ciao, come stai?

Filippo *incontra* Marcello. Marcello è *con* Mary, una ragazza americana.   meets/with

Marcello	Ciao, Filippo, come va?
Filippo	Bene, grazie, e tu come stai?
Marcello	*Non c'è male,* grazie. *Ti presento* Mary Clark, un'*amica*.
Filippo	Buon giorno, signorina.
Mary	Buon giorno.
Filippo	*Mi chiamo* Filippo Pini. *(Si danno la mano.)*
Mary	Molto piacere.
Filippo	Piacere mio. *Di dov'è Lei,* signorina?
Mary	*Sono di* New York, e Lei?
Filippo	Io sono di Pisa.
Marcello	Mary è studentessa *qui* a Milano.
Filippo	*Anch'io* sono studente a Milano.
Marcello	Scusa, Filippo, *dobbiamo andare. A domani.*
Filippo	Ciao, Marcello. ArrivederLa, signorina.
Mary	ArrivederLa.

Glosses (right column):
Not bad/Let me introduce you to
friend
My name is
They shake hands
Where are you from?
I'm from
here
I also
we must go/I'll see you tomorrow.

Note: **Tu** *(you, singular)* is the familiar form used by close friends and family members, and with children. **Lei** *(you, singular),* the formal form, is used in all other cases.

Studio di parole — Saluti e espressioni di cortesia

Ciao! Salve! Hello. Good-bye.

Buon giorno, signore. Good morning (Good day), Sir.

Buona sera, signora. Good evening, Madam.

Buona notte, signorina. Good night, Miss.

Arrivederci.
ArrivederLa. } Good-bye.
(formal sing.)

A domani. I'll see you tomorrow.

A presto. I'll see you soon.

Come si chiama? What is your name? *(formal)*

Come ti chiami? What is your name? *(familiar)*

Mi chiamo Marcello Scotti. My name is Marcello Scotti.

Molto piacere. Nice to meet you.

Piacere mio. My pleasure.

Per favore. Per piacere. Please.

Grazie. Thank you.

Grazie mille. Thanks a million.

Prego. You're welcome. That's quite all right.

Scusi. *(formal sing.)* **Scusa.** *(familiar sing.)* Excuse me.

Come sta? *(formal sing.)* **Come stai? Come va?** *(familiar sing.)* How are you?

Bene, grazie, e Lei? *(formal sing.)* **Bene, grazie, e tu?** *(familiar sing.)* Fine, thank you, and you?

Molto bene. Very well.

Non c'è male. Not bad.

Così-così. So-so.

Ti presento... Let me introduce . . . to you. *(familiar sing.; lit., I introduce to you . . .)*

Di dove sei tu? *(familiar sing.)*
Di dov'è Lei? *(formal sing.)* } Where are you from?

Informazioni

Italians tend to be more formal than Americans when greeting and addressing each other. Among adults, acquaintances are addressed as **Signore, Signora,** or **Signorina,** or by their titles: **Professore(-ssa), Dottore, Ingegnere,** etc. The greeting **Ciao!,** which has become so popular abroad, is reserved in Italy only for very close friends, members of the family, relatives, and young people. When meeting either friends or acquaintances, as well as in introductions, Italians customarily shake hands, without distinction between sexes.

A. **Saluti.** Complete each dialogue with a classmate, then act it out.

1. —Buon _____, signore (signora, signorina). Come _____?
   —Bene, _____, e Lei?
   —_____, grazie.

2. —_____, Luisa, come va?
   —Bene, grazie, e _____?
   —Non c'è _____, grazie.

3. —_____ _____, professore. Come _____?
   —Bene, grazie, e tu, Paolo, _____ _____?
   —Non c'è _____, _____.
   —Arrivederci, _____. A domani.
   —_____, professore.

B. **E tu?** Imagine that an Italian student has said the following. How would you respond?

1. E tu, come stai?
2. Come ti chiami?
3. Ti presento Marisa Bellini.
4. Scusa, Carlo, dobbiamo andare.
5. A domani.

C. **Incontri.** How would you:

1. greet and introduce yourself to your professor?
2. ask your professor how he/she is?
3. ask another student how he/she is?
4. ask another student what his/her name is?
5. say good-bye to a classmate, adding that you will see him/her soon?

D. **Presentazioni.** Greet and introduce yourself to a student sitting nearby, indicating where you are from. Ask your classmate about himself/herself, and then introduce him/her to the class.

*The icon designates exercises suitable for paired work.

E. **Conversazioni.** Create and act out with a classmate dialogues appropriate to the following situations.

1. You meet one of your parents' friends whom you haven't seen in a long time.
2. It is the first day of school and you are getting acquainted with another student who will be your classmate.

Studio di parole   In classe

In un'aula ci sono (**In a classroom there are**):

Espressioni utili

Il professore	**Attenzione!**	Attention!
	Tutti insieme!	All together!
	Ancora una volta!	Once more!
	Ascoltate!	Listen!
	Guardate!	Look!
	Ripetete!	Repeat!
	Rispondete!	Answer!
	Leggete!	Read!

Andate alla lavagna!   Go to the blackboard!
Scrivete!   Write!
Capite?   Do you understand?

Gli studenti: **(Sì), capisco.**   (Yes), I understand.
(No), non capisco.   (No), I don't understand.
Ripeta, per favore.   Repeat, please.
Come si dice...in italiano?   How do you say . . . in Italian?
Come si scrive...?   How do you write (spell) . . . ?
Che cosa vuol dire...?   What does . . . mean?

A. **Che cos'è?** Ask a classmate to identify various objects in the classroom, following the example.

> | Esempio | **Che cos'è?**
> **È una sedia.**

B. **Situazioni.** What would you say in the following situations?

1.   You want to ask the meaning of the word **benissimo.**
2.   You don't understand what your instructor has said.
3.   You want to ask how to say "You're welcome" in Italian.
4.   You are not sure how to spell your instructor's name.
5.   You would like your instructor to repeat something.

C. **Istruzioni.** What will you do when the teacher gives you the following directions in Italian? (Respond in English.)

1. Rispondete!   2. Guardate!   3. Ascoltate!   4. Tutti insieme!

Pagina culturale

The Italian language and its dialects

The Italian language stems directly from Latin. As the authority of ancient Rome fragmented, its language, Latin, also broke apart and formed several national European idioms. In the same way, numerous linguistic varieties, or dialects, took form within the Italian peninsula. They were the expressions of different centers of civilization within the larger Italian world.

The dialect of Tuscany was assured linguistic supremacy by the political importance and geographic position of its principal city, Florence, and above all by the authority of the thirteenth-century Tuscan writers Dante, Petrarca, and Boccaccio. Each of these men wrote works of major literary significance in their native Tuscan dialect. Eventually, the Tuscan dialect became recognized as the official Italian language.

For many centuries, however, the Italian language remained an exclusively literary mode of expression, used only by learned people. The different dialects continued to be spoken, a situation favored by the historical and political fragmentation of Italy, which remained divided into many separate city-states until the second half of the nineteenth century. The local dialect was often the official language of the court of that particular city-state. This was the case in Venice, a republic renowned for the skill of its diplomats. The eighteenth-century playwright Carlo Goldoni, who has been called by critics the Italian Molière, wrote many of his plays in Venetian. For example, in his dialect we find the word *schiao,* meaning "your servant," which is derived from the Latin word for "slave," *esclavum*. This is the origin of the international greeting *ciao*.

Today Italy has achieved political as well as linguistic unity, and with few exceptions everyone speaks Italian. The dialects, however, remain very much alive. Indeed, most Italians may be considered bilingual because, in addition to speaking Italian, they also speak or at least understand the dialect of their own region or city.

Verona (Veneto). The statue of Dante in piazza dei Signori. Dante is considered the father of the Italian language and one of the greatest poets of the western world. His major work is *La Divina Commedia.*

Capitolo

1

La città

- **Punti di vista:** *In centro*
- **Studio di parole:** *La città*
- **Ascoltiamo!:** *In un ufficio turistico*
- **Punti grammaticali**
  - *I. Essere (To be)*
  - *II. Il nome*
  - *III. Gli articoli*
  - *IV. C'è, ci sono e ecco!*
  - *V. Espressioni interrogative*
- **Lettura:** *Cosa c'è in una città?*
- **Pagina culturale:** *Milano*

Punti di vista

Conversazione tra due
amiche a un caffè.

In centro
Downtown

Oggi Liliana e Lucia sono in centro.
Today

Liliana	Ciao, Lucia, come va?	
Lucia	Non c'è male, grazie, e tu?	
Liliana	Oggi, *così-così. Domani ho* un esame di matematica con il professor Perfetti.	so-so/Tomorrow I have
Lucia	È un professore *severo*?	strict
Liliana	Sì, molto.	
Lucia	Dov'è Marcello oggi? È *a casa*?	at home
Liliana	No, Marcello non è a casa. È con un'amica di New York.	
Lucia	Dove sono?	
Liliana	Marcello e l'amica *visitano* la chiesa di Santa Maria delle Grazie, dove c'è l'*affresco* di Leonardo, *L'Ultima Cena*, e il Castello Sforzesco.	visit there is/fresco the Last Supper
Lucia	Come si chiama l'amica di Marcello?	
Liliana	Si chiama Mary Clark. È una studentessa *simpatica* e intelligente. *Parla* italiano *molto bene*.	nice/She speaks very well

Comprensione

1. Dove *(Where)* sono Liliana e Lucia? 2. Domani Liliana ha *(has)* un esame di matematica o un esame d'inglese? 3. Il professore di matematica è severo? 4. Con chi *(whom)* è Marcello oggi? 5. Di dov'è l'amica di Marcello? 6. Perchè *(Why)* la chiesa di Santa Maria delle Grazie è famosa? 7. Chi *(Who)* è la signorina Clark?

Studio di parole La città

Pianta *(Map)* di Milano.

una strada* street, road	**una scuola** school
una via* street, way	**un'università** university
una piazza square	**un edificio** building
una fontana fountain	**un albergo** hotel
un monumento monument	**un caffè** coffee shop
una chiesa church	**un ristorante** restaurant
un museo museum	**un negozio** store, shop

***Strada** is a more general term; **via** is used before the name of a street: **via Mazzini, via Torino.**

un supermercato	supermarket	**un parco** (*pl.* **-chi**)	park
un ufficio	office	**uno zoo**	zoo
un ufficio postale	post office	**una stazione**	station
un ufficio turistico	tourist office	**un treno**	train
una banca (*pl.* **-che**)	bank	**un autobus**	bus
una farmacia	pharmacy	**un tram**	streetcar
un ospedale	hospital	**un'auto(mobile)** (*f.*)	car
un cinema(tografo)	movie theater	**una moto(cicletta)**	motorcycle
un teatro	theater	**una bicicletta**	bicycle

C'è un tour, per favore?   Is there a tour, please?
Sì, c'è. Ecco le informazioni.   Yes, there is. Here is the information.
a destra, a sinistra   to the right, to the left
avanti diritto   straight ahead
Scusi, dov'è un ufficio postale?   Pardon, where is a post office?
A destra, signora.   To the right, madam.

Informazioni

Most cities and towns have a tourist office called the A.P.T. (**Azienda di Promozione Turistica**), which provides information about hotels, **pensioni**, transportation, tours, and reservations.

Cities' main train stations have an **Ufficio Informazioni**, which provides tourists with lists of available accommodations (hotels, **pensioni**) and assists in making reservations.

Tickets for city buses, streetcars, and the **metropolitana** (the subway in Rome, Milan, and Naples) must be purchased at a **Tabacchi** store or a newsstand before boarding. The tickets can be used interchangeably on all three means of transportation.

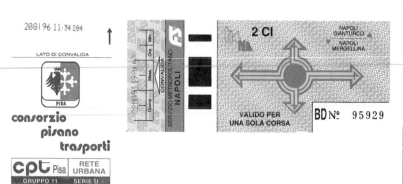

Biglietti del tram, dell'autobus, e della metropolitana.

Applicazione

A. **La pianta di Milano.** Using the map of Milan, take turns with a classmate asking each other the following questions.

1. Santa Maria delle Grazie è una chiesa o un teatro?
2. Il teatro La Scala è in via Manzoni o in via Dante?
3. Il Duomo è in un parco o in una piazza?
4. Dov'è il Castello Sforzesco?
5. Che cos'è via Dante?
6. Il Castello Sforzesco è vicino a *(near)* Piazza del Duomo?

B. **Che cos'è... ?** Luigino does not know much about the world outside his hometown. With a classmate, recreate his questions and the responses of his friend Pierino, following the example.

Esempio	l'Empire State Building/a New York
	—**Che cos'è l'Empire State Building?**
	—**È un edificio, a New York.**

1. San Pietro/a Roma 2. il Louvre/a Parigi 3. Trafalgar Square/a Londra 4. il Golden Gate Park/a San Francisco 5. Napoli/in Italia 6. la Fifth Avenue/in America

C. **In visita a Milano.** Imagine that you are visiting a friend in Milan and that you will be doing some sightseeing and errands on your own. How would you ask your friend for the following information?

1. where the Castello Sforzesco is 2. what La Scala is 3. where a good **(buon)** restaurant is 4. what Santa Maria delle Grazie is, and where it is 5. where a bank is 6. where a tourist office is 7. where a pharmacy is

Ascoltiamo!

In un ufficio turistico. Anna Verri, a visitor to Milan, has stopped by the tourist office to make an inquiry. Listen to her conversation with the clerk, then answer the questions in the **Ascoltiamo!** section of **Capitolo 1** in your textbook.

Comprensione

1. Dov'è la turista Anna Verri?
2. La turista desidera *(wishes)* visitare la città di Roma o la città di Milano?

3. Che cosa (*What*) include il tour?
4. L'impiegato (*The clerk*) ha le informazioni?
5. Che cosa dice la turista per ringraziare (*to say thanks*)?

Dialogo

With another student, play the roles of a tourist and an employee in the tourist office. After greeting each other, the tourist asks if there is a tour of Rome. The employee answers affirmatively and provides information. The tourist thanks him/her and both say good-bye.

Punti grammaticali

I. Essere (*To be*)

Essere (*To be*) is an irregular verb (**verbo**). It is conjugated in the present tense (**presente**) as follows:

Person	Singular	Plural
1st	io **sono** (*I am*)	noi **siamo** (*we are*)
2nd	tu **sei** (*you are, familiar*)	voi **siete** (*you are, familiar*)
3rd	lui **è** (*he is*) lei **è** (*she is*) Lei **è** (*you are, formal*)	loro **sono** (*they are*) Loro **sono** (*you are, formal*)

Luigi è italiano.   *Luigi is Italian.*
Marco e io **siamo** studenti. *Marco and I are students.*
Lisa e Gino **sono** di Roma.   *Lisa and Gino are from Rome.*
Tu e Piero **siete** buoni amici. *You and Piero are good friends.*

Marcello è in classe con Gabriella.

1. There are many rules regarding verbs and their usage:

   a. Unlike English verbs, Italian verbs have a different ending for each person.

   b. The negative of a verb is formed by placing **non** before the verb.

   Non siamo a teatro.   *We are not at the theater.*
   Filippo **non** è in classe. *Filippo is not in class.*

   c. The interrogative of a verb is formed either by placing the subject at the end of the sentence or by leaving it at the beginning of the sentence. In both cases, there is a change in intonation, and the pitch rises at the last word:

È studentessa Gabriella? ⎫
                          ⎬   *Is Gabriella a student?*
Gabriella è studentessa? ⎭

2. The subject pronouns **(pronomi soggetto)** in Italian are:

io	*I*	noi	*we*
tu	*you (familiar sing.)*	voi	*you (familiar pl.)*
lui, lei	*he, she*	loro	*they*
Lei	*you (formal sing.)*	Loro	*you (formal pl.)*

a. The subject pronoun *you* is expressed in Italian in several ways: **tu** (singular) and **voi** (plural) are the familiar forms. They are used to address relatives, close friends, and children; young people also use them to address each other.

Io sono di Pisa, e **tu**?   *I am from Pisa, and you?*
Siete a scuola **voi** oggi?   *Are you in school today?*

Lei (singular) and **Loro** (plural) are formal forms and are used among persons who are not well acquainted. **Lei** and **Loro** are used for both men and women. They take, respectively, the third person singular and the third person plural of the verb and are often capitalized to distinguish them from **lei** *(she)* and **loro** *(they)*.

Buona sera, signore. Come   *Good evening, sir. How are*
   sta **Lei** oggi?   *you today?*
Maria è a casa; **lei** non   *Maria is at home; she does*
   sta bene.   *not feel well.*
Sono a casa **Loro** stasera?   *Are you at home tonight?*

Note: In contemporary Italian the familiar plural form **voi** is used more frequently than **Loro,** particularly when addressing young people.

—Io sono di Pisa, e Lei?
—Io sono di Bagdad.

b. In Italian, the subject pronouns are often omitted since the subject of the sentence is indicated by the verb ending. However, the subject pronouns are used for emphasis and to avoid ambiguities.*

Sono Marcello.	*I am Marcello.*
Io sono Marcello.	*I am Marcello.* (emphatic).
Pio e Lina non sono a casa: **lui** è a Napoli, **lei** è a Pisa.	*Pio and Lina are not at home: **he** is in Naples, **she** is in Pisa.* (for clarification)

Pratica

A. **Essere o non essere.** Complete each sentence with the correct present tense form of essere.

Esempio   Los Angeles _____ in America.
Los Angeles è in America.

1. Gabriella e io non _____ a Firenze. 2. Tu e lei _____ in California. 3. San Francisco e Chicago _____ in America. 4. Piazza San Marco _____ a Venezia. 5. Tu _____ a scuola.

B. **Dove siamo?** With a classmate, take turns asking and answering these questions. Choose the answer you prefer.

Esempio   —Dove sei tu oggi? a casa/a scuola
—Oggi io sono a casa. o Oggi io sono a scuola.

1. Quando sei a casa tu? oggi/domani/stasera
2. Dove siete tu e gli amici *(your friends)* domenica *(on Sunday)*? a un museo/al *(at the)* parco/a un concerto/al cinematografo/a un caffè
3. Dove siamo tu e io ora *(now)*? in classe/alla *(at the)* lezione d'italiano/all'università

C. **Siamo curiosi.** With a classmate, take turns asking and answering these questions. Follow the example.

Esempio   professoressa, Lucia
—È professoressa Lucia?
—No, Lucia non è professoressa. È studentessa.

1. di New York, tu   2. in classe domani sera, Lei *(you)*   3. inglesi, io e ... *(name a student)*   4. alla lezione di matematica, ... e ... *(name two students)*   5. a Roma, *L'Ultima Cena* di Leonardo

D. **E tu?** Tell a classmate who you are, what you are (a student of Italian) and where you are from. Then ask him/her to tell you about himself/herself.

*The pronouns *it* and *they,* when referring to animals and things, are usually not expressed in Italian. For clarification, they are sometimes expressed by **esso, essa** *(sing. m. and f.)* and **essi, esse** *(pl. m. and f.).*

II. Il nome

Ecco una piazza con un palazzo e un monumento. A destra e a sinistra ci sono edifici.

1. **Gender of nouns.** A noun (**nome**) is either masculine or feminine. Usually, nouns ending in **-o** are masculine and nouns ending in **-a** are feminine. There is also a class of nouns that end in **-e**. These nouns can be *either* masculine *or* feminine.

treno *(m.)*   **casa** *(f.)*
ristorante *(m.)*   **stazione** *(f.)*

NOTE:

a. To remember the gender of a noun ending in **-e**, it is advisable to memorize it with the article.

un ristorante   *una* stazione

b. Nouns ending in **-ore** or in a *consonant* are masculine.

fiore   pittore   scultore   autobus   sport   bar

c. Nouns ending in **-ione** are generally feminine.

lez**ione**   presentaz**ione**   conversaz**ione**

2. **Plural of nouns.** In Italian, the plural is usually formed by changing the final vowel of the noun. The chart below shows the most common changes.

Nouns ending in				
	-o	-i	un giardino	due giardini
	-a	-e	una casa	due case
	-e	-i	un dottore *(m.)*	due dottori
			una stazione *(f.)*	due stazioni

NOTE:

a. Some nouns are invariable and thus do not change in the plural.

- ◆ nouns ending in accented vowels
  una città   due città   un caffè   due caffè
- ◆ nouns ending in a consonant
  un bar   due bar   un film   due film
- ◆ nouns that are abbreviated
  un cinema(tografo)   due cinema   una foto(grafia)
  due foto

b. Nouns that end in **-ca** and **-ga** change to **-che** and **-ghe**

un'amica   due amiche
una riga *(line)*   due righe

c. Most nouns ending in **-io** change to **-i**

un negozio   due negozi
ufficio   due ufficio̶

Pratica

A. **Singolare e plurale.** Give the plural of each of the following nouns.

1. bambino
2. studente
3. casa
4. amico
5. giardino
6. scultore
7. conversazione
8. piazza
9. professoressa
10. classe
11. amica
12. cinema
13. città
14. banca
15. studio
16. nome
17. pittore
18. autobus
19. negozio
20. sport
21. università

B. **Plurali.** Complete the following statements with the plural of the nouns in parentheses.

1. Oggi ci sono ventidue (22) (studente) _____ in classe.
2. Io e ... *(name a student)* siamo (amico) _____.
3. Venezia e Vicenza sono due belle (città) _____.
4. Lungo *(Along)* la strada ci sono (autobus) _____, (automobile) _____ e (bicicletta) _____.
5. In Piazza del Duomo ci sono (edificio) _____, (negozio) _____, (bar) _____, (caffè) _____, (banca) _____ e (ristorante) _____. Non ci sono (supermercato) _____.

III. Gli articoli

Ecco una strada con il bar, la banca, i negozi, gli alberi e le automobili.

1. **Articolo indeterminativo.** The *indefinite article (a, an)* has the masculine forms **un, uno** and the feminine forms **una, un'**, depending on the first letter of the noun that the article precedes.

		Masculine	Feminine
before	*consonant*	**un** libro	**una** casa
	vowel	**un** amico	**un'**amica
	z	**uno** zoo	**una** zebra
	s + consonant	**uno** studente	**una** studentessa

La Sicilia è **un'**isola.	*Sicily is an island.*
Dov'è **una** banca, per favore?	*Where is a bank, please?*
Ecco **un** ristorante!	*Here is a restaurant!*
C'è **uno** zoo in questa città?	*Is there a zoo in this city?*

NOTE:

When a noun indicates a profession, the indefinite article is usually omitted.

Paolo è dottore, ed io sono professore.	*Paolo is a doctor, and I am a professor.*

2. **Articolo determinativo.** The *definite article (the)* agrees with the noun it precedes in gender (masculine or feminine) and in number (singular or plural). The masculine forms are **il, l', lo, i, gli,** and the feminine forms are **la, l', le,** according to the initial letter and the number of the word the definite article precedes.

			Singular	**Plural**
Masculine	*before*	consonant	il giardino	i giardini
		vowel	l'albero	gli alberi
		z	lo zero	gli zeri
		s + consonant	lo studio	gli studi
Feminine	*before*	consonant	la casa	le case
		vowel	l'autostrada	le autostrade
			(freeway)	

Ecco l'autobus!	*Here is the bus!*
Dove sono **gli** studenti?	*Where are the students?*
Gina è l'amica di Maria.	*Gina is Maria's friend.*
Ecco **le** informazioni, signora.	*Here is the information, Madam.*

If a noun ending in **-e** is masculine, it will have the appropriate masculine article (**il, l', lo, i, gli**), depending on its initial letter. If a noun ending in **-e** is feminine, it will have the appropriate feminine article (**la, l', le**), depending on its initial letter.

il fiore *(m.)*	**i** fiori
l'automobile *(f.)*	**le** automobili

NOTE:

a. When using a title to address someone, omit the article. When you are speaking *about* someone, use the appropriate definite article *before* the title.

Buon giorno, signor Neri.	*Good morning, Mr. Neri.*
Buona sera, dottor Lisi.	*Good evening, Dr. Lisi.*
Il professor Rossi non è in casa.	*Professor Rossi is not home.*
I signori Bianchi sono a teatro.	*Mr. and Mrs. Bianchi are at the theater.*

b. Such titles as **signore, professore,** and **dottore** drop the final **-e** in front of a proper name.

—Buon giorno, dottor Lisi.
—Buon giorno, professore.

Pratica

A. **È...?** Imagine you and a classmate are looking at pictures in an Italian magazine. Take turns asking and answering questions, following the example.

> Esempio   monumento/a Garibaldi
> —**È un monumento?**
> —**Sì, è il monumento a Garibaldi.**

1. chiesa/di San Pietro 2. ufficio/di Francesca Rovati 3. stazione/di Firenze 4. università/di Milano 5. affresco/di Leonardo 6. parco/di Genova 7. caffè/«Sport» 8. zoo/di San Diego 9. automobile/di un amico 10. studio/di un pittore 11. treno/Milano-Roma 12. banca/d'Italia 13. negozio/«Lui e Lei»

B. **Chi sono? Cosa sono?** Identify the following people and things, using the definite article.

1.

2.

3.

4.

5.

6.

7.

8.

9.

C. **Amo... Non amo...** Say whether you like or dislike the following things, using the correct form of the definite article.

> | Esempio | matematica |
> |---|---|
> | | **Amo (Non amo) la matematica.** |

1. jazz *(m.)* 2. musica classica 3. inverno *(winter)* 4. fiori 5. teatro
6. opera 7. esami 8. vacanze 9. giorni di sole *(sunny)* 10. sport invernali 11. concerti

D. **In un caffè.** Here are fragments of conversations overheard in an Italian café. Supply the definite article where necessary.

1. Buon giorno, _____ dottor Bianchi! Come sta?
2. Oh! Ecco _____ signor Rossi.
3. Scusi, dov'è _____ professor Marini oggi?
4. Quando è in ufficio _____ professoressa Rovati?
5. _____ signori Verdi sono a Parigi.
6. ArrivederLa, _____ dottore!

IV. C'è, ci sono e ecco!

Ecco la chiesa dove c'è l'affresco di Leonardo.

Milano. Santa Maria delle Grazie.

1. **C'è** *(There is)* and **ci sono** *(there are)* are used to indicate the existence of someone or something (in sight or not). Their negative forms are **non c'è** and **non ci sono**, respectively.

C'è la metropolitana a Roma?	*Is there a subway in Rome?*
Oggi **ci sono** diciotto studenti.	*Today there are eighteen students.*
Non ci sono fiori in giardino.	*There are no flowers in the garden.*

2. **Ecco** is invariable and is used to *point out* someone or something *in sight*. It has several meanings: *look!, here is . . . !, here are . . . !, there is . . . !, there are . . . !*

Ecco l'ạutobus!	*Here (There) is the bus!*
Ecco i sịgnori Parini!	*There are Mr. and Mrs. Parini!*

Pratica

A. **Per piacere, dove...?** Using the map on page 19, take turns with another student asking and answering questions about places in Milan.

> | Esempio | Duomo |
> |---|---|
> | | —**Per piacere, dov'è il Duomo?** |
> | | —**Ecco il Duomo!** |

1.	Scala	4.	chiesa di Santa Maria delle Grạzie
2.	giardini	5.	Galleria
3.	Castello Sforzesco	6.	stazione centrale

B. **C'è...? Ci sono...?** With a classmate, take turns asking each other about your hometowns, following the example.

> | Esempio | parchi |
> |---|---|
> | | —**Ci sono parchi a...** *(your city)*? |
> | | —**Sì, ci sono.** *o:* **No, non ci sono.** |

1.	un'università	5.	treni
2.	ạutobus *(pl.)*	6.	ristoranti italiani
3.	musei	7.	un monumento a Cristọforo Colombo
4.	una piazza		

Biglietti d'ingresso a un museo.

V. Espressioni interrogative

—*Che cos'è?* È un castello.
—*Com'è?* È grande e bello.
—*Dov'è?* È a Milano.
_____

Arte nel cortile del Castello Sforzesco.

Some interrogative words and expressions are:

Chi?	*Who?* *Whom?*	**Chi** è Marcello?	*Who is Marcello?*
Che cosa? **Cosa?** **Che?**	*What?*	**Cos'è** un pronome?	*What is a pronoun?*
Come?	*How? Like what?*	**Com'è** Firenze?	*What is Florence like?*
Dove?	*Where?*	**Dov'è** Palermo?	*Where is Palermo?*
Quando?	*When?*	**Quando** sei a casa?	*When are you at home?*

Cosa, come, and **dove** are elided before **è.**

Cos'è?	*What is it?* or *What is he/she?*
Dov'è?	*Where is it?* or *Where is he/she?*

Pratica

A. **Quiz.** With a classmate, take turns asking and answering questions, following the example.

> Esempio Filippo/studente —Chi è Filippo? —È uno studente.
>
> Venęzia/città —Che cos'è Venęzia? —È una città.

Pagina culturale

Milano è
Dinamismo
Vitalità
Arte
Spettacolo
Storia
Scienza
Tecnologia
Progresso
Novità
Moda

Una Città
Giovane
che piace
ai Giovani

*Museo Nazionale
della Scienza e della Tecnica
"Leonardo da Vinci"*

Milano (dal latino *Mediolanum*) è la *città-capitale* della regione chiamata Lombardia. La prosperità di *questa* città è *dovuta* alla sua posizione al centro della fertile *valle del Po*.

    Già nel Medioevo i *banchieri* lombardi sono famosi *quanto* i banchieri di Firenze.[*] Durante il *Rinascimento*, Milano *diventa* anche un centro artistico *grazie al* patronato delle famiglie Visconti e Sforza, e *grazie ad* artisti *come* Leonardo da Vinci. *Tre secoli più tardi* Milano esercita con *i suoi circoli* intellettuali un'influenza molto importante nell'unificazione dell'Italia.

    Oggi Milano è il *primo* centro industriale e finanziario d'Italia. L'industria della *moda* e *la Fiera Campionaria* sono di fama internazionale.

place in the middle/regional capital/this/due

Po valley

By the Middle Ages/bankers/ as much as/Renaissance/ becomes/thanks to

such as/Three centuries later/its circles

first

fashion/Trade Show

[*]Lombard Street, the famous banking street in London, England, is named after these Italian bankers.

Comprensione

1. Milano è la capitale...
   a. d'Italia.   b. della valle del Po.   c. della Lombardia.
2. Leonardo da Vinci è un pittore...
   a. del Medioevo.   b. del Rinascimento.   c. dell'Ottocento *(19th century).*
3. Oggi Milano è molto famosa per...
   a. l'industria della moda.   b. i suoi *(its)* banchieri.   c. i suoi artisti.
4. Il primo centro industriale d'Italia è...
   a. Firenze.   b. il Po.   c. Milano.

Due giovani in vacanza a Venezia.

Capitolo
2

Persone e personalità

■ Punti di vista: *Com'è il tuo compagno di stanza?*

■ Studio di parole: *La descrizione*

■ Ascoltiamo!: *La sera della festa*

■ Punti grammaticali
  I. *L'aggettivo*
  II. *Buono e bello*
  III. *Avere*
  IV. *Quanto? e i numeri cardinali*

■ Lettura: *Due amici differenti*

■ Pagina culturale: *Alcune regioni e città d'Italia*

Punti di vista

Claudio è biondo e simpatico. Com'è Luciano?

Com'è il tuo compagno di stanza?

your roommate

Rita e Luciano sono compagni di classe. Oggi *s'incontrano dopo* le lezioni.

they meet after

Rita	Ciao, Luciano. Come va?
Luciano	Non c'è male, e tu?
Rita	*Abbastanza bene. Quanti* compagni di stanza hai *quest'*anno?
Luciano	Ho *solo* un compagno di stanza. Si chiama Claudio. È romano.
Rita	Com'è? È un ragazzo simpatico?
Luciano	Sì, è un ragazzo molto simpatico. È anche un bel ragazzo—alto, biondo, con gli occhi verdi.
Rita	È un bravo studente?
Luciano	Sì, è molto studioso e *parla* quattro lingue.
Rita	Sono curiosa di *conoscerlo.*
Luciano	Bene. Domani sera c'è una *festa* a casa di Marco. Sei *invitata.*
Rita	Grazie. A domani sera.

Quite well./How many

this

only

he speaks

to meet him

party

invited

Comprensione

1. Chi è Rita? 2. Quando s'incontrano Rita e Luciano? 3. Quanti compagni di stanza ha Luciano quest'anno? 4. Come si chiama? 5. Di che città è? 6. È uno studente mediocre? 7. Quante lingue parla? 8. Che cosa c'è domani sera? 9. Chi è invitata?

Studio di parole La descrizione

| grasso | bello | forte | magro | vecchio |

COME SEI TU?

biondo(a) blond
bruno(a) dark-haired
alto(a) tall
basso(a) short
magro(a) thin
snello(a) slender
giovane young
vecchio(a) old
bello(a) beautiful
brutto(a) ugly
ricco(a) (*pl.* **ricchi**) rich
povero(a) poor
fortunato(a) lucky
sfortunato(a) unlucky
buono(a) good
cattivo(a) bad
bravo(a) good, talented
intelligente intelligent
stupido(a) stupid
studioso(a) studious
pigro(a) lazy
simpatico(a) nice, charming
antipatico(a) unpleasant

generoso(a) generous
avaro(a) stingy
interessante interesting
divertente amusing
noioso(a) boring
contento(a) content, pleased
felice happy
triste sad

HAI I CAPELLI...?

neri black
biondi blond
bianchi white
castani brown
rossi red
corti short
lunghi long

HAI GLI OCCHI...?

neri black
castani brown
blu blue
azzurri light blue
verdi green
grigi grey

Informazioni

Italians tend to minimize a compliment instead of thanking the person who pays it. For instance, when a visitor says, "What a beautiful house you have!" the response of the owner is likely to be, "It is not too bad, but . . . ," followed by an account of the house's shortcomings.

The adjective **bravo**, widely used to express appreciation at the end of a performance, should be **brava** when the performer is a woman. Although the adjectives **bravo** and **buono** are both translated in English as *good*, **bravo** should be used when *good* means *talented*.

Basso and **corto** are both translated as *short*. However, **basso** refers to someone's height, while **corto** refers to the length of inanimate objects: **capelli corti.**

Marrone and **castano** both translate as *brown*, but **castano** refers only to eyes and hair: **capelli castani.**

Applicazione

A. **Domande.** Answer the following questions using an appropriate adjective.

1. Come sono i capelli di Babbo Natale (*Santa Claus*)?
2. È generoso Scrooge?
3. Com'è Miss America?
4. Ha gli occhi neri Robert Redford?
5. Com'è un topo di biblioteca (*bookworm*)?
6. È noioso in genere un film di Jim Carrey?
7. È brutto Tom Cruise?
8. Com'è Popeye?

B. **Conversazione.** With a classmate, take turns asking each other about a roommate or good friend (**amico/amica**).

1. Hai un compagno (una compagna) di stanza o un amico (un'amica)?
2. Come si chiama?
3. Di dov'è?
4. È bruno(a) o biondo(a)? alto(a) o basso(a)? Ha gli occhi neri o azzurri?
5. È simpatico(a)?
6. È intelligente? È studioso(a) o pigro(a)?
7. È avaro(a) o generoso(a)?
8. Quante lingue parla? una? due? tre?

C. **Personalità.** With a classmate, discuss the qualities of an ideal friend and the personality flaws that you cannot stand. Share your thoughts with the class as a whole.

> Esempio   L'amico (L'amica) ideale è...
> L'amico (L'amica) ideale non è...

D. **Descrizione.** Introduce yourself to the class. Start with **Mi chiamo....**, and then describe your personality briefly using appropriate adjectives.

Ascoltiamo!

La sera della festa. It is the evening of Marco's party. Marco is greeting Rita and introducing her to Luca. Listen to the exchange that follows, then answer the questions in the *Ascoltiamo!* section of *Capitolo 2* in your textbook.

DISCOTECA "La Marina"
via Piave, 15 Venezia Tel. 471 278
San Valentino 14 feb.
Serata di Musica e Danze
Orchestra "i 4 mori"

Comprensione

1. Dove sono Luca e Rita?
2. Di dov'è Luca?
3. Come si chiama l'amica di Luca? È inglese?
4. Di quale (*which*) città è Marilyn?
5. Come sono, in generale, i giovani americani?

Dialogo

Imagine that you are at a discotheque and are describing to your best friend a person you have just met. Your friend wants to know where your new acquaintance is from, if he/she is a student and where, and what he/she is like. Act out this conversation with a classmate. You can begin by saying: **Ho conosciuto** (*I met*)... Your friend can then ask questions.

Punti grammaticali

I. L'aggettivo

1. È brutta o carina Roberta?   2. Ha i capelli lunghi o corti?
3. Ha gli occhi verdi o castani?

1. An adjective (**aggettivo**) must agree in gender and number with the noun it modifies. When an adjective ends in **-o,** it has four endings: **-o** (*m. sing.*), **-i** (*m. pl.*), **-a** (*f. sing.*), and **-e** (*f. pl.*).

	Singular	**Plural**
Masculine	il bambino biondo	i bambini biondi
Feminine	la bambina bionda	le bambine bionde

Roberta è carina: ha i capelli corti e neri e gli occhi castani.

Luigi è alto e biondo.	*Luigi is tall and blond.*
Maria è bassa e bruna.	*Maria is short and brunette.*
Maria e Carlo sono generosi.*	*Maria and Carlo are generous.*

When an adjective ends in **-e**, it has two endings: **-e** (*m. & f. sing.*) and **-i** (*m. & f. pl.*).

	Singular	**Plural**
Masculine	il ragazzo intelligente	i ragazzi intelligenti
Feminine	la ragazza intelligente	le ragazze intelligenti

una ragazza studiosa	*a studious girl*
due ragazze studiose	*two studious girls*
la lezione difficile	*the difficult lesson*
le lezioni difficili	*the difficult lessons*

2. An adjective usually follows the noun it modifies. However, the following common adjectives usually precede the noun:

bello	*beautiful, handsome, fine*	**grande**	*big, large; great*
brutto	*ugly, plain*	**piccolo**	*small, short*
buono	*good*	**stesso**	*same*
bravo	*good, talented*	**altro**	*other*
cattivo	*bad, mean, naughty*	**caro**[†]	*dear*
giovane	*young*	**vero**	*true*
vecchio	*old*		

l'**altro** giorno	*the other day*
un **caro** amico	*a dear friend*
una **grande** casa	*a big house*
un **grande** artista	*a great artist*
gli **stessi** ragazzi	*the same boys*

When an adjective precedes the noun, the form of the article depends on the first letter of the adjective.

gli studenti   BUT: **i** bravi studenti

Note: All adjectives follow the noun when they are modified by the adverb **molto** (*very*), **poco** (*little, not very*), **abbastanza** (*enough, rather*), **un po'** (*a little*).

---

*If an adjective modifies two nouns of different gender, the masculine plural ending is used: **Lisa e Paolo sono simpatici.** *Lisa and Paolo are nice.*

†**Caro,** after the noun, means *expensive:* **un'automobile cara,** *an expensive car.*

un amico **molto** caro   *a very dear friend*
una casa **abbastanza** grande   *a rather big house*

È la bandiera...

italiana	tedesca	francese	inglese	europea

Adjectives denoting *nationality* or *color* always follow the noun:

italiano*	*Italian*	**tedesco** (*pl.* **tedeschi**)	*German*
svizzero	*Swiss*	**spagnolo**	*Spanish*
francese	*French*	**greco**	*Greek*
irlandese	*Irish*	**russo**	*Russian*
inglese	*English*	**cinese**	*Chinese*
canadese	*Canadian*	**giapponese**	*Japanese*
messicano	*Mexican*	**europeo**	*European*
americano	*American*	**africano**	*African*

nero   viola   blu   azzurro   verde   giallo   arancione   rosso   nero

Lo spettro solare

Altri colori: **bianco** (*pl.* **bianchi**)   *white*
                  grigio   *grey*
                  marrone   *brown*
                  rosa   *pink*

una signora **inglese**	*an English lady*
la lingua **cinese**	*the Chinese language*
una macchina **tedesca**	*a German car*
due belle donne **americane**	*two beautiful American women*
un fiore **giallo**	*a yellow flower*
due case **bianche**	*two white houses*
due strade **lunghe**	*two long streets*

NOTE:

a. Like nouns ending in **-ca** and **-ga**, adjectives ending in -ca and -ga change in the plural to -che and -ghe.

*In Italian, adjectives denoting nationality are not capitalized, while nouns often are: **gli Italiani**, **gli Americani**, etc.

b. The adjectives **rosa**, **blu**, **viola**, and **marrone** are invariable.

due biciclette **blu**   *two blue bicycles*

Pratica

A. **Intervista.** Ask an American student studying in Siena what the experience is like. Imagine the conversation, with a classmate, using the cues as in the example.

> Esempio   facile, gli esami
> —**Sono facili gli esami?**
> —**Sono abbastanza (o molto) facili.**

1. paziente, i professori 2. divertente, la classe d'italiano 3. interessante, i corsi 4. bravo, i compagni 5. simpatico, gli amici 6. cordiale, gli Italiani 7. bello, la città di Siena 8. contento, tu

B. **Com'è? Come sono?** In pairs, ask each other about the following people and things, as in the example.

> Esempio   edifici di Manhattan/alto
> —**Come sono gli edifici di Manhattan?**
> —**Sono alti.**

1. città di Firenze/bello 2. ragazze italiane/bruno 3. compagne di classe/simpatico 4. gelati italiani/buono 5. veri amici/caro 6. professore(ssa) d'italiano/buono, bello, bravo 7. occhi di.../verde, blu, castano 8. macchine tedesche/caro 9. studenti d'italiano/intelligente 10. film di Coppola/interessante

C. **Di che colore è (sono)...?** *(What color is, are . . . ?)* In pairs, ask each other questions, following the example.

> Esempio   gli alberi
> —**Di che colore sono gli alberi?**
> —**Sono verdi.**

1. i tassì *(taxis)* di New York 2. la bandiera americana 3. la bandiera italiana 4. la neve *(snow)* 5. gli occhi della compagna di classe vicino a te *(near you)* 6. i capelli del compagno di classe vicino a te 7. il cielo *(sky)* quando piove *(it rains)* 8. il cielo quando è sereno *(it is clear)*

D. **Contraddizione.** In pairs, take turns asking and answering questions, as in the example.

> Esempio   gli edifici in centro (basso)
> —**Gli edifici in centro sono bassi?**
> —**No, sono alti.**

1. la Fifth Avenue (corto) **2.** i negozi in centro (brutto) **3.** il Central Park di New York (piccolo) **4.** le automobili Fiat (spagnolo) **5.** la BMW (americano) **6.** l'aereo Concord (tedesco) **7.** le Ferrari (economico)

E. **Affermazione.** In pairs, take turns asking and answering the following questions, as in the example.

> Esempio È una buona ragazza Lisa?
> —**Sì, è una ragazza molto buona.**

1. È una lingua difficile il cinese? **2.** È una bella città Perugia? **3.** Sono due bravi tenori Pavarotti e Domingo? **4.** È un aereo veloce *(fast)* il Concord? **5.** È una vecchia città Siena? **6.** È una persona ricca il signor Bill Gates?

F. **Che fortuna!** Explain why Donata Belli, an Italian businesswoman, is a lucky person. Complete each sentence with the suggested adjective(s).

> Esempio (tedesco) Donata Belli lavora per una compagnia.
> —**Donata Belli lavora per una compagnia tedesca.**

1. (intelligente) Donata Belli è una persona. **2.** (grande) Lavora in un ufficio. **3.** (bravo) Ha una segretaria. **4.** (simpatico) Lavora con colleghi *(colleagues).* **5.** (giovane, dinamico) Ha impiegati. **6.** (interessante) Ha un lavoro. **7.** (nuovo, rosso) Ha anche una Ferrari. **8.** (fortunato) È davvero *(really)* una persona.

G. **Una villa in Toscana.** Friends have rented a villa and a car in Tuscany, and have invited you to go with them. Working in groups of three, exchange information about the villa and the arrangements.

> Esempio la villa/piccolo   i mobili *(furniture)*/elegante
> —**Com'è la villa?**   —**Come sono i mobili?**
> —**È una piccola villa.**   —**Sono mobili eleganti.**

1. il giardino/grande **2.** le stanze *(rooms)*/bello/luminoso **3.** il parco/fiorito **4.** gli alberi/alto **5.** il cane/vecchio/nero **6.** i vicini *(neighbors)*/simpatico **7.** la città/vecchio/medievale **8.** la macchina/nuovo/tedesco **9.** l'affitto *(rent)*/caro

H. **Intervista.** Find out how your classmates would describe themselves. Ask each other questions using the following adjectives, and respond using **molto, poco,** and **abbastanza.**

> Esempio generoso
> —**Mary, sei generosa?**
> —**Sì, sono abbastanza generosa.**

1. studioso
2. pigro
3. fortunato
4. felice

5. timido
6. socievole
7. calmo

II. Buono e bello

1. When the adjective **buono** (*good*) precedes a singular noun, it has the same endings as the indefinite article **un**.

   un libro, un **buon** libro   *a book, a good book*
   un'amica, una **buon**'amica   *a friend, a good friend*

NOTE:

Buono in its plural forms has regular endings:

due **buoni** amici   *two good friends*
due **buone** ragazze   *two good girls*

2. When the adjective **bello** (*beautiful, handsome*) precedes a noun, it has the same endings as the definite article **il**.

Buon Natale e
Buone Feste!

   il ragazzo, il **bel** ragazzo   *the boy, the handsome boy*
   i fiori, i **bei** fiori   *the flowers, the beautiful flowers*
   l'albero, il **bell**'albero   *the tree, the beautiful tree*
   la casa, la **bella** casa   *the house, the beautiful house*
   l'amica, la **bell**'amica   *the friend, the beautiful friend*
   gli occhi, i **begli** occhi   *the eyes, the beautiful eyes*
   le parole, le **belle** parole   *the words, the beautiful words*
   lo stato, il **bello** stato   *the state, the beautiful state*

Pratica

A. **Buono.** In pairs, ask each other questions, following the examples.

> Esempio   caffè
>   —Com'è il caffè?
>   —È un buon caffè.
>
>   compagni
>   —Come sono i compagni?
>   —Sono buoni compagni.

1. ristorante   2. lezione   3. automobile   4. libro
5. idea   6. amici   7. cane   8. consigli (*advice*)   9. ragazze

B. **Bello.** You are showing a friend some photos. Your friend comments on each one, using **bello**.

> Esempio   casa di Anna
>   —Ecco la casa di Anna.
>   —Che bella casa!

1. fontana di Trevi   2. negozio Gucci   3. ufficio del dottor Sarzi
4. automobile di Marcello   5. ragazzo di Gabriella   6. zoo di San Diego

7. studio di un pittore italiano   **8.** chiesa di San Marco   **9.** giardini di Tivoli

C. **Ecco un bel...!** Bring one or two photos to class, and describe them using the correct form of **bello.**

> Esempio   **Ecco una bella fontana!**

III. Avere

The present tense (**presente**) of **avere** is conjugated as follows:

Person	Singular	Plural
1st	io **ho** *(I have)*	noi **abbiamo** *(we have)*
2nd	tu **hai** *(you have, familiar)*	voi **avete** *(you have, familiar)*
3rd	lui **ha** *(he has)*	loro **hanno** *(they have)*
	lei **ha** *(she has)*	Loro **hanno** *(you have, formal)*
	Lei **ha** *(you have, formal)*	

—Che naso ha Pinocchio?
—Ha un naso lungo.

Io **ho** un cane. E tu?	*I have a dog. And you?*
Gianni non **ha** i capelli neri.	*Gianni does not have black hair.*
Voi non **avete** il libro.	*You don't have the book.*
Ha una macchina americana Lei?	*Do you have an American car?*
I signori Scotti **hanno** una bella casa?	*Do Mr. and Mrs. Scotti have a nice house?*
Hai una bicicletta, (non è) vero?	*You have a bicycle, don't you?*
Marcello **ha** gli occhi verdi, (non è) vero?	*Marcello has green eyes, doesn't he?*

NOTE:

a. To use the verb **avere** in the negative or interrogative form, follow the general rules presented in **Capitolo 1,** pp. 22–23.

b. Another way to ask a question of fact or to request confirmation is to add **(non è) vero?** at the end of a statement.

Pratica

A. **Scambi rapidi.** With a classmate, complete the dialogues with the correct forms of **avere.** Then act them out.

1. —Marcello _____ un bel cane nero. E tu?
   —Io _____ un vecchio bassotto *(dachshund).*

2. —Noi medici non _____ una professione facile.
   —È vero, ma voi _____ molti soldi *(money)*.

3. —_____ un compagno di stanza tu?
   —No, ma _____ un gatto siamese come *(as)* compagno.

4. —Signora, _____ un computer Lei?
   —Io no, ma i miei figli *(my children)* _____ un personal computer.

B. **Contraddizione.** In pairs, ask each other questions and respond in a contradictory way, following the example.

> Esempio   Fabio, cane stupido
> **—Fabio ha un cane stupido?**
> **—No, non ha un cane stupido. Ha un cane intelligente.**

1. voi, amici poco generosi **2.** tu, compagni pigri **3.** i professori, una professione noiosa **4.** una persona povera, una vita facile **5.** tu, un grande appartamento

C. **Non è vero?** A classmate asks you to confirm his/her statements. Respond by providing the correct information, following the example.

> Esempio   tu, una macchina tedesca/americano
> **—Tu hai una macchina tedesca, non è vero?**
> **—No, ho una macchina americana.**

1. gli studenti, corsi noiosi/interessante **2.** voi, una vecchia Honda/nuovo **3.** tu, due compagni francesi/canadese **4.** tu, una grande stanza/piccolo **5.** il tuo amico, una ragazza messicana/argentino

Quante stelle ci sono sulla bandiera americana? E quante strisce?

IV. Quanto? *(How much?)* e i numeri cardinali

1. **Quanto (Quanta, Quanti, Quante)** used as an interrogative adjective agrees in gender and number with the noun it modifies.

Quante lezioni hai oggi?	*How many classes do you have today?*
Quanto tempo hai?	*How much time do you have?*

2. **Quanto** is invariable when it precedes a verb and is used as an indefinite interrogative expression.

Quanto costa la torta? **Quant'è** la torta?	*How much is the cake?*
Sette dollari.	*Seven dollars.*

| **Quanto** fa quaranta meno sette? | *How much is forty minus seven?* |
| Fa trentatrè. | *It is thirty-three.* |

To express age, Italian uses **avere** + *number* + **anni.**

| Quanti **anni ha** Pietro? | *How old is Pietro?* |
| Pietro **ha diciannove anni.** | *Pietro is 19 (years old).* |

3. The cardinal numbers from zero to 100 are:

0	zero	10	dieci	20	venti	30	trenta
1	uno	11	undici	21	ventuno	31	trentuno
2	due	12	dodici	22	ventidue	40	quaranta
3	tre	13	tredici	23	ventitrè	50	cinquanta
4	quattro	14	quattordici	24	ventiquattro	60	sessanta
5	cinque	15	quindici	25	venticinque	70	settanta
6	sei	16	sedici	26	ventisei	80	ottanta
7	sette	17	diciassette	27	ventisette	90	novanta
8	otto	18	diciotto	28	ventotto	100	cento
9	nove	19	diciannove	29	ventinove		

a. All these numbers are invariable except **zero** and **uno. Uno** has the same forms (**un, uno, una, un'**) as the indefinite article **un** when it precedes a noun. (**Un amico** translates as *a friend* or *one friend.*)

C'è **una** fontana in Piazza Navona?	*Is there **one** fountain in Piazza Navona?*
No, ci sono **tre** fontane.	*No, there are **three** fountains.*
In 100 (cento), ci sono **due zeri.**	*In 100, there are **two zeros.***

b. The numbers **venti, trenta, quaranta,** up to **novanta,** drop the final vowel before adding **uno** and **otto.**

| **trentun** giorni | *thiry-one days* |
| **quarantotto** minuti | *forty-eight minutes* |

c. The numbers **ventuno, trentuno, quarantuno,** up to **novantuno,** drop the final **o** before a noun.

| Lisa ha **ventun** anni. | *Lisa is twenty-one years old.* |

d. The numbers **venti, trenta, quaranta,** up to **cento,** usually drop the final vowel before the word **anni.**

| La nonna ha **ottant'anni.** | *Grandma is eighty.* |

e. **Tre** takes an accent when it is added to **venti, trenta,** and so on: **ventitrè, trentatrè,** etc.

Ecco due topi di biblioteca!

NOTE:

In decimal numbers, Italian uses a comma (**virgola**) where English uses a period (**punto**). $3,25 = **tre dollari e venticinque centesimi**

4. The numbers above 100 are:

101	centouno	2.000	duemila
200	duecento	3.000	tremila
300	trecento	100.000	centomila
1.000*	mille	1.000.000	un milione
1.001	milleuno	2.000.000	due milioni
1.100	millecento	1.000.000.000	un miliardo

NOTE:

The plural of **mille** is **mila.**

duemila chilometri   *two thousand kilometers*

In Italian, **cento** and **mille** are not preceded by the indefinite article **un.**

cento dollari   *a hundred dollars*
mille lire   *a thousand lire*

When **milione** (*pl.* **milioni**) and **miliardo** (*pl.* **miliardi**) are immediately followed by a noun, they take the preposition **di.**

Ci sono **due milioni di** abitanti   *Are there two million inhabitants in*
    a Roma?   *Rome?*

Pratica

A. **Nomi, indirizzi e numeri telefonici.** Read aloud the following names, addresses, and phone numbers from Marcello's address book.

1.	Cinzia Solari	Via Garibaldi, 16	25.33.89
2.	Claudia Muti	Corso Italia, 57 bis	67.41.74
3.	Elena Bini	Viale della Repubblica, 13	55.62.78
4.	Ombretta Toschi	Via Dante, 17	61.28.96

B. **Quanto fa...?** With a classmate, take turns dictating and solving these math problems.

1. 11 + (**più**) 30 = (**fa**)_____   3. 10 × (**per**) 7 = _____
2. 80 − (**meno**) 22 = _____   4. 100 ÷ (**diviso**) 4 = _____

*Note that in writing numbers of four or more digits, Italian uses a period instead of a comma.

C. **Quiz.** Answer the following questions.

1. Quanti minuti ci sono in un' ora *(hour)*?   **2.** Quante ore ci sono in un giorno?   **3.** Quanti giorni ci sono nel mese di aprile?   **4.** Quanti anni ci sono in un secolo *(century)*?   **5.** Quante stelle ci sono sulla bandiera americana?   **6.** Quante libbre *(pounds)* ci sono, approssimativamente, in un chilogrammo?   **7.** Quanti zeri ci sono in 1000 dollari?   **8.** Quanti studenti ci sono nella classe d'italiano?   **9.** Quante sillabe ci sono nella parola più lunga *(longest)* della lingua italiana: «precipitevolissimevol-mente» *(very fast)*?

D. **Quanto costa?** Your family has won the lottery and is making some luxurious purchases. A relative asks how much everything costs. Recreate the questions and answers with a classmate, following the example.

Esempio	bicicletta/450

    —**Quanto costa la bicicletta?**
    —**Costa quattrocentocinquanta dollari.**

1. motocicletta/4.300
2. computer/3.700
3. frigorifero/1.170

4. casa/ 650.000
5. Ferrari/100.000
6. televisore/990

Lettura

Due amici differenti

Marcello Scotti e Antonio Catalano sono buoni amici. Marcello è giovane, alto, snello e biondo. Ha gli occhi verdi, il *naso* greco e la *bocca* regolare. È un bel ragazzo? Sì, un vero Adone! Ha anche una nuova Ferrari rossa. È un ragazzo fortunato, *un po'* superficiale, ma generoso.

    E Antonio? Anche lui è giovane, ha la stessa *età* di Marcello, ma non è molto bello. È un po' basso e *grassottello*. Ha i capelli neri e il naso un po' *storto*, ma ha due begli occhi azzurri ed è molto simpatico. Non ha la macchina, ma ha la *chitarra* e Fido, un vecchio cane, basso e grasso, con le *gambe* storte.

    E in classe, come sono i due amici? Be', in classe è un'altra cosa, perchè Marcello è mediocre, ma Antonio è molto bravo. Sì, Antonio è un vero *campione*.

(margin glosses)
nose/mouth

a little

age

chubby/crooked

guitar
legs

champion

Comprensione

1. Chi sono Marcello e Antonio?
2. Sono vecchi?
3. È vero che Marcello è un brutto ragazzo?
4. Di che colore sono gli occhi di Marcello?
5. Che macchina ha?
6. È un amico avaro?
7. È un bel ragazzo Antonio?
8. È alto?
9. Di che colore sono gli occhi di Antonio?
10. Ha la macchina? Che cos'ha?
11. Com'è Antonio in classe?
12. È un bravo studente Marcello?

Attività supplementari

A. **Presentazioni.** You are the host/hostess at a reception for new students at the Università per Stranieri *(Foreigners)* di Siena. With a classmate, take turns making introductions by referring to the students' nametags.

Esempio   Philippe Dulac, Parigi
—**Vi presento Philippe Dulac. È francese. Abita *(He lives)* a Parigi.**

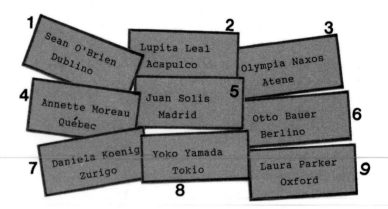

B. **Descrivete le persone nella foto.** *(Describe the people in the photograph.)* With another student, imagine who the people shown are, what their names are, and where they are. Can you also imagine what each person is like?

C. **Indovinate!** In groups of three or four, compile a short list of celebrities, both young and not so young. Using **Secondo me** *(In my opinion)*, one student will guess each person's age. The others will disagree (**No** or **Scusami**) and express their opinions.

D. **Mi descrivo.** Imagine that you are describing yourself on the telephone to someone you will meet on a blind date.

Come si dice in italiano?

1. Lisa and Graziella are two good friends.
2. They have brown eyes, but Lisa is blond and tall whereas **(mentre)** Graziella is short and dark-haired.
3. They are very pretty and young.
4. Lisa is rich and has a small car.
5. Graziella has an old bicycle.
6. They have the same German professor.
7. It is a difficult course.
8. But today they have a very easy exam.

Sito Web

Le regioni d'Italia

Italy (**L'Italia**) is divided into twenty political regions, which are responsible for local administration. Some regions have special status because they are near national borders or situated on islands. These include: <u>The Aosta Valley</u> (<u>Valle d'Aosta</u>), <u>Friuli-Venezia–Giulia</u>, <u>Trentino Alto Adige</u>, <u>Sicily</u> (<u>Sicilia</u>), and <u>Sardinia</u> (<u>Sardegna</u>). Italy's other regions are <u>Piedmont</u> (<u>Piemonte</u>), <u>Lombardy</u> (<u>Lombardia</u>), <u>Veneto</u>, and <u>Liguria</u> in the north; <u>Emilia Romagna</u>, <u>Tuscany</u> (<u>Toscana</u>), <u>Umbria</u>, <u>Marche</u>, <u>Latium</u> (<u>Lazio</u>), and <u>Abruzzo</u> in central Italy; and <u>Molise</u>, <u>Campania</u>, <u>Apulia</u> (<u>Puglia</u>), <u>Basilicata</u>, and <u>Calabria</u> in the south.

Each <u>region</u> has cities, towns, and villages. The most important city is the region's capital. The regions are divided into provinces, and every province is divided into <u>comuni</u> (communes). In many cases, a **comune** is comprised of some towns and villages. However, large cities, such as Milano, Bologna, and Firenze, are themselves communes.

The <u>Republic of San Marino</u> (<u>Repubblica di San Marino</u>), located between Emilia Romagna and Marche, is the smallest independent state in the world. <u>Vatican City</u> (<u>Città del Vaticano</u>), within Rome, is also an independent state.

Web page addresses of related interest are:

Italy Online
http://www.initaly.com

San Marino
http://www.op.net/docs/Geography/
San_Marino

Italian Literature
http://www.italy1.com/literature/

Made in Italy
http://made-in-italy.com/

World Factbook—Italy
http://www.odci.gov/cia/publications/
factbook/it.html

Info.Era
http://www.info-era.com/index1.htm

Vatican City
http://www.op.net/docs/Geography/
Vatican_City

http://www.hrwcollege.com

Vocabolario

Nomi	
l'abitante *(m.)*	*inhabitant*
l'anno	*year*
la bandiera	*flag*
la bicicletta	*bicycle*
il cane	*dog*
il cognome	*surname*
il colore	*color*
il compagno (la compagna) di stanza, di scuola	*roommate, classmate*
il corso	*class, (academic) course*
la cosa	*thing*
il dollaro	*dollar*
la festa	*party*
il film	*movie*
il francobollo	*stamp*
il gelato	*ice cream*
il giorno	*day*
l'indirizzo	*address*
la lingua	*language*
la macchina	*car*
il medico	*doctor*
il mese	*month*
il minuto	*minute*
il numero	*number*
l'occhio (*pl.* gli occhi)	*eye(s)*
l'ora	*hour*
la parola	*word*
la persona	*person*
la professione	*profession*
la sera	*evening*
la sillaba	*syllable*
la stanza	*room*
il tempo	*time*
la vita	*life*

Aggettivi	
africano	*African*
altro	*other*
bianco (*pl.* bianchi)	*white*
blu *(inv.)*	*blue*
bravo	*good, talented*
canadese	*Canadian*
carino	*pretty, cute*
caro	*dear; expensive*
castano	*brown (for eyes and hair)*
che...?	*what . . . ?*
cinese	*Chinese*
corto	*short (for objects)*
curioso	*curious*
differente	*different*
difficile	*difficult*
europeo	*European*
facile	*easy*
francese	*French*
giallo	*yellow*
giapponese	*Japanese*
greco	*Greek*
grigio	*grey*
inglese	*English*
irlandese	*Irish*
marrone *(inv.)*	*brown (for objects)*
messicano	*Mexican*
nero	*black*
nuovo	*new*
quale...?	*which . . . ?*
quanti? quante?	*how many?*
romano	*Roman*
rosa *(inv.)*	*pink*
rosso	*red*
russo	*Russian*
spagnolo	*Spanish*

stesso	same
svizzero	Swiss
tedesco (*pl.* tedeschi)	German
verde	green
vero	true
viola *(inv.)*	purple

Verbi

avere	to have

Altre espressioni

abbastanza	quite, rather
avere...anni	to be . . . years old

be'	well
Buona fortuna!	Good luck!
in generale	generally
Mi chiamo...	My name is . . .
o	or
poco *(adv.)*	little
Quanti anni hai?	How old are you?
quanto fa...?	how much is . . . ?
solo *(inv.)*	only
un topo di biblioteca	bookworm
vicino a	near

Pagina culturale

Venezia. Il Palazzo Ducale e il Campanile di fronte al Canal Grande.

Alcune *regioni e città d'Italia*

      Some

Gli Italiani considerano *il loro paese* diviso geograficamente in quattro parti: Italia settentrionale (del nord), centrale (del centro), meridionale (del sud) e insulare (delle *isole*). L'Italia è anche divisa amministrativamente in venti regioni. *Ogni* regione è divisa in province e ha la sua città-capitale. La più famosa è nell'Italia centrale: Roma, capitale del Lazio e *dal* 1870 (mille ottocento settanta) capitale d'Italia. Roma è *chiamata* «la città eterna», centro dell'antico impero romano e *sede* dei *Papi.**
      their country
      islands
      Each
      since
      called
      seat/Popes

    Al sud *si trova* la Campania con la sua capitale: Napoli. Questa città, terza per popolazione dopo Roma e Milano, è un porto importante sul mare Tirreno. *Costruita sul fianco* di una collina, offre meravigliosi panorami. Vicino ci sono il maestoso Vesuvio e le belle isole di Capri e d'Ischia. Sul mare Adriatico si trova il porto di Bari, capitale della regione chiamata Puglia. Dopo Napoli è la città più importante dell'Italia meridionale e un porto molto attivo per il commercio con il *Medio Oriente*.
      is found
      Built on the slope
      Middle East

    Il *primo* porto d'Italia è al nord: Genova (in Liguria), *patria* del grande navigatore Cristoforo Colombo. La città si estende sulle *colline*, di fronte al mar Ligure. La città romantica per eccellenza è Venezia, capitale del Veneto. È una città sull'acqua: i canali, i *ponti*, le gondole, i palazzi pittoreschi e piazza San Marco *conferiscono* alla città un'atmosfera magica.
      first/native land
      hills
      bridges
      bestow

*Rome will be described more extensively on the *Pagina culturale* in **Capitolo 8.**

Roma. Piazza Navona e la fontana di Nettuno, una delle tre fontane di questa grande piazza.

Comprensione

Completate le seguenti frasi. *(Complete the following sentences.)*

1. L'Italia è divisa geograficamente in...
2. In Italia ci sono venti...
3. L'Italia del sud è chiamata anche l'Italia...
4. La capitale d'Italia e la capitale del Lazio è...
5. Napoli è un porto sul mare...
6. Capri e Ischia sono due...
7. Genova è la capitale della...

Università di Catania (Sicilia).
Alla conclusione della difesa della tesi
di laurea.

Capitolo

3

All'università

- **Punti di vista:** *Oggi studio per gli esami*
- **Studio di parole:** *Il sistema italiano degli studi*
- **Ascoltiamo!:** *In classe*
- **Punti grammaticali**
  - I. *Verbi regolari in -are: il presente*
  - II. *Le preposizioni*
  - III. *Frasi idiomatiche con avere*
  - IV. Quale? e che? (Which? *and* what?)
- **Lettura:** *La stanza di Lucia*
- **Pagina culturale:** *La scuola d'obbligo e le scuole superiori*

Punti di vista

Gina e Pietro ripassano (*review*) gli appunti di un corso. Il professore spiega un punto difficile.

Oggi studio *per gli esami* I study

Gina e Pietro parlano *davanti* alla biblioteca.   in front of

Gina	Pietro, quante classi hai oggi?
Pietro	Ho una classe di biologia e un'altra di fisica. E tu?
Gina	Io ho un esame di chimica e *ho bisogno di* studiare perchè gli esami *del* professor Riva sono sempre difficili.
Pietro	Non hai gli *appunti*?
Gina	No, ma Franca, *la mia* compagna di classe, è una ragazza studiosa e ha molte pagine di appunti.
Pietro	Gina, *io ho fame,* e tu?
Gina	Anch'io. C'è un piccolo caffè vicino alla biblioteca. Perchè non mangiamo *lì*?
Pietro	Sì, *va bene,* perchè non ho molto tempo. *Dopo* le lezioni *lavoro* in biblioteca.
Gina	La vita *dei* poveri studenti non è facile!

Side glosses:
- I need to / of (the)
- notes
- my
- I am hungry
- there
- it's OK
- After/I work
- of the

Comprensione

1. Quante classi ha Pietro oggi?   2. Che cosa studia Gina oggi? Perchè?
3. Chi è Franca?   4. Com'è?   5. Perchè Gina e Pietro mangiano vicino alla biblioteca?   6. Dove lavora oggi Pietro?   7. Com'è la vita degli studenti?

Studio di parole Il sistema italiano degli studi

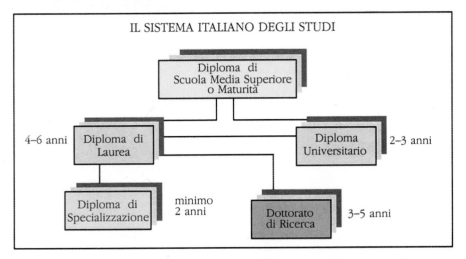

IL SISTEMA ITALIANO DEGLI STUDI

Diploma di
Scuola Media Superiore
o Maturità

4–6 anni   Diploma di Laurea   Diploma Universitario   2–3 anni

Diploma di Specializzazione   minimo 2 anni   Dottorato di Ricerca   3–5 anni

Il diploma universitario, also called **la minilaurea,** may be compared to an American B.A. or B.S. **La laurea** is equivalent to an American M.A. The last two degrees correspond approximately to a Ph.D.

la biologia biology
la psicologia psychology
la sociologia sociology
la chimica chemistry
la fisica physics
l'informatica computer science
l'economia economics
la letteratura literature
la musica music
la storia dell'arte art history
la filosofia philosophy
le lingue straniere foreign languages
le relazioni internazionali international relations
le scienze naturali natural sciences
le scienze politiche political sciences
la facoltà di scienze (legge, medicina, ingegneria, economia e commercio) School of Science (Law, Medicine, Engineering, Business)

il corso course
la materia subject
la conferenza lecture
la biblioteca library
gli appunti notes
la lettura reading
il compito homework
l'esame orale, scritto oral, written exam
il voto grade
il trimestre quarter
il semestre semester
studiare to study
frequentare to attend
insegnare to teach
l'insegnante teacher
attento attentive, careful
distratto distracted
presente present
assente absent

Informazioni

In 1997 about 600,000 students in Italy took **l'esame di maturità**. Those who passed received **il diploma di maturità**, the culmination of their five years of secondary schooling. Those who pass the examination and receive the diploma are eligible to enroll in a **facoltà**: each year, about two-thirds do so. Only about 30 percent of Italian university students actually receive a degree. University life is stressful, and universities in big cities are very crowded. Contacts between students and professors are minimal.

This listing from L'Università degli Studi di Parma (Emilia) indicates the variety of **facoltà**, **dipartimenti**, and **corsi di laurea** characteristic of an Italian university.

FACOLTÀ E DIPLOMI DI LAUREA

AGRARIA
- Scienze e tecnologie alimentari — 5 anni

ECONOMIA
- Economia aziendale — 4 anni
- Economia e commercio — 4 anni
- Economia politica — 4 anni

FARMACIA
- Chimica e tecnologia farmaceutiche — 5 anni
- Farmacia — 5 anni

GIURISPRUDENZA
- Giurisprudenza — 4 anni

INGEGNERIA
- Ingegneria civile — 5 anni
- Ingegneria delle telecomunicazioni — 5 anni
- Ingegneria elettronica — 5 anni
- Ingegneria gestionale — 5 anni
- Ingegneria informatica — 5 anni
- Ingegneria meccanica — 5 anni

LETTERE E FILOSOFIA
- Conservazione dei beni culturali — 4 anni
- Filosofia — 4 anni
- Lettere — 4 anni
- Lingue e letterature straniere — 4 anni
- Psicologia — 5 anni

MEDICINA E CHIRURGIA
- Medicina e chirurgia — 6 anni
- Odontoiatria e protesi dentaria — 5 anni

MEDICINA VETERINARIA
- Medicina veterinaria — 5 anni

SCIENZE MM. FF. NN.
- Chimica — 5 anni
- Chimica industriale — 5 anni
- Fisica — 4 anni
- Matematica — 4 anni
- Scienze ambientali — 5 anni
- Scienze biologiche — 5 anni
- Scienze geologiche — 5 anni
- Scienze naturali — 4 anni

Applicazione

A. **Che cosa insegnano?** The people listed below teach the courses indicated. What subject does each one teach?

> | Esempio | Il signor Cavalca: Mozart, pianoforte |
> |---|---|
> | | **Il signor Cavalca insegna musica.** |

1. La signora Dovara: programmi di computer
2. Il dottor Mattei: energia, atomo
3. La dottoressa Cattaneo: vita di piante e di animali
4. Il professor Piccoli: produzione, mercato
5. La professoressa Raineri: impero romano, rivoluzione francese
6. La signorina Forti: pittura, scultura

B. **Studenti.** Complete the following sentences, which describe several Italian students.

1. Per frequentare l'università, Antonella ha bisogno *(needs)* del _____ di maturità.
2. Marisa studia il tedesco e il russo: frequenta la facoltà di _____ .
3. Pierluigi è studioso, e dopo quattro anni d'università ottiene *(he gets)* il _____ .
4. Gianni non ha bei voti perchè è spesso _____ (= non è in classe).
5. Quando la lezione è noiosa, gli studenti sono _____ .

C. **Conversazione.** In pairs, ask each other these questions.

1. Quanti corsi hai questo trimestre/semestre? Quali *(Which)* sono?
2. Quale corso è interessante?
3. Quali compiti sono noiosi?
4. Hai bisogno di un computer per i compiti d'italiano?
5. Hai un computer? una vecchia macchina da scrivere? un IBM?
6. Che cosa studi oggi?
7. Hai molto tempo libero *(free)*?

Uno studente durante gli esami orali di maturità.

Ascoltiamo!

In classe. A teacher is greeting his students in a *liceo* in Rome and asking and answering a variety of questions at the beginning of class. Listen to the exchanges, then answer the questions in your textbook.

Comprensione

1. Che *(What)* scuola frequentano gli studenti?
2. Hanno un esame d'informatica oggi?
3. Sono tutti presenti?
4. Quanti minuti hanno gli studenti per l'esame?
5. Gli studenti hanno tre esami orali questo *(this)* trimestre?
6. Secondo *(According to)* il professore, è difficile l'esame?
7. Gli studenti hanno bisogno di concentrazione. Una studentessa ha bisogno di un miracolo. Secondo voi, è preparata per l'esame?

Dialogo

Act out the following exchange with a classmate. You are thinking of signing up for a class, but want to know more about it. Ask the professor questions to obtain the following—and related—information: Is the class difficult? How many exams are there? Are the exams written or oral? Is there a lot of homework?

Punti grammaticali

I. Verbi regolari in -are: *il presente*

Mamma e Nino suonano; il papà canta.

1. Chi suona la chitarra?
2. Anche il papà suona?
3. A che cosa giocano i tre ragazzi?

I tre ragazzi giocano: a golf, a tennis, a pallone.

cantare *(to sing)*	
cant **o**	cant **iamo**
cant **i**	cant **ate**
cant **a**	cant **ano**

1. Verbs that end in **-are**, known as first conjugation verbs, are the most frequently used. With few exceptions, they are regular. The infinitive of a regular verb such as **cantare** consists of the stem **cant-** (invariable) and the ending **-are**. To conjugate the present tense **(presente)** of **cantare**, we replace **-are** with a different ending for each person: **-o, -i, -a, -iamo, -ate, -ano.**

2. The present tense in Italian is rendered in English in different ways:

Io canto.
{ *I sing.*
I am singing.
I do sing. }

Canta Maria?
{ *Does Maria sing?*
Is Maria singing? }

Maria non canta.
{ *Maria does not sing.*
Maria is not singing. }

Aspetti un amico? — *Are you waiting for a friend?*
Desidero guardare la TV. — *I want to watch TV.*
Quante lingue **parli?** — *How many languages do you speak?*
(Loro) **Abitano** in una piccola città. — *They live in a small city.*

3. The present tense is often used to express the future tense.

Le classi **cominciano** domani. — *Classes will begin tomorrow.*

4. Here is a list of some common **-are** verbs:

abitare	*to live*	imparare	*to learn*
ascoltare	*to listen (to)*	(in)cominciare	*to begin*
aspettare	*to wait (for)*	lavorare	*to work*
cantare	*to sing*	mangiare	*to eat*
comprare	*to buy*	parlare (a)/(di)	*to speak (to)/(about)*
desiderare	*to wish, to want*	pensare (a)	*to think (about)*
domandare	*to ask*	spiegare	*to explain*
giocare (a)	*to play (a game)*	suonare	*to play (an instrument)*
guardare	*to watch, to look at*		

Giochiamo a tennis oggi? — *Are we playing tennis today?*
Quando **parli** a Franco? — *When are you speaking to Franco?*
Non **parliamo** di politica. — *We don't talk about politics.*

a. Verbs ending in **-iare** drop the **i** of the infinitive stem before adding the endings **-i** and **-iamo**.

studi**are**: stud**i**, stud**iamo**   incominci**are**: incominc**i**, incominc**iamo**

b. Verbs ending in **-care** and **-gare** add an **h** before the endings **-i** and **-iamo** to preserve the hard sounds of /k/ and /g/.

gio**care**: gioc**hi**, gioc**hiamo**
spie**gare**: spieg**hi**, spieg**hiamo**

5. Unlike their English equivalents, the verbs **ascoltare**, **aspettare**, and **guardare** take a direct object and therefore are *not* followed by a preposition.

Aspettiamo l'autobus.	*We are waiting for the bus.*
Perchè non **ascolti** la radio?	*Why don't you listen to the radio?*
Guardate le foto?	*Are you looking at the photographs?*

6. **Imparare**, **(in)cominciare**, and **insegnare** take the preposition **a** before an infinitive.

Incomincio a parlare in italiano.	*I'm beginning to speak Italian.*

For a list of verbs that take a preposition (**a** or **di**) before an infinitive, see Appendix 2.

7. To express purpose *(in order to)*, Italian uses **per** + *infinitive*.

Studio **per imparare**.	*I study (in order) to learn.*

LIBRERIA A. RIZZI

Compriamo libri nuovi e usati.
Accettiamo solo libri in buone condizioni.

Vetrina di una libreria.

Pratica

A. **In una libreria–cartoleria.** Say who is buying the following things.

> Esempio   Io, il libro di storia
> **Io compro il libro di storia.**

1. noi, un dizionario di sinonimi   2. tu, due quaderni per i compiti
3. Gina e Franca, la rivista *(magazine)* Espresso   4. una signora, un
libro di Hemingway   5. i turisti, una carta geografica   6. io, una calcolatrice *(calculator)*   7. voi, due poster di città americane

B. **Attività.** Tell what Lucio is doing today by matching a verb from column
A with an expression from column B.

> | | A | B |
> |---|---|---|
> | Esempio | suonare | il violino |

> **Lucio suona il violino.**

	A		B
1.	ascoltare	a.	l'autobus
2.	pensare	b.	a pallavolo *(volleyball)*
3.	aspettare	c.	alla sua ragazza
4.	mangiare	d.	il professore di scienze
5.	giocare	e.	al ristorante
6.	guardare	f.	un vecchio film

C. **Scambi rapidi.** Complete and then act out each dialogue with a classmate.

> Esempio   —**Dove (abitare) abiti tu?**
> —**Io (abitare) abito in via Mazzini.**

1. —(giocare) _____ a tennis noi oggi?
   —No, oggi noi (studiare) _____ per l'esame di letteratura
   inglese.

2. —Tu e Pietro (guardare) _____ la TV stasera?
   —No, stasera noi (suonare) _____ con il gruppo «I Pop
   di Bari».

3. —Cosa (desiderare) _____ comprare Lisa?
   —Lisa (pensare) _____ di comprare una calcolatrice.

D. **No!** With a classmate, take turns asking and answering questions using
the cues provided and following the example.

> Esempio   abitare in Italia/...
> —**Abiti in Italia?**
> —**No, non abito in Italia, abito in America.**

1. studiare fisica/...   2. desiderare un CD di Elvis Presley/...   3. imparare
la lingua giapponese/...   4. giocare a golf/...   5. ascoltare i compagni/...

6. parlare tre lingue/... 7. mangiare all'università/... 8. comprare un'Alfa Romeo/...

E. **Dove pensi di...?** Ask a classmate where he/she is thinking of performing the activities listed.

| Esempio | Dove pensi di andare *(to go)* stasera?
Penso di andare a teatro. |

1. mangiare stasera 2. giocare a carte 3. studiare 4. comprare il romanzo *(novel)* I Miserabili 5. abitare alla fine *(at the end)* degli studi

Risposte possibili: al ristorante,   in libreria,   in biblioteca,
a Boston,   a casa...   o...

II. Le preposizioni

—Oggi siamo
all'università. Il professore
è alla lavagna.
—Nella biblioteca i libri
sono sugli scaffali.

1. Dove siamo oggi?
2. Dov'è il professore?
3. Cosa c'è sugli scaffali?

1. **Simple prepositions.** You have already learned the simple prepositions (preposizioni semplici) **a, di, in,** and **per.** The following chart lists all the simple prepositions and their meanings.

di (d')	*of*	con	*with*
a	*at, to, in*	su	*on, over, above*
da	*from, by*	per	*for, in order to*
in	*in*	tra (fra)	*between, among*

Ecco il professore d'inglese.   *There is the English professor (the*
                                   professor of English).

Abitiamo **a** New York.   *We live in New York.*

*For idiomatic uses of the simple prepositions **a, da,** and **in,** see **Capitolo 7,** pages 171–172.

Il treno arriva **da** Roma.	*The train is arriving from Rome.*
Siamo **in** Ame̦rica.	*We are in America.*
Giochi **con** Gino?	*Are you playing with Gino?*
Il dizionạrio è **su** uno scaffale.	*The dictionary is on a shelf.*
La bicicletta è **per** Lia.	*The bicycle is for Lia.*
Il quaderno è **tra** due libri.	*The notebook is between two books.*

Note that **di** is used to express:

a. **possession:**

Di chi è il dizionạrio?	*Whose dictionary is it?*
È **di** Antọnio.	*It is Antonio's.*

b. **place of origin:**

Di dov'è il signor Smith?	*Where is Mr. Smith from?*
È **di** Londra.	*He is from London.*

2. When the prepositions **a, da, di, in,** and **su** are used with a definite article, the preposition and the article combine to form one word (**preposizione articolata**), as follows:

	il	**lo**	**l'** *(m.)*	**la**	**l'** *(f.)*	**i**	**gli**	**le**
a	al	allo	all'	alla	all'	ai	agli	alle
da	dal	dallo	dall'	dalla	dall'	dai	dagli	dalle
di	del	dello	dell'	della	dell'	dei	degli	delle
in	nel	nello	nell'	nella	nell'	nei	negli	nelle
su	sul	sullo	sull'	sulla	sull'	sui	sugli	sulle

Quali studenti domandano informazioni sull'anno scolastico? Chi chiede informazioni sull'anno accademico?

Studiamo **all'**università.	*We are studying at the university.*
Parto **dalla** stazione alle 5.	*I'll leave from the station at 5:00.*
Ecco l'ufficio **del** professore.	*Here is the office of the professor.*
Lavorano **negli** Stati Uniti.	*They work in the United States.*
Lisa aspetta **nello** studio.	*Lisa is waiting in the study.*
La penna è **sul** tavolo.	*The pen is on the table.*

The preposition **con** is seldom contracted. Its most common contractions are **col** and **coi; con i (coi) bambini.**

NOTE:

Contraction with the definite article occurs when a noun is preceded by the definite article. First names and names of cities do not have an article.

È il libro **di** Luca?	*Is it Luca's book?*
No, è il libro **della** professoressa.	*No, it is the professor's book.*
Loro abitano **a** Verona.	*They live in Verona.*

Pratica

A. **Fulvio studia.** Tell what is going on as Fulvio studies for a biology exam by completing each sentence with an appropriate preposition: **a, da, in, con, su, per, tra.**

1. Oggi Fulvio è _____ biblioteca. 2. La biblioteca è _____ due alti edifici. 3. Fulvio studia _____ un compagno. 4. Studia _____ l'esame di biologia. 5. Incomincia a studiare _____ pagina 18. 6. Mentre *(While)* Fulvio pensa _____ una ragazza bruna, il libro è _____ una sedia. 7. È mezzogiorno *(noon);* Fulvio mangia un panino *(sandwich)* _____ un piccolo caffè. 8. Dov'è il libro _____ biologia?

B. **Contrazioni.** Combine the preposition with the article, following the example.

> Esempio È il libro (di)/(lo) studente
> **È il libro dello studente.**

1. Il professore spiega (a)/(gli) studenti 2. Siamo (a)/(la) lezione d'italiano 3. Il dizionario è (su)/(il) tavolo 4. Ho bisogno (di)/(gli) appunti di storia 5. Oggi parliamo (a)/(l')impiegato 6. I quaderni sono (su)/(lo) scaffale *(shelf)* 7. Ci sono molti fiori (su)/(gli) alberi 8. La conferenza è (in)/(l')edificio di lingue straniere 9. Pietro lavora (in)/(il) ristorante vicino (a)/(l')università 10. Ecco la macchina (di)/(il) ragazzo di Gabriella 11. Ci sono due semestri (in)/(l')anno accademico 12. C'è un virus (in)/(il) computer (di)/(il) mio compagno di stanza.

C. **Sostituzioni.** Form new sentences by replacing the italicized expressions with the words indicated and the correct prepositions.

1. Sandra va *(goes) al parco.* (discoteca, museo, concerti rock, feste, cinema)
2. Ho bisogno *del dizionario.* (spiegazione del professore, macchina, appunti, computer)
3. I libri di Francesco sono *sul letto.* (tavolo, scrivania, sedie, televisore = *TV set*)
4. Oggi Franco e Luisa sono *nell'aula di fisica.* (negozio di biciclette, studio, libreria dell'università, edificio di lingue straniere)

D. **Non ricordo!** Lisa doesn't remember where she is supposed to go and asks her friend to remind her.

> Esempio   lezione di filosofia/aula numero 27
> —**Dov'è la lezione di filosofia?**
> —**È nell'aula numero 27.**

1. conferenza su Dante/aula magna *(auditorium)*   2. appuntamento con la dottoressa Venturi/ufficio della dottoressa   3. corsi di calcolo/edifici d'ingegneria   4. riunione con i compagni/giardino dell'università

E. **Di chi *(Whose)* è...?** With a classmate, take turns asking and answering to whom various things belong.

> Esempio   libro/bambino
> —**Di chi è il libro?**
> —**È del bambino.**

1. casa con il bel giardino/signori Giusti   2. edificio rosso/dottor Galli   3. orologio/Antonio   4. quaderno nero/studentessa di medicina   5. due computer/ingegner Scotti   6. belle fotografie di Venezia/Lucia

III. *Frasi idiomatiche con* avere

1. In Italian, the following idiomatic expressions (**espressioni idiomatiche**) are formed using **avere** + *noun.* In English, by contrast, they are formed in most cases using *to be* + *adjective.*

—Cara, non hai paura, vero?

avere fame	*to be hungry*	**avere caldo**	*to be hot*
avere sete	*to be thirsty*	**avere freddo**	*to be cold*
avere sonno	*to be sleepy*	**avere ragione**	*to be right*
avere paura (di)	*to be afraid (of)*	**avere torto**	*to be wrong*
avere bisogno (di)	*to need*	**avere fretta**	*to be in a*
avere voglia (di)	*to feel like*		*hurry*

Hai paura di un esame difficile?	*Are you afraid of a difficult exam?*
Ha bisogno di un quaderno?	*Do you need a notebook?*
Ho caldo e **ho** anche **sete.**	*I am hot and I am also thirsty.*
Hai ragione: è un corso interessante.	*You are right: it is an interesting course.*
Hai voglia di mangiare un buon gelato?	*Do you feel like eating a good ice cream?*

NOTE:

When referring to an object as hot or cold, use **essere: Il caffè è caldo.** *The coffee is hot.*

Pratica

A. **Cosa desideri...?** With a classmate, take turns asking and answering the following questions by choosing among the cues provided.

Cosa desideri quando hai fame/sete/sonno/caldo/freddo/paura/non hai voglia di studiare?

> Esempio   —**Cosa desideri quando hai fame?**
>   —**Vorrei una pizza.**

una Coca-Cola, un tè freddo, un piatto di spaghetti, un'acqua minerale fresca, un bel letto *(bed),* un gelato alla panna, andare al cinema, un caffè caldo, essere alle Bahamas, parlare con gli amici, essere in Alaska, avere un po' di coraggio

B. **Io, no.** Complete the sentences with the appropriate **preposizioni articolate.**

1. Io ho paura degli esami, e Lei? Io no, ma ho paura _____ professori severi, _____ lezioni difficili, _____ dentista *(m.),* _____ cattivi dottori, _____ cani feroci e _____ amici disonesti. 2. Noi abbiamo bisogno del quaderno per *(in order to)* studiare, e tu? Io no, ma ho bisogno _____ libro, _____ fogli, _____ tavolo, _____ lampada, _____ penna, _____ caffè e _____ appunti di chimica. 3. Maurizio ha vent'anni: pensa _____ cinema, _____ ragazze, _____ musica rock e _____ sport; non pensa _____ studio, _____ compiti, _____ università, _____ professori.

C. **Hanno ragione o hanno torto?** Indicate whether you think that the people making the following statements are correct or mistaken.

> Esempio   Il tuo *(your)* compagno di stanza dice che tu guardi sempre la TV.
>   **Ha torto.** *o* **Ha ragione.**

1. Il professore d'italiano pensa che tu studi molto.
2. I dietọloghi dịcono: «Mangiate molta frutta e poca carne *(meat)*».
3. Noi non studiamo per gli esami e contiamo sulla fortuna.
4. Il tuo *(Your)* amico dice che tu sei pigro(a) e disordinato(a).
5. I compagni di classe dịcono che è una buon'idea studiare insieme *(together)* per gli esami.

D. **Perchè? Perchè...** With a classmate, take turns asking and answering the following questions. Use idioms with **avere.**

1. È mezzogiorno e i compagni di corso desịderano mangiare. Perchè?
2. Stasera Lei non guarda la televisione. Perchè?
3. Il Suo *(Your)* compagno di stanza è in una cartoleria. Perchè?
4. Questa mattina Lei non ha tempo di parlare con gli amici. Perchè?
5. È un giorno caldo d'agosto e noi desideriamo bere *(to drink)* una Coca-Cola. Perchè?

IV. Quale? e che? *(Which? and what?)*

—Qual è il mezzo *(means of transportation)* preferito dalla ragazza?

Quale and **che** are interrogative adjectives. **Quale,** like *which,* implies a choice among alternatives. It usually drops the **-e** before **è** and, like other adjectives ending in **-e,** has only two forms: **quale** and **quali.**

Ho bisogno di un libro.	*I need a book.*
Quale libro?	*Which book?*
Il libro di biologia.	*The biology book.*
Hai gli appunti?	*Do you have the notes?*
Quali appunti?	*Which notes?*
Gli appunti di chịmica.	*The chemistry notes.*

Che indicates *what kind* and is an invariable adjective.

Che macchina hai?	*What (kind of) car do you have?*
Che musica suoni?	*What (kind of) music do you play?*

NOTE:

1. The expression **che** is also used in exclamations. In this case, it means *What . . . !* or *What a . . . !*

Che bravo studente!	*What a good student!*
Che bei bambini!	*What beautiful children!*

2. **Che** is also a relative pronoun, translating as *that/which* or *who/whom*. In Italian it must *always* be expressed, even if it is omitted in English.

Ecco la rivista **che** leggo.	*Here is the magazine (that) I am reading.*
Ecco i due ragazzi **che** abitano in Campania.	*Here are the two boys who live in Campania.*

Pratica

A. **Quale...?** Ask a friend where some places and things are located. He or she will ask you to specify which place or thing you mean. Follow the example.

Esempio	libro/Giancarlo
	—**Dov'è il libro?**
	—**Quale libro?**
	—**Il libro di Giancarlo.**

   1. compiti/altro giorno   2. fotografie/ragazzi   3. orologio (*watch*)/Maria
   4. negozio/frutta   5. aula/corso di letteratura inglese   6. indirizzo/Marisa

B. **Che...?** A friend is thinking of making several purchases today. Request more specifics by asking **Che...?**, following the example.

Esempio	macchina/Fiat
	—**Oggi compro una macchina.**
	—**Che macchina?**
	—**Una (macchina) Fiat.**

   1. motocicletta/Honda   2. libro/di storia   3. bicicletta/Bianchi   4. cane/setter   5. orologio (*watch*)/Gucci   6. penna/biro (*ballpoint*) nera   7. computer/ Apple

C. **Che...!** React to the following statements with an exclamation, as in the example.

Esempio	—La signora Maria ha due *belle* bambine.
	—**Che *belle* bambine!**

1. Lucia ha una stanza *disordinata*.   **2.** Marco non studia perchè è un ragazzo *pigro*.   **3.** Il (La) professore(ssa) è *paziente* quando spiega. **4.** Questa *(This)* pizza è molto *buona*.   **5.** Stefano è un ragazzo molto *generoso* con gli amici.   **6.** I film di... non sono interessanti, sono *stupidi*.   **7.** Marisa è una studentessa molto *brava* a scuola.

D. **Ecco... che...** Imagine that you are pointing out people and objects. Construct statements, following the example.

Esempio	Ecco la signorina/(studiare) lingue straniere

Ecco la signorina che studia lingue straniere.

1. Ecco l'autobus/noi (aspettare)   **2.** Ecco gli amici/(abitare) a Reggio Calabria   **3.** Ecco la calcolatrice/io (desiderare) comprare   **4.** Ecco il professore/(insegnare) all'Università di Palermo   **5.** Ecco gli studenti/ (frequentare) l'Istituto Orientale di Napoli

Lettura

La stanza di Lucia

Lucia abita in un vecchio edificio in via Senato. La stanza di Lucia non è molto grande, ma ha una bella *finestra che dà sul* giardino. Nella stanza ci sono un letto, due sedie e un tavolo. Sul tavolo ci sono molti

window that overlooks the

oggetti: carte, matite, libri, quaderni e una *lampada*.   lamp
Alle pareti e sulla porta ci sono fotografie di bei *pae-*   landscapes
saggi perchè Lucia ha l'hobby della fotografia. Sul
pavimento ci sono molti fogli di carta. La stanza è
disordinata perchè Lucia è molto occupata: è studentessa di lingue all'università di Milano e, quando
è *libera,* lavora nel negozio di un amico di famiglia.   free

    Oggi Lucia e Liliana studiano *insieme* perchè   together
domani mattina hanno un esame orale. Le due
ragazze desiderano guardare la TV o ascoltare *della*   some
musica, ma hanno bisogno di studiare perchè hanno
paura dell'esame.

    Dopo due *ore* di studio, Lucia ha fame.   After/hours

    —Liliana, quando ho fame, io non imparo *anche*   even if
se studio.

    —Hai ragione. Perchè non mangiamo una pizza?

    —Adesso *telefono* alla pizzeria e *ordino* una bella   I (will) phone/I (will)
pizza *alla napoletana.*   order/with anchovies
    and capers

Comprensione

1. È in un nuovo edificio la stanza di Lucia? 2. Com'è la stanza? 3. Che mobili (*furniture*) ci sono nella stanza? 4. Quali oggetti ci sono sul tavolo? 5. Perchè Lucia ha molte foto alle pareti? 6. È ordinata la stanza? Perchè? 7. Con chi studia oggi Lucia? 8. Perchè hanno bisogno di studiare? 9. Perchè ordinano una pizza? 10. Che pizza mangiano?

Conversazione

Take turns with a classmate asking about your rooms and study habits.

1. Hai una grande stanza tu? È ordinata? 2. Cosa c'è nella tua (*in your*) stanza? Ci sono poster alle pareti? 3. Studi solo(a) o con un compagno (una compagna) di classe quando hai un esame? Dove studi? 4. Quando sei stanco(a) (*tired*) di studiare, guardi la TV, telefoni (*call*) a un amico o mangi qualcosa (*something*)?

Attività supplementari

A. **La stanza di una studentessa universitaria.** With another student, describe the photo on page 77. What furniture and other objects can you see?

B. **Di cosa ho bisogno?** Imagine that you are thinking of moving into your own room or apartment at school. Ask your classmates what they think you will need.

C. **Cerco un(a) compagno(a) di stanza.** *(I'm looking for a roommate.)* Working in pairs, interview each other as possible roommates. (You may want to ask what the other person's name is, if he/she studies at home or in the library, if he/she is neat or messy, if he/she smokes or listens to music a lot, if he/she works part-time, or if he/she has a lot of furniture.)

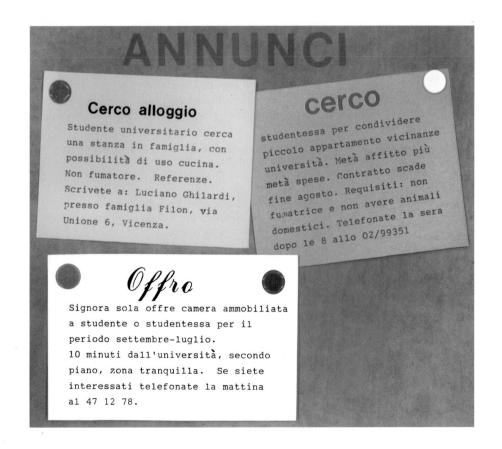

ANNUNCI

Cerco alloggio

Studente universitario cerca una stanza in famiglia, con possibilità di uso cucina. Non fumatore. Referenze. Scrivete a: Luciano Ghilardi, presso famiglia Filon, via Unione 6, Vicenza.

cerco

studentessa per condividere piccolo appartamento vicinanze università. Metà affitto più metà spese. Contratto scade fine agosto. Requisiti: non fumatrice e non avere animali domestici. Telefonate la sera dopo le 8 allo 02/99351

Offro

Signora sola offre camera ammobiliata a studente o studentessa per il periodo settembre-luglio. 10 minuti dall'università, secondo piano, zona tranquilla. Se siete interessati telefonate la mattina al 47 12 78.

Come si dice in italiano?

1. Here is a conversation between two roommates, Nina and Lori.
2. You are very messy, Nina. You have books, paper, and other things on the floor.
3. You're right. I am afraid because Professor Riva's exams are always difficult.
4. Are you studying today?
5. Yes, in the library.
6. If you wish, we (will) study together *(insieme)*.
7. Yes, but now I am hungry, and you?
8. No, I am thirsty. I need a cup *(tazza)* of coffee.
9. I do too, because I am sleepy.

Sito Web

Le università

Italy has 47 public universities and a few private universities. Most of the latter are run by the Roman Catholic Church. Other university-level institutions include polytechnic institutes and universities for foreigners, the best-known of which is in Perugia, in the hills of Umbria.

The University of Rome is Italy's largest public university. Catholic University (Università Cattolica), with scientific and humanities faculties, is the largest private university. Other private universities specialize in business and economics, modern languages, and arts.

The University of Bologna, founded in the eleventh century, is one of the world's oldest universities.

Web page addresses of related interest are:

Italian Universities
http://www.edunet.com/uni-ti.html

Italian Universities
http://www.schu.edu.cn/it.html.

Pontificia Università Gregoriana
http://www.unigre.urbe.it/tizuni/storia.html

Università cattolica del Sacro Cuore
http://www.unicatt.it/website/home/sedi/breschia/breschia.htm

University of Bologna
http://www.cs.unibo.it/eng/1/cibz.shtml

University of Perugia
University for foreign students
http://www.krenet.it

University of Palermo
http://www.unipa.it

University of Pisa
http://www.di.unipi.it/welcome.html

University of Turin
http://www.di.unito.it/home.html

http://www.hrwcollege.com

Vocabolario

Nomi

la calcolatrice	*calculator*
la carta	*paper*
la cartoleria	*stationery store*
la chitarra	*guitar*
il foglio	*sheet (of paper)*
la fotografia	*photo, picture*
la frutta	*fruit*
la lampada	*lamp*
il letto	*bed*
la libreria	*bookstore*
la mattina	*morning*
il mezzogiorno	*noon*
i mobili	*furniture*
l'oggetto	*object*
l'orologio	*watch, clock*
la pagina	*page*
la parete	*wall*
il pavimento	*floor*
lo scaffale	*shelf*
la spiegazione	*explanation*
la TV (televisione)	*television*

Aggettivi

caldo	*warm*
che	*what kind of*
disordinato	*messy*
freddo	*cold*
libero	*free*
il mio, la mia	*my*
molto	*much, a lot of (pl. many)*
occupato	*busy*
ordinato	*neat*
paziente	*patient*
preoccupato	*worried*
pronto	*ready*
quale	*which*
stanco (*pl.* stanchi)	*tired*

Verbi

abitare	*to live*
ascoltare	*to listen to*
aspettare	*to wait for*
cantare	*to sing*
comprare	*to buy*
desiderare	*to wish*
domandare	*to ask*
giocare (a)	*to play (a game)*
guardare	*to look at, to watch*
imparare	*to learn*
(in)cominciare	*to begin*
lavorare	*to work*
mangiare	*to eat*
parlare (a)/(di)	*to speak (to)/(about)*
pensare (a)	*to think about*
spiegare	*to explain*
suonare	*to play (an instrument); to ring (a bell, etc.)*

Altre espressioni

adesso	*now*
avere... anni	*to be . . . years old*
avere bisogno (di)	*to need*
avere caldo	*to be hot*
avere fame	*to be hungry*
avere freddo	*to be cold*
avere fretta	*to be in a hurry*
avere paura (di)	*to be afraid (of)*
avere ragione	*to be right*
avere sete	*to be thirsty*
avere sonno	*to be sleepy*
avere torto	*to be wrong*
avere voglia (di)	*to feel like; to want*
che (*pronoun*)	*who/whom; that/which*
da	*from, by*
dopo	*after*
la mattina	*in the morning*
per (+ *inf.*)	*in order to*
se	*if*
sempre	*always*
spesso	*often*
su	*on, over, above*
tra (*or* fra)	*between, among*
va bene	*OK*

Pagina culturale

La scuola d'obbligo e le scuole superiori

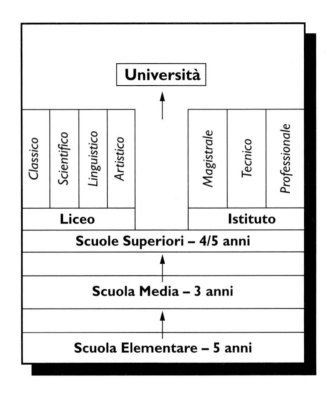

Questo prospetto illustra l'organizzazione tradizionale della scuola prima degli studi universitari. Dopo otto anni di scuola d'obbligo incomincia la specializzazione, e gli studenti *che* desiderano continuare gli studi *devono decidere quale tipo di scuola scegliere.* I giovani che *vogliono acquistare* una buona *conoscenza* umanistica o scientifica scelgono il liceo classico o scientifico. *Quelli che* sperano di incominciare *subito* una carriera (per esempio di maestro(a) di scuola elementare, di *perito, geometra* o *ragioniere*) frequentano gli istituti. Le scuole superiori hanno programmi rigorosi controllati dallo Stato.

who/must
to choose/want to acquire
knowledge
Those who/right away
nongraduate engineer/
    surveyor/accountant

Oggi esiste un progetto di riforma che porta la scuola d'obbligo da otto a dieci anni. Il progetto *propone*, fra altre innovazioni, l'uso del computer e lo studio dell'inglese *dalle elementari*, e lo studio di una seconda lingua straniera nella scuola secondaria. Negli ultimi tre anni *ci saranno* attività di diversificazione e di orientamento per aiutare gli studenti a scegliere l'area di studi universitari.

I più importanti *cambiamenti* nell'università saranno: un esame di *valutazione* per tutti all'inizio del primo anno e l'introduzione di corsi speciali «*a tempo parziale*» per gli studenti-*lavoratori*.

proposes
from elementary school on
there will be

changes
evaluation
"part-time"/workers

Studenti in un'aula
dell'Università di Roma.

Dove sono e cosa
fanno questi studenti?

Comprensione

Answer the following questions.

1. Fino a *(Until)* quanti anni d'età è obbligatorio studiare in Italia?
2. Quanti anni dura la scuola superiore nel sistema tradizionale?
3. Come si chiama il diploma che uno studente ottiene (obtains) alla fine del liceo o dell'istituto?
4. Che differenze ci sono fra la scuola secondaria tradizionale e la *high school* americana?
5. Secondo *(According to)* il progetto di riforma, quale lingua devono studiare tutti gli studenti di scuola elementare?

Firenze. Ristorante all'aperto in piazza della Signoria.

Capitolo

4

A tavola

Punti di vista

Ristorante sotto la pergola.

Lago di Garda.

Al ristorante

Linda e Gianni sono al ristorante.

Linda	È un *locale* piccolo ma carino, no? Io non ho molta fame, e tu?	place
Gianni	*Ho una fame da lupo.* Ma che menù povero! Non ci sono *nè* lasagne *nè* scaloppine!	I'm as hungry as a wolf. neither . . . nor
Linda	Per piacere, Gianni! Non sei stanco di mangiare sempre le stesse cose? Sst! Ecco il cameriere!	
Cameriere	*Desiderano* un antipasto? Abbiamo del prosciutto *squisito.*	Would you like delicious
Gianni	Non per me, grazie. *Non mi piace* il prosciutto. *Io vorrei* degli spaghetti *al pomodoro.* Anche tu, Linda?	I don't like I would like/with tomato sauce
Linda	*Scherzi?* Ho bisogno di vitamine, io, non di calorie. Per me, una zuppa di verdura.	Are you joking?
Cameriere	E come secondo, che cosa *ordinano?* Oggi abbiamo un arrosto di vitello molto buono, con piselli.	are you ordering
Gianni	*D'accordo.*	OK.
Cameriere	E Lei, signorina?	

Linda	Io vorrei una bistecca con insalata verde.
Cameriere	Vino bianco o vino rosso?
Gianni	Vino rosso, per favore. *Mezzo litro.* A half-liter.
Linda	Per me acqua minerale, per favore.

Comprensione

1. Sono in un grande ristorante lussuoso Linda e Gianni? 2. Chi desidera mangiare molto? Perchè? 3. Che cosa raccomanda il cameriere come antipasto? 4. Che primo e secondo ordina Gianni? E Linda? Perchè? 5. Che cosa ordina Gianni? Acqua minerale?

Studio di parole   Pasti e piatti

Al bar   Un panino al prosciutto *(ham sandwich)* o al formaggio, con salame o mozzarella e pomodoro, una pizzetta, una brioche, un succo di frutta, un caffè, una Coca-Cola, un'aranciata, un aperitivo, un gelato
Il cameriere *(waiter)*, la cameriera *(waitress)*; i clienti *(customers)*; il conto *(check, bill)*; la mancia *(tip)*.

I PASTI *MEALS*

La colazione, il pranzo, la cena *(breakfast, lunch, dinner)*; pranzare *(to eat lunch)*, cenare *(to eat dinner)*

A colazione   Il caffè espresso, il caffelatte, il cappuccino, il tè, il latte *(milk)*, il succo d'arancia o di pompelmo *(orange or grapefruit juice)*; i cereali, le uova strapazzate *(scrambled eggs)*, il toast, il pane *(bread)*; il burro *(butter)*, la marmellata *(jam)*

A pranzo o a cena   L'antipasto *(appetizer)*: prosciutto e melone *(ham and cantaloupe)*, il cocktail di gamberetti *(shrimp)*, avocado con olio e limone

IL PRIMO PIATTO
FIRST COURSE

la zuppa di verdura vegetable soup
gli spaghetti al pomodoro . . . with tomato sauce
i ravioli alla panna . . . with cream sauce
le lasagne alla bolognese . . . with tomato, meat, and white sauce
i cannelloni alla napoletana stuffed pasta with tomato sauce

LE BEVANDE *DRINKS*

la birra beer
il vino
l'acqua minerale
il ghiaccio ice

IL SECONDO PIATTO
SECOND COURSE

le scaloppine veal cutlets
il pesce fritto fried fish
la sogliola ai ferri grilled sole

IL CONTORNO (LE VERDURE)

le carote
i piselli peas
gli spinaci
le zucchine
le patate fritte fried potatoes
le melanzane eggplant
i broccoli
i peperoni bell peppers

Il dessert   Il dolce: la torta al cioccolato *(chocolate cake)*, la torta di mele *(apple pie)*, le paste *(pastries)*, il gelato (al cioccolato, alla panna *[vanilla]*, al limone *[lemon]*)
La frutta: la mela *(apple)*, la pera *(pear)*, l'arancia, la banana, la fragola *(strawberry)*, la pesca *(peach)*, l'uva *(grapes)*, la macedonia di frutta *(fruit cup)*
Il formaggio *(cheese)*

Informazioni

Ristorante, trattoria, and **osteria** have become interchangeable terms for a restaurant. A **trattoria** is usually family-run and sometimes less expensive than a restaurant. An **osteria**, once a wine shop, may now be a chic and expensive place to eat.

A cover charge (**coperto**) and service charge (**servizio**) are often added to the bill. If service is not included, one should leave a tip.

Fast food, light meals, and sandwiches are found at a **tavola calda, rosticceria, caffè,** or **bar.** Customers make selections from the display at the counter, go to the cashier to order and pay, and receive a stub (**scontrino**) that they must show to the counter-person in exchange for their food and drink. **Lo scontrino** (or **la ricevuta**) **fiscale** is a receipt that must be given to the customer for any food, merchandise, or service transaction.

In general, eating places do not open for lunch before noon and for dinner before 7:30 or 8:00 P.M.

Quantità	Natura e qualità dei beni o servizi	IMPORTO
1	Pane e coperto	1500
1	Acqua minerale	
1	Vino - Birra	2000
	Altre bevande	
1	Antipasti	
1	Primi	8000
2	Secondi	
1	Pizze	15000
1	Contorni	
	Formaggio	
	Frutta	
1	Dessert	5000
1	Caffè	
	Liquori	

R. I. Trib. Genova 25347/42048
Cod. Fisc. - Part. IVA 00 32927 010 2

Bar MARIO RIVARO s. r. l.

Ubicazione esercizio e luogo conservazione documenti

GENOVA
Via del Portello 16 r. - Tel. (010) 2770054

☐ RICEVUTA FISCALE del 13/06/94
☐ FATTURA (Ricevuta Fiscale) N. del

Legge 30/12/91 n. 413 - DM 30/3/92

S _____

XNP № 348697 /96

DETTAGLIO IVA (se fattura) — % IVA — Imposta — Imponibile
TOTALE documento L. 61500
Se Ricevuta NON PAGATA farne menzione
corrispettivo NON PAGATO L.

Applicazione

A. **A tavola.** In pairs, take turns asking and answering the following questions.

1. Quanti e quali sono i pasti del giorno?
2. Con che cosa imcomincia un pranzo elegante?

RISTORANTE da Luigi

Menù del giorno · Prezzo fisso L. 39.000

Antipasti
avocado con olio e limone
prosciutto e melone
insalata di frutti di mare

Contorni
spinaci
patatine fritte
insalata mista

Primi
zuppa di verdura
spaghetti alle vongole
ravioli della casa
risotto alla milanese
gnocchi al pomodoro e basilico

Dolci
tiramisù
torta al cioccolato
macedonia di frutta
gelati misti

Secondi
pollo alla cacciatora
braciola alla griglia
trota al burro

Bevande
(non incluse)

3. In Italia il pasto principale è il pranzo. Negli Stati Uniti è la stessa cosa?
4. Gli spaghetti sono un primo o un secondo piatto?
5. Cos'è la prima cosa che il cameriere porta in un ristorante?
6. Se abbiamo ancora *(still)* fame dopo la carne, che cosa ordiniamo?
7. Che cosa porta il cameriere alla fine *(at the end)* del pranzo?

B. **Mi piace. Non mi piace.** Recreate an exchange in a restaurant, with one student portraying a waiter, the other the customer. The waiter will suggest items from the menu; the customer will respond **Mi piace** or **Non mi piace** (+ *singular noun*)..., **Mi piacciono** or **Non mi piacciono** (+ *plural noun*)...

Esempio   —Oggi, come primo, abbiamo spaghetti alla bolognese.
—Sì, mi piacciono. (*o:* No, non mi piacciono).

C. **Al bar.** With two classmates, play the roles of a waiter/waitress and two customers. Order different drinks or snacks.

Esempio   Cameriere   —I signori desiderano?
1° Cliente   —Un cappuccino e una brioche, per favore.
Cameriere   —Benissimo, e Lei?

2° Cliente — Vorrei una birra e una pizzetta.
1° Cliente — Cameriere, il conto, per favore.
Cameriere — Ecco il conto, signore.

D. **Conversazione.**

1. Incontri gli amici a un ristorante elegante o alla mensa (*cafeteria*) dell'università?
2. Che cosa ordini spesso?
3. Che cosa non mangiamo quando siamo a dieta: il formaggio, il pane, la verdura, la frutta, il pesce fritto, le paste? E quando fa molto caldo? E quando siamo occupati e non abbiamo molto tempo?
4. Sei vegetariano(a)? Che cosa mangi spesso?
5. A colazione, cosa bevi (*do you drink*)? una tazza di caffè, una tazza di tè, un bicchiere di latte, un succo di frutta?

Ascoltiamo!

Una colazione. Mr. Wilson is staying at an elegant **pensione** in Florence. After admiring the view of the city from his window, he has come down to have breakfast. Listen to his conversation with the waitress who takes his order; then answer the questions in your textbook.

Comprensione

1. Per che cosa è pronto il signor Wilson?
2. È in un albergo?
3. Sono freddi i panini e le brioche? Perchè?
4. Che cosa desidera mangiare il signor Wilson?
5. Che succo di frutta ordina? Ordina anche caffè e latte?
6. Di che frutta sono le marmellate sul tavolo?
7. È contento il signor Wilson? Perchè?

Dialogo

Colazione alla pensione. In groups of three, play the roles of two customers and a waiter/waitress. It's 8 A.M., and you are ordering breakfast at your inn.

Punti grammaticali

I. Verbi regolari in -ere e -ire: il presente

Gabriella scrive a Filippo. Papà legge il giornale.

La mattina il signor Brambilla dorme troppo e perde l'autobus.

1. A chi scrive Gabriella?
2. Cosa legge il papà?
3. Perchè il signor Brambilla perde l'autobus?

scrivere *(to write)*		dormire *(to sleep)*	
scriv o	scriv iamo	dorm o	dorm iamo
scriv i	scriv ete	dorm i	dorm ite
scriv e	scriv ono	dorm e	dorm ono

1. Verbs ending in **-ere** (second conjugation) and verbs ending in **-ire** (third conjugation) differ only in the ending of the **voi** form: **scriv*ete*, part*ite***. Both **-ere** and **-ire** verbs differ from **-are** verbs in the endings of the **lui, voi,** and **loro** forms: **parlare** → **parl*a*, parl*ate*, p*arl*ano**.

   Scrivo una lettera a Gino.   ⎰ *I write a letter to Gino.*
   ⎱ *I am writing a letter to Gino.*
   ⎱ *I do write a letter to Gino.*

   Dormi in classe?   ⎰ *Do you sleep in class?*
   ⎱ *Are you sleeping in class?*

2. Some common verbs ending in **-ere** are:

chiedere	*to ask*	**ricevere**	*to receive*
chiudere	*to close*	**ripetere**	*to repeat*
credere	*to believe*	**rispondere (a)**	*to answer*
leggere	*to read*	**scrivere**	*to write*
perdere	*to lose; to miss*	**vedere**	*to see*
	(the bus, etc.)	**vivere**	*to live*
prendere	*to take*		

Che voti **ricevete** a scuola? — *What grades do you receive in school?*

Oggi **prendo** l'autobus. — *Today I'm taking the bus.*
Gli studenti non **rispondono** alla domanda. — *The students don't answer the question.*

3. Some common verbs ending in **-ire** are:

aprire	*to open*	**seguire**	*to follow; to take a course*
dormire	*to sleep*	**sentire**	*to hear*
offrire	*to offer*	**servire**	*to serve*
partire (da)	*to leave (a place)*		

Quanti corsi **segui**? — *How many courses are you taking?*
Dorme soltanto cinque ore. — *He sleeps only five hours.*
Sentite il telefono? — *Do you hear the phone?*
Parto da Roma in treno. — *I leave Rome by train.*

Pratica

A. **Che cosa fanno?** What are the following people doing?

> Esempio   la cameriera, ricevere la mancia
> **La cameriera riceve la mancia.**

1. la signora Rossi, scrivere una lettera 2. noi, leggere il giornale 3. il cameriere, servire i clienti 4. voi, partire per Roma 5. i ragazzi, seguire le spiegazioni del professore 6. Alberto, dormire molte ore 7. tu e Marisa, chiudere le finestre 8. tu e Fabio, sentire il telefono ma non rispondere

B. **Scambi rapidi.** Complete the following sentences as in the example.

> Esempio   il professore   —Ragazzi, che cosa (vedere) _____ dalla finestra?
>   **—Ragazzi, che cosa vedete dalla finestra?**

1. Al bar   —Signori, cosa (prendere) _____ Loro?
            —Io _____ una birra e la signora _____ un'acqua minerale.
2. A scuola   —Quante pagine (leggere) _____ tu in un'ora?
            —Io _____ cinque pagine, ma lui _____ dieci pagine.

3. Nino   —Papà e mamma, perchè (ripetere) _____ sempre le stesse cose?

—Noi _____ perchè tu non ascolti.

C. **Conversazione.**

1. Quante ore dormi tu la notte?   2. Che cosa vedi dalla finestra della tua stanza?   3. Che giornale leggi quando hai tempo?   4. Che cosa chiedi al cameriere dopo il pranzo?   5. Cosa offri quando inviti degli amici?   6. Prendi il caffè con zucchero o senza?

II. *Il partitivo* (some, any); alcuni, qualche, un po' di

il tè   del tè   la torta

della torta   le paste   delle paste

1. The partitive (**partitivo**) is used to indicate a part of a whole or an undetermined quantity or number. In English, it is expressed by *some* or *any*. In Italian, it is expressed by the contraction of **di** and the definite article in all its forms (**del, dello, dell'; della, dell'; dei, degli; delle**).

Vorrei **dell'**acqua minerale.	*I would like some mineral water.*
Abbiamo **del** vino francese.	*We have some French wine.*
Ho **degli** amici simpatici.	*I have some nice friends.*

NOTE:

a. The plural forms of the partitive may be thought of as plural forms of the indefinite article **un, uno, una**.

Ho **un** amico a Roma e **degli** amici a Napoli.	*I have a friend in Rome and some friends in Naples.*

b. The partitive is omitted in negative statements and is frequently omitted in interrogative sentences.

Comprate **(delle)** mele?
No, non compriamo frutta, compriamo **del** gelato.

Are you buying (some) apples?
No, we are not buying (any) fruit, we're buying (some) ice cream.

—Cosa desideri?
Ci sono alcune mele.
C'è anche un po' di torta.

2. **Alcuni, qualche,** and **un po' di** are other forms that translate as *some.* The adjective **alcuni (alcune)** is *always followed by a plural noun.* The adjective **qualche** is invariable and is *always followed by a singular noun.* Both may replace the partitive when *some* means *a few.*

Invitiamo
  alcuni amici.
  qualche amico.
  degli amici.
} *We invite some (a few) friends.*

Pio porta
  alcune bottiglie.
  qualche bottiglia.
  delle bottiglie.
} *Pio brings some (a few) bottles.*

NOTE:

With nouns that designate substances that can be measured but not counted such as **pane, latte, carne, caffè, minestra,** etc., the partitive article **del, della, dello** cannot be replaced by **qualche** or **alcuni.**

3. **Un po' di (Un poco di)** may replace the partitive only when *some* means *a little, a bit of.*

Desidero
  un po' di latte.
  del latte.
} *I would like some milk.*

Mangio
  un po' di pollo.
  del pollo.
} *I eat some chicken.*

Pratica

A. **Che cosa desideri?** Imagine that you are deciding what to order in a restaurant. In pairs, take turns asking and answering these questions as in the example.

Esempio acqua minerale/latte
—**Desideri dell'acqua minerale?**
—**No, vorrei del latte.**

1. gelato/torta 2. spinaci/zucchine 3. pane e formaggio/frutta 4. tè/Coca-Cola 5. spaghetti/pizza 6. vino/birra 7. arrosto di vitello/scaloppine 8. insalata verde/pomodori 9. biscotti *(cookies)*/paste

B. **La spesa.** Your friend is going to buy groceries and prepare dinner tonight. Ask what he/she is planning to buy for each course.

> Esempio —Cosa desideri comprare per il piatto principale?
> —Vorrei comprare del pollo.
> —E per frutta?
> —Delle mele.

C. **Al supermercato.** What are the following people buying? Answer with **alcuni/alcune,** following the example.

> Esempio Anna, panino
> **Anna prende alcuni panini.**

1. Marcello e Filippo, bottiglia di Asti spumante 2. io, rosa 3. Antonio, mela 4. i signori Rizzi, scatola *(box)* di spaghetti 5. la signora Marini, etto (= 100 grammi) di prosciutto 6. voi, lattina *(can)* di Coca-Cola

D. **In una cartoleria.**

> Esempio libri/di scienze —Compri dei libri?
> —Sì, vorrei comprare qualche libro di scienze.

1. matite/blu 2. giornali/di Nuova York 3. poster *(pl.)*/di Firenze 4. penne/biro *(ballpoint)* 5. quaderni/a righe 6. cartoline *(postcards)*/della città

E. **Hai fame? Desideri...?** You and a friend are thinking about dinner. Ask each other questions, following the example.

> Esempio pane —Desideri del pane?
> —Sì, vorrei un po' di pane.

1. formaggio Bel Paese 2. insalata di pomodori 3. pollo ai ferri 4. spinaci al burro 5. pesce fritto 6. macedonia di frutta 7. minestra di verdura

Supermercato a Torino.

F. **I generi alimentari** *(Groceries)*. With a classmate, play the roles of a customer and a grocery-store clerk. The customer asks how much the following items cost (in dollars and cents) and the clerk responds.

> Esempio   1 chilo* di mele/$ _____
> —**Quanto costa un chilo di mele?**
> —**Costa un dollaro e venti centesimi.** (o...)

1. 1 chilo di zucchero/$_____
2. 1 barattolo *(jar)* di marmellata/$_____
3. 1 chilo di pomodori/$_____
4. 1 bottiglia di olio d'oliva/$_____
5. 2 etti di prosciutto/$_____
6. 3 bottiglie di Coca-Cola/$_____
7. 1 scatola di biscotti/$_____
8. 1 dozzina (12) di uova/$_____

III. Molto, tanto, troppo, poco, tutto, ogni

1. The following adjectives express quantity:

molto, molta; molti, molte	*much, a lot of; many*
tanto, tanta; tanti, tante	*much, so much; so many*
troppo, troppa; troppi, troppe	*too much; too many*
poco, poca; pochi, poche	*little; few*

Lavorate **molte** ore?	*Do you work many hours?*
Pensiamo a **tante** cose.	*We are thinking about (so) many things.*
I bambini mangiano **troppo** gelato.	*Children eat too much ice cream.*
Lui invita **pochi** amici.	*He invites few friends.*

—Hai molta fame?
—Sì, ma ho pochi soldi.

2. When **molto, tanto, troppo,** and **poco** modify an adjective or a verb, *they are adverbs* (**avverbi**). As adverbs, they are invariable.

L'Italia è **molto** bella.	*Italy is very beautiful.*
Gli studenti sono **tanto** bravi!	*The students are so good!*
Tu parli **troppo.**	*You talk too much.*

3. **Tutto, tutta; tutti, tutte** *(the whole; all, every)*. When the adjective **tutto** is used in the singular, it means *the whole;* when it is used in the plural, it means *all, every.* The adjective **tutto** is followed by the definite article.

Studi **tutto il** giorno?	*Are you studying the whole day?*
Tutti i ragazzi sono là.	*All the boys are there.*
Studio **tutti i** giorni.	*I study every day.*

---

*1 **chilo(grammo)** corresponds to 2.2 pounds (**libbre**); 1 **etto(grammo)** (¹/₁₀ of a **chilo**) is approximately ¼ of a pound.

4. **Ogni** (*Each, Every*) is an *invariable* adjective. It is *always* followed by a singular noun.

Lavoriamo **ogni** giorno.   *We work every day.*
Ogni settimana gioco a tennis.   *Every week I play tennis.*

NOTE:

Tutto and **ogni** are often used interchangeably.

tutti i giorni ⎫
ogni giorno   ⎬ *every day*

Pratica

A. **Quanto?** Complete the following sentences with the correct form of **quanto, molto, poco, tutto, tanto,** or **troppo.**

1. (troppo) Tu mangi _____ lasagne. 2. (molto) Comprano _____ birra. 3. (tutto) Guardiamo _____ i regali (*gifts*). 4. (tutto) _____ le ragazze parlano inglese. 5. (poco) Ci sono _____ camerieri. 6. (quanto) _____ pane mangi! 7. (tutto) Nino suona la chitarra _____ il giorno. 8. (poco) Desidero _____ cose.

B. **Scambi rapidi.** Complete each sentence using **molto** as an adverb or the correct form of **molto** as an adjective. Then act out the exchanges with a classmate.

1. Fra compagni: —Scrivi _____ cartoline agli amici quando sei in viaggio?
   —Affatto (*Not at all*), perchè non mi piace _____ scrivere.

2. Fra amiche: —Paola, oggi ti vedo (*you look*) _____ preoccupata. Perchè?
   —Cara mia, ho _____ carte di credito, ma ho anche _____ debiti (*debts*).

3. Fra colleghi: —Come mai *(How come)* dormi in ufficio? Non dormi _____ di solito la notte?

—No, dormo poche ore la notte, e di giorno ho _____ sonno.

4. Fra conoscenti: —Ingegnere, desidero invitare Lei e la signora a un ristorante cinese _____ buono.

—Grazie, accetto volentieri *(with pleasure)*. Mi piace _____ il cibo cinese.

C. **La dieta personale.** Using **molto** and **poco**, exchange information with a classmate about your eating habits.

> Esempio   —**Quanta pasta mangi?**
> —**Mangio poca (molta) pasta.**

D. **Tutti(e)—Ogni.** Take turns with your classmates asking each other about everyday activities. Follow the example.

> Esempio   studiare, sere   —**Studiate tutte le sere?**
> —**Sì, studiamo ogni sera.** o
> —**No, non studiamo ogni sera.**

1. lavorare, giorni   2. ascoltare, spiegazioni dei professori   3. mangiare a casa, giorni   4. preparare la colazione, mattine   5. imparare, parole del vocabolario   6. studiare, lezioni   7. parlare con, compagni di classe   8. guardare la televisione, sere

E. **Conversazione.**

1. Ti piace mangiare al ristorante?   2. Quanto tempo libero hai?   3. Quanti soldi hanno, in generale, gli studenti?   4. Quanto pane mangi a cena?   5. Ti piacciono le verdure?   6. Compri dei gelati?   7. Ti piace organizzare un picnic? Quante cose porti?

IV. Le preposizioni avverbiali

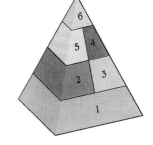

La piramide della salute
1. pane, pasta, riso...
2. verdura
3. frutta
4. carni
5. latte, formaggi
6. zucchero, dolci

The following adverbs are often used as prepositions:

sopra	*above, on (top of)*	**davanti (a)**	*in front (of), before*
sotto	*under, below*	**dietro**	*behind, after*
dentro	*in, inside*	**vicino (a)**	*near, beside, next to*
fuori	*out, outside*	**lontano (da)**	*far (from)*

Sopra il letto c'è una foto.   *Above the bed there is a picture.*
Il giardino è **dietro** l'edificio.   *The garden is behind the building.*
Non è **lontano dal** centro.   *It is not far from downtown.*
Abito **fuori** città.   *I live outside the city.*

Pratica

A. **Dov'è...?** With a classmate, look at the drawings and then take turns asking each other the related questions. Use **sotto, sopra, dentro, davanti (a), dietro, vicino (a), lontano (da),** or other prepositions in your responses.

1. Dov'è la lampada? E il cane?
2. Dov'è la fotografia? E il gatto?
3. Dov'è la sedia? E la ragazza?
4. Dov'è il tavolo? E la tazza *(cup)*? E il caffè?

 B. **Un po' di geografia.** With a classmate, look at the maps of Italy at the beginning of the book and take turns asking each other the following questions.

1. Bari si trova vicino all'isola di Capri?
2. Torino si trova lontano dal fiume *(river)* Po?
3. Napoli si trova lontano dal vulcano Vesuvio?
4. La Sardegna si trova sotto la Corsica o sopra la Corsica?
5. Pisa si trova vicino al mare Ligure o al mare Adriatico?
6. Quale regione si trova vicino all'isola d'Elba?
7. Quale regione si trova vicino alla Sicilia?

A Firenze.
—Scusi, il Davide davanti
al Palazzo Vecchio è
l'originale?
—No, è una copia.
L'originale è nel Museo
dell'Accademia.
—Dov'è? È lontano da
qui?
—No, è vicino al Museo di
San Marco.

Attività supplementari

A. **Al ristorante.** You are in the restaurant "Al Ponte." One student portrays the waiter and brings the menu. Two or three others order **un pranzo all'italiana** *(Italian style):* **antipasto, primo piatto, secondo piatto, ecc.**

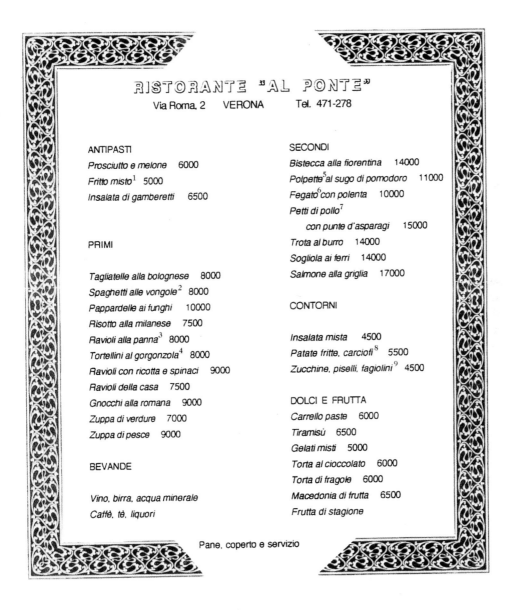

RISTORANTE "AL PONTE"
Via Roma, 2   VERONA   Tel. 471-278

ANTIPASTI

Prosciutto e melone   6000
Fritto misto[1]   5000
Insalata di gamberetti   6500

PRIMI

Tagliatelle alla bolognese   8000
Spaghetti alle vongole[2]   8000
Pappardelle ai funghi   10000
Risotto alla milanese   7500
Ravioli alla panna[3]   8000
Tortellini al gorgonzola[4]   8000
Ravioli con ricotta e spinaci   9000
Ravioli della casa   7500
Gnocchi alla romana   9000
Zuppa di verdure   7000
Zuppa di pesce   9000

BEVANDE

Vino, birra, acqua minerale
Caffè, tè, liquori

SECONDI

Bistecca alla fiorentina   14000
Polpette[5] *al sugo di pomodoro*   11000
Fegato[6] *con polenta*   10000
Petti di pollo[7]
   con punte d'asparagi   15000
Trota al burro   14000
Sogliola ai ferri   14000
Salmone alla griglia   17000

CONTORNI

Insalata mista   4500
Patate fritte, carciofi[8]   5500
Zucchine, piselli, fagiolini[9]   4500

DOLCI E FRUTTA

Carrello paste   6000
Tiramisù   6500
Gelati misti   5000
Torta al cioccolato   6000
Torta di fragole   6000
Macedonia di frutta   6500
Frutta di stagione

Pane, coperto e servizio

1. mixed fried fish   2. clams   3. cream   4. a creamy Italian blue cheese   5. meatballs
6. liver   7. chicken breast   8. artichokes   9. green beans

B. «**Il Pino**». You and a friend are at «il Pino» to celebrate your birthday. Decide what to order for **primo e secondo piatti, dolce e bevande.** Choose items that correspond to those shown on the bill

RIPOSO SETTIMANALE IL GIOVEDI

RISTORANTE
IL
PINO
S.N.C. di Tamburini Gabriella & C.
Via S. Matteo, 102
Tel. (0577) 940415
53037 SAN GIMIGNANO (SI)
P. IVA 00654100528

dal 1929

☐ **FATTURA - RICEVUTA FISCALE**
☐ **RICEVUTA FISCALE**
Legge 30/12/91, n. 413 DM 30/3/92

XRF 8652 /97
Li 27 5 97
N. 2702

S. _____

Quantità	Natura e qualità dei servizi		CORRISPETTIVO IVA INCLUSA
2	Coperto	L.	6000
1	Vino	»	60000
1	Acqua minerale	»	3000
1	Antipasti	»	14000
2	Minestre	»	36000
2	Secondi Piatti	»	42000
1	Contorni	»	10000
	Formaggi	»	
	Frutta	»	
	Dessert	»	
2	Caffè	»	6000
		»	

CONTEGGIO			
IVA _____ %		TOTALE (IVA compresa)	177000
IMPONIBILE	Servizio _____		
IMPOSTA		TOTALE	

TIPOLITOGRAFIA M.M s n c di Manetti Mario & C. - Via di Fugnano,12 - Tel. (0577) 941478
Fax 941890 - C.F. e P. IVA 00869230524 - Aut. Min. Finanze n. VI-12/313295 del 25/09/1995

Corrispettivo
non pagato

C. **Un picnic.** With a classmate, invent a story about the people seated on the grass: who they are and what their names are, why they are celebrating, and what the circumstances are. Be sure to describe the various elements in the celebration, and where the items are located.

Come si dice in italiano?

1. Today Mr. and Mrs. Buongusto are eating in a restaurant.
2. The waiter brings the menu and says **(dice)**, "Today we don't have roast veal, but we have very good **scaloppine al marsala.**"
3. They order spaghetti with tomato sauce, two steaks, green salad, and a bottle of red wine.
4. While **(Mentre)** they are waiting, Mr. and Mrs. Buongusto talk about **(parlare di)** some friends.
5. We don't have many friends, but we do have good friends.
6. Why don't we invite Ornella and Paolo to **(a)** play tennis with us **(noi)** tomorrow? They are very good because they play every day.
7. Mr. Buongusto is very hungry and he eats a lot.
8. At the end Mr. Buongusto pays the bill.
9. "Are you forgetting the tip for the **(al)** waiter?" asks Mrs. Buongusto.

Sito Web

La cucina italiana

Everyone loves Italian food; the dilemma is deciding what and where to eat:

Bar/Caffè: a place for coffee or tea, rolls, brioches, sandwiches, and alcoholic and non-alcoholic beverages. Most customers stand at the bar, as there is a service charge to sit at a table. Bars are open from early in the morning until late in the night.

Panineria or paninoteca: a sandwich bar serving quick meals, panini, focacce, little pizzas, nonalcoholic drinks, wine, and beer.

Pizzeria: a casual restaurant specializing in pizza and pasta, with appetizers and salads.

Trattoria: less formal than a restaurant and typically family-owned, serving local specialties.

Rosticceria: a take-out place offering excellent meals at moderate prices.

Ristorante: the most formal place to eat. Multiple courses are offered, appetizers, pasta and soup, main courses, salads, desserts, ice cream, wine, alcoholic and nonalcoholic beverages, and coffee.

 Web page addresses of related interest are:

Eating in Italy
http://www.bookpassage.com

Italy
http://www.globecorner.com

Italy Online
http://www.initaly.com

Italian Cuisine
http://www.mi.cnr.it/WOI/tidbits/cooking.html
http://bpe.com/food/cuisine/italy

Italian Gelato
http://www2.condenet.com/db/dictionary/terms/g/gelato.html

Best of Italy
http://www.bestof.it

Main Menu
http://www.pbcitaly.com/mainmenu.html

http://www.hrwcollege.com

Vocabolario

Nomi

il bicchiere	*glass*
il biscotto	*cookie*
la bottiglia	*bottle*
la candelina	*little candle*
la carne	*meat*
il chilo(grammo)	*kilo*
il cibo	*food*
il compleanno	*birthday*
la cucina	*kitchen; cooking, cuisine*
il cuoco, la cuoca	*cook*
il dollaro	*dollar*
l'etto(grammo)	*hectogram*
i generi alimentari	*groceries*
il giornale	*newspaper*
la lettera	*letter*
la pagina	*page*
il piatto	*dish, course*
il regalo	*gift, present*
i soldi	*money*
la sorpresa	*surprise*
la tazza	*cup*
lo zucchero	*sugar*

Aggettivi

alcuni(e)	*some, a few*
ogni (*inv.*)	*each, every*
poco (*pl.* pochi)	*little; few*
qualche (*sing.*)	*some*
squisito	*delicious*
tanto	*much, so much*
troppo	*too much*
tutto	*the whole; all, every*
vegetariano	*vegetarian*

Verbi

amare	*to love*
aprire	*to open*
arrivare	*to arrive*
augurare	*to wish (somebody)*
chiedere	*to ask*
chiudere	*to close*
costare	*to cost*
credere	*to believe*
cucinare	*to cook*
dimenticare	*to forget*
dormire	*to sleep*
festeggiare	*to celebrate*
invitare	*to invite*
leggere	*to read*
offrire	*to offer*
ordinare	*to order*
organizzare	*to organize*
pagare	*to pay*
partire (da)	*to leave (a place)*
perdere	*to lose*
portare	*to bring, to carry; to wear*
prendere	*to take, to catch*
preparare	*to prepare*
regalare	*to give a present*
ricevere	*to receive*
ripetere	*to repeat*
rispondere	*to answer*
scrivere	*to write*
seguire	*to follow*
sentire	*to hear*
servire	*to serve*
vedere	*to see*
vivere	*to live*

Altre espressioni

avere intenzione (di)	*to intend*
Buon compleanno!	*Happy birthday!*
d'accordo	*OK, agreed*
davanti (a)	*in front (of)*
dentro	*in, inside*
dietro	*behind*
di solito	*usually, generally*
essere a dieta	*to be on a diet*
fuori	*out, outside*
là	*there, over there*
lontano (da)	*far (from)*
sopra	*on, on top of*
sotto	*under*
Ti piace (piacciono)...?	*Do you like . . . ? (informal)*
Le piace (piacciono)...?	*Do you like . . . ? (formal)*
Mi piace (piacciono)...	*I like . . .*
un po' di (un poco di)	*some, a bit of*
un sacco di	*a lot of*
senza	*without*
volentieri	*with pleasure*
vorrei	*I would like*

Pagina culturale

Esempi della varietà di
locali dove è possibile
mangiare.

Dove e cosa mangiare

La mattina gli Italiani *fanno una leggera* colazione: un espresso o un cappuccino o un caffelatte con una *brioche* o un panino. Se uno non ha tempo di preparare la colazione a casa, *si ferma brevemente* a uno dei molti bar della città.

A mezzogiorno molti Italiani ritornano a casa per il pasto principale, che consiste *quasi sempre* in *pastasciutta*, carne, verdura e frutta. Chi lavora lontano da casa va a un ristorante, a una trattoria o a una *tavola calda*. Molti giovani, per *mancanza* di soldi o di tempo, comprano un *tramezzino* o un panino in una paninoteca o in una *salumeria*. Oggi è molto popolare fra i giovani il «fast food» all'americana, specialmente gli hamburger e le patatine fritte.

have a light
croissant
he (she) stops briefly

almost always/pasta with
    sauce/cafeteria
lack
crustless sandwich/
    delicatessen

La sera *si cena verso* le otto, a casa, con un pasto più o meno leggero; o *si va* ad una pizzeria. Per finire la *giornata* di lavoro con *qualcosa di dolce*, c'è la gelateria/pasticceria che offre una grande varietà di gelati e di paste.

people have supper at about
people go/day/ something
    sweet

Una bibita fresca alla gelateria.

Comprensione

1. La colazione degli Italiani è abbondante? In che cosa consiste?
2. A mezzogiorno che cosa mangiano gli Italiani che hanno la fortuna di ritornare a casa?
3. Oltre ai *(Besides)* ristoranti, in quali altri luoghi *(places)* è possibile mangiare?
4. Che cos'è una paninoteca?
5. A quale ristorante americano corrisponde la tavola calda?

Cosa facciamo sabato sera?
Andiamo al cinema?

Capitolo

5

Attività e passatempi

Punti di vista

Dove giocano a tennis
Gianna e Marisa?

Pronto? Chi parla?

Gianna telefona all'amica Marisa. La mamma di Marisa, la signora Pini,
risponde al telefono.

Signora Pini	Pronto?	
Gianna	Buon giorno, signora. Sono Gianna. C'è Marisa, per favore?	
Signora Pini	Sì, un momento, è qui.	
Marisa	Pronto? Ciao, Gianna!	
Gianna	*Finalmente! Il tuo* telefono è sempre occupato!	Finally!/Your
Marisa	Da dove telefoni?	
Gianna	Sono a un telefono pubblico vicino alla farmacia, e *faccio* una telefonata breve perchè la mia carta telefonica *sta per finire.*	I am making is about to end
Marisa	*Allora, andiamo* al cinema oggi *pomeriggio?*	So, are we going afternoon
Gianna	*Veramente io preferisco* giocare a tennis.	Actually I prefer
Marisa	Va bene. Perchè non andiamo in bicicletta al *campo da tennis?* E quando ritorniamo, andiamo a prendere un gelato.	tennis court
Gianna	Perfetto. Sono a casa tua *per le due.*	by two (o'clock)

Comprensione

1. A chi telefona Gianna?   2. Chi risponde al telefono?   3. Perchè Gianna dice *(says)* «Finalmente»?   4. Da dove telefona Gianna?   5. Dov'è il telefono pubblico?   6. È lunga la telefonata?   7. Cosa desidera fare Marisa? E Gianna?

Studio di parole   Il telefono

—Pronto. Chi parla?
—Sono Filippo. C'è Gabriella, per favore?

il telefono pubblico   public phone
l'elenco telefonico   phone book
il numero di telefono   phone number
il prefisso   area code
formare il numero   to dial
fare una telefonata a   to make a
telefonare a   phone call,
chiamare   to phone
parlare al telefono   to talk on the phone
rispondere al telefono   to answer the phone

libero   free
occupato   busy
il (la) centralista   operator   *il centralino*
la telefonata interurbana   long-distance phone call
la carta telefonica   prepaid phone card   *scheda*
la segreteria telefonica   answering machine
il telefono cellulare (telefonino)   cellular phone

una telefonata personale   a personal call
una telefonata d'affari   a business call
una telefonata a carico del destinatario   a collect call

—**Pronto? Sono...**   Hello. This is . . .
—**Vorrei parlare con...**   I would like to speak with . . .
—**C'è...?**   Is . . . in?
—**Mi dispiace, non c'è.**   I'm sorry, he/she is not in.
—**Vorrei lasciare un messaggio.**   I would like to leave a message.
—**Qual è il numero di telefono di...?**   What is the phone number of . . .?

Stamattina – this morning
Stasera – this evening
Stanotte – this night

Informazioni

The tokens (**gettoni**) once used in public telephones are being replaced by telephone cards (**carta** or **scheda telefonica**), which are sold at tobacconists, coffee shops that display the sign "**T**" (**Tabacchi**), and some newsstands. From a **telefono pubblico**, it is possible to make direct long-distance and international calls. To call the USA, dial **001** followed by the area code (**prefisso**) and the number. For an international collect call (**telefonata a carico del destinatario**), dial **172** for the international operator. In an emergency (fire, ambulance, police), dial **113** (**Soccorso pubblico di emergenza**). Dial **12** for information.

Applicazione

A. **Domande.**

1. Dove cerchiamo *(do we look for)* un numero di telefono?
2. Se un numero non è nell'elenco, chi chiama Lei?
3. Quando abbiamo bisogno del prefisso?
4. Negli Stati Uniti, di cosa abbiamo bisogno per telefonare da un telefono pubblico?

B. **La telefonata di Filippo.** Answer the following questions about Filippo's phone conversation, shown on page 113.

1. Da dove telefona Filippo? A chi?
2. Il telefono di Gabriella è occupato?
3. Chi risponde al telefono, Gabriella o un'altra persona?
4. Cosa dice Filippo?
5. La telefonata di Filippo è una telefonata personale o una telefonata d'affari?

C. **Conversazione.**

1. Fai molte telefonate tu? (Faccio...) Sono brevi o lunghe? Chi chiami più *(more)* spesso? Perchè?
2. Telefoni o scrivi una cartolina *(write a card)* a un amico (un'amica) per il suo compleanno?
3. Fai molte telefonate interurbane? Perchè? (Perchè no?) Fai telefonate a carico del destinatario?
4. Hai una segreteria telefonica? una carta telefonica? un telefono cellulare (telefonino)?

D. **Il tuo numero di telefono? E il prefisso?** Take turns with a classmate asking for each other's phone numbers and area codes.

E. **Pronto?** Act out the following brief telephone exchanges with a classmate.

> Esempio   You telephone a friend to make plans for tomorrow.
> —Pronto! Sono Dino.
> —Oh, ciao, Dino.
> —Cosa facciamo domani?
> —Perchè non andiamo in piscina?
> —D'accordo. A domani.
> —Ciao.

1. You telephone a friend. His/her mother answers and tells you your friend is not home.
2. You make a surprise call to a friend to wish him/her a happy birthday.
3. You telephone the Italian department of your university and ask to speak with your instructor. He/she is not in so you ask to leave a message. Indicate that you do not understand the homework assignment, and will telephone again tomorrow.

il compito

Ascoltiamo!

Una telefonata d'affari. An architect, Gino Paoli, is making a business phone call to an engineer, Rusconi (**l'ingegner Rusconi**), about an appointment. Listen to his conversation with Rusconi's secretary; then answer the questions in your textbook.

Comprensione

1. L'architetto Paoli telefona a casa o all'ufficio dell'ingegner Rusconi?
2. C'è l'ingegnere?   3. Che cosa lascia Paoli?   4. Per quand'è l'appuntamento?   5. L'ufficio di Rusconi è nella stessa città da dove telefona Paoli? Perchè no?   6. La telefonata di Paoli è una telefonata personale o d'affari?

1-800 #
toll free

SERVIZIO CLIENTI
TELEFONATE AL NUMERO
VERDE
167 99351

Dialogo

You are calling your doctor's office for an appointment. His secretary answers. You say **Pronto. Sono...** and ask if the doctor is in. The secretary answers that she is sorry, but the doctor is not in. Tell her you would like to leave a message: Is it possible (**È possibile**) to see the doctor tomorrow? Then give her your phone number and say good-bye. In pairs, play the roles of the secretary and the patient.

Punti grammaticali

—No, caro, preferisco la macchina!

I. Verbi in -ire con il suffisso -isc-

Many **-ire** verbs add **-isc-** between the stem and the endings of the **io, tu, lui,** and **loro** forms. In the vocabulary lists of this book and in some dictionaries, these verbs are indicated in this way: **finire (-isc-).**

finire* *(to finish)*				
fin	isc	o	fin	iamo
fin	isc	i	fin	ite
fin	isc	e	fin	isc	ono

*Finire takes **di** before an infinitive.

Some common verbs that follow this pattern are:

capire	*to understand*	**preferire**	*to prefer*
costruire	*to build*	**pulire**	*to clean*
finire	*to finish*	**restituire**	*to give back*

Quando **finisci di** studiare?   *When do you finish studying?*
Preferiamo un esame facile.   *We prefer an easy exam.*
Pulisco la casa il sabato.   *I clean the house on Saturdays.*

Pratica

A. **Preferenze.** What does everyone prefer for dessert? Follow the example.

> Esempio   Ornella, un gelato alla panna
> **Ornella preferisce un gelato alla panna.**

1. i signori Golosi, della torta al cioccolato
2. tu e la tua amica, delle fragole al marsala *(in sweet wine)*
3. noi, una macedonia di frutta
4. il signor Agrumi, un'arancia
5. io, del gorgonzola *(sharp cheese)* e una pera
6. e tu?

B. **Quale verbo?** Complete the following sentences with the proper form of one of the following verbs: **restituire, pulire, preferire, finire, capire, costruire.**

1. Tu _____ sempre quando il professore spiega la grammatica?
2. Voi _____ vedere un film o giocare a tennis?
3. Quando _____ di studiare loro?
4. Oggi io _____ la mia stanza.
5. La studentessa _____ il dizionario alla professoressa.
6. Quando _____ i compiti voi?
7. Loro _____ una bella casa in montagna.

C. **Come dici?** Pretend you didn't quite understand the end of each of the statements made by a classmate. Ask appropriate questions for clarification. Take turns making statements and responding to them.

> Esempio   Paolo non capisce *la domanda.*
> **Che cosa non capisce Paolo?**

1. Luisa finisce gli studi *quest'anno.*
2. Noi preferiamo *le fragole.*
3. I signori Ricci costruiscono una villa *a Rapallo.*
4. Mariella pulisce la sua stanza *stasera.*
5. Io restituisco il computer *a Sergio.*

II. I giorni della settimana

—Che giorno è oggi?
—Oggi è giovedì.

la domenica =
tutte le domiche

Days of the week are masculine except **domenica,** which is feminine. In Italian, they are not capitalized. **Sabato** and **domenica** are the only two days whose plural form differs from the singular (**ogni sabato, tutti i sabati; ogni domenica, tutte le domeniche; ogni lunedì, tutti i lunedì**).

1. The preposition *on* is not expressed in Italian when used in expressions such as *on Monday, on Tuesday,* and so on.

    Lunedì il Prof. Bini dà una conferenza.

    On Monday Prof. Bini is giving a lecture.

2. The singular definite article is used before the days of the week to express a habitual event.

    Il sabato gioco al golf.

    On Saturdays (Every Saturday) I play golf.

    BUT:
    Sabato invito degli amici.

    (This) Saturday I am inviting some friends.

3. The expressions **una volta a, due volte a,** etc., + *definite article* translate into English as *once a, twice a,* etc.

    Vado al cinema **una volta alla settimana.**

    I go to the movies once a week.

    Mangiamo **due volte al giorno.**

    We eat twice a day.

    Andiamo a teatro **quattro volte all'anno.**

    We go to the theater four times a year.

Pratica

A. **Abitudini.** Restate what the following people do at the times given, as in the example.

Esempio   La domenica telefono a mia madre.
           Tutte le domeniche telefono a mia madre.

1. Il lunedì Marco va a scuola in autobus.   2. Il mercoledì e il giovedì
Lella lavora in un negozio del centro.   3. Il venerdì noi andiamo al supermercato.   4. Il sabato il signor Galli dorme davanti al televisore.   5. La
domenica i signori Santi vanno in chiesa.

B. **Una volta o molte volte?** Take turns asking each other how often **(al
giorno, alla settimana, al mese, all'anno)** you do the things listed below.

Esempio   studiare in biblioteca
           **—Quante volte alla settimana (al mese, o...) studi in
           biblioteca?**
           —Studio in biblioteca tre o quattro volte alla settimana.

1. mangiare la carne   2. scrivere a un amico lontano   3. offrire un regalo
a una persona cara   4. leggere un libro non scolastico   5. vedere un film
al cinema   6. avere un esame d'italiano

C. **Conversazione.**

1. Che giorno della settimana è oggi?   2. Qual è il primo giorno della
settimana in Italia? E l'ultimo?   3. Quali sono i giorni del weekend?
4. Quali giorni della settimana hai lezione?   5. Quale giorno preferisci?
Perchè?

III. Verbi irregolari in -are

Che cosa fa Gino? Va al
parco in bicicletta.

1. Sta a casa Gino?   2. Come va al parco?

1.   The following **-are** verbs are irregular in the present tense:

andare* *(to go)*		fare *(to do; to make)*		dare *(to give)*		stare *(to stay; to feel)*	
vado	andiamo	faccio	facciamo	do	diamo	sto	stiamo
vai	andate	fai	fate	dai	date	stai	state
va	vanno	fa	fanno	dà	danno	sta	stanno

*__Andare__ is followed by the preposition **a** before an infinitive.

Cosa **fai** stasera?	*What are you doing tonight?*
Faccio una telefonata interurbana.	*I am making a long-distance phone call.*
Vado a vedere un film.	*I am going to see a movie.*
Quando **danno** una festa?	*When are they giving a party?*
Come **sta** Maria?	*How is Maria?*
Maria **sta** a casa perchè **sta** male.	*Maria stays (is staying) home because she feels ill.*

2. **Fare** is used in many idiomatic expressions, some of which are listed below:

fare attenzione	*to pay attention*
fare il bagno, la doccia	*to take a bath, a shower*
fare colazione	*to have breakfast*
fare una domanda	*to ask a question*
fare una foto	*to take a picture*
fare una gita	*to take a short trip*
fare una passeggiata	*to take a walk*
fare una pausa	*to take a break*
fare un regalo	*to give a present*
fare la spesa	*to buy groceries*
fare le spese	*to go shopping*
fare un viaggio	*to take a trip*

Facciamo un viaggio in Italia.	*We are taking a trip to Italy.*
Faccio una passeggiata prima di mangiare.	*I take a walk before eating.*
Lui non **fa domande**.	*He does not ask questions.*
Perchè non **fate attenzione**?	*Why don't you pay attention?*

3. **Dare** is used in the following idiomatic expressions:

dare un esame	*to take an examination*
dare del «tu»	*to address someone informally*
dare del «Lei»	*to address someone formally*
dare la mano	*to shake hands*

Giovedì **do l'esame** di fisica.	*On Thursday I'll take the physics exam.*
Diamo del «tu» agli amici, ma **diamo del «Lei»** ai professori.	*We use "tu" with friends, but we use "Lei" with professors.*

4. **Stare** is used in the following idiomatic expressions:

stare bene (male)	*to feel well (badly, ill)*
stare attento(a)	*to be careful; to pay attention*

Stare per + *infinitive* translates as *to be about to (do something).*

I corsi **stanno per** finire.	*Classes are about to end.*

5. Unlike in English, **andare** is not used to express the immediate future. To convey this idea, Italian uses the present (or future) tense: **Parto.** = *I am going to leave.* **Andare a** + *infinitive* expresses motion:

Di solito **vado a mangiare** alla mensa.   *Usually I go to the cafeteria to eat.*

Che cosa vuol dire «Fate attenzione. Felix a bordo»?

Pratica

A. **Persone in movimento.** Complete the sentences with the correct forms of the verbs indicated.

1. *andare* Papà _____ in ufficio; la mamma e Tina _____ a una conferenza; Piero e io _____ in banca; e tu _____ a scuola.
2. *fare* I signori Profumo _____ la doccia; Antonella _____ una passeggiata; tu e Marco _____ alcune fotografie del giardino; io _____ colazione e, dopo, tu ed io _____ la spesa.
3. *dare* Io _____ la mancia alla cameriera; i signori Allegri _____ la mano al dottor Piccoli; Flavio _____ una festa per gli amici; e voi _____ l'esame d'italiano.

B. **Buon viaggio!** Indicate what cities various students will visit this summer, and what attractions they will go to see.

Esempio   Marco (Roma, il Foro romano)
Marco va a Roma.
Va a visitare il Foro romano.

1. Tiziana (Parigi, il museo del Louvre) **2.** Gina e Piero (Madrid, il museo del Prado) **3.** Federico (Londra, l'abbazia di Westminster) **4.** Noi (Nuova York, la statua della Libertà) **5.** Mario ed io (Washington, il monumento a Lincoln)

C. **Come e dove stanno?** Complete with the correct form of **stare.**

1. Stamattina il signor Neri è a letto perchè _____ male, ma i bambini _____ benissimo e cantano. **2.** Tu non _____ molto bene, ma hai un esame e non _____ a casa. **3.** Gli studenti _____ attenti alle domande del professore.

D. **Descrizione.** With a classmate, describe what the people shown are doing. Use expressions with **fare** and your imagination to elaborate as much as you can.

1.

2.

3.

4.

5.

E. **Quale verbo?** Take turns asking and answering these questions, using a form of **andare, fare, dare,** and **stare.**

> Esempio   Dove _____ voi stasera?   —**Dove andate voi stasera?**
> —**Andiamo al cinema.** o...

1. Come _____ tua mamma?   2. Quando _____ una festa, tu?   3. Dove _____ gli studenti quando non stanno bene?   4. Tu _____ i compiti solo(a) o con dei compagni?   5. Preferite _____ una passeggiata o giocare a tennis?   6. Tu _____ a casa oggi o _____ fuori?   7. Dopo le lezioni tu ed io _____ a comprare un gelato?   8. A chi _____ del «tu»?   9. Voi _____ a letto presto o tardi (*early or late*) la sera?

F. **Conversazione**

1. Cosa fai quando hai bisogno di frutta, verdura o carne?   2. La mattina fai il bagno o la doccia?   3. Io vorrei fare un viaggio in Oriente, e tu?   4. La sera ceni, e la mattina?   5. Tu preferisci fare una passeggiata o fare il footing (*jogging*)?   6. Che cosa fai il sabato?   7. Cosa fai quando il tuo (*your*) telefono non funziona?

IV. I pronomi diretti
lo, la, li, le*

The direct object pronouns **lo, la, li,** and **le** are used to replace direct object nouns. The direct object of a sentence answers the questions *whom?* or *what?*

(I call: whom? him, her, them)		*(I visit: what? it, them)*	
Chiamo **il cameriere.**	Lo chiamo.	Vịsito **il museo.**	Lo vịsito.
Chiamo **la signora.**	La chiamo.	Vịsito **la chiesa.**	La vịsito.
Chiamo **gli amici.**	Li chiamo.	Vịsito **i giardini.**	Li vịsito.
Chiamo **le ragazze.**	Le chiamo.	Vịsito **le città.**	Le vịsito.

NOTE:

1. A direct object pronoun immediately precedes the conjugated verb even in the negative form.

   Vedi **Gina?**   Comprate **i giornali?**
   No, non **la** vedo.   No, non **li** compriamo.

—L'amo, non l'amo; l'amo, non l'amo.

2. Usually the singular pronouns **lo** and **la** drop the final vowel before a verb beginning with a vowel sound.

   Inviti **Lucia?**   Ascolti **la rạdio?**
   Sì, l'invito.   No, non l'ascolto.

Pratica

A. **Sostituzione.** Answer each question, replacing the noun with the correct direct object pronoun.

Esempio	Aspetti il treno?	**Sì, l'aspetto.**
		No, non l'aspetto.

   Cosa fai la domẹnica?

   1. Incontri gli amici? 2. Guardi la TV? 3. Vedi la tua famịglia? 4. Fai i cọmpiti? 5. Pulisci l'appartamento?

   Cosa mangi a pranzo?

   1. Mangi la pastasciutta? 2. Preferisci la carne con la verdura?
   3. Mangi spesso le lasagne? 4. Prendi il caffè alla fine del pranzo?
   5. Ọrdini i ravioli al ristorante?

*This chapter covers only the most common object pronouns. All the direct and indirect object pronouns are presented in Chapter 10.

B. **Quando?** A friend wants to know if you plan to do the following things on a certain day. Answer in the negative, specifying when you will do them.

> Esempio   fare la spesa
> —**Fai la spesa sabato?**
> —**No, non la faccio sabato, la faccio venerdì.** *o...*

1. visitare il museo della città
2. vedere la professoressa d'informatica
3. comprare i nuovi CD di Zucchero
4. fare alcune spese
5. scrivere la lettera ai nonni
6. invitare Mara e Cristina a pranzo

Lettura

Un giovane fa una telefonata da una cabina telefonica.

Una settimana molto occupata

Lunedì   Filippo va all'università. Dopo le
lezioni vede Gabriella e *litigano*. Gioca   they quarrel
a tennis per un'ora. Va a casa e fa la

	doccia. *Prima di* cena va in Galleria e prende un aperitivo con Marcello e Liliana.	Before
Martedì	Filippo finisce il lavoro in ufficio. Nel pomeriggio fa il footing e nuota in *piscina*. La sera vede gli amici al Caffè Sport: parlano di politica. Compra una carta telefonica e fa una telefonata a Gabriella: Gabriella non risponde. La *cassiera* del caffè è una bella bionda. Filippo chiede il suo numero di telefono.	swimming pool cashier
Mercoledì	Filippo sta alcune ore in ufficio. Poi va in biblioteca. Legge e studia molto perchè domani ha un esame difficile. La sera telefona a Gabriella. Il telefono è sempre occupato.	
Giovedì	Filippo dà l'esame. L'esame è *un osso duro*. Non capisce alcune domande e non finisce. Da un telefono pubblico telefona a Milva. Vanno insieme al cinema, ma lui pensa a Gabriella.	tough
Venerdì	Filippo ha grandi progetti per il week-end, ma è al verde. *Manda* un fax al padre: «Caro papà, sono senza soldi. Ti prego di mandare *subito* trecentomila (300.000) lire. *Baci*, Filippo».	He sends immediately Kisses
Sabato	Filippo riceve una risposta: «Caro Filippo, capisco la situazione e *mi dispiace*. *Spendi meno* o *lavora di più*. Baci, Papà». Filippo telefona a Marcello per chiedere un *prestito*. Marcello non c'è.	I am sorry Spend less/work more loan
Domenica	*Addio* progetti. Filippo è solo. Fa una passeggiata al parco. Pensa a Gabriella.	Good-bye

Comprensione

1. Cosa fanno Filippo e Gabriella dopo le lezioni all'università?
2. Perchè Filippo va in Galleria prima di cena?
3. A chi telefona la sera di martedì e di mercoledì?
4. Perchè Filippo va in biblioteca mercoledì?
5. È facile l'esame? Filippo lo finisce?
6. Dove va giovedì sera Filippo? Con chi?
7. Perchè Filippo manda un fax al padre venerdì?
8. Che cosa fa Filippo domenica sera? È con Gabriella?

Conversazione

1. Vai all'università tutti i giorni della settimana? Quali?
2. Dove vai dopo le classi?
3. Che cosa fai dopo cena?
4. Cosa fai il sabato sera? Vedi gli amici?
5. Stai a casa la domenica? Cosa fai?
6. Che cosa desideri fare questo fine-settimana?
7. Quando sei al verde, chiedi soldi ai tuoi genitori *(your parents)*?
8. Cosa fai il fine-settimana se non hai soldi?

Alcune matricole (studenti del primo anno) festeggiano la loro iniziazione alla vita universitaria.

Attività supplementari

A. **È il compleanno di...** It is your friend's birthday. Call a mutual friend to invite him/her to the party. He/she then asks you when and where the party is to be, and what present to bring.

> Esempio —Pronto? Ciao... sono...
> —Ciao, come va?
> —Bene. C'è una festa a casa mia per... Sei invitato(a) anche tu...

B. **Alcuni giorni in paradiso.** Nicola and his girlfriend are spending a long weekend in the Cinque Terre, on the Italian Riviera. In small groups, describe their weekend activities, referring to the illustration.

Possibilità: venerdì, sabato, domenica, lunedì

arrivare, stare, visitare, andare, fare, comprare, nuotare, mangiare, partire

ristorante, trattoria, pensione, picnic, mare *(m.)*, albergo «Porto Roca», spese

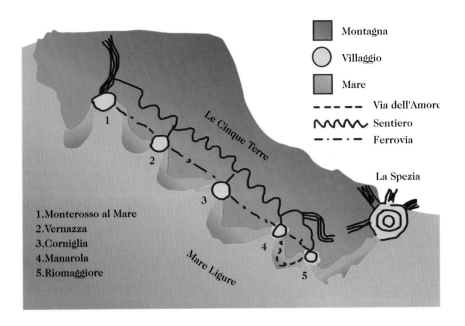

Montagna
Villaggio
Mare
------ Via dell'Amore
∿∿∿ Sentiero
-·-·- Ferrovia

Le Cinque Terre

La Spezia

1
2
3
4
5

Mare Ligure

1. Monterosso al Mare
2. Vernazza
3. Corniglia
4. Manarola
5. Riomaggiore

C. **La mia giornata.** In small groups, talk about your own typical daily activities.

Come si dice in italiano?

1. On Fridays Giulia walks to the university with Maria.
2. Today, however, Maria is staying home because she is not well; so Giulia prefers to take the bus.
3. At the library she sees a friend: "Hi Paola. What are you doing here?"
4. I am reading a book on (**sull'**) Italian art.
5. How many classes are you taking this (**questo**) quarter?
6. Three: a psychology class, an English class, and an art history class.
7. When Giulia finishes studying (**di studiare**), she takes a walk and then makes a phone call to Maria.
8. Maria answers: "Hello? Who is speaking?"
9. This is (I am) Giulia. How are you?
10. I am fine now, thank you.
11. Are we going to Gianni's party on Sunday?
12. Sorry, but on Sunday I am going to the movies with Cristina.

Uno dei villaggi delle Cinque Terre.

Sito Web

I passatempi

Italians are avid moviegoers. They also enjoy opera, and the comedy and drama of the legitimate theater.

Watching television is another favorite pastime. There are three state-owned television channels and many privately owned stations.

Large-circulation newspapers focus on local, political, sports, and business news. Weekly and monthly magazines cover current affairs, politics, economics, films, music, design, etc. Shopping and strolling on the central streets and piazzas of cities and small towns is a traditional and still popular activity.

Discotheques are also very popular with young people.

 Web page addresses of related interest are:

Entertainment
http://www.visiteurope.com/Italy/Italy02.htm

Shopping
http://www.focusmm.com.au/italy/it_shop.htm

Entertainment
http://www.ats.it/ragno

Agritourism Italy
http://www.agriturismo.net

Italy Road Atlas
http://www.databay.com/book/maps/continent/europe/country/italy.html

http://www.hrwcollege.com

Vocabolario

Nomi

l'appuntamento	*appointment, date*
la domenica	*Sunday*
la farmacia	*pharmacy*
il fine-settimana	*weekend*
il giovedì	*Thursday*
l'ingegnere	*engineer*
la lira	*lira*
il lunedì	*Monday*
la mamma	*mom*
il martedì	*Tuesday*
la mensa	*cafeteria*
il mercoledì	*Wednesday*
la montagna	*mountain*
il padre	*father*
il papà	*dad*
la piscina	*swimming pool*
il pomeriggio	*afternoon*
il progetto	*project*
la risposta	*answer*
il sabato	*Saturday*
la settimana	*week*
il venerdì	*Friday*

Aggettivi

breve	*brief, short*
primo	*first*
pubblico	*public*
solo	*alone, only*
ultimo	*last*

Verbi

andare	*to go*
camminare	*to walk*
capire (-isc)	*to understand*
cercare	*to look for*
chiamare	*to call, to phone*
costruire (-isc)	*to build*
dare	*to give*
fare	*to do; to make*
finire (-isc-)	*to finish*
incontrare	*to meet*
mandare	*to send*
nuotare	*to swim*
preferire (-isc-)	*to prefer*
pulire (-isc-)	*to clean*
restituire (-isc-)	*to give back, to return (something)*
ritornare	*to return*
stare	*to stay; to feel*
usare	*to use*

Altre espressioni

allora	*so, then*
andare a piedi	*to go on foot*
dare un esame	*to take an exam*
dare del «tu»	*to address somebody in the «tu» form*
dare del «Lei»	*to address somebody in the «Lei» form*
dare la mano	*to shake hands*
essere al verde	*to be broke*
fare attenzione	*to pay attention*
fare il bagno	*to take a bath*
fare colazione	*to have breakfast*
fare la doccia	*to take a shower*
fare una domanda	*to ask a question*
fare una foto	*to take a picture*
fare una gita	*to take a short trip*
fare una passeggiata	*to take a walk*
fare una pausa	*to take a break*
fare un regalo	*to give a present*
fare la spesa	*to go shopping (for groceries)*
fare le spese	*to go shopping*
fare un viaggio	*to take a trip*
finalmente	*finally*
insieme	*together*
mi dispiace	*I'm sorry*
ora	*now*
però	*however, but*
poi	*then*

quante volte...?	*how many times . . . ?*	stare bene (male)	*to feel well (badly, ill)*
una volta, due volte	*once, twice*	stare per...	*to be about to . . .*
qui	*here*	veramente	*actually, truly*
stamattina	*this morning*		
stare attento(a)	*to be careful, to pay attention*		

a casa tua

a tua casa

Pagina culturale

La vita degli studenti

In Italia quasi tutte le università sono situate in centri urbani, e gli edifici delle varie facoltà si trovano spesso lontano l'uno dall'altro. Non esiste un vero «campus» universitario alla maniera americana, eccetto in poche università privilegiate o di recente fondazione. Nelle grandi città alcune «Case dello studente» e dei *pensionati* servono da «dormitorio» a studenti lontani | boardinghouses
dalla famiglia. Qui è possibile trovare una vita collegiale, limitata però ai pasti alla *mensa, oppure* alle ore del *dopocena, trascorse* nella sala | cafeteria/or/after dinner/spent
comune o in qualche caffè vicino. Queste residenze sono rare, e molti sono obbligati a vivere in camere d'affitto; oppure vivono in famiglia, se hanno la fortuna di frequentare un'università situata nella loro stessa città o nelle vicinanze.

Nella maggior parte dei casi, le attività giovanili *hanno luogo* lontano | take place
dagli istituti d'insegnamento. Gli studenti *possono* partecipare al CUS | can
(Centro Universitario Sportivo) e ad altre organizzazioni per giovani, frequentare *campi* sportivi e *palestre,* coltivare vecchie amicizie e creare | fields/fitness centers
nuovi rapporti con compagni di corso o di stanza.

Il costo *attuale* della vita obbliga molti studenti a cercare lavoro fuori | present
dell'università o a dare lezioni private ad *allievi* della scuola secondaria. | pupils
Purtroppo, molti universitari abbandonano gli studi per insufficienza di | Unfortunately
mezzi economici e prendono nuove strade.

ATTIVITÀ SOCIALI

I seguenti numeri rivelano alcune tendenze positive dei giovani italiani tra i 15 e 29 anni.

◆ Ragazzi fra i 15 e i 20 anni partecipanti in associazioni religiose: 64%
◆ Giovani iscritti a più associazioni: 41%
◆ Partecipanti a gruppi culturali e ricreativi: 33%
◆ Impegnati in gruppi sportivi: quasi tutti

Altri segni positivi: una maggiore coscienza dell'importanza della cultura, della parità *(equality)* tra i sessi e dell'appartenenza nazionale ed europea.

L'ora del pranzo alla Casa dello Studente.

Gruppo di amici in gita sulla Sila (Calabria).

Comprensione

Completate le seguenti frasi con le parole corrette.

1. Quasi tutte le università italiane si trovano (are found)...
   a. in un campus   b. dentro la città   c. lontano dalla città

2. Una buona parte degli studenti universitari vive...
   a. in famiglia   b. nei dormitori   c. nelle Case dello Studente

3. È possibile vedere aspetti della vita collegiale...
   a. alla mensa degli studenti   b. allo stadio   c. in una camera d'affitto

4. Durante l'anno accademico, gli studenti hanno la possibilità di partecipare ad attività sociali e sportive organizzate principalmente...
   a. dall'università   b. dai professori   c. da società indipendenti

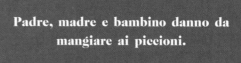
Padre, madre e bambino danno da
mangiare ai piccioni.

Capitolo
6

La famiglia e i parenti

Punti di vista

Una famiglia numerosa festeggia il giorno della mamma.

Una famiglia numerosa

È sabato, e Ornella *va a trovare* gli zii che abitano *in campagna*. Va in macchina, e la sua amica va con lei.		goes to visit/in the country

Bianca Quante persone ci sono nella tua famiglia?

Ornella Mio padre, mia madre, mio fratello, le mie due sorelle ed io.

Bianca Hai una famiglia numerosa.

Ornella *Abbastanza.* — Quite.

Bianca Come si chiama tuo fratello e quanti anni ha?

Ornella Marco ha venticinque anni, e *fa l'ultimo anno di medicina* all'Università di Bologna. È un bel ragazzo, intelligente. I suoi professori hanno un'opinione eccellente di lui. *Vuoi conoscerlo?* — he is in his last year of medical school / Do you want to meet him?

Bianca Sì, *volentieri!* Quando? — with pleasure

Ornella Domani sera. *Possiamo uscire* insieme; tu con mio fratello e io con il mio ragazzo. — We can go out

Bianca Splendido!

Comprensione

1. Che giorno è?   2. Con chi va a trovare gli zii Ornella?   3. Quanti figli *(children)* ci sono nella famiglia di Ornella?   4. Come si chiama suo fratello?
5. Che opinione hanno i suoi professori?   6. Bianca vuole conoscere Marco?
7. Secondo Lei, Bianca ha un ragazzo?   8. Con chi esce *(goes out)* Bianca domani sera?

Studio di parole   Albero genealogico

i genitori parents	**la suocera** mother-in-law
il marito husband	**il genero** son-in-law
la moglie wife	**la nuora** daughter-in-law
il fratello brother	**il cognato, la cognata** brother-in-law, sister-in-law
la sorella sister	
lo zio, la zia uncle, aunt	**nubile** unmarried (single) female
il cugino, la cugina cousin	**celibe** unmarried (single) male
il nipote grandson; nephew	**fidanzato(a)** fiancé(e)
la nipote granddaughter; niece	**sposato(a)** married
il (la) parente relative	**separato(a)** separated
i parenti relatives	**divorziato(a)** divorced
i figli children	**vedovo(a)** widower, widow
il suocero father-in-law	

Informazioni

Stepfather, stepmother, stepson, and stepdaughter are translated respectively as **patrigno**, **matrigna**, **figliastro**, and **figliastra**. Italians rarely use these words, however, since they have a negative connotation. When referring to stepparents, they prefer to use the first name, or sometimes **mio padre** and **mia madre** (children say **il mio nuovo papà** and **la mia nuova mamma**). When referring to a stepson or stepdaughter, they use **il figlio (la figlia) di mio marito (di mia moglie)**.

The word for an unmarried person is **celibe** *(m.)* or **nubile** *(f.)*. The English word *single* is also frequently used.

Identikit della famiglia italiana

Media: 2,8 membri per famiglia
       al Nord: 2,4%
       al Sud: 3,3%
Famiglia con più di 5 membri: 11% (soprattutto in Campania e Puglia)
Famiglia di una persona: 11%
Anziani: 54% (in prevalenza donne)

Source: Instat, 1994

Applicazione

A. **Chi è?** Completate le seguenti frasi con l'espressione appropriata.

   1. Il fratello di mio padre è mio _____.
   2. La madre di mia madre è mia _____.
   3. I nonni hanno un debole *(a weak spot)* per i loro _____.
   4. La moglie di mio fratello è mia _____.
   5. Rina non ha marito; è _____.
   6. La figlia dello zio Piero è mia _____.

B. **L'albero genealogico.** Guardate l'albero genealogico a pagina 135 e rispondete con una frase completa.

   1. Luigi e Maria sono marito e moglie. Chi sono i loro due figli? Chi è il loro genero? Chi sono i loro nipoti?
   2. Anna è la moglie di Paolo. Chi è suo padre? Chi è suo fratello? Chi è sua cognata?
   3. Chi è la suocera di Luisa? Chi sono i suoi due nipoti?
   4. Enzo è il fratello di Marina. Chi è suo nonno? Chi è sua zia? Chi sono i suoi cugini?

C. **Conversazione.** In coppie, fatevi a turno domande sulle vostre famiglie.

    1. Hai dei fratelli o delle sorelle?
    2. Quante persone ci sono nella tua famiglia? (Nella mia...) Hai una famiglia numerosa?
    3. Come si chiama tuo padre? E tua madre?
    4. Vai spesso a trovare i parenti?
    5. Dove abitano i genitori, in città o in campagna?
    6. Hai molti cugini?

D. **Presentazione.** Portate una foto di qualche membro della vostra famiglia e dite brevemente chi sono e come si chiamano. Usate qualche aggettivo per descrivere la loro personalità.

Ascoltiamo!

A casa degli zii. Ornella and her friend Bianca have just arrived at the house of her aunt and uncle in the country. Listen as everyone exchanges greetings and a few words. Then answer the questions in your textook.

Comprensione
1. Dove arrivano Ornella e la sua amica Bianca?
2. Dove abitano gli zii?
3. Cosa dice lo zio quando Ornella presenta la sua amica?
4. Come stanno i genitori di Ornella?
5. Dove lavora suo padre?
6. Qual è la professione di sua madre?
7. Cosa prepara la zia?

Dialogo
With another student, expand on the dialogue.

For example, one of you can play the role of Bianca, and the other that of Ornella's aunt or uncle. Ornella's aunt or uncle might ask Bianca if she is married or has a boyfriend, and if she works or goes to school.

Bianca might ask how many children there are in her hostess's (host's) family, and what their names and ages are.

Punti grammaticali

I. Aggettivi e pronomi possessivi

Ecco Antonio, con la sua famiglia: suo padre, sua madre, le sue sorelle, i suoi fratelli e il suo cane. Alla parete c'è il ritratto dei suoi nonni.

1. È con i suoi amici o con la sua famiglia Antonio?
2. Quante persone ci sono nella sua famiglia?
3. Cosa c'è alla parete?

	Singular		Plural	
Possessor	**Masculine**	**Feminine**	**Masculine**	**Feminine**
io *my*	il mio	la mia	i miei	le mie
tu *your (familiar sing.)*	il tuo	la tua	i tuoi	le tue
lui, lei *his, her, its*	il suo	la sua	i suoi	le sue
Lei *your (formal sing.)*	il Suo	la Sua	i Suoi	le Sue
noi *our*	il nostro	la nostra	i nostri	le nostre
voi *your (familiar pl.)*	il vostro	la vostra	i vostri	le vostre
loro *their*	il loro	la loro	i loro	le loro
Loro *your (formal pl.)*	il Loro	la Loro	i Loro	le Loro

1. *Possessive adjectives* express ownership or relationship (*my, your, his,* etc.). They agree in gender and number with the noun they modify, *not* with the possessor, and they are preceded by the article.

È **la famiglia** di Antonio?   Sì, è **la sua** famiglia.
Sono **i fratelli** di Antonio?   Sì, sono **i suoi** fratelli.
Sono **le sorelle** di Antonio?   Sì, sono **le sue** sorelle.

Il mio ragazzo, **la mia** ragazza	*My boyfriend, my girlfriend*
I nostri nonni	*Our grandparents*
Signor Riva, **la Sua** macchina è pronta.	*Mr. Riva, your car is ready.*

NOTE:

a. Remember that whenever certain prepositions precede a definite article, the two words contract (see **Capitolo 3**): *Nella mia* **famiglia ci sono sei persone.**

Telefona **dal Suo** ufficio?	*Are you calling from your office?*
Ritornano **dal loro** viaggio.	*They are returning from their trip.*

b. The article is *not* used when a possessive adjective precedes a singular noun that refers to a relative. The article is used, however, if the noun referring to relatives is plural or if it is modified by an adjective or a suffix.

mio zio Baldo	*my uncle Baldo*
nostra cugina Nella	*our cousin Nella*
suo fratello	*his (her) brother*

BUT:

i miei zii e **le mie** cugine	*my uncles and my cousins*
la mia bella cugina Lia	*my beautiful cousin Lia*
il tuo fratellino	*your little brother*

—Mio figlio si chiama Luigi. E i Loro?
—I nostri si chiamano Mina, Lisa, Tino, Gino, Nino.

c. **Loro** is invariable and is *always* preceded by the article.

la loro sorella	*their sister*
i loro vicini	*their neighbors*

d. Phrases such as *a friend of mine* and *some books of yours* translate as **un mio amico** and **alcuni tuoi libri.**

e. The idiomatic constructions **a casa mia, a casa tua,** etc., mean *at (to) my house, at (to) your house,* etc.

2. The *possessive pronouns* have the same forms as the possessive adjectives. They are preceded by the article, even when they refer to relatives.

mia madre e **la sua**	*my mother and his (hers)*
la tua casa e **la nostra**	*your house and ours*
i suoi amici e **i miei**	*his/her friends and mine*
Ecco mio fratello; dov'è **il Suo?**	*There is my brother; where is yours?*

Pratica

A. **Chi portate a cena?** L'insegnante invita i suoi studenti a cena. Ogni studente dice chi porta.

> | Esempio | amico | —Io porto il mio amico. |

1. genitori 2. nonno 3. sorella 4. amiche 5. cugino 6. fratellino 7. compagne di classe 8. professore di tedesco 9. parenti italiani 10. cane 11. fratelli

B. **Di chi è?** Domandate a un altro studente (un'altra studentessa) se i seguenti oggetti *(the following objects)* sono delle persone tra parentesi. La risposta è affermativa o negativa, secondo *(according to)* l'informazione e l'esempio.

> | Esempio | il quaderno (Lia/no) |
> | | —È il quaderno di Lia? |
> | | —No, non è il suo quaderno. |

1. la macchina da scrivere (Filippo/sì)
2. i CD (Stefania/no)
3. la Mercedes (signor Giacomi/sì)
4. le cassette (professor Verdi/no)
5. la chitarra (Antonio/no)
6. gli esami (professoressa di filosofia/sì)

C. **Perchè...?** Domandate perchè le seguenti persone non fanno le azioni suggerite *(the actions suggested)*. Seguite l'esempio.

> | Esempio | Tu non fai i compiti. |
> | | —Perchè non fai i tuoi compiti? |

1. Noi non invitiamo gli amici. 2. Peppe e Maria non puliscono l'appartamento. 3. Lui non scrive al padre e alla madre. 4. Tu non prendi le vitamine. 5. Voi oggi non ascoltate il professore. 6. Tu non metti *(put)* la macchina in garage.

D. **Scambi rapidi.** Completate le seguenti frasi con la preposizione (con o senza articolo) + aggettivo possessivo.

1. —Se tu sei al verde, chiedi dei soldi _____ genitori?
   —No, io mando *(send)* un fax _____ zio Baldo: non ha figli ed è ricco e generoso.
2. —Signor Mauri, posso *(may I)* avere l'indirizzo _____ figlia?
   —Caro Giovanni, se Lei ha bisogno _____ indirizzo, deve *(you must)* parlare a mia figlia.
3. —Stasera aspettiamo i nostri amici _____ festa. Venite anche voi, non è vero?
   —Sì, volentieri, perchè mio marito ritorna oggi (da) _____ viaggio in Svizzera.

E. **Sostituzione.** Sostituite le parole in corsivo *(italics)* con i pronomi possessivi appropriati.

> Esempio   Ricordo mia madre e *tua madre.*
> **Ricordo mia madre e la tua.**

1. Conosco i tuoi genitori e anche *i genitori di Pietro.*   2. Io lavoro nel mio ufficio e lui lavora *nel suo ufficio.*   3. Voi raccontate le vostre storie e io racconto *le mie storie.*   4. Lui ha bisogno dei suoi soldi e anche *dei soldi dei genitori.*   5. Penso a mio padre e *a tuo padre.*   6. Ecco mia madre. Dov'è *la madre di Nino?*   7. Ecco la tua bicicletta. Dov'è *la nostra bicicletta?*

F. **Come si chiama...?** In coppie, fatevi a turno le seguenti domande. Seguite l'esempio.

> Esempio   la madre   —**Come si chiama tua madre?**
> —**Mia madre si chiama..., e la tua?**
> —**La mia si chiama...**

1. il cantante preferito   2. il padre   3. il liceo   4. le attrici preferite
5. il migliore *(best)* amico (la migliore amica)

II. Verbi irregolari in -ere: il presente

—Bevo alla tua salute!
—Cin cin!

The following verbs ending in **-ere** are irregular in the present tense:

bere *(to drink)*		dovere *(to have to, must; to owe)*		potere *(can, may, to be able to)*		volere *(to want)*	
bevo	beviamo	devo	dobbiamo	posso	possiamo	voglio	vogliamo
bevi	bevete	devi	dovete	puoi	potete	vuoi	volete
beve	bevono	deve	devono	può	possono	vuole	vogliono

Io qui non posso entrare

Sulle porte dei negozi c'è spesso questo cartello. I padroni devono lasciare fuori il loro cane.

Dovere and **potere** are followed by an infinitive. **Volere** may be followed by an infinitive or a noun.

Oggi **beviamo** del Chianti.	*Today we are drinking Chianti.*
Stasera **devo** uscire.	*Tonight I have to go out.*
Possiamo fare molte cose.	*We can do many things.*
Cosa **vuoi** mangiare?	*What do you want to eat?*
Vuole un succo d'arancia?	*Do you want (a glass of) orange juice?*

NOTE:

Dovere, followed by a noun, corresponds to the English *to owe.*

Devo 100 dollari a mia zia.   *I owe my aunt 100 dollars.*

Pratica

A. **Preferenze.** In due, fatevi a turno le seguenti domande. Seguite l'esempio.

> Esempio   i bambini   —Cosa preferiscono bere i bambini?
> —Bevono del latte. (o...)

1. Una ragazza di 15 anni   2. la nonna e il nonno   3. io e tu   4. una persona che *(who)* ha molta sete   5. tu   6. uno zio italiano

B. **Cosa possiamo fare con 1.000 dollari?** Un compagno/Una compagna dice che cosa vogliono fare le seguenti persone con mille dollari. Tu rispondi se possono o non possono.

> Esempio   i miei genitori, andare in Italia
> —I miei genitori vogliono andare in Italia.
> —I tuoi genitori non possono andare in Italia.

1. io, comprare una macchina fotografica   2. mio fratello, fare un viaggio a New York   3. mia sorella ed io, portare i nostri genitori all'opera   4. i miei cugini, comprare una barca *(boat)*   5. tu ed io, dare una festa per tutti gli studenti   6. io, affittare *(to rent)* una villa in Toscana per un mese *(month)*   7. mio marito ed io, fare una crociera *(cruise)* alle isole Hawaii   8. tu, comprare un computer Macintosh

C. **Se...** Completate le frasi con la forma corretta di **dovere** e con un po' d'immaginazione.

> Esempio   Se ho sete,...   **Se ho sete, devo bere dell'acqua.** (o...)

1. Se gli studenti ricevono brutti voti,...   2. Se io ho fame la mattina,...   3. Se non stiamo bene,...   4. Se hai sonno,...   5. Se volete organizzare un picnic,...   6. Se uno studente non capisce la spiegazione,...   7. Se abbiamo bisogno di soldi,...   8. Se un nostro amico non arriva all'appuntamento,...

D. **Che cosa devo a...?** Le seguenti persone hanno dei debiti *(debts)*. Dite che cosa devono e a chi.

| Esempio | (io) 20 dollari, nonno | **Io devo venti dollari a mio nonno.** |

1. (Filippo) molti soldi, padre 2. (Gabriella) 100.000 lire, cugina
3. (i signori Smith) 1.000 dollari, un parente 4. (tu) 17 dollari, fratello
5. (noi) mille ringraziamenti, genitori

III. Verbi irregolari in -ire: il presente

Un proverbio dice: «Dopo la pioggia viene il sole».

The following verbs ending in **-ire** are irregular in the present tense:

dire (to say, to tell)		uscire* (to go out)		venire (to come)	
dico	diciamo	esco	usciamo	vengo	veniamo
dici	dite	esci	uscite	vieni	venite
dice	dicono	esce	escono	viene	vengono

*The verb **riuscire** *(to succeed)* is conjugated like **uscire**.

I genitori **dicono** «Buon compleanno»!	*The parents are saying, "Happy birthday!"*
Veniamo domani.	*We'll come tomorrow.*
Esce tutte le sere.	*He (She) goes out every night.*
Lia **riesce** bene a scuola.	*Lia is very successful in school.*

NOTE:

The expression **voler(e) dire** translates as *to mean* in English.

Non capisco. Che cosa **vuoi dire**?   *I don't understand. What do you mean?*

Pratica

A. **Cosa diciamo?** Con un compagno/una compagna, fatevi a turno le seguenti domande. Seguite l'esempio.

> Esempio   tu, quando arrivi in classe
> —**Cosa dici tu quando arrivi in classe?**
> —**Dico «Buon giorno».** (*o...*)

1. voi, al compleanno di un amico
2. noi, quando rispondiamo al telefono
3. i tuoi genitori, quando vedono i tuoi voti
4. tu, quando un tuo parente o un tuo amico parte
5. tu, a un compagno prima di un esame difficile
6. voi, agli amici la sera tardi (*late*) dopo una festa
7. gli Italiani, quando fanno un brindisi (*they make a toast*)

B. **Qual'è il verbo corretto?** Completate con le forme corrette di **uscire** e **venire**, secondo il caso (*according to the context*).

1. Questa sera io non _____ perchè i miei nonni _____ a cena.   2. Tu e il tuo compagno _____ tutte le sere! Dove andate?   3. Oggi mia madre non _____ di casa perchè aspetta sua sorella che _____ dall'Italia.   4. Se noi _____ presto (*early*) dall'ufficio, possiamo fare una passeggiata.   5. Quando _____ a casa mia voi?   6. Se volete, possiamo _____ insieme stasera.

C. **Conversazione.**

1. Esci domani sera?
2. Vieni a casa mia questo pomeriggio?
3. Dici sempre la verità o dici qualche bugia di convenienza (*white lie*)?
4. Uscite spesso, tu e il tuo ragazzo (la tua ragazza)?
5. Vieni a cena domenica sera?
6. Esci la sera prima di un esame importante?

—Pietro! Cosa fai!? Mia madre non sa nuotare!

IV. Sapere e conoscere

In Italian there are two verbs that both translate as *to know* in English: **sapere** and **conoscere**. They are conjugated as follows:

sapere		conoscere	
so	sappiamo	conosco	conosciamo
sai	sapete	conosci	conoscete
sa	sanno	conosce	conoscono

1. **Sapere** is an irregular verb. It means *to know how to do something, to know a fact.*

Sai la lezione?	*Do you know the lesson?*
Nino **sa** suonare il piano.	*Nino knows how to play the piano.*
Sai che domani è vacanza?	*Do you know that tomorrow is a holiday?*

NOTE:

Sapere takes the direct object pronoun **lo** to replace a dependent clause.

Sai **chi è Sophia Loren**?	*Do you know who Sophia Loren is?*
Sì, **lo** so. È un'attrice.	*Yes, I know (it). She is an actress.*
Sapete **quando è morto J.F.K.**?	*Do you know when J.F.K. died?*
No, non **lo** sappiamo.	*No, we do not know (it).*

2. **Conoscere** is a regular verb. It means *to be acquainted with a person or a place* and *to meet someone for the first time.*

Non **conosco** il sig. Paoli.	*I don't know Mr. Paoli.*
Conosciamo bene Venezia.	*We know Venice well.*
Desidero **conoscere** i tuoi genitori.	*I would like to meet your parents.*

Pratica

A. **Sapete...?** Rispondete alle seguenti domande.

1. Sai che regalo desidera tuo padre? 2. I tuoi amici sanno giocare a tennis? 3. Tu sai suonare il piano? 4. Tuo padre sa che voti ricevi a scuola? 5. Sapete sempre quando c'è un esame di italiano, o qualche volta è una sorpresa? 6. Chi sa cucinare meglio *(better)*, tu o tua madre? 7. Sapete che giorno è oggi, per favore?

B. **Un padre curioso.** Il padre di Gabriella domanda informazioni a un conoscente *(acquaintance)* su *(about)* Filippo. Cominciate la domanda con **Sa...?** o **Conosce...?**

Esempio	suo padre	**Conosce suo padre?**

1. dove abita 2. con chi lavora 3. la sua famiglia 4. se è un ragazzo serio 5. i suoi amici 6. quanti corsi segue all'università 7. i suoi

genitori   8. quanti anni ha   9. sua madre   10. quanti fratelli o quante sorelle ha   11. quando finisce gli studi

C. **Lo sai?** Se sapete rispondere alle seguenti domande, dite «Lo so» e date la risposta esatta. Se non sapete rispondere, dite semplicemente «Non lo so».

> Esempio   Sai chi ha inventato la radio?
> **Lo so. È stato Marconi.**

1. Sai dov'è Torino?   2. Sai quante regioni ci sono in Italia?   3. Sai in quale città si trova *(is found)* il Colosseo?   4. Sai cos'è *La Divina Commedia*?   5. Sai chi è l'autore?   6. Sai in quale isola è Palermo?   7. Sai cos'è il tiramisù?

Lettura

Biglietto d'invito che accompagna una partecipazione di nozze.

Chi viene a cena stasera?

Gabriella parla di una serata speciale.

Stasera c'è una grande riunione a casa mia. Vengono i miei nonni Bettini e mio zio Baldo con sua moglie. Viene anche Filippo: vuole conoscere i miei genitori e i miei parenti e annunciare il nostro *fidanzamento*.

engagement

Nella mia famiglia siamo solo in tre: mio padre, mia madre ed io. Mio padre è un uomo tranquillo e paziente, che ama fumare la pipa e leggere il giornale. Lavora in una *ditta di assicurazioni*. Mia madre è professoressa di musica; ama il teatro, ha molte amiche e sa cucinare meravigliosamente.

insurance company

Mio zio Baldo è il fratello di mio padre. È un vecchio *marinaio* e conosce *diversi* paesi del *mondo*. Quando beve un po' troppo, deve raccontare le sue avventure: parla allora di paesi *esotici* e di donne meravigliose. Mia zia Teresina sorride: sa *queste* storie a memoria e sa che suo marito è un *sognatore*. I miei zii hanno due figli, Nino e Luisa. Mio cugino Nino è un «punk» *appassionato di* musica rock e viene a casa solo quando è al verde. Sua sorella scrive *poesie* e ha sempre *la testa fra le nuvole*. I miei nonni dicono che sono «*un po' matti*» come il loro padre.

sailor/several/world

exotic

these

dreamer

crazy about

poetry/her head in the clouds/a little crazy

Oggi è una giornata molto importante per me. Sono felice, ma anche preoccupata. I miei genitori dicono che Filippo ed io dobbiamo *prima* finire gli studi. Dicono anche che siamo troppo giovani e che non siamo *maturi* per il matrimonio. Hanno torto!

first

mature

Gli sposi escono dalla chiesa sotto una pioggia di riso.

Comprensione

Rispondete usando gli aggettivi possessivi.

1. Chi viene a casa di Gabriella stasera? 2. Che cosa vogliono annunciare stasera i due giovani? 3. Il padre di Gabriella esce la sera? 4. La madre

di Gabriella è una donna tranquilla come suo marito? **5.** Zio Baldo è il fratello della madre di Gabriella? **6.** Quando racconta storie interessanti lo zio di Gabriella? **7.** Quanti cugini ha Gabriella? **8.** Che musica preferisce Nino? **9.** Perchè Gabriella dice che è preoccupata stasera?

Conversazione

1. Ha molti parenti Lei? **2.** I Suoi nonni materni o paterni sono ancora (*still*) in vita? **3.** Quando incontra i Suoi parenti? Spesso o in occasioni speciali (festa del Thanksgiving, Natale, compleanni, anniversari,...)? **4.** Quale dei Suoi parenti è particolarmente simpatico? Perchè?

Attività supplementari

A. **Una famiglia numerosa.** In piccoli gruppi, descrivete con immaginazione la famiglia di Antonio: quanti sono, chi sono, quanti anni hanno, qual è la loro professione o attività scolastica. Descrivete anche il loro carattere (*temperament*) con alcuni aggettivi.

B. **Un'occasione speciale.** Un amico/Un'amica annuncia il suo fidanzamento. Voi volete sapere molte cose e domandate:

1. if you know his/her fiancé(e). **2.** if you may see his/her picture **3.** what he/she is like **4.** how old he/she is **5.** if he/she is a student or has a diploma or **laurea** (or is working, and where) **6.** where he/she lives Add that you would like to meet the fiancé(e), and to be invited to the wedding (**nozze**, *f. pl.*).

Come si dice in italiano?

1. How many people are there in your *(fam. sing.)* family?
2. Only four: my father, my mother, my little brother, and myself **(io)**.
3. Where do they live?
4. They live in Minneapolis.
5. If you are alone, why don't you come to my party tonight? It is at my house.
6. I'm sorry, but I can't because I have to meet a friend.
7. Do I know your friend?
8. No. He is a quiet young man, but always happy. He also knows how to play the guitar wonderfully.
9. Is he your "fiancé"?
10. Yes, and he wants to meet my family.
11. What do your parents say?
12. They say that we are too young and that we must wait.

Sito Web

Protocol

Punctuality is appreciated, but lateness is common in Italy. Nobody is offended, for example, if kept waiting for up to a quarter of an hour.

Both men and women smile and shake hands on being introduced. Older people and women are always the first to be introduced.

Although Italians are usually friendly, they do not like being called by their first names by people whom they do not know well.

Honorific titles, such as **professore** and **dottore**, are very important in Italy.

If one is invited to dinner, protocol dictates sending or bringing flowers, a box of chocolates, or sweets as a gift. A jacket and tie—and corresponding dress for women—is the norm for guests.

Web page addresses of related interest are:

Business Customs, Protocol and Etiquette
http://www.worldbiz.com/italy.html

http://travelz.epicurious.com/travel/d_play/08_taboos/europe/italy.html

http://www.getcustoms.com/omnibus/kb_ita.html

http://www.americanair.com/away/travel_info/italy/kb_italy.html

Etiquette
http://www.travelive.com/italy/info/91.htm

http://www.hrwcollege.com

Vocabolario

Nomi

l'appartamento	*apartment*
l'avventura	*adventure*
la campagna	*countryside*
il carattere	*temperament*
la donna	*woman*
la famiglia	*family*
il fidanzamento	*engagement*
il fratellino, la sorellina	*little brother, little sister*
la generazione	*generation*
la giornata	*(the whole) day*
i giovani	*young people*
il gruppo	*group*
il lavoro	*work, job*
il matrimonio	*marriage, wedding*
il mondo	*world*
l'occasione *(f.)*	*occasion*
l'opinione *(f.)*	*opinion*
la persona	*person*
due o tre persone	*two or three people*
la pipa	*pipe*
la professione	*profession*
la riunione	*reunion*
la serata	*(the whole) evening*
la storia	*story*
l'uomo *(pl.* gli uomini*)*	*man*
il viaggio	*trip*

Aggettivi

eccellente	*excellent*
felice	*happy*
importante	*important*
matto	*crazy*
meraviglioso	*wonderful*
numeroso	*numerous*
preoccupato	*worried*
speciale	*special*
tranquillo	*quiet*

Verbi

annunciare	*to announce*
bere	*to drink*
conoscere	*to know, to be acquainted with, to meet for the first time*
descrivere	*to describe*
dire	*to say, to tell*
dovere	*to have to, must; to owe*
fumare	*to smoke*
potere	*to be able to, can, may*
presentare	*to introduce*
raccontare	*to tell (a story)*
riuscire	*to succeed*
sapere	*to know, to know how*
sorridere	*to smile*
uscire	*to go out*
venire	*to come*
volere	*to want*

Altre espressioni

a memoria	*by heart*
andare a trovare	*to visit (people)*
avere la testa fra le nuvole	*to have one's head in the clouds*
come	*as, like*
fare un brindisi	*to propose a toast*
meravigliosamente	*wonderfully*
qualche volta	*sometimes*
voler dire	*to mean*
Cosa vuole dire...?	*What does . . . mean?*

Pagina culturale

Tre generazioni a tavola.
Chi sono?

La famiglia in Italia

La famiglia occupa un *posto* speciale nella società italiana. I *rapporti di parentela* sono sacri e offrono *l'aiuto* morale, fisico ed economico che lo stato molte volte non può offrire.

Le varie generazioni—genitori, figli, nipoti, *pronipoti*—non vivono, come nel passato, nella stessa casa. Il boom degli anni sessanta *ha trasformato* profondamente la vita e la struttura patriarcale della famiglia italiana. Molti giovani *hanno abbandonato* la campagna e le piccole città per vivere nei grandi centri urbani.

Il referendum del 1970 *ha introdotto* in Italia il divorzio. È vero che il divorzio non è facile da *ottenere* come in altri paesi: gli sposi che vogliono divorziare devono vivere separati per *almeno* tre anni.

Oggi la maggior parte delle famiglie sono piccole, con uno o due figli. Molto spesso anche la moglie lavora. *Nonostante* i tempi cambiati, la famiglia *si riunisce* la sera a tavola e i genitori *aiutano* i figli nei loro studi ed interessi. La solidarietà è *ancora* grande fra i parenti, e molti *si ritrovano* insieme in occasione delle varie festività.

Di solito i figli restano in famiglia fino al matrimonio. Quando *si sposano,* non è raro vedere i giovani sposi occupare un appartamento non molto distante dall'appartamento dei genitori. I nonni *diventano* spesso i baby-sitter dei nipotini e, *a loro volta,* i figli adulti aiutano i genitori nella loro vecchiaia.

place/family ties
help

great-grandchildren
has transformed

have abandoned

introduced
obtain
at least

In spite of
gathers/help
still/meet again

they get married

become
in turn

Comprensione

1. La società italiana considera la famiglia...
   a. poco importante   b. molto importante   c. senza importanza

2. Oggi i giovani preferiscono vivere e lavorare...
   a. in grandi città   b. in campagna   c. in piccoli centri urbani

3. In Italia...
   a. non è possibile divorziare   b. è molto facile divorziare
   c. è possibile divorziare

4. I figli di solito stanno in famiglia fino...
   a. al matrimonio   b. alla fine della scuola secondaria   c. dopo (after)
   il matrimonio

5. In generale la famiglia italiana di oggi è...
   a. patriarcale   b. piccola   c. numerosa

Firenze. Turisti davanti alla cattedrale di Santa Maria del Fiore.

Capitolo

7

Buon viaggio

- **Punti di vista:** *Partiamo per il fine settimana*
- **Studio di parole:** *Arrivi e partenze*
- **Ascoltiamo!:** *In treno*
- **Punti grammaticali**
  - I.   *Il passato prossimo con avere*
  - II. *Il passato prossimo con essere*
  - III. *L'ora* (Time)
  - IV. *Usi di* a, in, da e per
- **Lettura:** *Un viaggio di nozze*
- **Pagina culturale:** *La Toscana*

Punti di vista

Roma. Stazione Termini.

Partiamo per il fine-settimana

La famiglia Betti, padre, madre e figlio, sono alla stazione di Torino. I Betti vanno a *Rapallo* per il weekend. La stazione è *affollata*.

    (resort town on the Italian Riviera)/ crowded

Sig.ra Betti Rodolfo, hai i biglietti, vero?

Sig. Betti Sì, li ho, ma *non ho fatto* le preno-tazioni. — I didn't make

Sig.ra Betti Oggi è venerdì. Ci sono molti viaggiatori. Perchè *non hai comprato* i biglietti di prima classe? — didn't you buy

Sig. Betti Perchè c'è una *bella* differenza di *prezzo* tra la prima e la seconda classe. E *poi*, non è un viaggio lungo. — big/price / besides

Sig.ra Betti Ma l'impiegato dell'agenzia di viaggi *ha detto* che il venerdì i treni sono molto af-follati. — said

Sig. Betti Sì, è vero, ma uno o due posti ci sono sempre.

Sig.ra Betti Sì, ma io non voglio viaggiare in uno *scompartimento* per *fumatori...* — compartment/smokers

Pippo Mamma, *hai messo* la mia racchetta da tennis nella valigia? — did you put

Sig.ra Betti	Sì, e anche il tuo libro di storia.
Pippo	Papà, il treno per Rapallo *è arrivato* sul *binario* 6.
Sig. Betti	Presto, *andiamo!*

has arrived

track

let's go

Comprensione

1. Dove vanno i Betti?
2. Da dove partono?
3. Perchè il padre non ha comprato i biglietti di prima classe?
4. Come sono i treni il venerdì?
5. Perchè la madre è preoccupata?
6. Che cosa desidera sapere Pippo? Perchè?
7. Su quale binario è arrivato il treno?

Studio di parole — Arrivi e partenze *(Arrivals and departures)*

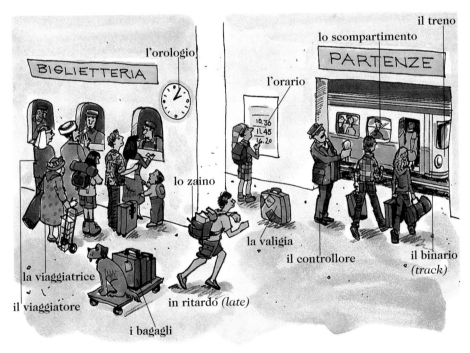

LA STAZIONE FERROVIARIA *RAILWAY*

—A che ora parte il treno espresso per Roma?
—Parte alle 8.25.
—Non c'è un espresso che parte alle 9?
—No, signora, parte alle 9.15.

l'agenzia di viaggi travel agency
prenotare to reserve
la prenotazione reservation
fare il biglietto to buy the ticket

il biglietto di andata e ritorno
  round-trip ticket
confermare to confirm
annullare to cancel

viaggiare   to travel
il viaggio   trip
la gita   short trip, excursion
il pullman   tour bus
il passaporto   passport
all'estero   abroad
la nave   ship
la crociera   cruise
la dogana   customs
la carrozza   car

la prima (seconda) classe   first (second) class
il posto   seat
salire   to get on
scendere   to get off
la coincidenza   connection
in orario   on time
perdere il treno (l'aereo, ecc.)   to miss the train (plane, etc.)
il cartello   sign

—**Scusi, sono liberi questi posti?**   Excuse me, are these seats free?
—**No, sono occupati.**   No, they are taken.
—**Dove scende Lei?**   Where do you get off?

l'aereo

i passeggeri

L'AEROPORTO
la linea aerea   airline
la classe turistica   economy class
il volo   flight
l'assistente di volo   flight attendant
il pilota   pilot
decollare   to take off
atterrare   to land
le cinture di sicurezza   safety belts
l'entrata   entrance
l'uscita   exit

Informazioni

Alitalia, the international airline of Italy, offers a wide variety of flights between Italy and the USA. Rome and Milan have the two main international airports. Special airport buses or trains connect the airports with the central railroad stations; tickets must be bought inside the airport.

Air travel in Italy, as elsewhere in Europe, is rather expensive. It is therefore often more convenient to travel by train; the railway system is extensive, and trains are frequent and fairly efficient. Before boarding a train, passengers must validate their tickets at a machine (usually yellow) near the train tracks; otherwise they will be fined by the conductor on board.

In questa foto la macchina (gialla) per convalidare il biglietto ferroviario si trova alla destra dell'accesso ai binari.

Applicazione

A. **Guardate il disegno a pagina 155.**

1. Cosa fanno le persone in fila *(in line)* davanti alla biglietteria?
2. Un viaggiatore guarda l'orologio e corre *(runs)*: di cosa ha paura?
3. Se i viaggiatori vogliono essere sicuri *(sure)* di trovare un posto in treno (o in aereo), che cosa devono fare?
4. Per viaggiare comodamente *(comfortably)*, in quale classe devono viaggiare?
5. Di quale documento hanno bisogno se vanno all'estero?

B. **Conversazione.**

1. Come preferisce viaggiare: in treno, in macchina o in aereo? Perchè?
2. Quando Lei viaggia in aereo, viaggia in prima classe? Perchè?
3. Di solito, viaggia con molte valigie?
4. Con chi viaggia di solito?
5. Quando è in aereo, dorme, legge, ascolta musica o parla con altri viaggiatori?
6. Ha paura di viaggiare in aereo?
7. Che cosa dicono i Suoi amici quando parte per un viaggio?

C. **Orario ferroviario Firenze-Roma.** Osservate l'orario a pagina 158 e rispondete.

1. Quante ore impiega *(does . . . take)* il Pendolino (ES) delle 10.40 da Firenze a Roma?
2. Che cos'è obbligatorio fare per viaggiare sul Pendolino?
3. Come si chiama l'Intercity delle 10.55? In quale città ferma *(does it stop)* prima di arrivare a Roma? Per quale città continua?

4. È rapido o lento il treno regionale (L2)? Perchè?
5. Che servizi ci sono sul Pendolino delle 10.15?

SIMBOLI

ES **ETR - pendolino.** Prenotazione obbligatoria (gratuita). Oltre al biglietto di classe, supplemento treno ETR vedi le pag. 4 e 5. Non sono ammessi viaggiatori in piedi.

EN **"Euronight"** Treno di qualità internazionale notturno, solo 🛏 e ⊶.

EC **"Eurocity"** Treno di qualità internazionale. Oltre al biglietto di classe, supplemento treno EC vedi le pag. 4 e 5.

IC **"Intercity"** Treno di qualità in servizio interno. Oltre al biglietto di classe, supplemento treno IC vedi le pag. 4 e 5.

E Treno Espresso.

IR Treno Interregionale

D Treno diretto.

L Treno regionale-metropolitano.

1 Messo a fianco della categoria del treno significa solo 1ª classe.

2 Messo a fianco della categoria del treno significa solo 2ª classe.

R Prenotazione obbligatoria a pagamento.

R Prenotazione facoltativa a pagamento.

♿ Treno con servizio di trasporto invalidi su sedie a rotelle. Attenzione non espleta il servizio di salita e discesa in tutte le fermate.

✗ Si effettua solo nei giorni feriali.

✝ Si effettua solo nei giorni festivi.

🍴 Treno con carrozza ristorante

[X] Treno con servizio ristorante-bar.

⊗ Treno con carrozza self-service.

♀ Treno con servizio ristoro o minibar.

	Provenienza	9319 ES BG	9355 ✝ ES A	2309 IR *	9441 ES VE	6727 L 2	9409 ES MI	553 R IC	3151 D *	11659 ✗ L 2*
316	**Firenze S.M.N.** p.			1022	1040	1045	1049	1055	1115	1130
—	Firenze Rifredi	1015	1020							
321	Firenze C. Marte					1051				1136
329	Compiobbi					1100				
333	Sieci					1104				
337	**Pontassieve**	[X]	♀		[X]	1108	[X]			1157
343	S. Ellero					1112				1202
345	Rignano sull'Arno	♿	♿		♿	1116	♿			1206
352	Incisa					1123				1213
357	Figline Valdarno			1042		1128				1218
364	S. Giovanni Valdar.			1049						1224
370	Montevarchi			1054						1229
377	Bucine									1236
382	Laterina									1241
388	Ponticino									1246
397	Indicatore									
404	**Arezzo** a.			1117					1154	1259
	p.			1118					1155	
416	Rigutino-Frassineto									
422	Castiglion Fiorentino			1129					1208	
432	Camucia-Cortona			1137					1216	
438	**Terontola-Cortona**			1143					1222	
449	Castiglion del Lago									
455	Panicale-Sanfatuc.									
467	**Chiusi-Chianciano**			1159						
475	Città della Pieve									
484	Fabro-Ficulle			1212						
496	Allerona-Castel Visc.									
507	Orvieto			1228				1200		
514	Baschi-Montecchio									
520	Castiglione Teverina									
526	Alviano									
535	**Attigliano**			1248						
541	Bassano in Teverina									
549	**Orte**			1259						
626	**Roma Tiburtina** a.			1332						
—	Roma Ostiense a.									
632	**Roma Termini** a.	1155	1200	1340	1215		1225	1255		
—	Roma Tiburtina p.									
—	Roma Termini p.						1240	1310		
214	Napoli Centrale a.						1430	1510		

(Colonna 9409: **PETRARCA**; colonna 553: **Per Foligno**)

✻ Servizio di trasporto biciclette a seguito del viaggiatore   **A** = San Remo

Ascoltiamo!

In treno. The Betti family has boarded the train for Rapallo. They are now in a compartment where there is already one other person, to whom they speak briefly. Listen to their conversation, then answer the questions in your textbook.

Comprensione

1. Di quanti posti hanno bisogno i Betti?
2. Dove scendono?
3. Con chi iniziano una conversazione?
4. Il loro compagno di viaggio va a Genova per un viaggio di piacere (*pleasure*) o per un viaggio d'affari (*business*)?
5. Che cosa domanda la signora Betti al viaggiatore?
6. Perchè è contenta la signora Betti?

Dialogo

All'ufficio prenotazioni. Il signor Baudo è a Napoli e prenota un biglietto sul treno Intercity per Firenze. Osservate attentamente il biglietto, e immaginate la conversazione di Baudo con l'impiegato(a) dell'Ufficio.

The student who plays the role of Baudo can begin by stating **Vorrei prenotare un posto su...** The student playing the role of the clerk can then ask

(1) when he will be traveling and at what time,
(2) which class of ticket he wants,
(3) if he wants a seat in a smoking or non-smoking car (**carrozza**),
(4) if he prefers a seat near the window or near the corridor (**corridoio**). The clerk can conclude by telling Baudo the number of his car and seat and the ticket price. Baudo pays and thanks the clerk.

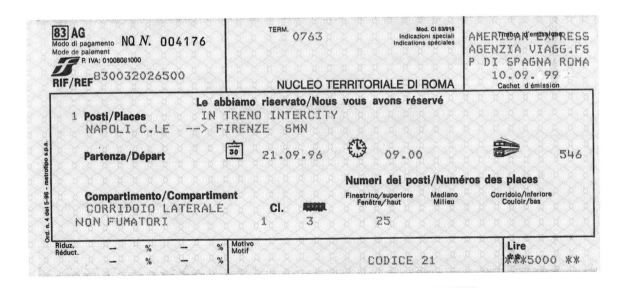

Punti grammaticali

I. Il passato prossimo con avere

Jane ha comprato un biglietto per Roma.

A Roma ha ricevuto dei fiori da un amico romano.

Ha dormito in una pensione vicino a Piazza Navona.

1. Che cosa ha comprato Jane?
2. Che cosa ha ricevuto a Roma?
3. Dove ha dormito?

1. The **passato prossimo** *(present perfect)* indicates an action completed in the recent past. Today, however, many Italians also use it informally to indicate an action or an event that occurred in the recent or not-so-recent past. Like the present perfect tense in English, it is a compound tense. For most Italian verbs and all transitive verbs (verbs that take a direct object),* the **passato prossimo** is conjugated with the present of the auxiliary verb **avere** + the *past participle* (**participio passato**) of the main verb.

   The **participio passato** of regular verbs is formed by replacing the infinitive ending -**are**, -**ere**, and -**ire** with -**ato**, -**uto**, and -**ito**, respectively.

comprare	*comprato*
ricevere	*ricevuto*
dormire	*dormito*

*In the sentences **Mangio una mela** and **Saluto gli amici**, **mela** and **amici** are direct objects. (They answer the questions: *What?* and *Whom?*) Thus the verbs **mangiare** and **salutare** are transitive verbs.

comprare		ricevere		dormire	
ho		ho		ho	
hai		hai		hai	
ha	comprato	ha	ricevuto	ha	dormito
abbiamo		abbiamo		abbiamo	
avete		avete		avete	
hanno		hanno		hanno	

2. The **passato prossimo** is rendered in English in the following ways, depending on the context.

Ho portato due valigie.

> *I have carried two suitcases.*
> *I carried two suitcases.*
> *I did carry two suitcases.*

3. The *negative form* is expressed by placing **non** in front of the auxiliary verb.

Hai telefonato all'agenzia di viaggi?

Did you call the travel agency?

Non ho avuto tempo.

I did not have time.

Non hai viaggiato con l'Alitalia?

Haven't you traveled with Alitalia?

Non ha finito i suoi studi.

He did not finish his studies.

Non hanno ripetuto la domanda.

They have not repeated the question.

4. The past participle of a **passato prossimo** conjugated with the auxiliary **avere** must agree in gender and number with the direct object pronouns **lo, la, li,** and **le** that precede the verb.

Hai comprato **il giornale**? Sì, l'ho **comprato**. No, non l'ho **comprato**.
Hai comprato **la rivista**? Sì, l'ho **comprata**. No, non l'ho **comprata**.
Hai comprato **i biglietti**? Sì, **li** ho **comprati**. No, non **li** ho **comprati**.
Hai comprato **le vitamine**? Sì, **le** ho **comprate**. No, non **le** ho **comprate**.

La prenotazione? L'ho già fatta! *The reservation? I already made it!*
Quando hai visto **i tuoi cugini**? *When did you see your cousins?*
Li ho **visti** ieri. *I saw them yesterday.*

5. Many verbs, especially those ending in -ere, have an irregular past participle. Here are some of the most common:

fare *(to make)*	*fatto*
bere *(to drink)*	*bevuto*
chiędere *(to ask)*	*chiesto*
chiụdere *(to close)*	*chiuso*
conọscere *(to know)*	*conosciuto*
lęggere *(to read)*	*letto*
mẹttere *(to put, to wear)*	*messo*
pęrdere* *(to lose)*	*perduto (perso)*
prẹndere *(to take)*	*preso*
rispọndere *(to answer)*	*risposto*
scrịvere *(to write)*	*scritto*
spęndere *(to spend)*	*speso*
vedere* *(to see)*	*veduto (visto)*
aprire *(to open)*	*aperto*
dire *(to say, to tell)*	*detto*
offrire *(to offer)*	*offerto*

Hai letto il giornale di ieri?	*Did you read yesterday's newspaper?*
Abbiamo scritto ai nonni.	*We wrote to our grandparents.*
Hanno preso un tassì.	*They took a cab.*

NOTE:

Some verbs that are irregular in the present have a regular past participle: **dare:** *dato;* **avere:** *avuto;* **volere:** *voluto;* **potere:** *potuto;* **dovere:** *dovuto;* **sapere:** *saputo.*

Cartelli che possiamo leggere sulle porte dei negozi.

---

*Perdere and vedere have a regular and an irregular past participle. The two forms are interchangeable, but the irregular ones, **perso** and **visto,** are more frequently used.

Pratica

A. **Scambi rapidi.** Completate con la forma corretta del passato prossimo dei verbi seguenti.

1. regalare —Marco, che cosa _____ voi a Peppino per Natale?
   —Io _____ un orologio Swatch e i miei genitori _____ una bella enciclopedia per bambini e una biciclettina.
2. ricevere —Mirella, che regali _____ tu per il tuo compleanno?
   —_____ un profumo di Armani da mia madre e una macchina fotografica da mio padre.
3. dormire —Che festa divertente sabato sera! E anche lunga!
   —È vero! Ieri mattina noi _____ fino alle (until) undici.
   —Anche mio marito _____ tutta la mattinata, ma io _____ solo quattro ore.

B. **Oggi/ieri.** Il fratello fa domande a Paolo sulle sue attività di oggi. Paolo risponde che le ha già (already) fatte ieri. Con un compagno (una compagna), ricreate il loro scambio secondo l'esempio.

Esempio	parlare a papà —**Parli a papà oggi?**
	—**Ho parlato a papà ieri.**

   1. telefonare all'agenzia 2. giocare a tennis 3. nuotare in piscina 4. lavorare in biblioteca 5. vendere (to sell) lo stereo 6. ricevere i soldi 7. finire tutti i compiti 8. restituire i libri 9. pulire lo studio

C. **Ho organizzato un viaggio!** Seguendo (Following) una sequenza logica, dite cosa avete fatto per organizzare un viaggio. Usate il passato prossimo.

   1. salutare la mia famiglia 2. preparare la valigia 3. telefonare all'agenzia di viaggi 4. invitare un amico 5. chiedere dei soldi a papà 6. prendere l'aereo 7. fare le prenotazioni 8. comprare i biglietti

D. **Quante scuse!** Roberto ha sempre una giustificazione da dare a sua madre per le cose che non ha fatto. Con un compagno (una compagna), ricreate il loro scambio seguendo l'esempio.

Esempio	rispondere/non sentire la domanda
	—**Perchè non hai risposto?**
	—**Perchè non ho sentito la domanda.**

   1. fare colazione/non avere tempo 2. bere un succo d'arancia/bere una Coca-Cola 3. comprare la verdura/dimenticare di comprarla 4. telefonare da scuola/perdere la carta telefonica 5. rispondere alla lettera della zia/non trovare l'indirizzo 6. riordinare la stanza/non potere

E. **Lei ha mai...?** (Did you ever . . . ?) Usate i pronomi **lo, la, li** e **le** invece del nome oggetto diretto. (Attenzione all'accordo del participio passato.)

Esempio	mangiare i tortellini alla bolognese

—**Lei ha mai mangiato i tortellini alla bolognese?**
—**Sì, li ho mangiati.**
—**No, non li ho mai mangiati.**

1. prendere il cappuccino   2. cucinare gli spaghetti   3. mangiare la bistecca alla fiorentina   4. visitare la Toscana   5. sentire il nome di Niccolò Machiavelli   6. bere l'acqua delle terme di Montecatini *(famous spa in Toscana)*

F. **Cosa avete fatto voi...?** In gruppi di due, fatevi a turno le seguenti domande.

Esempio	in cucina

—**Cosa avete fatto in cucina?**
—**Abbiamo preparato un'insalata mista.** *(o...)*

1. al supermercato   2. all'agenzia di viaggi   3. al ristorante   4. in biblioteca   5. alla stazione dei treni   6. al telefono pubblico   7. al caffè   8. alla piscina   9. alla conferenza del professore   10. al cinema   11. al campo da tennis

II. Il passato prossimo
con essere

Jane è andata a Roma. È partita dall'aeroporto Kennedy ed è arrivata all'aeroporto Leonardo da Vinci (Roma).

1. Dov'è andata Jane?
2. Da quale città è partita?
3. A quale aeroporto è arrivata?

1. Most intransitive verbs (verbs that do not take a direct object) are conjugated with the auxiliary **ẹssere.** In this case, the past participle *must agree with the subject* in gender and number.

andare			
sono sei è	} **andato(a)**	siamo siete sono	} **andati(e)**

2. Most verbs that take the auxiliary **ẹssere** are verbs of coming and going. Here is a list of the most common ones:

andare *(to go)*	*andato*
venire *(to come)*	*venuto*
arrivare *(to arrive)*	*arrivato*
partire *(to leave)*	*partito*
(ri)tornare *(to return)*	*ritornato*
entrare *(to enter)*	*entrato*
uscire *(to go out)*	*uscito*
salire* *(to go up, to climb)*	*salito*
(di)scẹndere* *(to go down)*	*(di)sceso*
cadere *(to fall)*	*caduto*
nạscere *(to be born)*	*nato*
morire *(to die)*	*morto*
ẹssere *(to be)*	*stato*
stare *(to be, to stay)*	*stato*
restare *(to remain)*	*restato*
diventare *(to become)*	*diventato*

3. Note that **venire, discẹndere, nạscere, morire,** and **ẹssere** have irregular past participles.

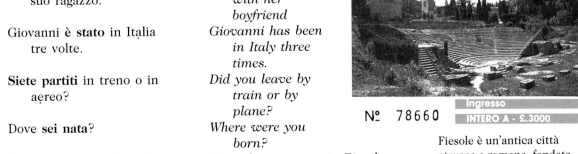

Ieri noi **siamo andati** al cịnema.	*Yesterday we went to the movies.*
Maria non è **uscita** con il suo ragazzo.	*Maria didn't go out with her boyfriend*
Giovanni è **stato** in Itạlia tre volte.	*Giovanni has been in Italy three times.*
Siete partiti in treno o in aẹreo?	*Did you leave by train or by plane?*
Dove **sei nata**?	*Where were you born?*
Ieri **siamo stati** a Fiẹsole.	*Yesterday we were in Fiesole.*

Fiesole è un'antica città etrusca e romana, fondata *(founded)* sulle colline. Da qui è possibile ammirare il panorama di Firenze.

***Salire** and **(di)scendere** are conjugated with **avere** when they have a direct object: **Ho salito le scale.** *I climbed the stairs.*

Pratica

A. **Scambi rapidi.** Completate con la forma corretta del passato prossimo dei verbi seguenti.

1. nascere —Paolo, tu e i tuoi genitori _____ in Toscana?
    —Io _____ a Siena, ma mio padre e mia madre _____ in Calabria, a Cosenza.

2. andare —Io _____ in montagna durante le vacanze di Natale. E tu, Graziella, dove _____?
    stare —Io purtroppo (*unfortunately*) _____ a casa perchè ho avuto l'influenza.

3. uscire —Ieri sera io e Marco _____ e siamo andati alla pizzeria. E tu, Chiara?
    —Anch'io _____. Io e Mara _____ dopo cena e siamo andate a prendere un cappuccino.

B. **Un breve tour di Roma.** Ieri avete fatto il tour di Roma, in pullman con una guida. Immaginate di raccontare il tour agli amici.

> Esempio   la guida e l'autista (*driver*), arrivare all'albergo alle 9
> **La guida e l'autista sono arrivati all'albergo alle 9.**

1. io e gli altri turisti, uscire dall'albergo 2. noi, salire in pullman 3. il pullman, partire alle 9.20 4. noi, passare davanti al Colosseo 5. noi, arrivare al Foro Romano alle 10.00 6. la guida discendere con noi per visitare le rovine 7. l'autista, restare sul pullman 8. noi tutti, ritornare all'albergo alle 12.30 9. l'autista e la guida, andare a pranzare a una trattoria lì vicino

C. **Un compagno curioso.** In gruppi di due, fatevi a turno le seguenti domande, seguendo l'esempio.

> Esempio   dove, essere ieri sera
> **—Dove sei stato(a) ieri sera?**
> **—Sono stato(a) al cinema.** (*o...*)

1. dove, nascere 2. con chi, uscire sabato scorso 3. come, ritornare a casa 4. dove, essere domenica 5. come, venire all'università 6. in che giorno, andare in biblioteca 7. quando, partire per una vacanza 8. quando, andare al ristorante con i tuoi amici

D. **Il primo giorno a Firenze.** Che cosa hanno fatto i giovani signori Jones dopo il loro arrivo all'aeroporto?

> Esempio   prendere un tassì
> **Hanno preso un tassì.**

1. dare l'indirizzo della pensione al tassista
2. salire alla loro camera
3. fare la doccia
4. chiedere informazioni sulla città
5. mangiare in un buon ristorante

D. **La puntualità è un problema.** Rispondete usando l'espressione appropriata.

1. La lezione di matematica comincia alle nove. Oggi Gianna è arrivata alle nove e un quarto. È arrivata in anticipo? **2.** Tu devi essere dal dentista alle tre del pomeriggio e arrivi alle tre in punto. Sei in ritardo? **3.** È sabato. Noi siamo a letto e guardiamo l'orologio: sono le sei di mattina. Restiamo ancora (*still*) a letto. Perchè? **4.** Ieri sera Pippo è andato al cinema ed è ritornato alle due di mattina. È ritornato presto?

IV. *Usi di* a, in, da, *e per*

1. The prepositions **a**, **in**, and **da** are used to indicate location or means of transportation. Each is used as follows:

The preposition **a**:

◆ before the names of cities and small islands;

◆ before nouns such as **casa, scuola, teatro, piedi** (*on foot*), **letto,** and **tavola:**

Abitano **a** Venezia.	*They live in Venice.*
Siamo andati **a** Capri.	*We went to Capri.*
Sei venuta **a** scuola ieri?	*Did you come to school yesterday?*
No, sono restata **a** casa.	*No, I stayed (at) home.*
Andiamo a casa **a** piedi?	*Are we going home on foot?*
Vado **a** letto.	*I'm going to bed.*

Marcello va a Firenze in macchina. Va da zia Rita.

The preposition **in**:

◆ before the names of continents, countries, states, regions, and large islands;*

◆ before nouns such as **classe, biblioteca, ufficio, chiesa, città, montagna, campagna, viaggio, crociera,** and **vacanza;**

◆ before nouns indicating means of transportation, such as **treno, aereo, macchina, bicicletta, autobus, tassì,** and **pullman** (*tour bus*):

Siete stati **in** Europa?	*Have you been to Europe?*
Vorrei abitare **in** Toscana.	*I would like to live in Tuscany.*
Vai **in** montagna?	*Are you going to the mountains?*
Vivono **in** città o **in** campagna?	*Do they live in the city or in the country?*
Avete viaggiato **in** treno o **in** aereo?	*Did you travel by train or by plane?*

*For more on geographical names, see **Capitolo 15.**

Siamo venuti **in** macchina.	*We came by car.*
Sono andati **in** vacanza **in** Sicilia.	*They went on vacation to Sicily.*

The preposition **da**:

◆ before a person's name, title, or profession to refer to that person's home or workplace;

◆ before a disjunctive pronoun to represent a person's home or workplace:

Stasera andiamo **da** Pietro.	*Tonight we are going to Pietro's.*
Vado **dalla** dottoressa Pini.	*I'm going to Doctor Pini's office.*
Mangiate **da** Maria stasera?	*Are you eating at Maria's house tonight?*
Venite **da** me domani?	*Are you coming to my house tomorrow?*

NOTE:

If the *definite article* is expressed, it contracts with **da**.

Vai **dal** tuo amico?	*Are you going to your friend's house?*

2. To indicate purpose, Italian uses **per** + *infinitive*. This construction corresponds to the English *(in order) to* + *infinitive*.

Studio **per** imparare.	*I study (in order) to learn.*
Lavoro **per** vivere.	*I work (in order) to live.*

Pratica

A. **Dove e come vanno le seguenti persone?**

> Esempio   Pietro, scuola, bicicletta
> **Pietro va a scuola in bicicletta.**

1. Gabriella e Filippo, teatro, tassì
2. la signora Giacomi, chiesa, piedi
3. suo marito, città, autobus
4. i signori Betti e il figlio, Rapallo, treno
5. il signor Agnelli, montagna, aereo
6. E Lei, dove e come è andato(a) stamattina?

B. **Dove sono andate?** L'anno scorso (*Last year*) le seguenti persone hanno fatto un viaggio.

> Esempio   Liliana, Inghilterra
> **Liliana è andata in Inghilterra.**

1. io, Austria
2. voi, Alaska
3. Gabriella e Filippo, Toscana, Roma, Napoli e Capri
4. i signori Betti, Liguria
5. la famiglia Catalano, Sicilia
6. Marcello e suo zio, Africa
7. E Lei...?

C. **Da chi è andato Marcello la settimana scorsa?**

> Esempio   lunedì mattina, signor Vari
> **Lunedì mattina è andato dal signor Vari.**

1. martedì pomeriggio, Filippo
2. martedì sera, nonni
3. mercoledì, sua zia
4. giovedì pomeriggio, dottore
5. venerdì mattina, Lucia
6. sabato, agente di viaggi
7. E Lei, da chi è andato(a) la settimana scorsa?

D. **In vacanza.** Completate con le preposizioni corrette.

L'anno scorso sono andata _____ vacanza _____ Italia. Ho viaggiato
_____ aereo. Sono arrivata _____ Milano. Sono andata _____
macchina _____ mia madre. Sono restata _____ mia madre per tre settimane. Ho visitato la città _____ piedi e _____ autobus. Sono andata
_____ miei nonni che abitano _____ campagna, e sono andata _____
sciare _____ montagna. Dopo tre settimane sono ritornata _____
California _____ aereo.

E. **Perchè?** Spiegate *(Explain)* il perchè *(the reason)* delle seguenti azioni.
Usate **per + l'infinito.**

> Esempio   Ho studiato per...
> **Ho studiato per dare l'esame di letteratura.** *(o...)*

1. Ho telefonato all'agenzia di viaggi per...
2. Mia madre è ritornata a casa per...
3. Mia sorella ha comprato il giornale per...
4. I miei amici sono andati a una pizzeria per...
5. Io sono stato(a) a casa per...

F. **Conversazione.**

1. Sei mai stato(a) in Inghilterra o in Francia?
2. Sei mai andato(a) a San Francisco o a San Diego?
3. Hai mai fatto una crociera? Dove sei andato(a)?
4. In quali città degli Stati Uniti hai abitato?
5. Come sei ritornato(a) a casa da scuola ieri?
6. Ieri sera sei uscito(a)? Dove sei andato(a)?

Lettura

Un viaggio di nozze

Vista di Capri dall'aliscafo.

Ieri Lucia ha ricevuto una lettera da Gabriella. L'amica *si è sposata* alcuni giorni fa e ora è in *viaggio di nozze*.

got married/honeymoon trip

Capri, 16 aprile

(island in the gulf of Naples)

Cara Lucia,

Scrivo da Capri *mentre* aspetto l'*aliscafo* per Napoli. *Da quando* siamo partiti abbiamo visitato molti posti interessanti. Siamo stati solamente una notte a Firenze, perchè Filippo ha voluto visitare le *colline* toscane. Prima di Montefiascone* il nostro pullman ha avuto un *guasto al motore* e noi tutti siamo scesi e abbiamo camminato per tre chilometri. Quando siamo arrivati a Montefiascone abbiamo bevuto un *fiasco* di vino locale.

while/hydrofoil boat

Since

hills

breakdown

bottle wrapped in straw

*Town near the lake of Bolsena, in Lazio, famous for its wine called **Est, Est, Est.**

Mercoledì siamo partiti per Roma. Hai ragione, Lucia: è una città magnifica, ma il traffico è impossibile! Per andare all'albergo abbiamo preso un tassì, ma siamo arrivati dopo due ore perchè abbiamo avuto un piccolo *incidente:* vicino al Colosseo un gatto nero *ha attraversato* la strada e *ha causato* una serie di *tamponamenti.*

accident
crossed/caused
collisions

Ieri abbiamo preso il treno per Napoli. In treno abbiamo conosciuto due viaggiatori americani molto simpatici e abbiamo parlato in inglese. È stata una conversazione un po' difficile, perchè abbiamo dimenticato molte delle espressioni che abbiamo studiato al liceo. *Ricordi?*

Do you remember?

Dopo una settimana di matrimonio conosco *meglio* Filippo. Adesso so, per esempio, che mio marito *russa* e che perde facilmente la pazienza. Stamattina *abbiamo litigato* per la prima volta. *Scherzo,* ma è vero che qualche volta gli uomini sono *insopportabili.*

better
snores
we argued/I am joking/unbearable

Un caro *abbraccio,*
Gabriella

hug

Comprensione

1. A chi ha scritto la lettera Gabriella?
2. Perchè è in viaggio?
3. Da dove scrive Gabriella?
4. Che cosa hanno visitato i due sposi in Toscana?
5. Che cosa hanno fatto quando sono arrivati a Montefiascone?
6. Perchè hanno avuto un incidente vicino al Colosseo?
7. Chi hanno conosciuto in treno?
8. Perchè la loro conversazione in inglese è stata un po' difficile?
9. Con quale espressione ha finito la sua lettera Gabriella?

Conversazione

1. Hai fatto un viaggio tu recentemente? Dove sei andato(a)? Come hai viaggiato?
2. Quale paese o quali paesi stranieri hai visitato?
3. Hai viaggiato in treno? Quando?
4. Quali sono, secondo te, le città più belle che hai visitato all'estero o negli Stati Uniti?
5. Preferisci fare un viaggio in Europa o una crociera nel mare dei Caraibi *(Caribbean)?*
6. Dove vuoi andare in luna di miele *(honeymoon)?*

Attività supplementari

A. **Il viaggio di Marisa.** Guardate i seguenti disegni e dite dove è andata e cosa ha fatto Marisa. (Mettete i tempi al **passato prossimo).**

1.

2.

3.

4.

5.

6.

7.

8.

9.

10.

11.

B. **Le conversazioni di Marisa.** In gruppi *(groups)* di due, guardate i disegni dell'attività A e immaginate:

1. **la conversazione di Marisa con l'agente di viaggi** (disegno 2): (She tells him where she would like to go: «**Vorrei un biglietto per...**» She asks the times of departure and arrival, the time she must be at the airport, and the flight number. To conclude, she asks the cost of the ticket.)

2. **la conversazione di Marisa e di Gino al ristorante** (disegno 10): (Imagine what they order to eat and to drink. They discuss what time she has to leave the city and by what means of transportation. Marisa promises to write a letter or call: «**Prometto di...**» Her friend promises to visit her soon.)

Come si dice in italiano?

1. I'm very tired because I didn't sleep much last night.
2. Why? Did you work late **(fino a tardi)**?
3. No, I came home five hours ago from a one-week trip to New York with my Aunt Jane.
4. Did you travel by plane or train?
5. By plane. But I didn't have to buy a **(il)** ticket. My Aunt Jane bought two first-class tickets, and our trip was very comfortable.
6. Did she reserve a room in a hotel?
7. No, we stayed at my grandparents' house, as we often do.
8. I don't know New York. How is it?
9. It's a great city with theaters and elegant shops. However, there are too many people and life isn't very easy.

Sito Web

La Toscana

Visitors to <u>Tuscany</u> can admire an artistic heritage of unparalleled splendor and vitality, dating particularly to the period from the thirteenth to the sixteenth centuries. Cities of particular interest artistically are <u>Florence</u>, <u>Siena</u>, <u>Lucca</u>, <u>Pisa</u> <u>Pistoia</u>, <u>Livorno</u>, <u>Arezzo</u>, and <u>Massa</u> <u>Carrara</u>. Such artists as <u>Cimabue</u>, <u>Giotto</u>, <u>Leonardo</u>, and <u>Michelangelo</u> are all represented.

The three great writers <u>Dante</u>, <u>Petrarch</u>, and <u>Boccaccio</u>, who shaped literature in the Italian language in the 1300s, were all born in Tuscany.

Tuscany's distinctive seaside resorts include <u>Viareggio</u>, <u>l'Argentario</u>, the <u>Isle of Elba</u>, the <u>Isle of Giglio</u>, and <u>Giannutri</u>. There are important health spas at <u>Montecatini</u> and <u>Chianciano</u>. Lake <u>Trasimeno</u> is a beautiful volcanic lake.

A typical Tuscan meal might include a T-bone steak (<u>la bistecca alla fiorentina</u>) accompanied by <u>Chianti wine</u>. Tuscany's high-quality olive oil is exported widely.

Web page addresses of related interest are:

Cuisine
http://www.mclink.it/com/mercurio/regions/toscana.htm

Tuscany
http://www.pbs.org/wnet/archive/goingplaces/tuscany.html

Online-Tuscany
http://www.initaly.com/regions/tuscany/tuscany.htm

Florence History
http://www.etrurianet.it/toscana/histo.html

Museums
http://nerve.itim.mi.cnr.it/mouseion/

Galleria degli Uffizi
http://www.televisual.net/uffizi

http://www.hrwcollege.com

Vocabolario

Nomi

l'agente (m.)	agent
l'albergo	hotel
la camera	room
la cartolina	postcard
il chilometro	kilometer
il documento	document
il fumatore, la fumatrice	smoker
il gatto	cat
la mezzanotte	midnight
la pensione	inn
il posto	place; seat
il prezzo	price
il pullman	tour bus
la racchetta da tennis	tennis racket
lo sposo, la sposa	groom; bride
il tassì	taxi
il tassista	taxi driver
la trattoria	restaurant
la vacanza	vacation

Aggettivi

affollato	crowded
comodo	comfortable
impossibile	impossible
lento	slow
magnifico	magnificent
rapido	fast
scorso	last
sicuro	sure

Verbi

ammirare	to admire
cadere	to fall
correre (p.p. corso)	to run
depositare	to deposit
(di)scendere (p.p. [di]sceso)	to descend, to go down, to get off
diventare	to become
entrare	to enter
lasciare	to leave (someone, something)
mettere (p.p. messo)	to put; to wear
morire (p.p. morto)	to die
mostrare	to show
nascere (p.p. nato)	to be born
restare	to remain
ricordare	to remember
salire	to climb, to go up, to get on
salutare	to greet; to say good-bye
sciare	to ski
spendere (p.p. speso)	to spend (money)
trovare	to find
vendere	to sell
visitare	to visit

Altre espressioni

Buon viaggio!	Have a nice trip!
comodamente	comfortably
durante	during
fa	ago
facilmente	easily
ieri	yesterday
in anticipo	early, ahead of time
in orario	on time
in punto	sharp, precisely (time)
in ritardo	late
presto/Presto!	early, fast, soon; Hurry up!
Quanto tempo fa?	How long ago?
recentemente	recently
solamente	only
tardi	late
viaggio d'affari	business trip
di nozze	honeymoon trip
di piacere	pleasure trip

Pagina culturale

Firenze. Veduta parziale della città. Sullo sfondo, le colline toscane.

La Toscana

La Toscana è una delle regioni più affascinanti d'Italia. Il suo antico nome, «Tuscia», deriva dalla misteriosa *civiltà* etrusca, esistente prima di Roma. Firenze, fondata dai Romani sul *fiume* Arno, è la *capitale* della regione.

    Nel 1300 Firenze è uno dei centri principali d'Europa. Alcune delle città toscane rivali sono Siena, Lucca e Pisa, *ognuna* con una popolazione superiore alla popolazione di Londra di *quel* periodo. Molti Toscani sono *banchieri* e *prestano* la loro moneta, il «fiorino», a papi, imperatori e *re*. Dante, Petrarca e Boccaccio sono nati in Toscana e le loro *opere* sono diventate presto un modello per gli scrittori italiani e dell'Europa occidentale.

    Anche il Rinascimento* è nato in Toscana. Le grandi famiglie toscane di questo periodo *conducono* una vita molto raffinata. La più famosa è la

civilization
river/capital

each
that
bankers/lend/kings
works

lead

*__Rinascimento__ means *Renaissance*—that is, the rebirth or revival—of human values, art, literature, and learning after the prevailing religiosity of the Middle Ages.

famiglia Mędici, *signori* di Firenze e protettori delle arti; Donatello,   rulers
Brunelleschi, il Beato Angęlico, Botticelli, Michelạngelo e Leonardo da
Vinci sono solo alcuni dei grandi artisti del Rinascimento toscano. Il contributo filosọfico, polịtico e scientịfico rinascimentale non è stato inferiore,
se pensiamo, per esẹmpio, a Niccolò Machiavelli e a Galileo Galilei.

La stọria e la civiltà di quell'ẹpoca splẹndida hanno lasciato
un'*impronta* speciale nel *paesạggio* toscano, straordinariamente ricco di   mark/landscape
castelli, *torri,* monasteri, chiese, piazze e palazzi. Oggi la tradizione   towers
artịstica dei grandi maestri contịnua a vịvere nell'*artigianato* delle *botteghe*   handicrafts/shops
e delle pịccole indụstrie toscane.

Carrara (Toscana). Le famose cave *(quarries)* di
marmo.

Comprensione

1. Il nome «Toscana» deriva dalla civiltà...
   a. romana   b. rinascimentale   c. etrusca
2. La capitale della Toscana è...
   a. Siena   b. Firenze   c. Pisa

Firenze, San Lorenzo. Una delle statue di marmo che adornano le Tombe dei Medici, opere di Michelangelo.

3. Dante è...
   a. uno scrittore   b. un pittore   c. uno scienziato
4. Il Rinascimento ha avuto origine...
   a. in Lombardia   b. in Sicilia   c. in Toscana
5. Galileo Galilei, uno dei grandi nomi del Rinascimento toscano, ha contribuito...
   a. all'arte   b. alle scienze   c. alla politica
6. Nel Rinascimento i Medici sono i signori della città di...
   a. Lucca   b. Firenze   c. Pisa

Capitolo

8

Soldi e tempo

- **Punti di vista:** *Un viaggio d'affari*
- **Studio di parole:** *Albergo e banca*
- **Ascoltiamo!:** *Allo sportello del cambio*
- **Punti grammaticali**
  I. *I verbi riflessivi e reciproci*
  II. *Il passato prossimo con i verbi riflessivi e reciproci*
  III. *Espressioni di tempo nel passato*
  IV. *Avverbi*
- **Lettura:** *La giornata di un impiegato*
- **Pagina culturale:** *Roma, «Città Eterna»*

Punti di vista

Roma. Veduta del Tevere.
Sullo sfondo, la maestosa
cupola di San Pietro.

Un viaggio d'affari

John White è un uomo d'affari americano. È arrivato
a Roma e *soggiorna* all'albergo Excelsior, in via   stays
Veneto,* dove ha prenotato una *camera singola* con   single room
doccia. Dall'albergo telefona a Davide, un collega che
lavora alla *filiale* di Roma.   branch

    John   Pronto, Davide? Sono John White. Come
         stai?

Davide   *Salve,* John! Come va? Hai fatto un buon   Hello
         viaggio?

    John   Sì, *abbastanza,* però è stato un viaggio lungo   good enough
         e *mi sono annoiato parecchio.*   I got bored a lot

Davide   In che albergo stai? Hai una macchina?

    John   Sono all'Excelsior. No, *non ho noleggiato* la   I haven't rented
         macchina. A Roma preferisco prendere il
         tassì.

Davide   *Allora, ci vediamo* per il pranzo? Al «Gladia-   Well, shall we meet
         tore»?

    John   Sì, certo, però prima devo *lavarmi, vestirmi*   to wash/to get dressed
         e andare in banca per cambiare dei dollari.

*Street with luxury hotels and chic shops.

Davide Allora, *ci incontriamo* al ristorante all'una.   we will meet
Va bene?

John D'accordo. A presto.

Comprensione

1. Chi è John White?
2. È venuto a Roma per un viaggio di piacere?
3. Cos'ha prenotato all'albergo?
4. Perchè John si lamenta *(complain)* del viaggio?
5. Ha noleggiato una macchina? Perchè?
6. Prima di vedere Davide, John deve lavarsi, vestirsi e...

Studio di parole   Albergo e banca

Mr. White: Vorrei cambiare un traveler's cheque di mille dollari.
Impiegato: Ha il passaporto, per favore?

prenotare to reserve
alloggiare to lodge, to stay
un albergo hotel
  di lusso deluxe
  economico moderately priced
una pensione boardinghouse
un ostello della gioventù youth hostel
una camera singola single room
  doppia double room
  a due letti with twin beds
  con bagno with bath
  con doccia with shower
  con servizi with bath
  con televisione with TV
  con aria condizionata with air conditioning

noleggiare una macchina to rent a car
il denaro, i soldi money
pagare in contanti to pay cash
  con carta di credito with credit card
  con un assegno with a check
depositare/riscuotere un assegno to deposit/to cash a check
lo sportello N. 1(2...) window number 1(2 . . .)
il Bancomat ATM machine
la valuta currency
prelevare to withdraw (money)
prelievo withdrawal
cambiare to change, to exchange
il cambio rate of exchange

l'ufficio cambio   currency
  exchange office
cambiare un traveler's check   to
  cash a traveler's check
Qual è il cambio del dollaro oggi?
  What is the rate of exchange for
  the dollar today?

mostrare un documento d'identità
  to show an ID
la firma   signature
firmare   to sign
la ricevuta   receipt
Si accomodi alla cassa.   Please go to
  the cashier.

Informazioni

Italian hotels are rated from five stars (deluxe) to one star. A **pensione** is usually smaller and more economical than a hotel; it is often run by a family. Both **alberghi** and **pensioni** may offer a choice of full board, A.P. (**pensione completa:** all three meals) and half board, M.A.P. (**mezza pensione:** breakfast and dinner only). Youth hostels offer lodging to young people at low cost, but they are very crowded during peak season.

Most rental cars have manual transmission. To obtain a car with an automatic transmission, it is necessary to reserve it well in advance.

Banking hours are usually from 8:30 A.M. until 12:30 P.M., and from 2:45 to 4 P.M., Monday to Friday, but they may vary from bank to bank and from town to town.

TARIFFE <u>INDICATIVE</u> / THE AVERAGE TARIFFS

1997

Le tariffe sono state liberalizzate con legge 284/1991.
A titolo puramente indicativo, si riportano le tariffe mediamente praticate delle camere, singole e a due letti, nelle varie categorie alberghiere:

From 1991 rates are free according to italian law.
Indicatively hereunder are reported the average tariffs in single and double rooms of the different hotel classes:

	Singole	Doppie
★★★★★ "L"	450.000	700.000
★★★★★	470.000	650.000
★★★★	270.000	370.000
★★★	180.000	200.000
★★	100.000	140.000
★	70.000	120.000

Vorreste spendere 700.000 lire per una notte in albergo? Perchè?

Applicazione

A. **Domande.** In due, fatevi a turno le seguenti domande.

1. Quando uno studente (una studentessa) che non ha molti soldi viaggia all'estero, dove alloggia?
2. Una coppia prenota una camera singola?
3. In una banca, a quale sportello andiamo per cambiare i soldi?
4. Quant'è il cambio del dollaro in Italia adesso? Più o meno di 1.500 lire?

B. **Dialogo.** In due, fate il seguente dialogo: Immaginate di fare una telefonata intercontinentale per prenotare una camera a Roma per tre giorni. Vi risponde un impiegato dell'albergo Excelsior di Roma (*****).

C. **Conversazione.**

1. Che cosa prenoti quando vai all'estero: una camera in un albergo di due o quattro stelle?
2. Quando è una buon'idea prenotare una camera con aria condizionata?
3. Quando vuoi prenotare una camera in un albergo all'estero, telefoni all'albergo o mandi un fax?
4. Quando sei in un paese straniero, noleggi una macchina o usi i mezzi di trasporto (*means of transportation*) pubblici?
5. Quando compri qualcosa (*something*) in un negozio, come paghi?

Ascoltiamo!

In banca, allo sportello del cambio. John White has arrived at the bank to change some American traveler's checks into **lire.** He is talking with the clerk at the exchange window. Listen to their conversation, then answer the questions in your textbook.

Comprensione

1. Perchè è andato in banca il signor White?
2. Quanti dollari vuole cambiare?
3. Secondo l'impiegato, è una settimana fortunata per il dollaro? Perchè?
4. Quale documento ha voluto vedere l'impiegato?
5. Che cosa vuole sapere?
6. Come si chiama l'impiegato?

Dialogo

Immaginate di essere in una banca italiana per cambiare dei dollari. Domandate quant'è il cambio del dollaro e decidete quanti dollari volete cambiare. L'impiegato vi chiederà *(will ask you)* prima un documento di identità e poi vi chiederà di firmare la ricevuta.

5147 (4/91)   ASSEGNI IN DIVISA A CARICO DI ALTRE BANCHE E/O CONSORELLE   5147

Credito Italiano

ASSEGNI IN DIVISA
A CARICO DI ALTRE BANCHE
E/O CONSORELLE

Riserv. Banca	NUMERO ASS.	BANCA TRASSATA	PIAZZA	IMPORTO
	RE394979283	AMEXCO	CALIFORNIA	$US 4 x 100
	" 282			
	" 281			
	" 280			

Autorizaza. 27

DIVISA	TOTALE
$US	400

Riserv. Banca	NUMERO ASS.	BANCA TRASSATA	PIAZZA	IMPORTO
		CREDITO ITALIANO 16 LUG. 1997 UFF. FORESTIERI CASSA 1 MILANO	LIT. spese	692.000 3.000

DIVISA	TOTALE
LIT	689.000

Ricevuta Bancaria di un cambio di valuta. Quanti dollari ha cambiato il turista? E quante lire ha ricevuto?

Punti grammaticali

I. I verbi riflessivi e reciproci

Mi chiamo Gino; sono impiegato di banca.

Mi alzo alle sette.

Mi lavo e mi vesto.

Mi riposo la sera.

1. Come si chiama l'impiegato di banca?
2. A che ora si alza?
3. Poi *(Then)* che cosa fa?
4. Quando si riposa?

1. **I verbi riflessivi.**

   a. A verb is reflexive when the action expressed by the verb refers back to the subject. Only transitive verbs (verbs that take a direct object) may be used in the reflexive construction.

Lavo la macchina.	*I wash the car.* (transitive)
Mi lavo.	*I wash myself.* (reflexive)
Vedo la ragazza.	*I see the girl.* (transitive)
Mi vedo nello specchio.	*I see myself in the mirror.* (reflexive)

The infinitive of a reflexive verb is formed using the infinitive of the non-reflexive form without the final **-e** + the reflexive pronoun **si** *(oneself)*: **lavar-si, metter-si, vestir-si.**

lavarsi *(to wash oneself)*	
mi lavo	*I wash myself*
ti lavi	*you wash yourself*
si lava	*he/she/it washes himself/herself/itself*
Si lava	*you wash yourself (formal sing.)*
ci laviamo	*we wash ourselves*
vi lavate	*you wash yourselves*
si lavano	*they wash themselves*
Si lavano	*you wash yourselves (formal pl.)*

The reflexive pronouns are **mi, ti, ci, vi,** and **si.** They must always be expressed and must agree with the subject, since the object and subject are the same. Usually the pronoun precedes the reflexive verb. Some common reflexive verbs are:

chiamarsi	*to be called*	**sentirsi**	*to feel*
svegliarsi	*to wake up*	**fermarsi**	*to stop (oneself)*
alzarsi	*to get up*	**riposarsi**	*to rest*
lavarsi	*to wash (oneself)*	**addormentarsi**	*to fall asleep*
vestirsi	*to get dressed*	**arrabbiarsi**	*to get angry*
mettersi	*to put on*	**scusarsi**	*to apologize*
prepararsi	*to get ready*	**innamorarsi**	*to fall in love*
divertirsi	*to have fun, to enjoy oneself*	**sposarsi**	*to get married*
		laurearsi	*to graduate from a university*
annoiarsi	*to get bored*		

(Noi) **ci alziamo** presto.	*We get up early.*
(Lei) **si veste** bene.	*She dresses well.*
Come **ti chiami**?	*What's your name?*
Mi sveglio tutti i giorni alle otto.	*I wake up every day at eight.*

NOTE:

Many Italian reflexive verbs are idiomatic and do not translate literally into English. Some verbs change their meaning when they are reflexive.

Teresa **chiama** Rosa.	*Teresa calls Rosa.*
Mi chiamo Rosa.	*My name is Rosa.*
Sento la musica.	*I hear the music.*
Mi sento male.	*I feel sick.*

b. If a reflexive verb is used in an infinitive form, the appropriate reflexive pronoun is attached to the infinitive after dropping the final **-e.**

Desidero divertir**mi**. *I want to enjoy myself (have a good time).*

Non dobbiamo alzar**ci** presto.

*We do not have to get
(ourselves) up early.*

Oggi preferisce riposar**si**.

*Today she prefers to rest
(herself).*

NOTE:

With **dovere, potere,** and **volere,** the reflexive pronoun may be
placed *before* the conjugated verb:

Voglio alzar**mi.** }
Mi voglio alzare. }

I want to get (myself) up.

c.   When an action involves parts of the body or clothing, Italian uses
the reflexive construction and the definite article instead of the possessive adjective.

Mi lavo **le** mani.

I wash my hands.

Mi metto **il** vestito rosso.

I put on my red dress.

d.   **Sedersi** *(To sit down)* has an irregular conjugation.

mi siedo	**ci sediamo**
ti siedi	**vi sedete**
si siede	**si siedono**

Passato prossimo: *mi sono seduto(a)*

2.   **I verbi reciproci.**

Carlo e Maria si
telefonano.

When a verb expresses reciprocal action (we know *one another,* you love
each other), it follows the pattern of a reflexive verb. In this case, however, only the plural pronouns **ci, vi,** and **si** are used.

Lia e Gino **si salutano.** (Lia saluta Gino e Gino saluta Lia.)	*Lia and Gino greet each other.*
Noi **ci scriviamo** spesso, ma voi non **vi scrivete** mai.	*We write to each other often, but you never write to each other.*

Pratica

A. **Divertimenti.** Dove si divertono le seguenti persone?

> Esempio   mio zio, in montagna
> **Mio zio si diverte in montagna.**

1. io, al caffè con gli amici   2. Mirella e Luisa, al campo da tennis   3. noi, alla discoteca   4. mia madre, a teatro   5. voi, al cinema   6. mio padre e i suoi amici, davanti alla televisione   7. E tu, dove ti diverti?

B. **Una questione di abitudini *(habits).*** Completate il paragrafo.

Io _____ (chiamarsi) Alberto e il mio compagno di stanza _____ (chiamarsi) Stefano. Lui _____ (svegliarsi) molto presto la mattina, ma io _____ (svegliarsi) tardi. Lui _____ (lavarsi) e _____ (vestirsi) rapidamente e io _____ (lavarsi) e _____ (vestirsi) lentamente *(slowly)*. Io non _____ (prepararsi) la colazione perchè non ho tempo, ma Stefano _____ (prepararsi) una colazione abbondante. Io _____ (divertirsi) quando gioco a tennis, ma Stefano non _____ (divertirsi). Io _____ (annoiarsi) quando guardo la TV e lui _____ (annoiarsi) quando è solo. Io _____ (innamorarsi) delle ragazze bionde e lui _____ (innamorarsi) delle ragazze brune. Io _____ (arrabbiarsi) perchè Stefano è sempre in ritardo, e lui _____ (arrabbiarsi) perchè io dimentico sempre i miei appuntamenti. A mezzogiorno Stefano ed io _____ (fermarsi) al caffè e mangiamo insieme. Poi noi _____ (riposarsi) al parco prima di ritornare in banca. La sera noi _____ (addormentarsi) presto perchè siamo stanchi morti *(dead tired).*

C. **Che cosa fate quando...?** Rispondete alle domande con il verbo riflessivo appropriato.

> Esempio   la sveglia suona *(rings)*?   svegliarsi
> —**Cosa fate quando la sveglia suona?**
> —**Ci svegliamo.**

1. un amico è in ritardo?
2. avete freddo?
3. andate a una festa?
4. ascoltate un discorso *(speech)* noioso?
5. siete stanchi(e) di camminare?
6. avete sonno?
7. vedete un amico (un'amica)?

mettersi un golf *(sweater)*
addormentarsi
divertirsi
arrabbiarsi
annoiarsi
fermarsi a salutare
sedersi

D. **Preferenze.** In coppie, dite in quali situazioni fate le seguenti cose.

> Esempio   divertirsi
> —Io mi diverto quando faccio un viaggio.
> —Io invece, mi diverto quando vado al cinema.

1. vestirsi elegantemente **2.** alzarsi tardi **3.** sentirsi felice **4.** fermarsi a un caffè **5.** arrabbiarsi **6.** riposarsi **7.** scusarsi

E. **Scambi rapidi.** Completate con la forma corretta del verbo in parentesi.

1. (sposarsi)   —Allora *(So)*, Lisa, quando _____ tu e Piero?
   —Se tutto va bene, _____ fra due mesi.
2. (vedersi)   —Franco, è tardi e io devo partire. (Noi) _____ domenica?
   —No, domenica noi non possiamo _____, ma io sono libero sabato sera.
3. (scriversi)   —Laura e Davide _____ spesso?
   (telefonarsi)   —No, ma loro _____ ogni settimana.

F. **Conversazione.** Rispondete usando la costruzione reciproca.

1. Dove vi incontrate, tu e i tuoi compagni? **2.** Dove vi vedete, tu e il tuo ragazzo (la tua ragazza)? **3.** Quante volte all'anno vi scrivete, tu e i tuoi genitori? **4.** Quando vi telefonate, tu e tua madre? **5.** Quando sei arrabbiato(a) *(mad)* con il tuo compagno (la tua compagna) di stanza, vi parlate o non vi parlate? **6.** Quando tu e i tuoi amici vi vedete, vi abbracciate o vi date la mano?

II. Il passato prossimo con i verbi riflessivi e reciproci

Pippo l'astuto si è seduto.

All reflexive and reciprocal verbs are conjugated with the auxiliary **essere** in the **passato prossimo.** The past participle must agree with the subject in gender and number.

lavarsi *(to wash oneself)*	
mi sono lavato(a)	*I washed myself*
ti sei lavato(a)	*you washed yourself*
si è lavato(a)	*he (she) washed himself (herself)*
ci siamo lavati(e)	*we washed ourselves*
vi siete lavati(e)	*you washed yourselves*
si sono lavati(e)	*they washed themselves*

Lia, **ti sei divertita** ieri?	*Lia, did you have fun yesterday?**
Ci siamo alzati alle sei.	*We got up at six.*
Il treno **si è fermato** a Parma.	*The train stopped in Parma.*
Le due ragazze **si sono salutate** e **si sono baciate.**	*The two girls greeted each other, and they kissed each other.*

Pratica

A. **Sì, ma...** Completate con il verbo riflessivo al **passato prossimo.**

> Esempio   Ti alzi presto?
> **Sì, ma questa mattina (alzarsi) mi sono alzato(a) tardi.**

1. Vi fermate a salutare i nonni?/Di solito sì, ma questa volta non (fermarsi) _____.
2. Ti annoi alle conferenze?/Di solito sì, ma alla conferenza di ieri io non (annoiarsi) _____ affatto *(at all)*.
3. Ti svegli presto la mattina?/Sì, ma questa mattina io (svegliarsi) _____ tardi.
4. Vi scrivete spesso tu e la tua famiglia?/Sì, ma quest'anno (scriversi) _____ poco.

B. **Una storia d'amore.** Raccontate la storia di Laura e Francesco al **passato prossimo.**

Un bel giorno Laura e Francesco s'incontrano. Si guardano e si parlano: s'innamorano a prima vista *(at first sight)*. Si scrivono e si rivedono spesso. Finalmente si fidanzano e, dopo pochi mesi, si sposano.

C. **Vacanze romane.** Completate le seguenti frasi usando il **passato prossimo.**

Raffaella _____ (arrivare) a Roma ieri sera per incontrare l'amica Marina. Stamattina Raffaella _____ (svegliarsi) presto, _____ (alzarsi) e _____ (telefonare) all'amica. Poi _____ (lavarsi) e _____ (vestirsi). Quando le due ragazze _____ (incontrarsi), _____ (salutarsi) con molto affetto e

*For expressions of time, see **Punti grammaticali III** and **IV.**

_____ (uscire) dall'albergo. Marina e Raffaella _____ (visitare) la città e _____ (divertirsi) molto. A mezzogiorno le due ragazze _____ (sentirsi) stanche e _____ (fermarsi) a una tavola calda (*snack bar*), dove _____ (riposarsi) per un'ora. Dopo il pranzo, Marina e Raffaella _____ (fare) le spese nei negozi e _____ (comprare) delle cartoline e dei francobolli (*postage stamps*). Poi le due amiche _____ (sedersi) a un caffè e _____ (scrivere) le cartoline ai loro parenti e amici.

D. **Ecco una cartolina di Raffaella.** Completate con il verbo al **passato prossimo**.

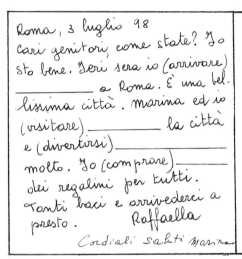

Roma, 3 luglio 98
Cari genitori, come state? Io sto bene. Ieri sera io (arrivare) _____ a Roma. È una bellissima città. Marina ed io (visitare) _____ la città e (divertirsi) _____ molto. Io (comprare) _____ dei regalini per tutti. Tanti baci e arrivederci a presto. Raffaella
Cordiali saluti Marina

Alla famiglia Ronzon
via Senato 15
Bologna 20146

E. **Conversazione.**

1. A che ora ti sei alzato(a) stamattina?
2. Hai avuto il tempo di prepararti la colazione?
3. Ti arrabbi spesso? Quando ti sei arrabbiato(a) l'ultima volta? Perchè?
4. Ti sei divertito(a) il fine-settimana scorso? Come?
5. A che ora ti sei addormentato(a) ieri sera?
6. Quand'è stata l'ultima volta che ti sei vestito(a) molto elegantemente? In quale occasione?

III. Espressioni di tempo nel passato

—L'anno scorso ho dovuto pagare un anno di studi per i miei due figli.

Here are some expressions that may be used to refer to actions or events that occurred recently or some time ago.

Quando?	When?
stamattina	*this morning*
ieri	*yesterday*
ieri mattina	*yesterday morning*
ieri pomeriggio	*yesterday afternoon*
ieri sera	*yesterday evening*
l'altro ieri	*the day before yesterday*
la notte scorsa	*last night*
domenica scorsa	*last Sunday*
la settimana scorsa	*last week*
il mese scorso	*last month*
l'anno scorso	*last year*
Quanto tempo fa?	***How long ago?***
poco tempo fa	*a little while ago, not long ago*
alcuni minuti fa	*a few minutes ago*
due ore fa	*two hours ago*
tre giorni fa	*three days ago*
quattro settimane fa	*four weeks ago*
molti mesi fa	*many months ago*
dieci anni fa	*ten years ago*

Pratica

A. **Quando...?** Rispondete alle seguenti domande, usando un'espressione di tempo al passato.

> | Esempio | —**Quando ha fatto colazione Lei?** |
> |---|---|
> | | —**Stamattina.** *(o...)* |

1. Quando è stato(a) in un ostello della gioventù?
2. Quando è entrato(a) in un'agenzia di cambio?
3. Quando è andato(a) a un Bancomat?
4. Quando ha noleggiato una macchina?
5. Quando ha preso un tassì?
6. Quando ha mangiato in un ristorante cinese?
7. Quando si è comprato(a) un bel regalo?

B. **Quanto tempo fa...?** In gruppi di due, formulate cinque domande che vi chiedete a turno per sapere quando avete fatto alcune cose.

> | Esempio | andare in biblioteca |
> |---|---|
> | | —**Quanto tempo fa sei andato(a) in biblioteca?** |
> | | —**Sono andato(a) in biblioteca due ore fa.** *(o...)* |

IV. Avverbi

1. You have learned several adverbs (**molto, troppo, ora, presto,** etc.) in earlier chapters. In Italian, many adverbs are formed by adding **-mente** to the feminine form of the adjective. The suffix **-mente** corresponds to the English adverbial suffix *-ly.*

La tartaruga e la lepre *(hare)* fanno una gara *(race):* la tartaruga cammina lentamente, l'altra corre velocemente.

attento	attenta	**attentamente** *(carefully)*
fortunato	fortunata	**fortunatamente** *(fortunately)*
lento	lenta	**lentamente** *(slowly)*
rapido	rapida	**rapidamente** *(rapidly)*

Adjectives ending in **-e** add **-mente** without changing the final vowel.

paziente	**pazientemente** *(patiently)*
semplice	**semplicemente** *(simply)*
veloce	**velocemente** *(fast, quickly)*

Adjectives ending in **-le** and **-re** drop the final **-e** before **-mente.**

facile	**facilmente** *(easily)*
particolare	**particolarmente** *(particularly)*
probabile	**probabilmente** *(probably)*

2. The following are some useful **adverbs of time:**

adesso, ora *now*	≠	**dopo** *later*
prima *first, before*	≠	**poi** *then*
presto *early, soon*	≠	**tardi, più tardi** *late, later*
spesso *often*	≠ ⎰ ≠ ⎱	**raramente** *seldom* **qualche volta** *sometimes*
già *already*	≠	**non... ancora** *not . . . yet*
ancora *still, more, again*	≠	**non... più** *not . . . any longer,* *not . . . anymore*
sempre *always*	≠	**non... mai*** *never*

3. Adverbs generally follow the verb.

Viaggio **spesso** per affari.	*I often travel on business.*
Vado **sempre** in aereo.	*I always go by plane.*
Scrivono **raramente**.	*They seldom write.*

With *compound tenses,* however, the following adverbs of time are placed *between* the auxiliary verb and the past participle: **già, non... ancora, non... più, non... mai,** and **sempre.**

Non sono **mai** andata in treno.	*I've never gone by train.*
Non ho **ancora** fatto colazione.	*I have not had breakfast yet.*
Sei **già** stata in banca?	*Have you already been to the bank?*
Tina **non** è **più** ritornata a Perugia.	*Tina didn't return to Perugia anymore.*

Pratica

A. **Come...?** Rispondete con un avverbio, seguendo l'esempio.

> Esempio   —Sei una persona cordiale: come saluti?
> —**Saluto cordialmente.**

1. Sei molto rapido a leggere: come leggi?   2. Stai attento quando il professore spiega: come ascolti?   3. Fai una vita tranquilla: come vivi?
4. Per te *(you)* è facile scrivere: come scrivi?   5. Sei sempre pronto a rispondere: come rispondi?   6. I tuoi vestiti *(clothes)* sono sempre eleganti: come ti vesti?

B. **Conversazione.** Rispondete usando uno dei seguenti avverbi: **non... mai, spesso, raramente, qualche volta, già, non... ancora, non... più.**

1. Hai visitato Roma?   2. Sei mai andato(a) in metropolitana?   3. Sei già salito(a) sulla torre *(tower)* di Pisa?   4. Hai viaggiato spesso quest'anno?   5. Hai già festeggiato il tuo compleanno quest'anno?
6. Hai mangiato qualche volta in una trattoria romana?   7. Sei già stato(a) a Capri?

***Mai** in an affirmative question means *ever:* **Hai** *mai* **visto Roma?**

Lettura

Impiegati bancari al lavoro.

L'ingegner Scotti ha dato un ultimatum al figlio che non si è ancora laureato: Marcello deve pensare seriamente a una *carriera.* Così, Marcello incomincia oggi la sua prima giornata di lavoro.

    Stamattina si sveglia molto presto. Guarda la sveglia: sono *appena* le sette e un quarto. Non è *abituato* a svegliarsi così presto, ma oggi non può dormire. Non si sente molto bene. Marcello si alza, si lava e si veste: si mette un *completo* elegante. Di solito Marcello *ha una fame da lupo* e fa una colazione abbondante, ma oggi non ha fame e beve solo un espresso. Guarda l'orologio: sono le otto ed è ora di andare al lavoro.

    In banca Marcello *fa la conoscenza* del *capoufficio* e dei *colleghi,* poi si siede e incomincia a lavorare. Alle dieci e mezzo fa una pausa e prende un caffè con un collega, poi *ricomincia* a lavorare. È nervoso e fa degli errori. Ma il suo capoufficio è gentile e i suoi colleghi sono cordiali e lo incoraggiano. Marcello guarda l'orologio: oggi il tempo non passa mai! Finalmente arriva l'una del pomeriggio e Marcello esce dalla banca.

career

only/accustomed

suit
is as hungry as a wolf

meets/boss
colleagues

he starts again

(A casa, durante la cena.)

    Papà   Allora, come è andata oggi?

Marcello   Non molto bene, ma tutti mi hanno trattato cordialmente.

    Papà   Caro ragazzo, incominci a capire che cosa vuol dire *guadagnarsi il pane. Finora* ti sei divertito; adesso è ora di *mettere la testa a posto* e di lavorare.

to earn one's living/Until now/to settle down

Marcello   Eh sì, papà, hai ragione, ma ho fatto bene a divertirmi prima, perchè il lavoro è una cosa seria.

Comprensione

1. Perchè oggi è una giornata importante per Marcello?
2. A che ora si è svegliato?
3. Si sveglia sempre così presto?
4. Quando si è alzato, che cosa ha fatto?
5. Come si è vestito?
6. A che ora è uscito di casa?
7. Che cosa guarda Marcello impazientemente mentre *(while)* lavora? È contento del suo lavoro? Perchè?
8. Che cosa pensa suo padre? e Marcello?

Conversazione

1. Tu hai incominciato a pensare seriamente alla tua carriera?
2. Hai già lavorato? Dove? Lavori adesso?
3. Per il momento, preferisci un lavoro a tempo pieno *(full-time)* o un lavoro part time?
4. Preferisci un lavoro in un ufficio, o un lavoro all'aria aperta *(outdoors)*?
5. Vuoi cercare un lavoro immediatamente quando finisci i tuoi studi, o preferisci divertirti e viaggiare per qualche tempo?

Attività supplementari

A. **Dialogo a due.** Un amico (Un'amica) o collega è arrivato(a) nella tua città e ti telefona. Tu domandi com'è andato il viaggio, in quale albergo si trova e se ha noleggiato una macchina. Fissate un appuntamento per il pranzo o la cena e decidete a che ora e in quale ristorante vi incontrate. Esempio: il dialogo «*Un viaggio d'affari*».

B. **Un hotel a Sarzana.*** Immaginate di essere turisti in macchina in Italia. Tra La Spezia e Pisa dovete trovare un hotel per la notte. Consultate la pubblicità del seguente hotel di tre stelle (camera doppia con servizi: 150.000 lire) e discutete se è vantaggioso fermarsi qui.

Per il tempo libero

Per le famiglie in viaggio di piacere:
• speciali tariffe weekend
• parco giochi bambini
• menu speciale bambini
• camera gratis fino a 16 anni in camera con i genitori

Voi festeggiate, al resto pensiamo noi!

Nei ristoranti Alla Bell'Italia, presenti in molti alberghi Forte Agip, ogni occasione è buona per gustare:
• cucina tipica regionale
• alimentazione equilibrata.
Organizzazione manifestazioni, banchetti e ricevimenti anche con orchestra

Forte Agip Hotels

• **FORTE AGIP BUDAPEST** 0036 23-415-500

MILANO 02/4880441
VERONA 045/972033
VICENZA 0444/564711
TRIESTE 040/208273
TORINO 011/8977966
VENEZIA 041/936900
MODENA 059/848221
SARZANA 0187/621491
FIRENZE 055/4205081
BOLOGNA 051/401130
LIVORNO 0586/943067
ROMA 06/66411200
CAGLIARI 070/521373
PALERMO 091/552033
CATANIA 095/7122300
SIRACUSA 0931/463232

Individuali Numero Verde 167-820088   Speciale Gruppi 02-6697148   Per prenotazioni e informazioni chiamare direttamente gli alberghi o contattare il centro prenotazioni Forte Hotels

C. **Domenica scorsa.** In coppie, descrivete a turno quello che *(what)* avete fatto domenica scorsa. Usate anche verbi riflessivi e reciproci.

D. **La giornata di Paola.** In gruppi di due, immaginate che cosa fa una ragazza che incomincia la sua prima giornata d'impiego: a che ora si alza, come si veste, cosa si prepara per colazione, dove e come va, chi incontra, cosa fa in ufficio, a che ora fa una pausa, dove mangia a mezzogiorno, a che ora finisce e torna a casa, cosa fa nella serata o con chi esce.

E. **Proverbi.** Conoscete dei proverbi in inglese con un significato simile *(similar)* a questi? Con quali proverbi siete d'accordo *(do you agree)*?

1. Il tempo è denaro.
2. Il tempo è buon maestro.
3. I soldi non fanno la felicità.

Come si dice in italiano?

1. Marco and Vanna got married three years ago.
2. Marco found a good job at the Fiat plant **(fabbrica),** and his wife continued to **(a)** work at the bank.

*Small town on the border between Liguria and Toscana.

3. One day two months ago, Marco lost (his) job, and their life became very difficult.
4. For a few weeks Marco looked for a new job, but without success.
5. Finally, last Thursday, he phoned his father's friend, Anselmo Anselmi, one of the directors (**dirigenti**) of Olivetti.
6. They met, and Anselmo offered Marco a job with (**nella**) his company (**ditta**).
7. Now, every morning Marco and his wife get up at 6:00; they wash and get dressed in a hurry.
8. They only have time to (**di**) drink a cup of coffee. Then they say good-bye to each other (**salutarsi**) and go to work.

Sito Web

Il Lazio

Rome, Italy's capital, is located in the region of Lazio, in central Italy. The artistic treasures of the region date back to the era before the Roman empire. The cities of ancient Latium fought the Romans from 340 to 338 B.C.; when the Romans won, Latium became Roman territory.

South of Rome are the rolling green Alban Hills, or Castelli romani, formed by ancient volcanoes. Also of volcanic origin are the lakes of Bolsena, Vico, Bracciano, and Albano.

Seaside resorts in the region include Anzio, Sabaudia, and the Pontine Isles, and the famous spa of Fiuggi is also in Lazio. Notable cities besides Rome are Viterbo, Latina, and Frosinone.

Typical dishes of the region include lamb, artichokes, spaghetti alla carbonara, and the famous Castelli wines.

Web page addresses of related interest are:

Ancient Rome
http://ancienthistory.miningco.com

University of Rome
http://www.mi.cnr.it/WOI/murst/cl_sites/lazio2.html

Cuisine
http://www.mclink.it/com/mercurio/regions/latium/htm

Rome
http://www.travel.it/roma/

http://www.hrwcollege.com

Vocabolario

Nomi

l'affare (m.)	business
l'affetto	affection
il capoufficio	boss
la carriera	career
il (la) collega (pl. i colleghi, le colleghe)	colleague
la coppia	couple
il denaro	money
l'errore (m.)	error, mistake
il francobollo	stamp
la giornata	day
il mese	month
la sveglia	alarm clock
la tavola calda	snack bar

Aggettivi

abbondante	abundant
arrabbiato	mad
gentile	kind
nervoso	nervous
puntuale	punctual

Verbi

abbracciarsi	to embrace each other
addormentarsi	to fall asleep
alzarsi	to get up
annoiarsi	to get bored
arrabbiarsi	to get mad
baciarsi	to kiss each other
chiamarsi	to be called
divertirsi	to have fun, to enjoy oneself
fermarsi	to stop
fidanzarsi	to get engaged
innamorarsi (di)	to fall in love (with)
laurearsi	to graduate from a university
lavarsi	to wash (oneself)

mettersi	to put on, to wear
prepararsi	to prepare oneself, to get ready
riposarsi	to rest
salutarsi	to greet each other; to say good-bye
scusarsi	to apologize
sedersi	to sit down
sentirsi	to feel
soggiornare	to stay (at a hotel, etc.)
sposarsi	to get married
suonare	to ring
svegliarsi	to wake up
vestirsi	to get dressed

Altre espressioni

ancora	still, more, again
è ora di (+ inf.)	it is time to
fare la conoscenza di	to make the acquaintance of, to meet
fare una pausa	to take a break
già	already
guadagnarsi il pane	to earn one's living
il lavoro a tempo pieno	full-time job
non... ancora	not . . . yet
non... mai	never
non... più	not . . . any longer, not . . . anymore
per affari	on business
prima	first; before
raramente	seldom
seriamente	seriously
se tutto va bene	if everything goes well
un uomo (una donna) d'affari	a business-man(woman)

Pagina culturale

Roma. L'antico e il moderno sono qui rappresentati dalle rovine del Foro e dal monumento a Vittorio Emanuele II (secondo).

Roma, «città eterna»

Per il turista Roma è un'esperienza unica e un viaggio di *più di* 2.000 anni nella storia. *Lungo* la via dei Fori Romani uno ha la possibilità di ammirare le *rovine* del Foro, centro commerciale, civile e religioso dell'antica Roma. Il gigantesco Colosseo* simbolizza la grandiosità dell'Impero Romano, *che comprendeva* buona parte del *mondo di allora*.

    L'anno 313 dopo Cristo rappresenta il trionfo del Cristianesimo e il declino dell'Impero Romano. Il Papa diventa l'alta autorità spirituale, *l'erede* della civiltà e della lingua di Roma (il latino[†]). La Roma dei Papi è ricca di basiliche e *campanili,* di palazzi e di innumerevoli *opere* d'arte. La più grande, e certamente la più maestosa, è la Basilica di San Pietro, opera di molti artisti *fra cui* il Bramante, Michelangelo, il Perugino, Raffaello e il Bernini.

more than
Along
ruins

comprising/world of that time
313 A.D.
heir

belltowers/works

among them

*So called because of the colossal statue of the emperor Nero erected nearby.
[†]The term *latino* comes from *Latium (Lazio),* the region where Rome was founded.

Città del Vaticano. San Pietro e parte della piazza.

Nel 1870 tutta l'Italia è unificata e Roma diventa la capitale del nuovo Stato. Il Papa deve *ritirarsi* nel Vaticano costruito *intorno* alla grande basilica. Solamente nel 1929 il Vaticano *diventa* indipendente, il più piccolo stato del mondo, piccola città nella grande città di Roma.

take refuge/around

becomes

La Roma moderna è rappresentata dall'*imponente* monumento a Vittorio Emanuele II (secondo)[*] che domina piazza Venezia, centro della città. Da qui incomincia la famosa via del Corso con superbi edifici e lussuosi negozi.

imposing

Questa grande varietà d'aspetti e di stili costituisce il *fascino* principale di Roma e giustifica il suo appellativo di «città eterna».

charm

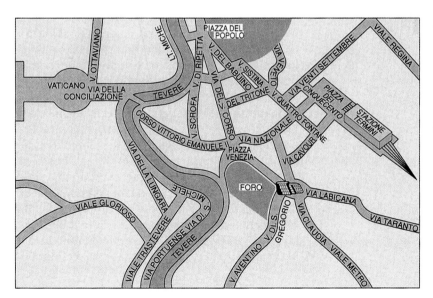

Il centro di Roma.
Sei arrivato/a alla stazione Termini. Hai due ore di tempo per visitare un po' il centro della città prima di ripartire per Napoli. Basandoti (*Orienting yourself*) su questa pianta e sulla **Pagina culturale,** descrivi il tuo itinerario e spiega quali punti d'interesse vuoi vedere, e perchè.

[*]First king of Italy, from 1861 to 1878.

Comprensione

Completate le seguenti frasi con l'espressione corretta.

1. Il centro religioso e politico dell'antica Roma è
    a. il Colosseo   b. il Foro   c. piazza Venezia
2. Il Colosseo simbolizza la grandiosità della Roma
    a. moderna   b. papale   c. antica
3. La lingua di Roma antica è
    a. l'italiano   b. il romano   c. il latino
4. Michelangelo ha partecipato alla costruzione
    a. del Foro Romano   b. della Basilica di San Pietro
    c. del monumento a Vittorio Emanuele II
5. Roma è diventata la capitale d'Italia nel
    a. 1770   b. 1870   c. 1929
6. Oggi la sede (seat) del Papa è
    a. Roma   b. la Basilica di San Pietro   c. il Vaticano

Palazzo Pitti, Firenze. Mostra dell'abbigliamento femminile nel cinquantennio della moda italiana.

Capitolo

9

Le stagioni e l'abbigliamento

Punti di vista

Perugia. La pittoresca Piazza 4 Novembre, centro della città. Qui molti studenti dell'Università per Stranieri si ritrovano dopo i corsi.

Oggi facciamo le valigie

we pack our suitcases

Terry e Jane si preparano per andare a studiare all'Università per Stranieri di Perugia.* Oggi fanno le valigie.

Terry	*Hai deciso* che cosa mettere nella valigia?	Have you decided
Jane	Poca *roba.* Non mi piace viaggiare con valigie *pesanti.*	stuff / heavy
Terry	Io porto un impermeabile perchè ho sentito dire che a Perugia *piove* spesso in primavera.	it rains
Jane	E io porto un due pezzi di lana per quando *fa fresco,* questo vestito bianco e *quelle* due camicette, una di seta e l'altra di cotone.	it is cool / those
Terry	*Non dimenticare* di portare scarpe comode, perchè nelle città italiane *si gira* a piedi e non in macchina.	Don't forget / one goes around
Jane	Allora porto queste scarpe da tennis.	
Terry	Ma cos'è quel *barattolo* che hai messo nella valigia? *Peanut butter?*	jar
Jane	Sì, perchè ho sentito dire che non è facile trovarlo in Italia, e io non posso *farne a meno.*	live without it
Terry	Lo so, ma in Italia c'è la Nutella, una crema di cioccolato e *nocciole* molto buona! E non dimenticare che a Perugia ci sono i *Baci Perugina*!	hazelnuts / chocolate kisses from Perugia

*The oldest university for foreigners in Italy. It is situated in Perugia (Umbria), a charming medieval and Renaissance city not too far from Assisi, town of St. Francis.

Comprensione

1. Perchè Terry e Jane hanno fatto le valigie?   2. Jane ha messo molta roba nella sua valigia? Perchè?   3. Perchè Terry porta un impermeabile?   4. Perchè hanno bisogno di scarpe comode?   5. Perchè Terry è sorpresa?   6. Perchè Jane ha messo del *peanut butter* nella valigia?   7. Che cos'è la Nutella?

Studio di parole   Articoli di abbigliamento *(clothing)*

LA MODA Abbigliamento per Uomo Donna Bambini

il due pezzi
la camicetta
(giacca e gonna)
l'impermeabile
la camicia   la cravatta
l'ombrello
il cappello
gli stivali
gli occhiali
i guanti
il cappotto
SALDI di fine stagione sconti fino al 60%
la maglietta *(T-shirt)*
i calzini
il vestito (l'abito)
la borsetta
i jeans   le scarpe
il maglione
il golf *(cardigan)*
il completo (l'abito) (giacca e pantaloni)
la felpa *(sweat shirt)*
i sandali

la moda fashion	**il tessuto** material, fabric
la sfilata di moda fashion show	**la seta** silk
mettersi to put on	**la lana** wool
portare to wear	**il cotone** cotton
provare to try on	**leggero** light
i vestiti clothes	**pesante** heavy
la taglia size	**pratico** practical
un paio di calze (scarpe, pantaloni) a pair of stockings (shoes, pants)	**a buon mercato** cheap
	in svendita on sale
	lo sconto discount
i pantaloncini shorts	**il commesso, la commessa**
il portafoglio wallet	salesperson
la pelle leather	

Che taglia porti?

	Abiti da donna					Abiti da uomo				
Italia	40	42	44	46	48	44	46	48	50	52
USA	6	8	10	12	14	34	36	38	40	42

Informazioni

La moda italiana si è affermata in tutto il mondo. Le firme degli stilisti italiani Armani, Versace, Valentino, Trussardi, Moschino, Gucci, Ferré e più recentemente Dolce-Gabbana hanno una risonanza internazionale. Numerosi sono anche i nomi delle stiliste: Luisa Spagnoli, Laura Biagiotti, Missoni, Krizia, Ferretti e Genny. Il «made in Italy» si è imposto anche grazie alla qualità dei tessuti, molto apprezzati dagli stilisti stranieri. La lavorazione della lana, della seta e della pelle vanta *(boasts)* una tradizione di molti secoli.

In ogni stagione ci sono sfilate di moda nei maggiori centri. Milano, Firenze e Roma sono specialmente importanti per queste manifestazioni. Molto suggestiva è la sfilata d'estate in Piazza di Spagna a Roma, «sotto le stelle.» Buon gusto *(taste)*, tecnica e creatività si trovano anche nell'artigianato dei piccoli centri di provincia. Nelle serate estive, è comune assistere a sfilate dell'abbigliamento di creazione locale. Su passerelle *(catwalks)* improvvisate sfilano le «bellezze» del luogo, trasformate in modelle...e modelli!

Versace Armani Krizia Trussardi Missoni Ferré

Moschino

Applicazione

A. **La comodità prima di tutto.**

1. Che cosa portiamo quando piove *(it rains)*?
2. Che cosa ci mettiamo per proteggere *(to protect)* gli occhi dal sole?

3. Che cosa si mette un uomo sotto la giacca?
4. Quando ci mettiamo il cappotto?
5. Quando ci mettiamo un vestito leggero?
6. Com'è una camicetta di seta?
7. Quando ci mettiamo le scarpe da tennis?
8. Se vogliamo essere comodi *(comfortable)*, ci mettiamo dei pantaloni eleganti o dei jeans?
9. Dove mettiamo i soldi e le carte di credito?

B. **Acquisti in un negozio d'abbigliamento.** Leggete questo dialogo. Poi, in coppie, fate la parte del commesso (della commessa) e del(la) cliente e scambiate brevi dialoghi sugli articoli *(items)* che seguono. Usate un po' d'immaginazione.

 | Esempio

—Le piace questo vestito di seta a fiori? È in svendita.
—Quant'è lo sconto?
—È del 20% (per cento).
—È la mia taglia?
—Sì, è taglia 40.
—Va bene, lo provo.

C. **Conversazione**

1. Ti piace la moda italiana? Conosci il nome di alcuni stilisti italiani? Quali?
2. Sai quali sono due città italiane rinomate *(renowned)* per la moda?
3. Porti vestiti eleganti o pratici quando viaggi? Che vestiti porti?
4. Compri articoli d'abbigliamento italiani? Quali? Perchè o perchè no?
5. Cosa ti piace portare il fine-settimana? e quando esci con gli amici?

D. **Che cosa portate?** In coppie, descrivete il vostro abbigliamento di oggi.

Guardate questi modelli!
Quali preferite?

Ascoltiamo!

Che vestiti compriamo? Terry and Jane have been in Perugia for several weeks. Today they are shopping for clothes in a store on corso Vannucci. Listen to their comments as Terry makes a decision about buying a blouse and talks with a clerk. Then answer the questions in your textbook.

Comprensione

1. Dove sono Terry e Jane oggi? Perchè?
2. Che cosa ammirano le due ragazze?
3. Perchè Terry non compra la camicetta di seta?
4. C'è uno sconto sulla camicetta di poliestere? Di quanto?
5. Che taglia ha Terry?
6. Paga in contanti Terry?

Dialogo

In un negozio d'abbigliamento. Avete bisogno di comprare un articolo d'abbigliamento: quale? In gruppi di due, discutete con il commesso (la commessa) che cosa preferite: il colore, la stoffa *(material)*, la taglia. Domandate il costo dell'articolo che vi piace e se è in svendita. L'articolo è troppo caro; vi scusate e uscite.

Pratica

A. **Consigli di una madre al figlio (alla figlia).**

> Esempio   studiare   **Studia!**

1. riordinare la stanza   2. mettere in ordine i tuoi vestiti   3. prendere le vitamine   4. bere il succo d'arancia   5. spendere poco   6. venire a casa presto

B. **Esortazioni a degli amici.** Usate la forma **tu** o **voi**, secondo il caso.

> Esempio   Tino, stare zitto   —**Tino, sta' zitto!**

1. Enrico, avere pazienza   2. ragazzi, fare attenzione al traffico   3. Paola, dare l'ombrello a Luisa   4. Pippo, dire la verità   5. Luisa e Roberta, essere in orario   6. Renzo e Lucia, stare calmi

C. **Il cugino Enrico.** Enrico è un giovane raffinato *(refined)*. Tu, invece, sei più semplice ed esprimi la tua opinione. Segui l'esempio.

> Esempio   Enrico mangia in ristoranti eleganti.
> —**Non mangiare in ristoranti eleganti! Mangia al McDonald!**

1. Beve acqua minerale.   2. Ascolta la musica classica.   3. Spende molti soldi in *(for)* vestiti.   4. Porta sempre un completo elegante.   5. Va in macchina all'università.   6. Segue dei corsi di poesia.   7. Paga gli acquisti *(purchases)* con la carta di credito.   8. Gioca solamente a scacchi *(chess)*.

D. **Sì, certo!** *(By all means!)* Gabriella (Filippo) è in una boutique di via Montenapoleone a Milano, e fa delle domande alla commessa (al commesso) che le (gli) risponde affermativamente.

> Esempio   domandare una cosa
> —**Posso domandare una cosa?**
> —**Domandi pure!**

1. guardare   2. provare questa giacca   3. entrare nella cabina di prova *(dressing room)*   4. vedere se c'è un'altra giacca   5. fare una telefonata a mio marito (mia moglie)   6. aspettare qui mio marito (mia moglie)   7. pagare con la carta di credito

E. **In un negozio d'abbigliamento.** Tu e tuo fratello (tua sorella) siete in un negozio d'abbigliamento per comprare un regalo per il Giorno della mamma. Non siete d'accordo e discutete insieme cosa comprare.

> Esempio   —**Io compro un ombrello.**
> —**No, non comprare un ombrello. Compra...**

F. **Il vostro consiglio.** Date il vostro consiglio alle seguenti persone usando la forma **Loro** o **voi**, secondo il caso.

Esempio   ai professori

—Non diano esami troppo difficili. *o...*

1. ai professori
2. ai genitori di un amico
3. ad alcuni parenti
4. ai turisti italiani che visitano gli USA
5. a degli amici

Possibilità: 1. essere più *(more)* generosi   2. andare alle Hawaii
3. telefonare o scrivere più spesso   4. essere più comprensivi *(understanding)*   5. visitare New Orleans
6. venire per Natale   7. noleggiare una macchina
8. non essere troppo severi   9. non portare regali   10. non dare compiti durante le vacanze
11. ...   12. ...

G. **Scambi rapidi.** Completate con la forma **Lei** dell'imperativo.

1. Alla banca.
   —Mi (dire) _____, per favore. È questo lo sportello del cambio?
   —No, (andare) _____ allo sportello numero 5.
2. Sul treno.
   —Signora, vuole vedere la nuova sfilata di Ferré? (aprire) _____ la rivista *(magazine)* a pagina 43.
   —Che moda strana! E (pensare) *pensi* che molti giovani vanno matti *(crazy)* per questo stilista!
3. Al caffè.
   —Cameriere, per piacere, mi (portare) *porti* il cappuccino! È da mezz'ora che aspetto!
   —(Avere) *abbi* pazienza! Ci sono altri clienti prima di Lei.

H. **Dialogo a due.** Il vostro fratello minore *(younger)* vi dice che vuole fare alcune cose. Voi lo consigliate di farle o non farle perchè...

Esempio   *He would like to sleep for another hour. / Tell him to get up because it is already eight o'clock.*

     —Vorrei dormire un'altra ora.
     —Alzati perchè sono già le otto.

1. *He would like to buy a brown suit. / Advise him to buy the grey one because it is a bargain.*
2. *He wants to buy a pair of shoes. / Advise him not to buy in that shop because it is too expensive.*
3. *He is taking the car to go downtown. / Tell him to go, but to be careful because it is about to rain.*
4. *He is going out for a long walk. / Advise him not to go out now because it is too hot.*
5. *Today he is coming home late. / Tell him it is OK, but not to be late for supper.*

II. Aggettivi e pronomi dimostrativi

Firenze, Museo dell'Accademia.

1. The demonstrative adjectives (**aggettivi dimostrativi**) are **questo, questa** *(this)* and **quello, quella** *(that)*. A demonstrative adjective always precedes the noun. Like all other adjectives, it must agree in gender and number with the noun.

Questo has the singular forms **questo, questa, quest'** (before a noun beginning with a vowel); the plural forms are **questi, queste** and mean *these*.

Quanto hai pagato **questa** maglietta?	*How much did you pay for this T-shirt?*
Quest'anno vado in montagna.	*This year I'll go to the mountains.*
Queste scarpe sono larghe.	*These shoes are wide.*

Quello, quella have the same endings as the adjective **bello** and the partitive (see Chapter 4.II). The singular forms are **quel, quello, quella, quell'**; the plural forms are **quei, quegli, quelle** and mean *those*.

Ti piace **quel** completo?	*Do you like that outfit?*
Preferisco **quell'**impermeabile.	*I prefer that raincoat.*
Quella gonna è troppo lunga.	*That skirt is too long.*
Quegli stivali non sono più di moda.	*Those boots are no longer fashionable.*
Guarda **quei** vestiti!	*Look at those dresses!*
Quelle borsette sono italiane.	*Those handbags are from Italy.*

2. **Questo(a)** and **quello(a)** are also pronouns when used alone. **Questo(a)** means *this one* and **quello(a)** means *that one, that of,* or *the one of.* Both have regular endings (-o, -a, -i, -e).

Compra questo vestito; **quello** rosso è caro.

Buy this dress; the red one is expensive.

Questa macchina è **quella** di Renzo.

This car is Renzo's (that of Renzo).

Ho provato queste scarpe e anche **quelle.**

I tried on these shoes and also those.

Pratica

A. **Come sono...?** Siete in un negozio d'abbigliamento e domandate l'opinione del vostro amico (della vostra amica) sui seguenti articoli. Usate l'aggettivo **questo** nelle forme corrette.

Esempio   sandali/comodo   —Come sono questi sandali?
—Sono molto comodi.

1. gonna/pratico 2. borsetta/elegante 3. scarpe/stretto 4. giacca/leggero 5. pantaloni/corto 6. stivali/brutto

B. **Quello...** Completate con la forma corretta dell'aggettivo **quello**.

1. Vorrei _____ stivali e _____ scarpe marrone. 2. Preferisci _____ gonna o _____ vestito? 3. Ho bisogno di _____ impermeabile e di _____ calzini. 4. Dove hai comprato _____ occhiali da sole? 5. _____ negozio d'abbigliamento è troppo caro. 6. _____ commesse sono state molto gentili.

C. **No!** Rispondete, secondo l'esempio.

Esempio   *(Giovanni)* È il cappotto di Maria?
—**No, è quello di Giovanni.**

1. *(Sig. Smith)* È l'assegno di Pietro? No, è _____. 2. *(suo padre)* Sono le chiavi di Luigi? No, sono _____. 3. *(Oggi)* Hai letto il giornale di ieri? No, ho letto _____. 4. *(Puccini)* Preferisci le opere di Verdi? No, preferisco _____. 5. *(Al Pacino)* Desideri vedere dei film con Harrison Ford? No, preferisco vedere _____.

D. **Preferenze.** In gruppi di due, immaginate di essere nel reparto *(department)* Abbigliamento di un grande magazzino con un amico (un'amica). Esprimete le vostre preferenze per i seguenti articoli usando **questo** o **quello** nelle forme corrette.

Esempio   cravatta rossa/verde
—**Mi piace questa cravatta rossa.**
—**Io preferisco quella verde.**

1. guanti di lana/di pelle   2. stivali neri/marrone   3. orologio Gucci/Tissot   4. borsa piccola/grande   5. berretto *(cap)* blu/grigio   6. maglietta a fiori/a righe *(striped)*

E. **Quanto costa (costano)...?** Domandate a un amico (un'amica) che conosce bene i prezzi quanto costano le seguenti cose.

Esempio	camicia/30.000 lire
	—**Quanto costa quella camicia?**
	—**Costa trentamila lire.**

1. maglione/85.500 lire   2. scarpe/115 dollari   3. macchina fotografica/275.000 lire   4. appartamento/150.000.000 di lire   5. biglietto aereo per Milano/980 dollari   6. torta/4.500 lire   7. jeans dello stilista Armani/148 dollari   8. occhiali/65.750 lire   9. gelato/1 dollaro

III. I mesi e la data

1. In Italian, the months of the year are masculine and are *not* capitalized. They are:

gennaio	*January*	**luglio**	*July*
febbraio	*February*	**agosto**	*August*
marzo	*March*	**settembre**	*September*
aprile	*April*	**ottobre**	*October*
maggio	*May*	**novembre**	*November*
giugno	*June*	**dicembre**	*December*

2. Dates are expressed according to the following pattern:

definite article + *number* + *month* + *year*
    il   20   marzo   1993

The abbreviation of the above date would be written **20/3/1993**. Note that in Italian the day comes *before* the month (compare March 20, 1993, and 3/20/1993).

3. To express days of the month, *cardinal* numbers are used except for the first of the month, which is indicated by the ordinal number **primo**.

Oggi è il **primo** (di) aprile.	*Today is April first.*
È il **quattordici** (di) luglio.	*It is July fourteenth.*
Lia è nata il **sedici** ottobre.	*Lia was born on October sixteenth.*
Abito qui dal **tre** marzo 1980.	*I have been living here since March 3, 1980.*

4. To ask the day of the week, the day of the month, and the date, the following questions are used:

Che giorno è oggi?	*What day is today?*
Oggi è venerdì.	*Today is Friday.*
Quanti ne abbiamo oggi?	*What day of the month is it today?*
Oggi ne abbiamo tredici.	*Today is the thirteenth.*
Qual è la data di oggi?	*What is the date today?*
Oggi è il tredici (di) dicembre.	*Today is the thirteenth of December.*

5. The article **il** is used before the year.

Il 1992 è stato un anno bisestile.	*1992 was a leap year.*
Siamo nati **nel** 1978.	*We were born in 1978.*

Per ricordare *(To remember)* quanti giorni ci sono in ogni mese, gli Italiani recitano *(recite)* questo ritornello *(refrain)*:

> Trenta giorni ha novembre,
> con aprile, giugno e settembre;
> di ventotto ce n'è uno,
> tutti gli altri ne hanno trentuno.

Pratica

A. **Date da ricordare.** Abbinate *(Match)* le date e gli eventi e formate delle frasi complete.

25/12	il giorno di San Valentino
21/3	l'anno dell'unificazione d'Italia
1861	il primo giorno di primavera
4/7	l'anno della scoperta dell'America

31/10	il giorno di Natale
1492	l'anno della fondazione della Repubblica Italiana
14/2	*Halloween*
1946	la data della dichiarazione dell'indipendenza americana

B. **Feste.** Ecco le date di alcune feste civili e religiose in Italia. Fa' a un altro studente le seguenti domande. Incomincia con **Quand'è...?**

1. Capodanno/1/1   2. l'Epifania/6/1   3. Pasqua (*Easter*)/in marzo o in aprile   4. la Festa del Lavoro/1/5   5. Ferragosto*/15/8   6. Tutti i Santi/1/11   7. ...   8. ...

C. **Conversazione.**

1. Quanti ne abbiamo oggi?   2. Che giorno è oggi?   3. Qual è la data di oggi?   4. Quando incomincia l'autunno?   5. Qual è l'ultimo giorno dell'anno?   6. Quand'è il tuo compleanno?   7. Quando incominciano le vacanze di primavera?   8. Quando diciamo «Tanti auguri!»?

IV. Le stagioni e il tempo

In primavera fa bel tempo. Ci sono molti fiori.

In estate fa caldo. C'è molto sole.

In autunno fa brutto tempo. Piove e tira vento.

In inverno fa freddo e nevica.

1. The seasons are **la primavera** (*spring*), **l'estate** (*f.*) (*summer*), **l'autunno** (*autumn*), and **l'inverno** (*winter*). The article is used before these nouns except in the following expressions: **in primavera, in estate, in autunno, in inverno.**[†]

L'autunno è molto bello.   *Fall is very beautiful.*
Vado in montagna **in estate.**   *I go to the mountains in the summer.*

---

*Midsummer holiday.

[†]**Di** can be used in place of **in**: **d'estate; d'autunno.**

2. **Fare** is used in the third person singular to express many weather conditions.

Che tempo fa?	*How is the weather?*
Fa bel tempo.	*The weather is nice.*
Fa brutto tempo.	*The weather is bad.*
Fa caldo.	*It is hot.*
Fa freddo.	*It is cold.*
Fa fresco.	*It is cool.*

3. Other common weather expressions are:

Piove. (piọvere)	*It is raining.*	**C'è nẹbbia.**	*It is foggy.*
Nẹvica. (nevicare)	*It is snowing.*	**È nuvoloso.**	*It is cloudy.*
Tira vento.	*It is windy.*	**È sereno.**	*It is clear.*
C'è il sole.	*It is sunny.*		

NOTE:

c'è affa -muggy
foschia - hazey

Piọvere and **nevicare** may be conjugated in the **passato prọssimo** with either **ẹssere** or **avere**.

Ieri ha piovuto *or* è piovuto.
Ieri ha nevicato *or* è nevicato.

Pratica

A. **Che tempo fa?** In due, fạtevi a turno delle domande sul tempo in alcuni luọghi *(places)*.

> Esempio   estate, New York
> —Che tempo fa d'estate a New York?
> —Fa molto caldo.

1. agosto, Sicịlia 2. primavera, Perụgia 3. inverno, montagna
4. novembre, Chicago 5. dicembre, Florida 6. autunno, Londra
7. ... 8. ...

B. **Variabilità del tempo.** Completate le frasi con l'espressione di tempo appropriata (con il verbo al **presente** o al **passato prọssimo**, secondo il caso).

1. Mi metto il cappotto perchè _____. 2. Liliana porta l'ombrello perchè _____. 3. L'inverno scorso _____ in montagna. 4. In autunno a Milano, non vediamo bene perchè _____. 5. Anche se è estate, a San Francisco abbiamo bisogno di un golf perchè _____. 6. Fạccio lunghe passeggiate quando _____. 7. D'estate mi metto un vestito leggero perchè _____. 8. Non abbiamo bisogno dell'impermeạbile quando non _____. 9. Chicago si chiama «*The Windy City*» perchè _____. 10. L'estate scorsa _____.

C. **Che cosa Le piace fare quando...?** Combinate gli elementi delle due colonne e formate una frase completa. Incominciate sempre con **quando** e usate sempre l'espressione **mi piace...**

	piove	divertirmi con un aquilone *(kite)*.
	nevica	guardare dalla finestra gli
	tira vento	ombrelli delle persone.
Quando	fa bel tempo **mi piace**	guardare il cielo.
	è nuvoloso	pensare all'albero di Natale.
	è sereno	camminare al sole.
	fa caldo	bere una bevanda fresca.
		stare a letto.

D. **Il bollettino meteo.** Osservate il bollettino meteorologico del Piemonte e discutete tra voi le previsioni del tempo, l'umidità, la pioggia sulla città di Torino, l'ora dell'alba *(dawn)* e del tramonto *(sunset)*. Osservate anche la fase della luna in quel giorno.

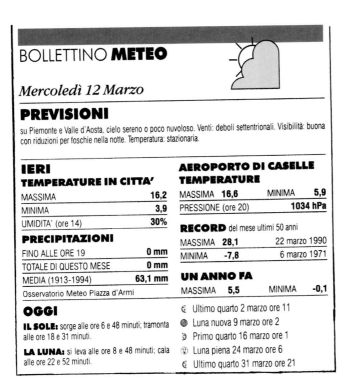

BOLLETTINO **METEO**

Mercoledì 12 Marzo

PREVISIONI

su Piemonte e Valle d'Aosta, cielo sereno o poco nuvoloso. Venti: deboli settentrionali. Visibilità: buona con riduzioni per foschie nella notte. Temperatura: stazionaria.

IERI
TEMPERATURE IN CITTA'

MASSIMA	16,2
MINIMA	3,9
UMIDITA' (ore 14)	30%

PRECIPITAZIONI

FINO ALLE ORE 19	0 mm
TOTALE DI QUESTO MESE	0 mm
MEDIA (1913-1994)	63,1 mm

Osservatorio Meteo Piazza d'Armi

AEROPORTO DI CASELLE
TEMPERATURE

MASSIMA	16,6	MINIMA	5,9
PRESSIONE (ore 20)			1034 hPa

RECORD del mese ultimi 50 anni

MASSIMA	28,1	22 marzo 1990
MINIMA	-7,8	6 marzo 1971

UN ANNO FA

MASSIMA	5,5	MINIMA	-0,1

OGGI

IL SOLE: sorge alle ore 6 e 48 minuti; tramonta alle ore 18 e 31 minuti.

LA LUNA: si leva alle ore 8 e 48 minuti; cala alle ore 22 e 52 minuti.

☾ Ultimo quarto 2 marzo ore 11
● Luna nuova 9 marzo ore 2
☽ Primo quarto 16 marzo ore 1
☽ Luna piena 24 marzo ore 6
☾ Ultimo quarto 31 marzo ore 21

E. **Conversazione.** In coppie, parlate del tempo nella vostra zona *(area)*. Usate le seguenti domande come guida.

   1. Oggi è sereno o nuvoloso?   2. Ha piovuto la settimana scorsa? 3. Che tempo ha fatto l'inverno scorso?   4. Quando nevica nella tua città?   5. In che mese fa molto caldo?   6. Piove spesso o solo qualche volta?   7. Quale stagione preferisci nella tua zona e perchè?

Lettura

Alla Rinascente

department store

Le sfilate di moda...

Lo shopping "conveniente"...

Le vie dello shopping

Questa mattina Antonio è andato alla Rinascente per comprarsi un completo nuovo. Di solito Antonio porta jeans, camicia e maglione, ma la settimana *prossima* ha un *colloquio* importante, e gli amici gli hanno detto: «Antonio, non dimenticare che la prima impressione è quella che conta!» *Eccolo* ora nel reparto Abbigliamento maschile. Un commesso *si avvicina*.

next/interview

Here he is
is approaching

Commesso	Buon giorno. Dica! Desidera un completo? Di che colore?
Antonio	Non so, *forse* grigio.
Commesso	In *tinta unita* o *a righe*?
Antonio	Forse è *meglio* in tinta unita.
Commesso	Che taglia porta?
Antonio	Non lo so esattamente. Forse *52 o 54.*
Commesso	Lo vuole pesante o *di mezza stagione*?
Antonio	Di mezza stagione; così può andare in tutte le stagioni.

perhaps
solid color/striped
it is better

large sizes
between-seasons

Commesso	Ecco un abito che *fa per Lei,* grigio *fumo,* di lana, non troppo pesante. È in svendita. Lo provi!	suits you smoke
Antonio	OK. *(Dopo la prova.)* La giacca mi va bene, ma i pantaloni sono lunghi.	
Commesso	Non si preoccupi! Li *accorciamo* e per sabato sono pronti.	we will shorten
Antonio	Quanto costa?	
Commesso	Solo seicentocinquantamila lire. È un *affare!*	bargain
Antonio	Così caro?! Costa *un occhio della testa!*	a fortune
Commesso	Eh, caro signore, *oggigiorno* tutto costa caro. D'altra parte, viviamo una volta sola! Lo compri!	nowadays
Antonio	Ma sì, lo compro, e *addio risparmi!*	good-bye savings

Comprensione

1. Perchè Antonio è andato in un negozio di abbigliamento?
2. Perchè ha bisogno di un completo nuovo?
3. Che cosa hanno detto gli amici ad Antonio?
4. Quando Antonio è nel negozio, sa esattamente cosa vuole o è indeciso?
5. Di che colore è il completo che Antonio prova? È pesante? È in svendita?
6. Vanno bene i pantaloni?
7. Antonio trova il completo caro o a buon mercato? Lo compra?

Conversazione

1. Tu vai spesso a fare le spese in un negozio di abbigliamento?
2. Ti piace fare lo shopping?
3. Quando devi comprare dei vestiti, decidi rapidamente o sei indeciso(a) come Antonio?
4. Preferisci andare a fare le spese solo(a) o con amici? Chiedi spesso i loro consigli?
5. Preferisci un abbigliamento sportivo o elegante? Qual è il tuo colore preferito?
6. Spendi molto per vestirti?
7. Trovi *(Do you find)* la moda italiana di buon gusto o stravagante? Hai uno(a) stilista favorito(a)?

Attività supplementari

A. **In un grande magazzino** (*department store*). È quasi (*almost*) Natale. Immagina di essere con un amico (un'amica) nel reparto Abbigliamento per acquistare regali per parenti ed amici. Decidete cosa comprare e per chi. Usate **quello** e i pronomi possessivi.

> Esempio   **Compro quelle pantofole** (*slippers*) **per mia nonna.**

B. **Come ti vesti?** In coppia, considerate le seguenti situazioni e rispondete alla domanda.

1. Il presidente degli Stati Uniti ti ha invitato(a) ad un pranzo ufficiale alla Casa Bianca.
2. Il tuo amico e la sua famiglia ti hanno invitato(a) a passare un fine-settimana con loro nel loro cottage in montagna. È novembre e fa freddo.
3. Vai a un concerto rock con degli amici. È luglio e fa molto caldo.

C. **In un negozio di moda.** Dialogo tra una cliente e una commessa (un commesso).

> Esempio   The client tells you she would like to buy a red dress./You give her a beautiful red dress and tell her *to try* it on.
> —**Vorrei un vestito rosso.**
> —**Ecco un bel vestito rosso. Lo provi.**

1. She asks if it is the right (**giusta**) size./Tell her *to take* size 10, and *to look* in the mirror (**specchio**). Also tell her *to notice* (**notare**) the big discount.
2. She decides to buy it, and asks you where she has to go to pay./Tell her *to go* to the cash register (**cassa**).
3. She asks you how she can pay./Tell her *to pay* cash or use a credit card, as she prefers.
4. She thanks you./Tell her *to come* to the fashion show on Monday. Also tell her *to bring* a friend.

D. **Pubblicità.** In coppia, leggete le seguenti pubblicità e dite quali articoli potete comprare in questi negozi.

E. **Oroscopo telefonico.** Immaginate di chiamare l'Oroscopo Telefonico per sapere le previsioni del vostro futuro. La telefonista vi domanda qual è il vostro segno zodiacale, la vostra data di nascita e a che ora siete nati, e vi dice cosa vede nel vostro futuro.

Possibilità: fortunati in amore, un lungo viaggio, un incontro con una persona attraente, l'arrivo di un sacco di soldi, fare attenzione alla dieta, evitare i dottori, non uscire di casa venerdì il 13, prenotare una bella crociera, stare attenti agli incidenti di macchina, non partire dopo il venti del mese

Come si dice in italiano?

1. Patrizia, why don't we go shopping today?
2. Oh, not today. It is raining and it is cold. Besides **(Inoltre)**, I went shopping yesterday.
3. Really? What did you buy?
4. I bought these black boots.
5. They are very beautiful. Next week I plan to **(penso di)** go shopping too **(anch'io)**. Do you want to come with me?
6. Yes. What do you want to buy?
7. I would like to buy a two-piece suit for my birthday.

8. When exactly is your birthday? I know it is in May, but I forgot the exact (**esatta**) date.
9. I was born on June 17, 1978.
10. Oh, that's right! The other day I saw a beautiful silk blouse in Armani's window (**vetrina**), and I am planning to buy that blouse for your birthday.
11. Oh, Patrizia, thank you.

Sito Web

Il Veneto

Venizia, the capital of Veneto, is built on 118 islands linked by more than 400 bridges and a network of canals. Public transportation within the city is by boat. Well-known events in Venizia include Carnival (il Carnevale), the masked festivities before Lent, and the regatta, a gondola race held each September.

The influential Renaissance architect Andrea Palladio designed one of Venizia's major churches, San Giorgio Maggiore, as well as many villas, palaces, and other churches in and near Vicenza and Venizia. Other towns of historic and artistic interest in the region are Verona and Padova. The splendid city of Cortina is to the north, in the rugged mountain range known as the Dolomites (Dolomiti). The spas of Abano and Montegrotto are also well known.

Typical regional dishes include rice and peas, fish, Venetian-style liver (il fegato alla veneziana), and Vicenza-style dried cod (il baccalà alla vicentina), accompanied by one of the exceptional Valpolicella or Soave wines.

Web page addresses of related interest are:

Italy Web Guide
http://www.itwg.com

Veneto
http://www.veneto.org

Food
http://www.food.italynet.com

Cuisine
http://www.mclink.it/com/mercurio/regions/veneto.htm

Economy
http://www.protec.it/veneto/economia.htm

Venice Index
http://www.iuav.univ.it/~juli

http://www.hrwcollege.com

repubblica - it
espresso . it

Vocabolario

Nomi

agosto	*August*
aprile	*April*
l'articolo	*item*
l'autunno	*autumn, fall*
il calendario	*calendar*
il Capodanno	*New Year's Day*
il cielo	*sky*
il consiglio	*advice*
la data	*date*
dicembre	*December*
l'estate (f.)	*summer*
febbraio	*February*
gennaio	*January*
giugno	*June*
il gusto	*taste*
l'inverno	*winter*
luglio	*July*
maggio	*May*
marzo	*March*
il Natale	*Christmas*
la nebbia	*fog*
la neve	*snow*
novembre	*November*
ottobre	*October*
la Pasqua	*Easter*
la pioggia	*rain*
la primavera	*spring*
la roba	*stuff, things*
settembre	*September*
il sole	*sun*
la stagione	*season*
lo (la) stilista	*designer*
la vetrina	*display window*

Aggettivi

elegante	*elegant*
indeciso	*indecisive*
largo (pl. larghi)	*large; wide*
moderno	*modern*
quello	*that*
stretto	*narrow, tight*

Verbi

consigliare	*to advise*
decidere (p.p. deciso)	*to decide*
nevicare	*to snow*
piovere	*to rain*
sperare	*to hope*
trovare	*to find*

Altre espressioni

andare bene	*to fit*
C'è il sole.	*It is sunny.*
C'è nebbia.	*It is foggy.*
costare un occhio della testa	*to cost a fortune*
di mezza stagione	*between-seasons*
di moda	*fashionable*
È nuvoloso.	*It is cloudy.*
È sereno.	*It is clear.*
essere d'accordo	*to agree*
È un affare.	*It is a bargain.*
Fa bel tempo.	*It is nice weather.*
Fa brutto tempo.	*It is bad weather.*
Fa caldo.	*It is hot.*
Fa freddo.	*It is cold.*
Fa fresco.	*It is cool.*
fare le valigie	*to pack (suitcases)*
forse	*maybe*
giocare a scacchi	*to play chess*
Ho sentito dire che...	*I heard that . . .*
scarpe da tennis	*tennis shoes*
Tanti auguri!	*Best wishes!*
Tira vento.	*It is windy.*

Pagina culturale

Venezia. Maschere di
Carnevale.

Alcune feste dell'anno

Il calendario italiano abbonda di giorni festivi. Le celebrazioni sono *legate*   linked
alle tradizioni religiose, popolari e...gastronomiche.

L'anno incomincia con la festa di Capodanno (1 gennaio). In questo
giorno la gente *si scambia* gli auguri, dopo i divertimenti della notte di   exchange
San Silvestro (31 dicembre). Il 6 gennaio è l'Epifania, festa che
commemora la visita dei tre Re Magi al bambino Gesù. La notte dell'Epifania molti bambini aspettano l'arrivo della Befana che, secondo la leggenda,
è una donna vecchia e brutta, ma generosa perchè porta *giocattoli*.   toys

Segue il Carnevale che continua *fino alla Quaresima*. La gente si   until Lent
diverte con banchetti, balli mascherati e *sfilate* di *carri* grotteschi; famosi   parades/floats
sono il Carnevale di Viareggio, in Toscana, e quello di Venezia, città di
origine delle *maschere*. La *Pasqua* (in primavera) è, con il Natale, la più   masks/Easter
solenne festa religiosa dell'anno.

Il Ferragosto (15 agosto) è la festa più importante dell'estate. Ha   It
origine nell'*usanza* pagana di celebrare le feste (latino: «feriae») in onore   custom
dell'imperatore romano Augusto. In questo periodo gli Italiani abbandonano
la città e partono per le vacanze.

Il Natale e il giorno seguente, Santo Stefano, hanno perso parte del loro carattere religioso. L'albero di Natale ha sostituito in molte case il *presepio,* usanza iniziata da San Francesco d'Assisi (1182–1226). Il dolce tipico di questi giorni è il *panettone.*

crèche

sweet bread with raisins

Quasi ogni città, grande o piccola, celebra anche il suo santo protettore e la data di qualche *avvenimento* storico. Le antiche usanze restano *vive* nella vita italiana e ritornano ogni anno con i *costumi* di quell'epoca.

event/alive

customs

Personaggi e cavalli viventi giocano, ogni due anni, una partita a scacchi *(chess)* sulla piazza a scacchiera, davanti al castello della città. Celebrazione, secondo la leggenda, della partita giocata da due cavalieri medievali per conquistare il diritto *(right)* di sposare la figlia del castellano.

———————

Marostica (Veneto).

Comprensione

Rispondete alle seguenti domande.

1. In quale giorno auguriamo «Buon Anno»?
2. In quale periodo dell'anno molti Italiani portano costumi e maschere, e si divertono?
3. In quale festa la Befana porta giocattoli ai bambini?
4. Come si chiama la festa cristiana che si celebra in primavera?
5. Gli Italiani aspettano con impazienza il 15 agosto. Perchè?
6. L'albero di Natale ha sostituito un'altra usanza: quale?

Un'ottima cuoca nella sua cucina.

Capitolo

10

In cucina

- **Punti di vista:** *Il giorno di Pasqua*
- **Studio di parole:** *La cucina e gli ingredienti*
- **Ascoltiamo!:** *Dopo il pranzo*
- **Punti grammaticali**
  - I. *I pronomi diretti*
  - II. *I pronomi indiretti*
  - III. *I pronomi con l'infinito e ecco!*
  - IV. *L'imperativo con un pronome (diretto, indiretto o riflessivo)*

  Esclamazioni comuni
- **Lettura:** *Una buona ricetta: tiramisù*
- **Pagina culturale:** *La cucina emiliana e la pasta*

Punti di vista

Il giorno di Pasqua   Easter

Oggi è la domenica di Pasqua e, per festeggiarla, Marco e Paolo sono ritornati da Bologna, dove studiano medicina. Sono venuti per passare alcuni giorni con la loro famiglia. È l'ora del pranzo: i due fratelli *apparecchiano* la tavola.   set

Paolo Hai messo i piatti, le posate e i bicchieri?
Marco Sì, li ho già messi. E anche i tovaglioli.
Paolo Hai preso l'acqua minerale dal frigo?
Marco Ma sì! L'ho presa! E tu, hai portato a casa la *colomba pasquale*?   Easter cake in the shape of a dove
Paolo Certo, ho comprato una colomba Motta. E i fiori?
Marco Ho dimenticato di comprarli, ma ho preso un bell'uovo di cioccolato con la sorpresa.* Lo diamo adesso alla mamma?
Paolo *È meglio* aspettare la fine del pranzo.   It is better

E così, alla fine del pranzo, la mamma riceve un grosso uovo di cioccolato, con gli auguri di Pasqua.

La colomba e le uova pasquali.

C'è anche un'altra cosa. Che cos'è?

Comprensione

1. Che giorno è oggi?
2. Da dove sono ritornati Marco e Paolo?
3. Cosa fanno a Bologna?
4. Con chi festeggiano il giorno di Pasqua?
5. Che cosa hanno messo sulla tavola?
6. Cos'ha comprato Paolo per la festa di Pasqua? E Marco?

*A hollow chocolate Easter egg containing a surprise.

Studio di parole　La cucina e gli ingredienti

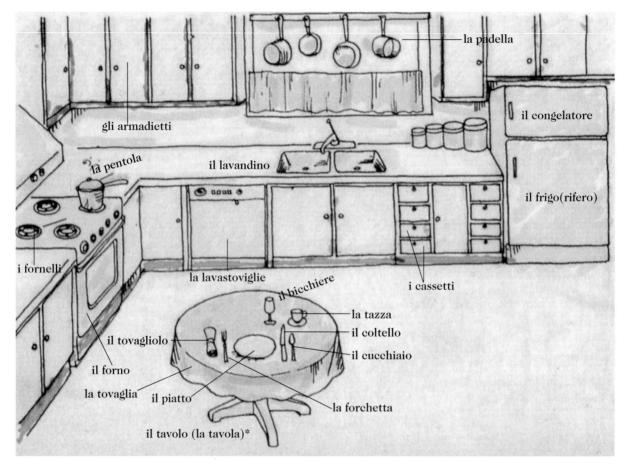

la padella
il congelatore
gli armadietti
la pentola
il lavandino
il frigo(rifero)
i fornelli
il forno
la lavastoviglie
i cassetti
il bicchiere
la tazza
il coltello
il tovagliolo
il cucchiaio
la tovaglia
il piatto
la forchetta
il tavolo (la tavola)*

la farina flour	**aggiungere** (*p.p.* **aggiunto**) to add		
il burro butter	**mescolare** to mix		
lo zucchero sugar	**versare** to pour		
l'uovo (*pl.* **le uova**) egg(s)	**rosolare** to brown, sauté		
il sale salt	**friggere** (*p.p.* **fritto**) to fry		
il pepe pepper	**bollire** to boil		
l'olio oil	**cucinare** to cook, to prepare (food)		
l'aceto vinegar	**cuocere** (*p.p.* **cotto**) to cook		
l'aglio garlic	— **al forno** to bake		
la cipolla onion	— **arrosto** to roast		
condire to dress (a salad); to season	— **alla griglia** to grill		
	— **al dente** to cook just right		
tagliare to cut	— **allo spiedo** to barbecue		

*Tavola is used when referring to meals: **apparecchiare la tavola** (*to set the table*); **andiamo a tavola!**

Informazioni

La cucina italiana, nel senso di *cuisine*, occupa un posto importante nella gastronomia internazionale. Ogni regione si differenzia per i suoi piatti, formaggi, dolci e vini. Citiamo qui solo qualche specialità. La cucina piemontese offre la fonduta e la bagna cauda, e quella lombarda l'ossobuco e la cotoletta alla milanese. Diversi piatti veneti sono con polenta, come il baccalà e il fegato alla veneziana. In Liguria sono famose la pasta al pesto e la burrida (zuppa di pesce). La cucina toscana può essere semplice—la bistecca alla fiorentina—o più elaborata—il cacciucco (zuppa di pesce). Le Marche, l'Umbria, l'Abruzzo e il Molise hanno in comune la porchetta allo spiedo e svariate zuppe di pesce. L'abbacchio (arrosto di agnello) e gli gnocchi alla romana sono specialità del Lazio, mentre vari piatti alla pizzaiola, il calzone e la mozzarella in carrozza fanno *(are)* parte della gastronomia napoletana. La Puglia, la Basilicata e la Calabria vantano la loro varietà di frutti di mare *(seafood)*, di formaggi e di salsicce. In Sicilia si trovano dolci e gelati squisiti, come i cannoli e le cassate. La Sardegna, infine, è fiera *(proud)* dei suoi prosciutti di cinghiale *(boar)* e delle aragoste che abbondano nelle sue acque.

Il signor Angelo Paracucchi (e signora): chef noto internazionalmente, nato in Umbria e autore di un libro di cucina. Oggi abita vicino a Sarzana (La Spezia), dove ha aperto il proprio ristorante "All'Angelo" e una scuola di alta cucina. Ha portato la gastronomia italiana all'estero con l'apertura di un ristorante a Parigi e due a Osaka (Giappone), e con dei corsi di cucina in alcuni istituti europei e americani.

Applicazione

A. **Cosa c'è in cucina?**

1. Guardate il disegno a pagina 234. Che cosa vedete su un fornello?
2. Che cosa vedete sotto i fornelli?
3. Quali ingredienti sono necessari per preparare una torta?
4. Dove mettiamo il latte per conservarlo *(to keep it)* fresco?
5. Quali ingredienti usano gli Italiani per condire l'insalata?

B. **Conversazione.**

1. Ha una cucina grande Lei? Ha un forno a micro-onde *(microwave)*? una lavastoviglie? 2. Le piace cucinare? Prepara molti pasti a casa? Quali? 3. Apparecchia la tavola e si siede a mangiare almeno *(at least)* una volta al giorno? Perchè o perchè no? 4. Quando ha degli invitati

per un'occasione speciale, come apparecchia la tavola? **5.** Come preparano gli Italiani la pasta: cotta al dente o stracotta *(overdone)*? **6.** Quando cucina, Le piace preparare piatti al forno, alla griglia? Quali? **7.** Cucina una torta Lei, o la compra dal pasticciere *(baker)*?

C. **Un buon piatto di pasta.** Osservate la foto. In coppie, dite quali sono gli ingredienti necessari per cucinare un buon piatto di pasta e che cosa fate per prepararlo.

Ingredienti necessari per un buon piatto di pastasciutta.

Ascoltiamo!

Dopo il pranzo. Listen to Paolo's and Marco's conversation as they wash the dishes after Easter dinner. Then answer the questions in your textbook.

Comprensione

1. Cosa fanno i due ragazzi in cucina?
2. Perchè Marco vuole lavare i piatti domani?
3. Perchè non possono lavarli domani?
4. Che cosa pensano di dire al papà? Perchè?
5. Marco sta attento quando asciuga i piatti o è maldestro *(clumsy)*?

Dialogo

Una scampagnata *(picnic in the country)*. Immaginate di fare una scampagnata il giorno di Pasqua con un amico (un'amica). Decidete dove andate, come, cosa preparate per il picnic e cosa mettete nel cestino *(picnic basket)*.

Punti grammaticali

I. I pronomi diretti

Piatti ornamentali di Deruta (Umbria). Il commesso li mostra a dei clienti.

1. You have already learned the direct object pronouns **lo, la, li,** and **le** **(Capitolo 5).** Remember that a direct object is a noun or a pronoun designating the person(s) or thing(s) directly affected by the verb. It answers the question *whom?* or *what?*

Here is a chart of all the direct-object pronouns:

Singular			Plural		
mi (m')	*me*	mi chiamano	ci	*us*	ci chiamano
ti (t')	*you (familiar)*	ti chiamano	vi	*you (familiar)*	vi chiamano
lo (l')	*him, it*	lo chiamano	li	*them (m.)*	li chiamano
la (l')	*her, it*	la chiamano	le	*them (f.)*	le chiamano
La (L')*	*you (formal, m. & f.)*	La chiamano	Li, Le	*you (formal, m. & f.)*	Li/Le chiamano

*The formal pronoun **La (L')** is both masculine and feminine, as in **arrivederLa.**

Note that the direct object pronoun immediately precedes the verb. This is also true in a negative sentence. The final vowel of a singular direct object pronoun may be dropped before a vowel or an *h*.

Apro il frigo. **L'**apro.	*I open the refrigerator. I open it.*
Leggo le lettere. **Le** leggo.	*I read the letters. I read them.*
Mi vedono? No, non **ti** vedono.	*Do they see me? No, they don't see you.*
Non **ci** invitano mai.	*They never invite us.*
Buona sera, dottore. **La** vedo domani.	*Good evening, Doctor. I'll see you tomorrow.*
Signori Bianchi, **Li** chiamano al telefono.	*Mr. and Mrs. Bianchi, they are calling you on the phone.*

2. In the **passato prossimo**, remember that:

   a. the pronoun comes before the auxiliary verb **avere;**

   b. the past participle must agree in gender and number with the direct object pronouns **lo, la, La, li, le, Li, Le.** Agreement with the other direct object pronouns is optional.

Hai cucinato le patate?	*Did you cook the potatoes?*
Sì, **le** ho cucinate.	*Yes, I cooked them.*
Avete incontrato Luigi?	*Did you meet Luigi?*
No, non **l'**abbiamo incontrato.	*No, we did not meet him.*
Hai accompagnato i ragazzi?	*Did you accompany the boys?*
Sì, **li** ho accompagnati.	*Yes, I accompanied them.*
Signora Rossi, non **L'**ho vista.	*Mrs. Rossi, I did not see you.*
Gina, **ti** ho aspettato (aspettata).	*Gina, I waited for you.*

3. Unlike their English equivalents, verbs such as **ascoltare** *(to listen to),* **guardare** *(to look at),* **cercare** *(to look for),* and **aspettare** *(to wait for)* are not followed by a preposition; they therefore take a direct object.

Cerchi la ricetta?	*Are you looking for the recipe?*
Sì, **la** cerco.	*Yes, I'm looking for it.*
Hai guardato l'arrosto nel forno?	*Did you check the roast in the oven?*
No, **lo** guardo adesso.	*No, I'm looking at it now.*
Vi aspetto stasera alle otto.	*I will be waiting for (expecting) you at eight o'clock tonight.*
Avete ascoltato le notizie?	*Did you listen to the news?*
No, non **le** abbiamo ascoltate.	*No, we did not listen to it.*

Pratica

A. **In cucina.** Voi siete in cucina e pensate ad alcune cose che dovete fare. Sostituite il nome in corsivo *(italics)* con il pronome appropriato.

Esempio   Aspetto *il mio amico* a cena.   **Lo aspetto.**

1. Apparecchio *la tavola.*   2. Metto *la tovaglia.*   3. Metto *i piatti e i bicchieri.*   4. Prendo *l'acqua minerale* dal frigo.   5. Metto *le lasagne* nel forno.   6. Lavo *l'insalata.*   7. Apro *la porta* al mio amico.   8. Servo *la cena.*   9. Non servo *il dolce* perchè siamo a dieta *(we are on a diet).*

B. **Intervista.** Lucy Bloom è appena ritornata da un anno di studi all'università di Padova. Le sue amiche le fanno molte domande sulla sua esperienza in Italia.

Esempio   la pizza (buona, cattiva, ottima)
—**Come hai trovato la pizza?**
—**L'ho trovata buona (abbastanza buona).** o...

1. i corsi all'università di Padova (facili, difficili, lunghi)
2. i professori italiani (indulgenti, severi, cordiali)
3. i film italiani (divertenti, noiosi, interessanti)
4. i vini Valpolicella e Soave (eccellenti, mediocri, leggeri)
5. la cucina veneta (semplice, complicata, gustosa *[tasty]*)
6. la moda degli stilisti (elegante, inelegante, stravagante)
7. i mezzi di trasporto (efficienti, inefficienti, abbondanti, scarsi)

C. **Scambi rapidi.** I genitori parlano con il figlio Aldo, giornalista, che è ritornato da un lungo viaggio. In coppie, completate il dialogo con i pronomi appropriati.

Aldo —Cari mamma e papà, finalmente _____ rivedo *(I see you again)*! Come state?

Il papà —Noi stiamo benone. Ma tu, come _____ trovi *(do you find us)*? Tristi e vecchi forse?

Aldo —Anzi *(On the contrary),* _____ trovo sempre giovani e in ottima forma, e _____ rivedo con tanto piacere!

D. **Conversazione**

Esempio   —Dove lavi *i piatti*?
—**Li lavo nella lavastoviglie.**

1. Quando inviti *i tuoi amici*?   2. Dove cucini *l'arrosto*?   3. A chi mandi *gli inviti*?   4. Dove fai *la spesa*?   5. Dove trovi *le tue ricette*?   6. Come prepari *le uova*? strapazzate *(scrambled)* o sode *(hard-boiled)*?   7. Usi *il burro* quando cucini?   8. Per una cena elegante, metti *la tovaglia*?   9. Metti *il formaggio* sui maccheroni?   10. Dove lavi *le pentole e le padelle*?

E. **Chissà dove sono!** Tu hai perso alcune delle tue cose. Un amico (Un'amica) ti domanda se le hai trovate. Tu rispondi negativamente.

Esempio   —**Hai trovato i tuoi libri?**
—**No, non li ho trovati.**

1. portafoglio *(wallet)*   2. occhiali   3. sveglia   4. orologio   5. maglietta   6. scarpe   7. soldi   8. chiavi *(f. pl., keys)*

F. **Un ospite** (*guest*) **a cena.** È tardi e la signora Cattaneo è ancora in ufficio. È preoccupata e telefona al marito per domandargli se ha fatto le seguenti cose. Il marito la rassicura (*reassures her*). Seguite l'esempio.

> Esempio
>
> preparare la cena
> —**Hai preparato la cena?**
> —**Sì, l'ho preparata.**

1. trovare la tovaglia   2. mettere piatti, bicchieri e posate   3. tirare fuori (*to take out*) l'acqua e la birra dal frigo   4. fare riscaldare (*to warm up*) l'arrosto   5. lavare l'insalata   6. tirare fuori dal congelatore il dolce 7. comprare i grissini

 G. **Quando?** Domandate a un compagno (una compagna) quando ha fatto le seguenti cose. Usate per ogni frase espressioni di tempo differenti.

> Esempio
>
> leggere il giornale
> —**Quando hai letto il giornale?**
> —**L'ho letto ieri** (domenica scorsa, venerdì mattina, ecc.).

1. mangiare le lasagne   2. ascoltare la radio   3. comprare il parmigiano 4. salutare i compagni di classe   5. preparare la salsa di pomodoro 6. prendere la macchina   7. vedere i tuoi genitori   8. lavare i piatti e le pentole   9. comprare le verdure surgelate (*frozen*)

II. *I pronomi indiretti*

—Che cosa regali a tua madre per Pasqua?
—Le regalo un bell'oggetto per la casa.

1. An indirect object designates the person *to whom* an action is directed.

It is used with verbs of *giving:* **dare, prestare, offrire, mandare, restituire, consigliare, regalare, portare,** etc., and with verbs of *oral and written communication:* **parlare, dire, domandare, chiedere, rispondere,** telefonare, scrivere, insegnare, spiegare, etc. The preposition **a** follows these verbs and precedes the name of the person to whom the action is directed.

Scrivo **una lettera.** *(direct object)*
Scrivo una lettera **a Lucia.** *(indirect object)*

An indirect object pronoun replaces an indirect object.

Here are the forms of the indirect object pronouns:

Singular			Plural		
mi (m')	*(to) me*	mi scrivono	ci	*(to) us*	ci scrivono
ti (t')	*(to) you* *(familiar)*	ti scrivono	vi	*(to) you* *(familiar)*	vi scrivono
gli	*(to) him*	gli scrivono	loro *or* gli	*(to) them* *(m. & f.)*	scrivono **loro** (gli scrivono)
le	*(to) her*	le scrivono			
Le*	*(to) you* *(formal, m. & f.)*	Le scrivono	Loro *or* Gli*	*(to) you* *(formal, m. & f.)*	scrivono **Loro** *(very formal)*

2. Note that the pronouns **mi, ti, ci,** and **vi** can be used as both direct and indirect object pronouns. Like the direct object pronouns, indirect object pronouns precede the conjugated form of the verb, except **loro,** which always follows the verb. In negative sentences, **non** precedes the pronouns.

Mi dai un passaggio?	*Will you give me a lift?*
Chi **ti** telefona?	*Who is calling you?*
Non **gli** parlo.	*I am not speaking to him.*
Perchè non **ci** scrivete?	*Why don't you write to us?*
Le offro un caffè.	*I am offering you a cup of coffee.*
Domando **Loro** se è giusto.	*I am asking you if it is right.*

NOTE:

In contemporary Italian, the tendency is to replace **loro** with the plural **gli.**

Gli parlo. *or* Parlo **loro.**   *I am speaking **to them.***

3. In the **passato prossimo,** the past participle *never* agrees with the indirect object pronoun.

Le ho parlato ieri.	*I spoke to her yesterday.*
Non **gli** abbiamo telefonato.	*We did not call them.*

*The capital letter in **Le, Loro,** and **Gli** is optional and is used to avoid ambiguity.

4. Unlike in English, **telefonare** and **rispondere** take an indirect object pronoun.

Quando telefoni a Lucia?   *When are you going to call Lucia?*
Le telefono stasera.   *I'll call her tonight.*

Hai risposto a Piero?   *Did you answer Piero?*
No, non **gli** ho risposto.   *No, I didn't answer him.*

Pratica

A. **Sostituzione.** Sostituite le parole in corsivo con i pronomi appropriati.

1. Scrivo *a mia cugina.*   2. Perchè non telefoni *a tuo fratello?*   3. Lucia spiega una ricetta *a Liliana.*   4. Presto il libro di cucina *al mio ragazzo.* 5. Do cento dollari *a mia sorella.*   6. I due ragazzi chiedono un favore *al padre.*   7. Liliana scrive un biglietto di auguri *a sua madre.*   8. Date spesso dei consigli *ai vostri amici?*   9. Paolo manda dei fiori *alla sua ragazza.*

B. **Mille promesse.** Roberto promette a tutti molte cose.

> Esempio   a suo fratello, andare a casa sua
> **Gli promette di andare a casa sua.**

1. a suo padre, ascoltare i suoi consigli   2. a sua madre, aiutarla   3. ai suoi professori, studiare di più   4. a noi, andare insieme al cinema 5. a me, essere più paziente   6. alle sue amiche, invitarle al ristorante

C. **Un amico (Un'amica) esigente.** Un tuo amico (Una tua amica) ti chiede molte cose, e tu rispondi con molta pazienza.

> Esempio   prestare il dizionario/trovarlo
> **—Mi presti il dizionario?**
> **—Ti presto il dizionario se lo trovo.**

1. telefonare stasera/essere a casa   2. dare l'indirizzo di Lucia/riuscire a trovarlo   3. offrire un caffè dopo la lezione/avere tempo   4. portare il libro di cucina/trovarlo   5. fare un favore/potere farlo   6. spiegare i pronomi/capirli

D. **Quando?** Una persona curiosa vuole sapere quando tu fai le seguenti cose. Un compagno (Una compagna) fa la parte della persona curiosa.

> Esempio   —Quando dai dei consigli *al tuo amico?*/quando ha dei problemi
> **—Gli do dei consigli quando ha dei problemi.**

1. Quando telefoni *a tua madre?*/la domenica   2. Quando *ci* mandi una cartolina?/quando arrivo a Roma   3. Quando presti il libro di cucina *alla tua amica?*/quando dà una festa   4. Quando scrivi *ai tuoi genitori?*/quando ho bisogno di soldi   5. Quando *mi* fai gli auguri?/il giorno del tuo compleanno   6. Quando *ci* offri un gelato?/dopo cena

7. Quando rispondi *ai tuoi parenti*?/quando ho tempo   8. Quando porti un regalo *a tua madre*?/per Natale

E. **Un giovane generoso.** Per Natale Gianfranco ha comprato regali per tutti i parenti ed amici. Che cosa ha regalato loro?

> | Esempio | a suo fratello, un maglione |
> |---|---|
> | | **Gli ha regalato un maglione.** |

1. a sua madre, una macchina per fare il cappuccino   2. alle sorelle, alcuni CD delle canzoni di San Remo   3. al fratellino, un giocattolo *(toy)* e caramelle *(candies)*   4. alla zia Maria, una scatola di cioccolatini Perugina   5. all'amico Lucio, un portafoglio di pelle marrone   6. ai nonni,...   7. alla sua ragazza,...   8. al(la) professore(ssa) d'italiano,...

F. **Già fatto!** Il tuo compagno (La tua compagna) di stanza desidera sapere quando tu fai le seguenti cose. Tu gli (le) rispondi che le hai già fatte e gli (le) dici quando.

> | Esempio | parlare, professore |
> |---|---|
> | | **—Quando parli al tuo professore?** |
> | | **—Gli ho parlato l'altro ieri (alcuni giorni fa)** o... |

1. rispondere, madre   2. chiedere consiglio, padre   3. scrivere, sorelle   4. suggerire un ristorante, amico   5. telefonare, zio   6. chiedere un appuntamento, professoressa   7. dare l'indirizzo, parenti   8. offrire un pranzo, genitori   9. mandare un regalo, fratello

III. I pronomi con l'infinito e ecco!

1. When a direct or indirect pronoun is the object of an infinitive, it—with the exception of **loro**—is attached to the infinitive, which drops the final **-e**.

Non desidero veder**la**.   *I don't wish to see her.*
Preferisco scriver**le**.   *I prefer to write to her.*

NOTE:

With the verbs **potere, volere, dovere,** and **sapere,** the object pronoun may either be placed before the conjugated verb or attached to the infinitive.

Ti posso parlare? ⎫
Passo parlar**ti**? ⎭   *May I speak to you?*

2. A direct object pronoun attaches to the expression **ecco!**

Ȩccolo!   *Here (There) he is!*
Ȩccomi!   *Here I am!*

Pratica

A. **Sostituzione.** Sostituite le espressioni in corsivo con il pronome appropriato.

1. Incomincio a capire *questa lingua*.   2. Abbiamo bisogno di parlare *a Tonino*.   3. Preferisco scrivere *a Luisa* domani.   4. Ho deciso di invitare *gli amici*.   5. Ho dimenticato di comprare *le uova*.   6. Quest'anno non posso fare molti regali *ai miei amici*.   7. Desidero invitare *le mie amiche* a una festa.   8. Sapete parlare bene *lo spagnolo*?   9. Voglio trovare *le mie chiavi*!   10. Non posso aspettare *mio fratello*.   11. Devi prendere *la macchina*?

B. **Sì o no?** Sei indeciso(a) e domandi a tuo fratello (a tua sorella) se *(whether)* devi fare le seguenti cose. Lui (Lei) risponde affermativamente, usando il pronome oggetto appropriato.

> Esempio   studiare l'italiano
> —**Devo studiare l'italiano?**
> —**Sì, devi studiarlo. Sì, lo devi studiare.**

1. lavare i bicchieri   2. preparare la cena   3. prendere l'ombrello   4. comprare i biglietti per il teatro   5. sentire le notizie   6. chiamare il dentista   7. ...   8. ...   9. ...

C. **Intenzioni.** Tua sorella ti domanda se hai fatto certe cose, e alla tua risposta negativa ti chiede quando hai intenzione di farle.

> Esempio   telefonare a papà/domani
> —**Hai telefonato a papà?**
> —**No, non gli ho ancora telefonato.**
> —**Quando pensi di telefonargli?**
> —**Penso di telefonargli domani.**

1. invitare gli amici/sabato   2. comprare le uova di cioccolato/venerdì   3. scrivere alla cugina/questo weekend   4. parlare ai professori/la settimana prossima *(next)*   5. vedere gli zii di Vicenza/domani pomeriggio

D. **Dove sono?** Il tuo compagno domanda dove sono alcune cose nella classe. Tu rispondi usando **ecco** e il pronome appropriato.

> Esempio   —**Dov'è la penna?**
> —**Ȩccola!**

IV. L'imperativo con un pronome (diretto, indiretto o riflessivo)

Molti preferiscono il dolcificante allo zucchero

Perchè ingrassi il tuo caffè?

Dimagriscilo con Tac.

1. Object and reflexive pronouns—except **loro**—attach to the end of the **tu, noi,** and **voi** imperative forms. With the **Lei** and **Loro** forms, the pronoun always precedes the verb.

Parlale!	*Talk to her!*
Comprali!	*Buy them!*
Scriviamogli una lettera!	*Let's write him a letter!*
Fateci un favore!	*Do us a favor!*

BUT:

Parla **loro**! (or Parlagli!)	*Speak to them!*
Mi dica una cosa!	*Tell me one thing!*

Note the imperative construction with reflexive and reciprocal verbs:

	fermarsi		**scriversi**	
(tu)	fermati!	*stop!*		
(noi)	fermiamoci!	*let's stop!*	scriviamoci!	*let's write to each other!*
(voi)	fermatevi!	*stop!*	scrivetevi!	*write to each other!*
(Lei)	si fermi!	*stop!*	—	
(Loro)	si fermino!	*stop!*	si scrivano!	*write to each other!*

2. When a pronoun attaches to the monosyllabic imperatives **va', da', fa', sta',** and **di',** the initial consonant of the pronoun—except **gli**—is doubled.

Dammi la bicicletta!	*Give me the bike!*
Dicci qualcosa!	*Tell us something!*
Falle un regalo!	*Give her a gift!*

BUT:

Digli cosa fare!   *Tell him what to do!*

3. In the *negative imperative,* object and reflexive pronouns may either precede or follow the imperative verb. When a pronoun follows an imperative verb in the **tu** form, the infinitive drops the final -**e.**

Non **ti** alzare! ⎫
Non alzar**ti**! ⎭   *Don't get up!*

Non **gli** diciamo niente! ⎫
Non diciamo**gli** niente! ⎭   *Let's not tell him anything!*

Non **lo** fare! ⎫
Non far**lo**! ⎭   *Don't do it!*

BUT:

Non **si** preoccupi così!   *Don't worry so much!*
Non risponda **loro**!   *Don't answer them!*
Non **gli** dia niente!   *Don't give him anything!*

Pratica

A. **La spesa.** Tu devi uscire e chiedi alla mamma di che cosa ha bisogno in cucina.

> Esempio   mele/sì
> —**Compro le mele?**
> —**Sì, comprale!**

1. zucchero/sì 2. sale/no 3. burro/sì 4. farina/no 5. cipolle/sì
6. uova/no 7. spinaci/no 8. ... 9. ...

B. **In una nuova città.** Fabio si trasferisce nella tua città e ha bisogno di molte informazioni.

a. Tu rispondi con un po' d'immaginazione.

> Esempio   dire dov'è l'ufficio postale
> —**Per favore, dimmi dov'è l'ufficio postale.**
> —**L'ufficio postale è qui vicino, in Piazza Garibaldi.**
>   *o...*

1. consigliare una buona banca   4. mostrare dov'è l'università
2. dare il nome di un bravo   5. aiutare a trovare una stanza
   medico   6. telefonare a questo numero
3. suggerire un buon ristorante

b. Fabio chiede le stesse informazioni a un impiegato in un'agenzia.

> Esempio   **Per favore, mi dica dov'è l'ufficio postale.**

C. **Consigli.** Dite quali consigli dà una madre ai figli nelle seguenti situazioni.

> Esempio   Hanno un corso alle otto e loro si alzano tardi.
> —Alzatevi presto!

1. Fa freddo e loro si mettono degli abiti leggeri.   **2.** È l'ora di cena e loro si fermano a chiacchierare *(to chat)* con amici.   **3.** Non hanno voglia di laurearsi.   **4.** È la fine del semestre e loro non si preparano per gli esami.   **5.** Si divertono troppo.   **6.** Si arrabbiano facilmente.   **7.** Litigano spesso.   **8.** Si lamentano quando hanno troppi compiti.

D. **Che fare?** Aldo ha litigato con la sua fidanzata, che gli ha restituito l'anello di fidanzamento, e domanda all'amico se fare o non fare certe cose. L'amico risponde di sì o di no.

> Esempio   telefonarle/no
> —Le telefono?
> —Sì, telefonale! *o*
> —No, non telefonarle!

1. chiederle scusa/sì   **2.** mandarle un mazzo di fiori/sì   **3.** scriverle una lunga lettera/no   **4.** inviarle *(to send)* un FAX/sì   **5.** regalarle un braccialetto/no   **6.** offrirle due biglietti per il balletto/sì

Esclamazioni comuni

Here are some exclamations expressing a wish or a feeling. You have already encountered some of them.

—Caspita! Che belle sculture!

La foto rappresenta lo scultore Meo Carbone tra alcune delle sue opere in occasione del Festival dei Due Mondi di Spoleto (Umbria).

Auguri!   Best wishes!
Congratulazioni! Felicitazioni!
   Congratulations!
Buon Anno!   Happy New Year!
Buon compleanno!   Happy
   Birthday!
Buon appetito!   Enjoy your meal!
Buon divertimento!   Have fun!
Buona fortuna!   Good luck!
In bocca al lupo!   Break a leg!
   (lit., In the wolf's mouth!)
Buona giornata!   Have a good day
   (at work)!
Buon Natale!   Merry Christmas!
Buona Pasqua!   Happy Easter!
Buone vacanze!   Have a nice
   vacation!
Buon viaggio!   Have a nice trip!
Salute! Cin cin!   Cheers!

Salute!   God bless you!
   (when someone
   sneezes)
Aiuto!   Help!
Attenzione!   Watch out!
Bravo(a)!   Well done!
Caspita!   Wow!
   Unbelievable!
Chissà!   Who knows!
Mah!   Bah!
Ma va! Macchè!   No way!
Magari!   I wish it were true!
Meno male!   Thank goodness!
Peccato!   What a pity!
Su, dai!   Come on!
Va bene! D'accordo!   OK
Be' (Beh)...   Well . . .

Pratica

Cosa si dice? A turno con un compagno (una compagna) di classe, reagisci con un'espressione esclamativa appropriata alle seguenti situazioni.

1. Tua cugina si sposa sabato prossimo. 2. Bevi con amici un bicchiere di spumante. 3. È l'ora di pranzo e tutti sono a tavola. 4. Vedi un pedone *(pedestrian)* che attraversa la strada in un momento di traffico. 5. Un parente ha vinto cinque milioni alla lotteria. 6. Ti domandano se andrai *(you will go)* in vacanza, ma tu sei incerto. 7. Tuo fratello ha perduto il treno. 8. Vuoi convincere Alberto ad uscire con te. 9. Domani tua sorella ha un esame importante.

Lettura

Una buona ricetta:
*tiramisù**

Le due ragazze aspettano il dolce con l'acquolina in bocca *(mouths watering).*

Ecco una ricetta per un ottimo dolce alla fine di un buon pranzo.

Ingredienti:
  2 pacchi di biscotti savoiardi† (circa 40)
  500 grammi di mascarpone‡

Lit., "pick-me-up"

†Ladyfingers

‡A typical Italian cream cheese

1/4 di litro di caffè forte	1 cup
1/4 di litro di *Marsala*	a dry wine
4 uova	
100 grammi di zucchero	1/3 cup
40 cc di rum	1/3 cup
1 cucchiaio di estratto di vaniglia	

Preparazione:

    Disponete metà dei biscotti in una *pirofila.* Mescolate caffè, marsala e estratto di vaniglia. Versate *metà* del liquido sui biscotti.
      Lay 11x13 Pyrex pan half

    Separate il bianco e il giallo delle uova. *Montate il bianco a neve.* Mescolate il giallo con lo zucchero. Unite insieme il bianco, il giallo, il mascarpone e il rum. Mescolate bene. Avete così una crema densa.
      Beat the whites stiff.

    Spalmate metà di questa crema sui biscotti. Disponete *sopra* il resto dei biscotti. Versate il resto del liquido (caffè, marsala, vaniglia). Spalmate il resto della crema.
      Spread on top

    Il tiramisù è pronto. Se volete decorarlo, *cospargete il tutto* con *polvere* di cioccolato semi-dolce. Mettete il tiramisù nel frigorifero per almeno 12 ore prima di servirlo.
      sprinkle the whole thing/powder

Comprensione

1. Quando serviamo un tiramisù?
2. Quali sono alcuni ingredienti di questa ricetta?
3. Che cos'è il Marsala? E i savoiardi, che cosa sono?
4. Abbiamo bisogno del forno per preparare il Tiramisù?
5. Quanto tempo è bene tenerlo *(to keep it)* in frigorifero prima di servirlo?

Conversazione

1. Sai preparare qualche dolce? Quale? Preferisci comprarlo in pasticceria?
2. Hai mai mangiato il Tiramisù? L'hai preparato tu o l'hai comprato in una pasticceria? Ti è piaciuto?
3. Sai preparare qualche piatto tipico (americano, italiano, o...)?
4. Conosci alcune buone ricette? Quali?
5. Compri la verdura fresca o quella surgelata? al supermercato o al mercato all'aperto?
6. Ti piacciono i piatti piccanti *(spicy)*? Quali in particolare?

Attività supplementari

A. **Una ricetta.** Portate in classe una ricetta molto semplice e scambiatela *(exchange it)* con un compagno (una compagna). Dite se è un antipasto, un primo o un secondo piatto, oppure un dolce. Spiegate quali ingredienti ci vogliono *(are necessary)*. Dite se c'è bisogno del forno o del fornello e quanti minuti ci vogliono per la cottura *(baking, cooking)*. Se è un piatto freddo, dite quanti minuti ci vogliono per la preparazione.

B. **Che cosa prepariamo?** Voi aspettate degli amici italiani e decidete di preparare un tipico piatto americano, semplice e alla buona *(informal)*. Quale piatto? Discutete insieme. Forse un'insalata e... Quali ingredienti? *(One student can be the organizer and direct the others to go . . . , to buy . . . , to wash . . . , to prepare . . . Use some imperatives.)* Attività in piccoli gruppi.

C. **Una cucina arredata.** Descrivete gli elementi che riconoscete in questa cucina italiana, e dite in che modo è differente da una tipica cucina americana.

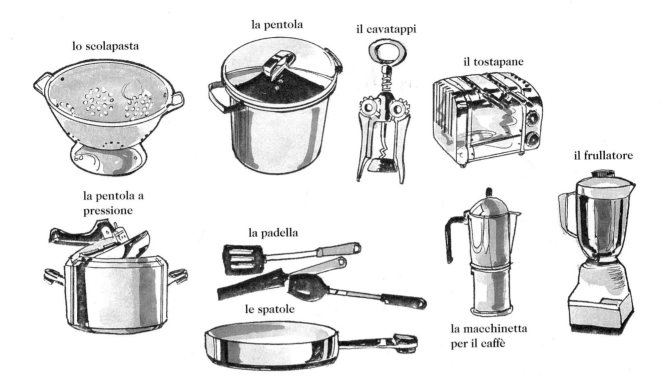

lo scolapasta · la pentola · il cavatappi · il tostapane · il frullatore · la pentola a pressione · la padella · le spatole · la macchinetta per il caffè

D. **Utensili.** Dite quando usate questi utensili.

Come si dice in italiano?

1. Marc's parents intend to spend a few days in town, and Marc has invited them to dinner at his house.
2. Since (**Poichè**) he does not know how to cook, he is worried.
3. He has phoned his girlfriend and asked her to give him a good recipe.
4. She has suggested preparing (**di preparare**) *spaghetti alla carbonara* and has explained to him how to make it *(pl.)*.
5. It is a very easy recipe.
6. At seven o'clock, his parents arrive. Here they are!
7. Marc is very happy to (**di**) see them, but he does not want his mother in the kitchen.
8. Unfortunately, his girlfriend hasn't told him how much salt to use, and he has used it generously.
9. She has also forgotten (**di**) to tell him how long (**per quanto tempo**) to cook the spaghetti.
10. Tonight Marc and his parents are eating scrambled eggs and bacon (**pancetta**) with bread.

Sito Web

L'Emilia-Romagna

The region of <u>Emilia-Romagna</u>, in northern Italy, extends from the <u>Appennines</u> to the <u>Adriatic Sea</u>. <u>Bologna</u> is the capital of the region. Other cities of notable historic and artistic interest are <u>Parma</u>, <u>Reggio Emilia</u>, <u>Modena</u>, <u>Ferrara</u>, <u>Rimini</u>, and <u>Ravenna</u>. Ravenna, the last capital of the <u>Western Roman Empire</u>, is famous for its mosaics and architecture in the early Christian and <u>Byzantine style</u>.

Emilia-Romagna is known for its high-quality handmade leather goods and for furniture, ceramics, alabaster and marble products, and wrought iron. The <u>Ferrari</u> automobile is manufactured in Modena.

<u>Rimini</u> and <u>Riccione</u> are prominent seaside resorts in Emilia-Romagna, and <u>Salsomaggiore</u> and <u>Tabiano</u> are popular spa towns.

The cuisine of Emilia-Romagna is renowned for meat dishes, sausage, Comacchio eels, tortellini, and lasagne. <u>Prosciutto</u> (Raw ham) from Parma and <u>Parmesan cheese</u> are world famous. Distinguished wines are also produced in the region: <u>Lambrusco</u>, <u>Sangiovese</u>, <u>Albana</u>, and <u>Trebbiano</u>.

 Web page addresses of related interest are:

Emilia-Romagna
http://www.traveleurope.it/emilrom.htm
http://www.informatutto.it/e_index.htm

University of Bologna
http://www.cds.caltech.edu/

Bologna
http://www.unibo.it

Cuisine
http://www.mclink.it/com/mercurio/regions/emilia.htm
http://bpe.com/food/cuisine/italy/

Museums
http://comune.bologna.it

Parmigiano cheese
http://wso.williams.edu/~wmanuel/menu/reggiano.html

Prosciutto
http://www.food.italynet.com

http://www.hrwcollege.com

Vocabolario

Nomi

l'aragosta	lobster
gli auguri	wishes
il biglietto	card, ticket
il brodo	broth
la chiave	key
i cioccolatini	chocolate candies
il consiglio	advice
la dieta	diet
l'etto(grammo)	100 grams
il favore	favor
l'ingrediente (m.)	ingredient
il libro di cucina	cookbook
l'ospite (m. & f.)	guest
il parmigiano	Parmesan cheese
la pasticceria	pastry shop
la ricetta	recipe
la salsa	sauce
la specialità	specialty

Aggettivi

complicato	complicated
efficiente	efficient
grosso	big
gustoso	tasty
indulgente	indulgent
inefficiente	inefficient
necessario	necessary
ottimo	excellent
piccante	spicy
semplice	simple
surgelato	frozen
tipico	typical

Verbi

aiutare	to help
apparecchiare	to set (the table)
asciugare	to dry
lamentarsi (di)	to complain (about)
litigare	to have an argument, to argue
passare	to spend (time)
prestare	to lend
promettere (p.p. promesso)	to promise
rivedere	to see again
rompere (p.p. rotto)	to break
scambiare	to exchange
suggerire (-isc)	to suggest

Altre espressioni

abbastanza	enough
almeno	at least
anzi	on the contrary
benone	very well
ci vuole (+ sing. noun)	it takes, it is necessary
ci vogliono (+ pl.noun)	they are necessary
è l'ora di pranzo (di cena)	it is lunch (dinner) time
essere a dieta	to be on a diet
in ottima forma	in excellent shape
purtroppo	unfortunately

Pagina culturale

La cucina emiliana e la pasta

Bologna. La torre della Garisenda e quella degli Asinelli.

Prodotti emiliani

La gastronomia italiana *vanta* una delle tradizioni più illustri d'Europa. **boasts**
Sono stati dei cuochi italiani che, nel Rinascimento, hanno insegnato ai
Francesi l'arte culinaria. La cucina italiana è nota soprattutto per la varietà
dei suoi primi piatti, a base di pasta.

È certo che non è stato Marco Polo ad importare gli spaghetti in Italia,
come molti credono: esistono sull'*argomento* documenti anteriori al viaggio **subject**
in Oriente di questo famoso Italiano.

Oggi troviamo la pasta in una varietà infinita di forme e di
preparazioni, a seconda delle tradizioni locali. Può essere preparata in
brodo con o *senza* verdure, con salse elaborate o condimenti semplici **without**
come l'olio d'oliva o il burro.

Una delle regioni da visitare è l'Emilia-Romagna: la sua capitale,
Bologna, è stata definita «la *dotta*» per la sua tradizione universitaria, ma **learned**
anche «la grassa» per la ricchezza della sua cucina.

I salumi emiliani sono molto vari: prosciutti, salami, cotechini, zam- **Pork cold cuts**
poni, mortadelle, pancette e salsicce. Il prosciutto di Parma e il suo

formaggio sono conosciuti internazionalmente. In Emilia la lunga lista di paste fresche va dalle *tagliatelle* alle lasagne e ai raffinati tortelli, ravioli e cappelletti *ripieni di* carni o di formaggi e verdure.

thin ribbon noodles
filled with

Nelle città e nei paesi vicino al mare, la pasta è condita molto spesso con *frutti di mare,* come i *vermicelli con le vongole* di Napoli—la città d'origine della pizza—o come la pasta *con le sarde* della Sicilia.

seafood/noodles with baby clams/with sardines

In diverse regioni del Nord sono popolari anche il riso, che è l'ingrediente base di diverse ricette di risotto, e la *polenta* che *si fa* con la farina di granoturco.

cornmeal mush/is made

Comprensione

1. Gli Italiani hanno introdotto *(introduced)* la cucina italiana in Francia nel secolo...
   a. tredicesimo b. sedicesimo c. ventesimo

2. La pasta è arrivata in Italia...
   a. quando Marco Polo è ritornato dall'Oriente b. dopo Marco Polo
   c. prima di *(before)* Marco Polo

3. Il condimento più semplice della pasta è...
   a. la carne b. la verdura c. l'olio

4. Bologna è chiamata «la dotta» per
   a. la sua cucina b. la sua università c. la pizza

5. Nelle regioni lungo il mare, la pasta è spesso condita con salse a base di...
   a. farina di granoturco b. carne c. frutti di mare

Venezia. I piccioni di piazza San Marco danno il benvenuto *(welcome)* a questa turista straniera.

Capitolo

11

Le vacanze

Punti di vista

Al mare

Bagnanti, sedie a sdraio e ombrelloni su una spiaggia dell'Adriatico.

Due *bagnini* su una spiaggia dell'Adriatico parlano fra di loro.   lifeguards

Giovanni	Hai visto quanti turisti ci sono quest'anno?
Lorenzo	Sì, e molti altri arriveranno nelle prossime settimane.
Giovanni	Arrivano con le loro tende e i loro camper da tutta l'Europa.
Lorenzo	Il campeggio è un modo economico di fare le vacanze.
Giovanni	Molti non hanno la tenda, ma solo uno *zaino* e un *sacco a pelo*. Quando sono stanchi di stare sulla spiaggia, fanno l'autostop e vanno in montagna.
Lorenzo	E hai visto come sono *attrezzati*? Hanno *tutto l'occorrente* per passare l'estate in Italia.
Giovanni	Sì, e viaggiano con le loro carte geografiche. Molti conoscono l'Italia *meglio di* noi.
Lorenzo	Quest'estate saremo più occupati *del solito*. Non ho mai visto tanta gente!
Giovanni	È vero. Ma mi piace questo lavoro perchè posso ammirare lo spettacolo magnifico del mare.
Una voce	Bagnino, *aiuto*! Aiuto!
Lorenzo	*Addio* spettacolo!

backpack/sleeping bag

equipped
all they need

better than

than usual

help
Good-bye

Comprensione

1. Chi sono e dove si trovano i due che fanno commenti sui turisti?   2. Come viaggiano e cos'hanno molti turisti europei che vengono in Italia?   3. Dove vanno quando sono stanchi di stare sulla spiaggia? Si perdono facilmente? Perchè?   4. Dove e come dormono?   5. Chi interrompe la conversazione dei due bagnini?

Studio di parole Villeggiatura o...gita turistica

la guida* tour guide, guide book
passare le vacanze to take a
   vacation
   in montagna in the
   mountains
   al lago at the lake
   in campagna in the country
   al mare at the beach
   all'estero abroad

asciugarsi to dry oneself
abbronzarsi to tan
nuotare to swim
il pericolo danger
pericoloso dangerous
annegare to drown
il (la) bagnino(a) lifeguard
salvare to rescue
il salvataggio rescue

l'ombrellone

la barca a vela

il mare

il costume da bagno

il (la) bagnante

la sedia a sdraio

la spiaggia

il telo-bagno (beach towel)

la sabbia (*sand*)

AL MARE

***La guida** is always feminine.

la carta geografica
lo zaino
gli scarponi da montagna
la tenda
il bosco

IN MONTAGNA

la giacca a vento   windbreaker
il sacco a pelo   sleeping bag
montare le tende   to pitch the tents
fare { **l'autostop**   to hitchhike
il campeggio   to go camping, to camp
un'escursione (f.)   to take an excursion
l'alpinismo   to climb a mountain
respirare   to breathe

Informazioni

Fare la villeggiatura significa «passare un periodo di riposo e di svago *(relaxation)* fuori città, in una località di campagna, di montagna, di lago o di mare». **Andare in ferie** è l'espressione usata per le vacanze dei lavoratori. Di solito agosto è il mese preferito per le ferie. Per il Ferragosto (15 agosto) quasi tutti sono in vacanza e le città sono semideserte. Molti negozi sono chiusi e i mezzi di trasporto riducono il servizio.

Nelle località di villeggiatura del Nord e nel Centro, le spiagge sono in genere occupate da stabilimenti balneari *(beachfront businesses)*. Si deve pagare un biglietto d'ingresso per accedere alla spiaggia e ai servizi necessari. I tratti di spiaggia libera sono pochi.

Negli ultimi tempi gli amanti del mare si dirigono, sempre più numerosi, verso la Puglia, la Calabria, la Sicilia e la Sardegna. In queste regioni, lunghi tratti di costa sono liberi, e le acque sono più pulite *(clean)*. Vicino, ci sono villaggi turistici con sport e svaghi per tutti, grandi e piccoli.

Oggi, però, gli Italiani sono diventati più curiosi e molti preferiscono le vacanze «intellettuali», alla scoperta di nuove città e di paesi sconosciuti.

Una spiaggia del
Mare Ionio.

Crotone (Calabria).

Applicazione

A. **Domande.**

1. Quando andiamo all'estero, come risolviamo il problema della lingua?
2. Con quali mezzi possiamo viaggiare se vogliamo passare delle vacanze economiche? E se preferiamo vacanze lussuose?
3. Alla spiaggia, chi salva le persone in pericolo di annegare?
4. Che cosa ci mettiamo quando andiamo a nuotare?
5. Cosa usiamo per asciugarci?
6. Perchè si sta (*does one stay*) molte ore al sole?
7. Dove si dorme quando si fa il campeggio?
8. Siamo in montagna. Le previsioni del tempo (*weather forecast*) annunciano vento e pioggia: cosa ci mettiamo?
9. Quando ci perdiamo, di cosa abbiamo bisogno per ritrovare la strada?

B. **Vacanze siciliane.** Leggete questo dépliant (*brochure*) e decidete se l'offerta vi sembra (*seems*) buona o no, e perchè.

C. **Conversazione.**

1. Ti piace fare il campeggio? Dove preferisci farlo?
2. Preferisci dormire sotto la tenda o in un bell'albergo?
3. Hai mai viaggiato in un camper? Dove sei andato(a)?
4. Preferisci una vacanza a contatto con la natura, o un viaggio turistico in alcune città europee? Perchè?
5. Quando sei in vacanza al mare, fai una vita attiva? Nuoti? Cammini sulla spiaggia? Giochi a pallavolo? Oppure preferisci riposarti e prendere il sole?

Ascoltiamo!

Un salvataggio. The lifeguards, Giovanni and Lorenzo, rush into the water to rescue a swimmer who seems to be drowning. They return to the beach, carrying an apparently lifeless woman. Listen to the ensuing conversation; then answer the questions in your textbook.

Comprensione

1. Chi hanno salvato i due bagnini?
2. Perchè Giovanni deve praticarle la respirazione artificiale?
3. Dopo qualche minuto che cosa fa la ragazza?
4. È riconoscente (*grateful*) la ragazza? Che cosa dice a Giovanni?
5. Ha avuto paura di annegare perchè non sa nuotare?
6. Dove l'accompagna Lorenzo?

Dialogo

In gruppi di due, progettate (*plan*) di passare una giornata al mare. Decidete come andare, cosa portare, come vestirvi e cosa fare alla spiaggia.

Punti grammaticali

I. Il futuro

Lia passerà le ferie al mare.

Tina si divertirà in montagna.

1. Dove passerà le vacanze Lia? 2. Chi andrà in montagna? 3. Si annoierà o si divertirà Tina?

1. The future (**futuro**) is a simple tense expressing an event that will take place in the future. It is formed by adding the endings of the future to the infinitive after dropping the final **-e**.

   rispondere → risponderò = *I will answer*

   The future is conjugated as follows:

parlare	rispondere	partire
parlerò	risponderò	partirò
parlerai	risponderai	partirai
parlerà	risponderà	partirà
parleremo	risponderemo	partiremo
parlerete	risponderete	partirete
parleranno	risponderanno	partiranno

   The endings are the same for all conjugations. Note that the **-a** of the first conjugation infinitive ending changes to **-e** before adding the future endings.

I turisti **prenderanno** il pullman.	*The tourists will take the tour bus.*
Noi **visiteremo** un castello.	*We will visit a castle.*
Quando **finirai** gli studi?	*When will you finish (your) studies?*

2. The following groups of verbs are irregular in the future tense:

   a. Verbs that end in **-are** but that do not undergo a stem change:

dare:	**darò, darai,** ecc.
fare:	**farò, farai,** ecc.
stare:	**starò, starai,** ecc.

   b. Verbs that end in **-care, -gare, -ciare,** and **-giare** and that undergo a spelling change for phonetic reasons:

dimenticare:	**dimenticherò, dimenticherai,** ecc.
pagare:	**pagherò, pagherai,** ecc.
cominciare:	**comincerò, comincerai,** ecc.
mangiare:	**mangerò, mangerai,** ecc.

   c. Verbs that drop a stem vowel:

andare:	**andrò, andrai,** ecc.
avere:	**avrò, avrai,** ecc.
cadere:	**cadrò, cadrai,** ecc.
dovere:	**dovrò, dovrai,** ecc.
potere:	**potrò, potrai,** ecc.
sapere:	**saprò, saprai,** ecc.
vedere:	**vedrò, vedrai,** ecc.
vivere:	**vivrò, vivrai,** ecc.

—Dove cadrà?
—Chi vivrà, vedrà!

d. Verbs that have an irregular stem:

essere:	**sarò, sarai,** ecc.
bere:	**berrò, berrai,** ecc.
venire:	**verrò, verrai,** ecc.
volere:	**vorrò, vorrai,** ecc.

Saremo pronti alle otto.	*We will be ready at eight.*
Dovrà studiare se **vorrà** riuscire.	*He will have to study if he wants to succeed.*
Pagherai tu il conto?	*Will you pay the bill?*
A che ora **mangerete**?	*At what time will you eat?*
Prometto che non **berrò** più.	*I promise that I will not drink any more.*

3. When the main verb of a sentence is in the future, the verb of a subordinate clause introduced by **se, quando,** or **appena** (*as soon as*) is also in the future.

Andremo alla spiaggia se **farà** bello.	*We will go to the beach if the weather is nice.*
Ti **racconterò** tutto quando ti **vedrò**.	*I will tell you everything when I see you.*
Mi **scriverà** appena **arriverà** a Roma.	*He will write to me as soon as he arrives in Rome.*

NOTE:

Colloquial Italian often uses the present tense to express the near future.

Quando **parti**?	*When are you leaving?*
Parto la settimana prossima.	*I am leaving next week.*

4. **Futuro di probabilità.** The future tense is also used to convey probability or conjecture in the present.

Dov'è la guida? **Sarà** al bar.	*Where is the tour guide? He is probably (He must be) in the bar.*
Che ore sono? **Saranno** le tre.	*What time is it? It is probably (It must be) three.*
Quanto costa una Ferrari? **Costerà** 100.000 dollari.	*How much does a Ferrari cost? It probably costs 100,000 dollars.*

Here are a few expressions of time used with the future tense.

domani	*tomorrow*
dopodomani	*the day after tomorrow*
la settimana prossima	*next week*
l'anno (il mese) prossimo	*next year (month)*
fra un anno	*one year from now*
fra 3 giorni (una settimana, ecc.)	*in 3 days (a week, etc.)*
fra poco	*in a little while*

FIRENZE - CITTA' D'INCANTO
La Cattedrale ed il Campanile di Giotto
The Cathedral and belltower by Giotto
La Cathédrale et le Clocher de Giotto
Der Dom und der Glockenturm des Giottos

Firenze
29 agosto

Cara Carla —

Ecco la mia ultima cartolina da Firenze! Mi dispiace dover andare; che bellezza, che libertà qui per me. — Ho superato gli esami (orale e scritto) 27/30 (un regalo, questo). La vedrò fra poco — partirò il 2 settembre. Teresa

« Ed. SAFRA » - Firenze - Tel. 600.232

Ritornerà fra qualche settimana Teresa?

Sono state vacanze di piacere o di studio?

Pratica

A. **Progetti di vacanze.** Rispondete alla domanda secondo l'esempio.

   a. Cosa farai quando andrai in vacanza?

Esempio	andare a Portofino

   Andrò a Portofino.

   1. stare in un bell'albergo   2. mangiare nelle trattorie locali   3. visitare i villaggi vicini   4. nuotare nel mare   5. abbronzarsi   6. fare passeggiate sulla spiaggia   7. dormire fino a tardi   8. andare in barca   9. comprare dei ricordi *(souvenirs)*

   b. Cosa faranno i boy-scouts quando andranno in montagna?

Esempio	fare il campeggio

   Faranno il campeggio.

   1. partire presto la mattina   2. trovare un bel posto   3. montare la tenda 4. andare a pescare delle trote nel fiume *(river)*   5. accendere *(to light)* il fuoco   6. cucinare le trote sul fuoco   7. mangiarle   8. dormire nel sacco a pelo   9. vivere all'aperto   10. dimenticare i rumori della città

B. **In pullman.** Con un altro studente (un'altra studentessa), usate le informazioni seguenti per ricreare la conversazione tra due passeggeri americani in gita turistica in Italia.

Esempio	mangiare le lasagne/Bologna
	—**Ha già mangiato le lasagne?**
	—**No, ma le mangerò a Bologna.**

1. cambiare i dollari/fra poco **2.** leggere la guida di Venezia/prima di sera
3. vedere la città di Firenze/dopodomani **4.** visitare la Sicilia/l'anno
prossimo **5.** imparare alcune frasi in italiano/prima del ritorno **6.** bere
il vino di Frascati/a Roma

C. **Solamente se...** Usate gli elementi suggeriti per ricreare una conversazione tra due amici sui loro progetti di viaggio.

Esempio	prendere il sole
	—**Prenderai il sole?**
	—**Lo prenderò se farà bel tempo.** o...

1. visitare l'Italia **2.** vedere la Galleria degli Uffizi* **3.** prendere il treno
4. fare l'autostop **5.** bere il caffè con ghiaccio **6.** fare l'escursione
Taormina–Monte Etna† **7.** mandarmi una cartolina da Capri

D. **Se e quando.** Completate con **il presente** o **il futuro** secondo il senso
della frase.

1. Se noi (stare) _____ in un albergo di una stella, risparmieremo.
2. Faremo una lunga crociera quando noi (avere) _____ più soldi.
3. Quando i ragazzi (arrivare) _____ nel bosco, monteranno la
tenda. **4.** Non potranno divertirsi se (piovere) _____. **5.** Se tu
(volere) _____ divertirti, dove vai? **6.** Che cosa fai quando (essere)
_____ in vacanza? **7.** Se (volere) _____ visitare la Sicilia, i
turisti dovranno passare lo stretto di Messina in traghetto (*ferryboat*).

E. **Indovinello** (*Guessing game*). Dove saranno le seguenti persone e il gatto
in questo momento? Completate le frasi con le espressioni appropriate
delle due colonne.

1.	I turisti	in giardino, con un topo
2.	Alcuni studenti assenti	a Roma o in viaggio
3.	Il gatto	in crociera
4.	Bill Gates	a casa a dormire
5.	Il presidente degli Stati Uniti	in ufficio a contare i suoi soldi
		alla Casa Bianca
6.	Il Papa	

F. **Un turista fastidioso** (*tiresome*). Siete in pullman a Pompei, in partenza
per la Sicilia. Mentre aspettate l'autista, un turista continua a fare
domande e commenti. Voi reagite senza sapere con esattezza la risposta.
Usate il **futuro di probabilità.**

---

*A famous art museum in Florence.

†Taormina is a charming town on the east coast of Sicily, with an impressive view of Mount
Etna.

Esempio   Dov'è l'autista?   —Sarà al bar.   *o...*

1. Che ore sono?   2. Quella ragazza ha uno zaino e un sacco a pelo.   3. Il bambino continua a mangiare.   4. Quel signore dorme continuamente. 5. Che tempo fa in Sicilia?   6. Ma dov'è la guida?

G. **Conversazione**

1. Avrai qualche giorno di vacanza quest'anno? Fra quante settimane o quanti mesi?
2. Hai già seguito tutti i corsi necessari per la laurea? Fra quanto tempo finirai i tuoi studi?
3. Cosa farai appena arriverai a casa? e il week-end prossimo?
4. Come passerai l'estate prossima? Seguirai altri corsi, lavorerai o farai qualcosa di piacevole? Che cosa?

II. I pronomi tonici

1. Disjunctive pronouns (**I pronomi tonici**) are personal pronouns that are used after a verb or a preposition. They are:

Singular		Plural	
me	*me; myself*	noi	*us; ourselves*
te	*you (familiar); yourself*	voi	*you (familiar); yourselves*
lui	*him*		
lei	*her*	loro	*them*
Lei	*you (formal)*	Loro	*you (formal)*
sè	*himself, herself, yourself*	sè	*themselves, yourselves*

—Ascolti me o guardi lei?

2. As a direct or indirect object, a disjunctive pronoun is used after the verb for emphasis, to avoid ambiguity, and when the verb has two or more objects.

Vedo **te**!	*I see you!*
Parlo **a lui**, non **a lei**.	*I'm speaking to him, not her.*
Ha scritto a Franco e **a me**.	*He wrote to Franco and me.*

3. A disjunctive pronoun is also used as the object of a preposition.

Parto **con loro**.	*I'm leaving with them.*
Abita vicino **a noi**.	*He lives near us.*
Sono arrivati **prima di me**.	*They arrived before me.*
Siamo andati **da lei**.	*We went to her house.*
Luisa impara il francese **da sè**.	*Luisa is learning French by herself.*

Pratica

A. **Insistenza.** Vostro fratello non fa attenzione a quello che *(what)* dite. Voi ripetete la frase, usando il pronome tonico. Seguite l'esempio.

> Esempio   Ti ho visto alla spiaggia.   **Ho visto te alla spiaggia.**

1. I nonni ci hanno scritto.   2. Abbiamo invitato lo zio a pranzo, e non la cugina.   3. Perchè non mi ascolti quando ho ragione?   4. Devi parlare a nostro padre, non alla tua amica.   5. Se ti ho chiamato, è perchè ti voglio parlare.   6. Questo regalo non è per te, è per la mamma.

B. **Tra compagni.** Immaginate di avere un nuovo compagno (una nuova compagna) di classe e di fargli(le) delle domande. Seguite l'esempio.

> Esempio   —Abiti con i tuoi genitori?
> —Sì, abito con loro. *o*
> —No, non abito con loro. Abito solo(a). (*o* con...)

1. Sei venuto(a) all'università con degli amici oggi?   2. Hai già parlato con il professore (la professoressa) d'italiano?   3. Hai bisogno di me per qualche informazione?   4. Io abito in via _____. E tu, abiti vicino a me?   5. A mezzogiorno vado a mangiare alla mensa degli studenti con due compagni. Vieni con noi?

C. **Da chi?** Fatevi a turno le seguenti domande. Rispondete con una frase negativa usando **da** con il pronome tonico.

> Esempio   —Vai a casa di Paolo oggi?
> —No, non vado da lui. Vado...

1. Vieni a casa mia?
2. Andrai dai tuoi genitori?
3. Se hai bisogno di consigli, vai da tua madre?
4. Vai dal dottore?
5. Vieni da noi stasera?
6. Quando hai bisogno di soldi, vai da tuo padre?

III. Piacere

Vi piace quest 'albergo sul
mare Ligure? Quale
regione dà il nome a
questo mare?

Hotel****
Santa Margherita Ligure
(Portofino)

mi piace			ci piace		
ti piace			vi piace		
gli piace	} leggere		piace loro, Loro	} cantare	
le, Le piace			(gli piace)		

Participio passato: **piaciuto**

1. The irregular verb **piacere** means *to please*. It is used mainly in the third
    persons singular and plural (present: **piace, piacciono**), and in an indi-
    rect construction that corresponds to the English *to be pleasing to*.

Mi piace la pasta.	*I like pasta. (Pasta is pleasing to me.)*
Ci piace l'appartamento.	*We like the apartment. (The apartment is pleasing to us.)*
Le piacciono queste scarpe?	*Do you like these shoes? (Are these shoes pleasing to you?)*

    NOTE:

    a. In Italian, the word order is *indirect object + verb + subject;* in Eng-
        lish it is *subject + verb + direct object.*

b. The singular form **piace** is followed by a singular noun; the plural form **piacciono** is followed by a plural noun.

2. **Piacere** is singular when followed by an infinitive.

Ti piace fare il campeggio?   *Do you like to go camping?*
Vi piacerà andare alla spiaggia.   *You will like to go to the beach.*

3. When the indirect object is a noun or a disjunctive pronoun, the preposition **a** is used.

Ai bambini piace il gelato.   *Children like ice cream.*
Ad Antonio piacerà la   *Antonio will like Sardinia.*
 Sardegna.
A me piacciono le feste.   *I like parties.*

4. The opposite of **piacere** is **non piacere**. **Dispiacere** has the same construction as **piacere**, but it translates as *to be sorry, to mind.*

Non mi piace la birra.   *I don't like beer.*
Non mi piacciono gli spinaci.   *I don't like spinach.*
Non sta bene? **Mi dispiace.**   *You are not well? I am sorry.*
Le dispiace se fumo?   *Do you mind if I smoke?*

5. The **passato prossimo** of **piacere** is conjugated with **essere**. Therefore, the past participle (**piaciuto**) agrees in gender and number with the subject.

Ti è piaciuta la sala?   *Did you like the living room?*
Non mi sono piaciuti i mobili.   *I did not like the furniture.*

Pratica

A. **Svaghi e interessi.** Rispondi alle seguenti domande.

1. Che cosa ti piace fare quando sei al mare? (3 attività)
2. Che cosa piace fare a te e ai tuoi amici quando andate in montagna? (3 attività)
3. Che cosa piace fare ai turisti quando arrivano in Italia? (3 attività)

B. **Al lago.** Immaginate di essere due villeggianti in un albergo del lago di Garda e di parlare dei vostri gusti. Fatevi a turno le seguenti domande.

Esempio   le lasagne
—Le piacciono queste lasagne?
—Sì, mi piacciono molto (moltissimo). *o*
—No, non mi piacciono tanto.

1. la cucina di questo ristorante   2. la Sua camera   3. le gite in battello (*rowboat*) sul lago   4. i negozi di Sirmione*   5. i bagni di sole   6. nuotare in piscina   7. le serate davanti alla TV   8. il profumo degli aranci e dei limoni

*Town on Lake Garda.

C. **Tutti i gusti sono gusti.** Rispondete affermativamente o negativamente usando i pronomi indiretti.

> Esempio   ai bambini, giocare
> **—Ai bambini piace giocare?**
> **—Sì, gli piace giocare.**

1. a te e ai tuoi amici, gli spaghetti
2. ai tuoi genitori, i tuoi voti
3. alla tua amica, andare al mare
4. agli studenti di questa classe, studiare l'italiano
5. a voi, il cappuccino
6. a te, fare una vacanza in crociera

D. **Conversazione.** Domandatevi a turno le seguenti informazioni.

> Esempio   Cosa piace fare a tua sorella quando è a casa?
> **Le piace telefonare alle amiche.**   *o...*

1. A tua madre cosa piace ricevere per il «giorno della mamma»?
2. Che cosa piace fare a te in una bella giornata di primavera?
3. Cosa piace fare a te quando piove?
4. Cosa piace fare ai bambini quando non studiano?
5. E a te, che cosa piace fare?

E. **Ricordi piacevoli o no?** Domandatevi a turno se vi sono piaciute o no le seguenti cose. Usate il verbo **piacere** al passato.

> Esempio   **—Ti è piaciuto il film di ieri sera?**
> **—No, non mi è piaciuto.** *o*
> **—Sì, mi è piaciuto molto (abbastanza, moltissimo). E a te?**
> **—A me non è piaciuto per niente.**

1. le vacanze dell'estate scorsa
2. l'ultima gita che hai fatto
3. il ristorante dove hai mangiato recentemente
4. gli anni passati al liceo
5. la pensione dove sei stato(a) durante l'ultimo viaggio
6. il romanzo *(novel)* che hai finito di leggere

F. **Preferenze.** Quali sono i gusti delle seguenti persone? Usate **piacere** e il pronome tonico.

> Esempio   Luisa preferisce cantare.
> **A lei piace cantare.**

1. Antonio preferisce insegnare. 2. Noi preferiamo divertirci. 3. La signora Tortora ha preferito le spiagge del mare Adriatico. 4. Io ho preferito una casa al mare. 5. Gabriella e Filippo hanno preferito un appartamento in città. 6. So che voi preferite viaggiare in pullman. 7. I miei genitori preferiscono stare in un albergo di prima categoria. 8. Io, invece, preferisco dormire sotto la tenda.

G. **Una crociera.** Da dove salpa *(sails)* la nave di questa crociera? In quale stagione? Che cosa vi piace di questa vacanza?

IV. Il **si** *impersonale*

The impersonal **si** + *verb* in the third person singular is used:

1. in general statements corresponding to the English words *one, you, we, they,* and *people* + verb.

   Come **si dice** «...»? | *How do you say "..."?*
   Se **si studia**, s'impara. | *If one studies, one learns.*

2. conversationally, meaning **noi.**

   Che **si fa** stasera? | *What are we doing tonight?*
   Si va in palestra? | *Shall we go to the gym?*

3. as the equivalent of the passive construction. In this case, the verb is singular or plural depending on whether the noun that follows is singular or plural.

   In Francia **si parla** francese. | *In France, French is spoken.*

   In Svizzera, **si parlano** diverse lingue. | *In Switzerland, several languages are spoken.*

Dante. Divina Commedia, Inferno, Canto III.*

*At the beginning of his mystic journey, Dante comes to the gate of hell and reads the following solemn inscription: "Through me one goes to the grieving city, Through me one goes to the eternal sorrow, Through me one goes among the lost souls."

Pratica

A. **Si dice anche così.** Ripetete le seguenti frasi usando il **si** impersonale.

1. Mangiamo bene in quel ristorante. 2. Se tu studi, impari. 3. In montagna, la gente va a dormire presto. 4. Se vuoi mangiare, devi lavorare. 5. Andiamo al cinema stasera? 6. Oggi la gente non ha più pazienza. 7. Mangiamo per vivere, non viviamo per mangiare.

B. **Dove...?** Immaginate di essere in viaggio in Italia e di rivolgere molte domande alle persone del luogo per avere informazioni.

> Esempio   comprare le carte geografiche/libreria
> —**Scusi, dove si comprano le carte geografiche?**
> —**Si comprano in una libreria.**

1. potere telefonare/cabina telefonica 2. fare ginnastica/palestra *(gym)* 3. affittare un ombrellone e una sedia a sdraio *(beach chair)*/(a) spiaggia 4. comprare le carte telefoniche/(a) negozio di Sali e Tabacchi 5. chiedere informazioni sui tour/ufficio turistico 6. pagare il conto delle bevande/(a) cassa

C. **Che cosa si fa quando si va in vacanza?** Date, a turno, cinque risposte a questa domanda.

> Esempio   **Si fa il campeggio in montagna e si dorme sotto una tenda.**

V. *Plurali irregolari*

Ecco una sfilata *(parade)* di cuochi: un cuoco, due cuochi...diversi cuochi.

1. Most nouns and adjectives that end in **-co** and **-go** form the plural with **-chi** and **-ghi**:

il fuoco	**i fuochi**	fresco	**freschi**
il parco	**i parchi**	stanco	**stanchi**
l'albergo	**gli alberghi**	largo	**larghi**
il lago *(lake)*	**i laghi**	lungo	**lunghi**

Le vacanze ◆ 273

NOTE:

The plural of most nouns and adjectives ending in **-ico** ends in **-ici**: l'amico, **gli amici;** il medico, **i medici;** simpatico, **simpatici;** pratico, **pratici.**

BUT: antico, **antichi**

2. Nouns ending in **-io** with the stress on the last syllable form the plural with **-ii:**

lo zio	**gli zii**
l'addio	**gli addii**

3. Nouns ending in **-cia** and **-gia** keep the **i** in the plural when the **i** is stressed; otherwise the plural is formed with **-ce** and **-ge:**

la farmacia	**le farmacie**
la bugia *(lie)*	**le bugie**

BUT:

la ciliegia *(cherry)*	**le ciliege**
la pioggia	**le piogge**

4. Some masculine nouns ending in **-a** form the plural with **-i.** (They derive mainly from Greek. Most end in **-ma** or **-amma.**) The most common are:

il diploma	**i diplomi**
il problema	**i problemi**
il sistema	**i sistemi**
il programma	**i programmi**

5. Nouns and adjectives ending in **-ista** can be either masculine or feminine. They form the plural in **-isti** (masculine) and **-iste** (feminine).

il/la musicista	**i musicisti/le musiciste**
il/la turista	**i turisti/le turiste**
egoista *(selfish)*	**egoisti/egoiste**
idealista	**idealisti/idealiste**

6. The following nouns that refer to the body are masculine in the singular and feminine in the plural.

il braccio	**le braccia**	*arms*	la mano *(f.)*	**le mani**	*hands*
il dito	**le dita**	*fingers*	l'orecchio	**le orecchie**	*ears*
il ginocchio	**le ginocchia**	*knees*	l'osso	**le ossa**	*bones*
il labbro	**le labbra**	*lips*			

Pratica

A. **Gioco dei plurali.** Mettete le seguenti frasi al plurale.

1. L'ufficio turistico è chiuso oggi. **2.** Il turista e la turista hanno visitato il parco di Roma. **3.** L'acqua del lago è sporca *(dirty)*. **4.** La camera dell'albergo è abbastanza larga.   **5.** Non possiamo accendere un fuoco in questo bosco.   **6.** Non ho mangiato quest'arancia perchè è marcia *(rotten)*. **7.** Il tuo problema non è molto serio.   **8.** Ho un dolore *(pain)* al ginocchio.

B. **Riflessioni di un liceale.** Completate usando il plurale delle parole in parentesi.

Oggi è la fine degli esami di maturità; presto avremo (il diploma) _____. È anche il giorno (dell'addio) _____ ai vecchi (amico) _____ di liceo. Siamo tutti felici e pensiamo a (lungo) _____ vacanze (sulla spiaggia) _____ italiane e a (fresco) _____ pomeriggi (nel parco) _____ delle città. Per diversi mesi non avremo più libri tra (la mano) _____; siamo (stanco) _____ di studiare e facciamo (programma) _____ molto (ottimista) _____ per il nostro futuro. In questi giorni ci sentiamo (idealista) _____; a domani (il problema) _____ della vita!

Lettura

Un pescatore lavora alla sua rete.
————
Maiori (Costa Amalfitana).

Vacanze in Sicilia

L'estate è vicina e Antonio scrive una lettera ai nonni in Sicilia.

4 giugno

Carissimi nonni,

Come state? Noi in famiglia stiamo tutti bene, e così speriamo di voi. Le mie vacanze arriveranno

presto, e io verrò *a trovarvi* per qualche settimana. | to visit you
Arriverò prima di Ferragosto, *verso* il 2 o il 3 del | around
mese. Purtroppo non potrò fermarmi *a lungo* perchè | for a long time
incomincerò a lavorare la prima settimana di settembre.

Vorrei chiedervi un favore: vorrei portare con me il mio amico Marcello. Durante il viaggio ci fermeremo sulla costa Amalfitana e visiteremo Ercolano e Pompei.* Resteremo là una settimana, poi partiremo per la Sicilia. Viaggeremo con la macchina di Marcello. Pensate! Vostro nipote arriverà in una Ferrari nuova!

Siccome ha paura di *disturbarvi*, Marcello | Since/to bother you
cercherà una camera con doccia in un albergo o in
una *pensione*. Ma gli ho detto che per mangiare potrà | boardinghouse
venire da voi. Sono certo che Marcello vi piacerà.
Non vedo l'ora di venire in Sicilia per rivedere voi,
cari nonni, e tanti posti che amo. Visiterò certamente
la Valle dei Templi e Siracusa. Sono sicuro che Marcello preferirà visitare la spiaggia di Taormina, perchè è innamorato del sole e del mare. Ma saliremo
tutti e due sull'Etna e ci divertiremo *da matti*. | both/a lot

Aspetto una vostra telefonata per sapere se posso
portare Marcello con me. Saluti *affettuosi*[†] anche *da* | affectionate/from
parte dei miei genitori.

Antonio

Comprensione

1. A chi scrive Antonio? Perchè?
2. Potrà fermarsi per molto tempo dai nonni? Perchè no?
3. Che favore vuole chiedere loro?
4. Antonio e Marcello andranno subito in Sicilia? Dove andranno prima?
5. Antonio non vede l'ora di arrivare in Sicilia. Per quale ragione?
6. Perchè Marcello non visiterà con lui la Valle dei Templi?
7. Si annoieranno i due in Sicilia?
8. Con quale saluto ha finito la sua lettera Antonio?

Una via di Taormina (Catania).

*See the **Pagina culturale** in **Capitolo 15**.

[†]See pages 175 and 195 for other informal letter salutations. Formal salutations include **Cordiali saluti** and **Distinti saluti**.

Conversazione

1. Quali aspetti (o attrazioni) dell'Italia del Sud vi interessano in particolare? Perchè?
2. Immaginate di visitare un giorno la Sicilia: andrete alla spiaggia o vedrete le antichità dell'isola? Perchè?
3. Avete mai fatto un lungo viaggio in auto con amici? Dove siete andati? Lungo il viaggio, vi siete mai fermati in qualche posto per visitare le attrazioni del luogo o a salutare parenti o amici? Che cosa o chi?

Attività supplementari

A. **Una gita.** Gli studenti della classe d'italiano organizzano una gita. Ogni studente contribuisce con qualche frase. Dove andrete? Quando partirete? Come viaggerete? Che cosa farete? Che cosa porterete con voi? Perchè? Chi telefonerà all'agenzia di viaggi?

B. **Dialogo a due.** Il mese prossimo un tuo cugino americano verrà in Italia e starà da te qualche settimana. Dà la notizia a un tuo amico. Lui ti fa molte domande. Vuole sapere, per esempio:

1. da quale città americana partirà;
2. quando arriverà;
3. quanto tempo resterà in Italia;
4. se sa parlare italiano;
5. se tu hai progetti precisi per divertirlo;
6. se sai come gli piace passare le vacanze;
7. quali luoghi visiterete;
8. con che mezzo viaggerete;
9. se lo porterai in montagna o al mare;
10. dove starete.

Alla fine il tuo amico ti esprimerà il desiderio di conoscere tuo cugino e di invitarlo a casa sua.

C. **Una lettera.** Scrivete una breve lettera a dei parenti o amici per dire loro che andrete a trovarli durante le vacanze. Come incomincerete la lettera? Dite in quale giorno arriverete, se soli o con amici; quanto tempo *(how long)* resterete, ecc. Come finirete la vostra lettera? Seguite l'esempio della lettera di Antonio ai suoi nonni.

D. **Quale albergo?** Voi desiderate passare le vacanze in una località balneare *(seaside resort)* sul mare Adriatico. Consultate la pubblicità dei **seguenti alberghi** (pagina 277). Fanno anche pensione. Discutete in gruppi di due quale promette di più per le vostre vacanze, e fate la vostra scelta *(choice).*

E. **Cosa farete?** In piccoli gruppi, dite a turno cosa farete durante le vacanze, dove, quando, con chi, per quanto tempo e perchè.

Esempio **Io farò una crociera nel mar dei Caraibi, nel mese di aprile. Viaggerò con mio fratello e mia zia, perchè mia zia pagherà il viaggio. La crociera durerà due settimane.**

Possibilità: fare il campeggio, fare escursioni in montagna, stare a casa, fare un viaggio, lavorare, studiare, fare dei picnic, andare a trovare dei parenti, andare all'estero, andare alla spiaggia, ecc.

F. **Come si dice in italiano?**

1. It is August and Franca and Raffaella are beginning their vacation (**vacanze**, *f. pl.*) today.
2. Since they don't like to travel by train, they are traveling by car and will arrive tomorrow in the beautiful Dolomites (**Dolomiti**, *f. pl.*).
3. They will camp there for a week.
4. We will stop near a lake, so we will have water to (**per**) wash and cook.
5. I like your idea! And we will be able to swim every day!
6. Since it is my first camping experience (**esperienza**), you will pitch the tent and I will help you.
7. Then we will take the backpack and go for a short hike (**escursione**).
8. How is the weather in the mountains?

9. It is probably beautiful. The weather forecast (**le previsioni del tempo**) stated that (**dire che**) it will be nice weather until next Friday.

10. Franca and Raffaella arrived and camped, but unfortunately it rained all week.

Sito Web

La Sicilia

Sicily is the largest island in the Mediterranean Sea and the largest geographic region of Italy. Palermo, its capital, is Sicily's major city and seaport, and an industrial center. Many visitors enter Sicily through Messina, on the northeastern coast, where ferries cross the strait that separates it from the mainland.

Sicily has been a crossroads for many civilizations. Among the earliest invaders were the Greeks, in the eighth century B.C. Notable remnants of the civilization of Magna Graecia can be found in Agrigento, Gela, Tindari, Taormina, and Siracusa. The Romans conquered the island in the third century B.C., making Sicily their first province; significant Roman ruins can be seen in Palermo and Monreale. Sicily was later controlled successively by the Byzantine Empire, by North African Muslims, and by the Normans. For 400 years, the island was ruled by Spain, Savoy, and Austria; the baroque style, which is best represented in Ragusa, dates to this era. In the 1700s Sicily became part of the Bourbon Kingdom of the Two Sicilies. It became part of the Kingdom of Italy when Giuseppe Garibaldi invaded in 1860.

More than 85 percent of Sicily is hilly or mountainous. The active volcano Mount Etna is situated on the eastern coast. Although Mount Etna erupts from time to time, many people live and farm on its slopes because volcanic ash makes the soil very fertile.

Local crafts include brightly colored wooden carts, marionettes, terra-cotta products, and lace.

Typical Sicilian dishes are pasta with sardines (la pasta con le sarde), la caponata, swordfish, candied fruits, marzipan, and la cassata siciliana. Sicilian wines, particularly Marsala, Malvasia, and Moscato—all quite sweet—are widely appreciated.

Web page addresses of related interest are:

Sicily
http://www.nuovasicilia.com/not_sicilia.htm

Sicilia Online News
http://www.press.sicilia.it

Travel
http://www.city.net/countries/italy/sicily/

Newspapers
http://www.nuovasicilia.com/home_ita.htm

Cities and Towns
http://nucleo.unime.it

Work
http://www.press.sicilia.it

Cuisine
http://www.mclink.it/com/mercurio/regions/sicilia.htm

http://www.food.italynet.com

http://www.hrwcollege.com

Vocabolario

Nomi

l'autista	(bus) driver
la bellezza	beauty
la crociera	cruise
le ferie	annual vacation
il Ferragosto	August holidays
il fiume	river
il fuoco	fire
la gente	people
la gita (turistica)	tour, trip
il lago	lake
il luogo	place
la mensa	cafeteria
il mezzo di trasporto	means of transportation
il modo	way, manner
la natura	nature
la pallavolo	volleyball
la pensione	inn, boardinghouse
il posto	place
il saluto	greeting
lo spettacolo	spectacle, view, sight
la villeggiatura	summer vacation

Aggettivi

affettuoso	affectionate
attivo	active
attrezzato	equipped
certo	certain
economico	economical
fresco	fresh
innamorato	in love
locale	local
lussuoso	deluxe
piacevole	pleasant
prossimo	next
riconoscente	grateful
siciliano	Sicilian
sporco	dirty

Verbi

accendere (p.p. acceso)	to light
andare (venire) a trovare	to visit (a person)
discutere (p.p. discusso)	to discuss
dispiacere	to be sorry; to mind
disturbare	to disturb, to bother
gridare	to scream
perdersi	to get lost
pescare	to fish
piacere	to like
progettare	to plan
reagire	to react
risparmiare	to save (money)

Altre espressioni

Addio!	Good-bye (forever)!
Aiuto!	Help!
all'aperto	outdoors
andare in vacanza	to go on vacation
appena	as soon as
da matti	a lot
da parte di	from
del solito	than usual
dopodomani	the day after tomorrow
fra (tra) poco	in a little while
fra (tra) un mese (un anno)	in a month (a year)
non vedo l'ora di (+ inf.)...	I can't wait to . . .
per niente	not at all
prendere il sole	to get some sun
le previsioni del tempo	weather forecast
prima di	before
purtroppo	unfortunately
siccome	since
tutt'e due	both
verso	around; toward

Pagina culturale

Agrigento. Contrasto tra le rovine della Magna Grecia e la città moderna.

La Sicilia: terra di contrasti

I turisti che sono innamorati del sole, del mare e del passato possono trovare tutto questo in Sicilia. La Sicilia è separata dal resto dell'Italia dallo stretto di Messina ed è la più grande isola del Mediterraneo. La sua posizione strategica è la ragione principale della sua storia complicata. Molti, infatti, sono i popoli che l'*hanno invasa* e *sfruttata*: i Greci, i **invaded/exploited** Cartaginesi, i Romani, i Bizantini, gli Arabi, i Normanni, i Tedeschi, i Francesi e gli Spagnoli. Tutte queste dominazioni hanno lasciato l'isola *piena* di contrasti nell'arte, nella lingua e nel folclore. **full**

La Sicilia è il museo archeologico d'Europa. La presenza di templi e di teatri greci ci ricorda che quasi tremila anni fa, *esistevano* nell'isola delle **existed** colonie greche molto importanti, come per esempio Agrigento e Siracusa. L'antico nome dell'isola, Trinacria, viene dal greco e significa triangolo, dalla sua forma.

Gli Arabi hanno lasciato dei templi che *si riconoscono* dalle loro **are recognizable** *cupole* sferiche. Il prefisso di diversi nomi di città deriva dall'arabo *Kalat* **domes** che significa «castello» (Calatafimi, Caltanissetta, Caltagirone). Marsala, la città del vino marsala, significa «porto di Dio» (dall'arabo «Marsah el Allah»). I Normanni hanno saputo adattare al loro stile l'arte bizantina e araba. Sotto di loro Palermo era una capitale splendida, con cattedrali e palazzi ricchi di mosaici e di giardini esotici. Nella prima *metà* del XIII **half** secolo, la corte di Palermo era *la più* brillante d'Europa. La prima scuola **the most** di *poesia* italiana è nata precisamente in questa città. Nei secoli successivi **poetry** gli Spagnoli hanno introdotto in Sicilia lo stile barocco del loro paese.

Purtroppo la dominazione spagnola ha anche determinato la decadenza dell'isola.

   L'elemento umano rivela un *analogo* contrasto. L'aspetto fisico di molti Siciliani ricorda il tipo arabo, ma è possibile ritrovare anche il tipo normanno in diversi abitanti dagli occhi azzurri e dai capelli biondi.

similar

Comprensione

Completate le seguenti frasi.

1. La Sicilia è considerata un museo archeologico a causa...
   a. delle sue leggende   b. dei suoi templi   c. dei resti di molte civiltà differenti

2. I templi di Agrigento rivelano tracce della civiltà...
   a. bizantina   b. greca   c. spagnola

3. «Trinacria» è l'antico nome...
   a. dell'Etna   b. della Sicilia   c. di Siracusa

4. Nel secolo tredicesimo, Palermo era una capitale brillante, piena di palazzi, di arte e di cultura, sotto la dominazione...
   a. francese   b. spagnola   c. normanna

5. La dominazione degli Spagnoli nell'isola ha contribuito...
   a. alla sua ricchezza   b. alla sua civiltà   c. alla sua decadenza

6. La Sicilia è divisa dal resto dell'Italia...
   a. dal monte Etna   b. dallo stretto di Messina
   c. dai mostri Scilla e Cariddi

Palermo. La civiltà araba ha lasciato le sue tracce nel chiostro e nella chiesa di San Giovanni degli Eremiti.

Capitolo

12

Mezzi di diffusione

Punti di vista

Un'intervista alla tivù

Il giornalista Mario Scacchi intervista il *deputato* Lucio Mangoni alla fine di una *seduta* parlamentare.		congressman session

Scacchi	Allora, Onorevole, com'è andata la seduta? Siete arrivati ad un compromesso sul voto per le riforme?
Mangoni	Purtroppo no. *Dovevamo* votare oggi, ma ci sono troppi irresponsabili là dentro; *non si rendono conto* che, se vogliamo portare l'Italia in Europa, le riforme sono indispensabili e urgenti.
Scacchi	Ma l'Onorevole Aliberti ha comunicato in un'intervista alla *stampa* che era possibile un'*intesa* tra i vostri partiti.
Mangoni	Come ripeto, c'era la possibilità di arrivare ad un voto, ma gli interessi particolari predominano.
Scacchi	Il telegiornale ha annunciato che dovevate anche discutere le riforme sulle pensioni e sulla privatizzazione.
Mangoni	No, le discuteremo a settembre.
Scacchi	E il problema della disoccupazione?
Mangoni	Ma certamente! È sempre in discussione! E non è di facile soluzione! Ma adesso mi scusi, ho fretta!

Glosses (right margin):
- We were supposed to
- they don't realize
- press
- agreement

Comprensione

1. Quando il giornalista intervista l'Onorevole Mangoni?
2. I deputati sono arrivati ad un compromesso? Perchè?
3. Perchè le riforme sono urgenti?
4. Che cosa ha comunicato alla stampa l'Onorevole Aliberti?
5. Quali riforme dovranno discutere? Quando le discuteranno?

Studio di parole   Stampa, televisione, cinema

Oggi si gira... «Via col vento»!

LA STAMPA   PRESS

il (la) giornalista   reporter
il quotidiano   daily newspaper
il settimanale   weekly
la rivista   magazine
le notizie   news
pubblicare   to publish
l'autore, l'autrice   author
lo scrittore, la scrittrice   writer
la favola   fable
il racconto   short story
il romanzo   novel
   —**rosa**   love story
   —**giallo**   mystery
   —**di fantascienza**   science
     fiction
   —**di avventure**   adventure
il saggio   essay
il riassunto   summary
la trama   plot
l'editore, l'editrice   publisher

il lettore, la lettrice   reader
il personaggio   character

LA TELEVISIONE (TIVÙ)

il televisore   TV set
il canale   channel
il (la) telecronista   TV newscaster
il telegiornale   TV news
la trasmissione   transmission
il programma televisivo   TV
   program
il teleromanzo   soap opera
il documentario   documentary
il videoregistratore   VCR
accendere (*p.p.* **acceso**)   to turn on
spegnere (*p.p.* **spento**)   to turn off
il telecomando   remote control

IL CINEMA

girare un film   to make a movie
l'attore, l'attrice   actor, actress

il (la) regista   director
lo spettatore, la spettatrice
  viewer, spectator
le didascalie   subtitles
il cartone animato   cartoon
a colori/in bianco e nero   in
  color/in black and white

l'articolo (il libro, il film) tratta di...
  the article (book, movie) deals
  with . . .
fare la parte   to play the role

Informazioni

Parte della narrativa *(fiction)* italiana contemporanea tratta, in forme tradizionali, temi psicologici e aspetti delle condizioni sociali e politiche del tempo. Diversi narratori *(fiction writers)* esprimono la dissociazione e la solitudine dell'uomo davanti alla realtà multiforme e relativa di oggi. Come riflesso di questa realtà, nuove tecniche rendono spesso la trama, la cronologia e lo stile complessi e confusi. Anche il romanzo provinciale e autobiografico si rinnova e diventa lo strumento di un esame oltre *(beyond)* i limiti geografici e personali.

Alcuni nomi di scrittori contemporanei da ricordare.

Dacia Maraini (1936–):
narratrice, poetessa e
giornalista. La sua attenzione si
concentra sulla condizione della
donna nella società. I suoi
romanzi *La lunga vita di
Marianna Ucrìa* (1990) e
Bagherìa (1993) sono
ambientati *(set)* in Sicilia.
Marianna è sordomuta *(deaf-mute)*, ma riesce a scrivere per
comunicare e crea il suo
destino in un ambiente ostile e
corrotto.

Umberto Eco (1938–):
professore di semiotica, saggista
e narratore. Il suo primo
romanzo, *Il nome della rosa*
(1980), ha ispirato il film
americano *The Name of the
Rose*. È l'opera di un erudito
(intellectual): la trama è
ambientata in un monastero del
medioevo; al centro, due
personaggi–detective cercano di
spiegare una serie di episodi
misteriosi.

Antonio Tabucchi (1943–):
narratore e critico letterario. I
suoi scritti manifestano
l'inquietudine *(anxiety)* davanti
al mistero della vita e
all'inevitabilità della morte. Il
suo romanzo *Sostiene Pereira*
(1994) ha ottenuto subito
successo in Italia e all'estero.
Pereira è un personaggio
straordinario, semplice e
commovente *(touching)* nella
sua umanità e solitudine.

Applicazione

A. **Domande.**

1. *Newsweek* e *Time* sono quotidiani o settimanali?
2. Che cosa fa un giornalista?
3. Chi era Steinbeck? Può nominare il titolo di qualche suo romanzo?
4. Quale film si gira nel disegno a pagina 284? Come si chiamavano gli attori e i personaggi principali del film?
5. Se andiamo a vedere un film straniero, che cosa ci aiuta a capirne il dialogo?
6. Che cosa offre il telegiornale? Chi lo presenta?
7. Conosce Lei altri mezzi di diffusione oltre la stampa, la TV e il cinema? Quali?

B. **Per i patiti (*fans*) del cinema.**

Sapete dire il titolo originale in inglese dei film che séguono questa pubblicità? Che genere di film sono (comico, drammatico, tragico, rosa-sentimentale, realista, storico, di fantascienza, ecc.)? Esprimete il vostro giudizio (*judgment*) su ogni film: quante stelle gli date, secondo il criterio della pubblicità.

ARCOBALENO ●
*V.le Tunisia, 11,
tel. 29.40.60.54,
ore 15.40, 17.50,
20.10, 22.30.*
L. 12.000.
Il ciclone
Con L. Pieraccioni,
L. Forteza,
N. Estrada.
Reg. L. Pieraccioni.
Brillante ★★

**ODEON CINEMA 5
SALA 6 #**
*Via Santa Radegonda, 8,
tel. 87.45.47, ore 15,
17.25, 19.55, 22.35.*
L. 12.000.
Vertigo
Con K. Novak,
J. Stewart.
Reg. A. Hitchcock.
Giallo ★★★★

**ODEON CINEMA 5
SALA 7 #**
*Via Santa Radegonda, 8,
tel. 87.45.47, ore 15.25,
17.45, 20.10, 22.35.*
L. 12.000.
Questo pazzo sentimento
Con B. Midler,
D. Farina.
Reg. C. Reiner.
Commedia ★★★

**ODEON CINEMA 5
SALA 8 #**
*Via Santa Radegonda, 8,
tel. 87.45.47, ore 15.30,
17.50, 20.10, 22.35.*
L. 12.000.
The Night Flier
Con M. Ferrer,
J.A. Entwistle.
Reg. M. Pavia S.King.
Horror ★★
V.M. 14

**ODEON CINEMA 5
SALA 9 #**
*Via Santa Radegonda, 8,
tel. 87.45.47, ore 15.30,
17.50, 20.10, 22.35.*
L. 12.000.
Basquiat
Con D. Bowie,
D. Hopper,
G. Oldman.
Reg. J. Schnabel.
Drammatico ★★★

SPLENDOR #
*Via Gran Sasso, 48,
tel. 23.65.124,
ore 15.45, 18,
20.10, 22.30.*
L. 12.000.
Boys
Con W. Ryder,
L. Haas, T. Reilly.
Reg. S. Cochran.
Drammatico ★
V.M. 14

SAN CARLO #
*C.so Magenta/Angolo
Matteo Bandello,
tel. 48.13.442,
ore 15.45, 19, 22.*
L. 12.000.
Il paziente inglese
Con R. Fiennes,
K. Scott Thomas,
J. Binoche.
Reg. A. Minghella.
Drammatico ★★★

VIP #
*Via Torino, 21,
tel. 86.46.38.47,
ore 16, 18.10,
20.20, 22.30.*
L. 12.000.
La stanza di Marvin
Con M. Streep,
L. DiCaprio,
D. Keaton.
Reg. J. Zaks.
Commedia ★★

ACCESSO DISABILI
◆ **Accessibile**
● **Accessibile con aiuto**
Non accessibile
Dati forniti dall'Associazione Italiana Assistenza Spastici

GIUDIZI
★★★★★ **Memorabile**
★★★★ **Molto bello**
★★★ **Niente male**
★★ **Così così**
★ **Brutto**

1. *La Bella e la Bestia* di Walt Disney
2. *Balla coi lupi* con Kevin Costner
3. *Bugiardo, bugiardo!* con Jim Carrey
4. *Harry, ti presento Sally* con Billy Crystal

5. *Qualcuno volò sul nido del cuculo* con Jack Nicholson
6. *La carica dei centouno* di Walt Disney, con Glenn Close
7. *Il silenzio degli innocenti* con Jodie Foster
8. *L'ombra del Diavolo* con Harrison Ford
9. *Il paziente inglese* con Ralph Fiennes
10. *Guerre stellari* con Harrison Ford

C. **Conversazione**

1. Vai spesso al cinema? Che tipo di film ti piace?
2. Noleggi spesso le videocassette? Preferisci noleggiarle o andare al cinema? Perchè?
3. Chi è il tuo attore (la tua attrice) preferito(a)? Quale suo film ti è piaciuto in particolare?
4. Quali articoli ti piace leggere? Di politica, economia, cinema, musica, sport, scienze, psicologia, letteratura? Perchè?
5. Ti interessi alla politica? Segui la politica interna o quella estera sui giornali o alla TV? Discuti con i tuoi amici sui problemi del tuo paese?
6. Quale programma ti piace guardare alla TV? Perchè?

Ascoltiamo!

Dove vi siete conosciuti? This evening Diletta and Luciano have invited a new colleague of Luciano's to dinner. While Diletta is in the kitchen, the colleague asks Luciano a bit about himself and Diletta. Listen to the conversation; then answer the questions in your textbook.

Comprensione

1. Dove si sono conosciuti Luciano e la moglie?
2. In quale facoltà erano *(were)* Luciano e Diletta?
3. Sono ancora idealisti, o non lo sono più? Perchè?
4. Si sono sposati prima della laurea?
5. Perchè si considerano fortunati?
6. Che cosa pensa il collega della situazione economica?

Dialogo

Immaginate di essere una personalità della TV e intervistate uno studente (una studentessa) della classe che fa la parte di uno scrittore (una scrittrice). Fate domande sul suo nuovo romanzo in corso di pubblicazione *(in press)* e sulla vita personale dello scrittore (della scrittrice).

Punti grammaticali

I. L'imperfetto

1. Chi era Pinocchio? 2. Che naso aveva? 3. Perchè era così lungo?

C'era una volta un burattino di legno (*wooden puppet*) che si chiamava Pinocchio. Aveva il naso molto lungo perchè diceva molte bugie...

1. The **imperfetto** (from the Latin *imperfectum*) means "imperfect," that is, incomplete. It is used to express an action that took place in the past but whose duration cannot be specified. Its endings are identical in all three conjugations.

parlare → parla-**vo** = *I was speaking, I used to speak, I spoke*

parlare	ricevere	dormire
parlavo	ricevevo	dormivo
parlavi	ricevevi	dormivi
parlava	riceveva	dormiva
parlavamo	ricevevamo	dormivamo
parlavate	ricevevate	dormivate
parlavano	ricevevano	dormivano

2. The following verbs are irregular in the imperfect tense:

essere: **ero, eri, era, eravamo, eravate, erano**
fare: **facevo, facevi, faceva, facevamo, facevate, facevano**
bere: **bevevo, bevevi, beveva, bevevamo, bevevate, bevevano**
dire: **dicevo, dicevi, diceva, dicevamo, dicevate, dicevano**

3. The imperfect tense is used to describe:

a. environment, time, weather; physical and mental states; and age in the past.

Erano le sette di sera.	*It was 7:00 P.M.*
Fuori **faceva** freddo e **pioveva**.	*Outside it was cold and it was raining.*
La gente **aveva** fame.	*People were hungry.*
L'attrice **era** preoccupata.	*The actress was worried.*
Nel 1976 **avevo** dieci anni.	*In 1976 I was ten years old.*

b. habitual actions in the past.

Da bambino **andava** spesso al teatro dei burattini.	*As a child he often went to the marionette theater.*
Leggeva favole tutte le sere.	*He read (used to read) fables every night.*

c. an action in progress while another action was taking place or was completed.

Mentre **scrivevo** una lettera, Nino **suonava** il piano.	*While I was writing a letter, Nino was playing the piano.*
Luisa **pranzava** quando Marcello è entrato.	*Luisa was having dinner when Marcello walked in.*

Pratica

A. **Vacanze veneziane.** Che cosa faceva tutti i giorni Franca quand'era a Venezia?

> Esempio   visitare la città
> **Visitava la città.**

1. prendere il vaporetto *(motorboat)*
2. ammirare i palazzi veneziani
3. camminare lungo le calli *(narrow streets)* e i ponti *(bridges)*
4. entrare nelle chiese e nei negozi
5. visitare i musei
6. fare le spese
7. la sera, sedersi a un caffè di piazza San Marco
8. divertirsi a guardare la gente

B. **La dolce vita.** Che cosa facevate tu e i tuoi amici quando eravate in vacanza? In gruppi di due, fatevi a turno le seguenti domande. Seguite l'esempio.

> Esempio   dove nuotare?
> **—Dove nuotavate?**
> **—Nuotavamo nel fiume (nel lago, in piscina,...).**

1. a che ora svegliarsi?   2. cosa fare con il bel tempo?   3. come divertirsi?   4. quando mettersi in costume da bagno?   5. cosa bere?   6. dove fare escursioni?   7. a che ora andare a letto?

C. **Adesso e allora.** Conversazione tra due persone: la prima persona parla della situazione di oggi; la seconda risponde che le cose erano così anche nel passato.

> Esempio   la vita, essere difficile
> **—Oggi la vita è difficile.**
> **—Anche allora la vita era difficile.**

1. i giovani, volere cambiare le cose   2. molte madri, lavorare fuori casa   3. le donne, interessarsi di politica   4. i padri, ripetere le stesse cose   5. i treni, arrivare in ritardo   6. molti, essere pessimisti quando pensare al futuro   7. i libri, essere molto costosi   8. i giornalisti, preferire le notizie che fanno colpo *(sensational)*

D. **Frammenti di ricordi.** Sostituite l'infinito con la forma appropriata dell'**imperfetto.**

Ricordo che quand'ero bambino, io (passare) _____ ogni estate con i nonni. I nonni (abitare) _____ in una piccola casa in collina *(hill)*. La casa (essere) _____ bianca, con un tetto *(roof)* rosso. Davanti alla casa (esserci) _____ un bel giardino. Ogni giorno, quando (fare) _____ caldo, io (stare) _____ in giardino, e se (avere) _____ sete, la nonna (portarmi) _____ delle bevande fresche. Il pomeriggio io (guardare) _____ i cartoni animati alla tivù, (divertirmi) _____ a giocare a palla, o (fare) _____ lunghe passeggiate nei campi con il vecchio cane. Alle sette, la nonna (chiamarmi) _____ per la cena, e io (aiutarla) _____ ad apparecchiare la tavola. La sera noi (stare) _____ fuori a guardare il cielo stellato *(starry)*.

E. **Persone che non si dimenticano.** Scrivete di una persona che ha lasciato in voi un ricordo speciale; per esempio un amico (un'amica) d'infanzia, un insegnante elementare o di liceo o... Descrivete com'erano di persona e personalità, e dite perchè le ricordate.

II. Contrasto tra imperfetto e passato prossimo

Ho letto la rivista che spiegava come entrare in Internet.

1. Both the **passato prossimo** and the **imperfetto** present events and facts that took place in the past. However, they are not interchangeable.

   a. If a past action took place only *once,* was repeated a *specific* number of times, or was performed within a *definite* time period, the **passato prossimo** is used.

   b. If a past action was *habitual,* was repeated an *unspecified* number of times, or was performed for an *indefinite* period (with no beginning or end indicated), the **imperfetto** is used. It is also used to *describe circumstances* surrounding a past action or event (time, weather, physical appearance, age, feelings, attitudes, etc.).

The sentence below illustrates graphically the time relationship between these two tenses:

Quando **sono entrato,**

Antonio **parlava.**

The **passato prossimo** is represented by the dot(•), which symbolizes the *specific point in time* the action **(sono entrato)** occurred. The **imperfetto** is represented by an uninterrupted line (→), which symbolizes the *indefinite duration in time of the action* **(parlava)** that *was going on.*

The following sets of sentences illustrate further the contrast between these two tenses. (Dots and arrows are used as a helping device.)

Ieri sera **ho ascoltato** la radio. (•, *one occurrence)*	*Last night I listened to the radio.*
Tutte le sere **ascoltavo** la radio. (→, *habitual)*	*Every evening I would (= used to) listen to the radio.*
La settimana scorsa Gianni mi **ha telefonato** tre volte. (•••, *specific number of repetitions)*	*Last week Gianni phoned me three times.*
Prima mi **telefonava** molto spesso. (→, *unspecified number of repetitions)*	*Before he used to phone me very often.*
L'estate scorsa **ho fatto** del tennis tutti i giorni. (•, *definite duration:* **l'estate scorsa)**	*Last summer I played tennis every day.*
Quando **ero** giovane, **facevo** del tennis tutti i giorni. (⇄, *indefinite duration:* **quando ero giovane)**	*When I was young I would (= used to) play tennis every day.*
Gina **ha preso** l'impermeabile ed **è uscita.** (••, *two successive single occurrences)*	*Gina took her raincoat and went out.*
Gina **ha preso** l'impermeabile perchè **pioveva.** (•→, *one occurrence; one description of circumstances of unspecified duration)*	*Gina took her raincoat because it was raining.*

2. Certain verbs, such as **dovere, potere, sapere, volere,** and **conoscere,** have different meanings depending on whether they are used in the

imperfetto or in the **passato prossimo;** the **imperfetto** describes circumstances and states of being, while the **passato prossimo** describes actions.

Doveva lavorare, ma non stava bene.	*He (She) was supposed to work, but he (she) was not well.*
Ha dovuto lavorare anche se non stava bene.	*He had to work even if he was not well.*
Potevo uscire, ma non ne avevo voglia.	*I was able to go out, but I did not feel like it.*
Ho potuto finire il lavoro in un'ora.	*I was able to finish the job in one hour.*
Sapevamo che le elezioni erano in giugno.	*We knew the elections were in June.*
Abbiamo saputo che i socialisti non hanno vinto.	*We found out that the Socialists didn't win.*
Lui **voleva** divertirsi, ma non aveva soldi.	*He wanted to have fun, but he did not have any money.*
Maria **ha voluto** comprare una casa in Riviera.	*Maria wanted to buy a house on the Riviera (and she did).*
Conoscevo il senator Fabbri.	*I knew Senator Fabbri.*
Ieri **ho conosciuto** suo padre.	*Yesterday I met his father (for the first time).*

Dimostrazione a Firenze
contro alcune riforme
del governo.

Pratica

A. **Discussioni pericolose** *(dangerous).* Sei stato(a) testimone *(witness)* a una discussione di politica, e adesso la racconti a un amico (un'amica). Usa il **passato prossimo** o l'**imperfetto,** a seconda del caso *(according to the context).*

1. È il primo giugno.   2. Sono le otto di sera.   3. Piove.   4. Entro al Caffè Internet.   5. Ordino un espresso.   6. Un giovane arriva al bar.   7. Ha circa vent'anni.   8. Porta un vecchio impermeabile.   9. Incomincia a parlare male del governo.   10. Un cliente s'arrabbia.   11. I due litigano.   12. La confusione è grande.   13. Un cameriere telefona alla polizia.

B. **Di solito..., ma una volta...** Descrivete quello che le seguenti persone facevano abitualmente e quello che hanno fatto in un'occasione particolare.

> Esempio   Antonio, di solito prendere l'autobus/ieri...
> **Antonio di solito prendeva l'autobus, ma ieri è andato a piedi.** *o...*

1. Io, ogni estate lavorare/quest'estate...
2. Ornella, la domenica andare alla spiaggia/domenica scorsa...
3. I commessi, di solito stare nel negozio fino alle *(until)* sei/quel giorno...
4. Roberto, ogni agosto partire per le Dolomiti*/quest'anno...
5. I miei genitori, il sabato sera andare al cinema/sabato scorso...
6. E tu...?

C. **Passato prossimo o imperfetto?** Sostituite all'infinito la forma corretta dell'**imperfetto** o del **passato prossimo**, a seconda del significato *(according to the meaning).*

1. Questo pomeriggio io _____ (vedere) molte persone: _____ (essere) sul marciapiede e _____ (leggere) dei manifesti. 2. Quando Graziella _____ (uscire) stamattina, il marito _____ (dormire) ancora. 3. Ieri Luisa _____ (andare) in campagna: _____ (fare) bel tempo. 4. Quando noi _____ (svegliarsi), _____ (essere) le sei. 5. Io _____ (volere) collegare il mio computer con l'Internet, ma tutti _____ (dirmi) che costa una fortuna. 6. Ieri io _____ (vedere) un'edicola dove _____ (vendersi) la rivista *Internet.* 7. La ragazza americana _____ (restare) all'Università per Stranieri di Perugia tre mesi perchè _____ (desiderare) imparare l'italiano.

D. **Conversazione.**

1. Conoscevi già i tuoi compagni di classe o li hai conosciuti all'inizio del semestre?
2. Hai dovuto fare recentemente qualche cosa anche se non avevi voglia di farla? Che cosa? Perchè?
3. Tu volevi forse comprare un regalo per Natale, ma non hai potuto. Che regalo? Perchè non hai potuto comprarlo?
4. Hai visto il film italiano *Il postino?* Sapevi che era uno dei film stranieri nominati per un Oscar?

---

*Part of the eastern Alps, south of the Austrian border.

III. Da quanto tempo?
Da quando?

COMPLEANNI *Festa a Los Angeles per la soap più amata dall'Italia, dove arrivò nel '90.*

Beautiful, dieci anni di corse all'altare

Dal 1987 fiori d'arancio e litigi.

di **GIUSEPPINA MANIN**

15 MATRIMONI E 1 FUNERALE

1987
Ridge sposa Caroline
Thorne sposa Caroline

1988
Clark sposa Christine
Bill sposa Margot

1990
Ridge risposa Caroline

1991
Eric sposa Brook
Clark sposa Sally
Thorne sposa Macy

1992
Ridge sposa Taylor

1993
Eric sposa Sheila

1994
Ridge sposa Brook
Omar sposa Taylor

1995
Macy risposa Thorne

1997
James sposa Maggie - Grant sposa Brook

Ridge e Caroline
Thorne e Macy
Ridge e Taylor
Eric e Sheila
Ridge e Brook

«Beautiful», il teleromanzo più amato in *Italia.* Da quanto tempo dura questo teleprogramma?

1. To ask *how long?* **(da quanto tempo?)** something has been going on, the following construction is used:

Da	+	**(quanto tempo)**	+	*present tense*
Da		**quanti anni**		**abiti** qui?
(For) How		*many years*		*have you been living here?*

To answer, the following construction is used:

present tense	+	**da**	+	**(tempo)**
Abito qui		**da**		**dieci anni.**
I have been living here		*(for)*		*ten years.*

Da quanti giorni sei a Roma?	*How many days have you been in Rome?*
Sono a Roma **da tre giorni.**	*I have been in Rome (for) three days.*
Da quanto tempo siete sposati?	*How long have you been married?*
Siamo sposati **da due anni.**	*We have been married (for) two years.*

2. If the question is **da quando?** *(since when?)*, **da** means *since*.

Da quando studi l'italiano?	*Since when have you been studying Italian?*
Studio l'italiano **dall'anno scorso**.	*I have been studying Italian since last year.*

3. The **imperfetto + da** is used to express an action that had started at some point in the past and was still in progress when another action occurred.

Parlava da trenta minuti quando l'amico è arrivato.	*He had been speaking for thirty minutes when his friend arrived.*

NOTE:

The **passato prossimo + per** is used when the action began and was completed in the past.

Ha parlato per trenta minuti.	*He spoke for thirty minutes.*

Pratica

A. **Da quanto tempo?** In due, chiedetevi a turno le seguenti informazioni.

> Esempio   abitare in questa città
> —**Da quanto tempo abiti in questa città?**
> —**Abito in questa città da sei mesi (un anno, due anni, ecc.).**

1. frequentare l'università 2. studiare l'italiano 3. essere alla lezione d'italiano 4. abitare all'indirizzo attuale *(present)* 5. non vedere la tua famiglia 6. non andare a un ristorante cinese 7. avere la patente *(driver's license)*

B. **Date importanti.** Completate le seguenti frasi che rispondono alla domanda **Da quando?**

> Esempio   Abito in questa città, 1985
> **Abito in questa città dal 1985.**

1. L'Alaska è uno stato americano, 1958 2. L'Italia è una repubblica, 1946 3. La Costituzione americana esiste, 1789 4. L'Italia è una nazione unita, 1871 5. La California fa parte degli Stati Uniti, 1850

C. **Trasformazione.** Leggete le seguenti frasi e dite **da quanto tempo** non facevate le seguenti cose. Seguite l'esempio.

> Esempio   Oggi sono andato(a) al cinema.
> **Non andavo al cinema da tre mesi.**   o...

1. La settimana scorsa ho letto un romanzo. 2. Venerdì sera ho guardato il telegiornale. 3. Sabato ho invitato a pranzo degli amici. 4. Domenica

ho fatto il footing. **5.** L'altro ieri mi sono comprato(a) un bel vestito.
6. Ieri sera ho visto un film di fantascienza. **7.** ... **8.** ...

D. Formulate quattro domande che vi chiederete a turno, usando **da quanto
tempo** e **da quando**.

IV. Il trapassato prossimo

Prima di morire, Giulietta
aveva parlato molte volte
a Romeo da questo
balcone (Verona, Veneto).
Quale grande scrittore
inglese si è ispirato alla
storia tragica di questi due
personaggi?

The **trapassato prossimo** *(pluperfect)* expresses an action that took place
prior to another action in the past. It is a compound tense formed with the
imperfect tense of the auxiliary (**avere** or **essere**) + *the past participle* of the
main verb.

avevo ascoltato = *I had listened*

It is conjugated as follows:

parlare		partire		alzarsi	
avevo		ero		mi ero	
avevi		eri	partito(a)	ti eri	alzato(a)
aveva	parlato	era		si era	
avevamo		eravamo		ci eravamo	
avevate		eravate	partiti(e)	vi eravate	alzati(e)
avevano		erano		si erano	

Non aveva fame perchè **aveva
già mangiato.**
Non siamo andati a San
Remo perchè c'**eravamo
già stati** l'anno scorso.

*She wasn't hungry because she had
already eaten.*
*We didn't go to San Remo because
we had already been there last
year.*

Pratica

A. **A Cinecittà.** Un vostro amico romano ha visitato il set dove si girava un
film con un'attrice americana. Ora vi parla del suo incontro con questa
attrice. Completate il paragrafo, usando il **trapassato prossimo.**

La signorina X parlava abbastanza bene l'italiano perchè lo (studiare)
_____ al liceo. Prima di venire in Italia, (leggere) _____ molte
volte il copione *(script)*. Mi ha detto che (accettare) _____
con piacere di girare quel film. Quando io l'ho conosciuta, (finire)
_____ di girare una scena inportante. Mi ha raccontato che (venire,
già) _____ in Italia, ma che ora voleva conoscerla meglio *(better)*.
Nei giorni liberi, (visitare) _____ il Lazio e l'Umbria con il suo regista, ed era entusiasta dell'arte italiana e degli Italiani.

B. **Troppo tardi!** Spiegate cos'è avvenuto *(happened)* alle seguenti persone.
Aggiungete due frasi per raccontare due vostre esperienze.

Esempio   Filippo si sveglia. Gabriella è uscita.
   Quando Filippo si è svegliato, Gabriella era già uscita.

1. La signora ritorna a casa. Il ladro ha rubato *(stole)* tutti i gioielli.
2. Entriamo in cucina. Il gatto ha mangiato le salsicce *(sausages)*.
3. Andiamo dal fornaio. Il fornaio ha venduto tutto il pane.
4. I turisti escono dall'aeroporto. Il pullman è partito.
5. ...
6. ...

AIR PULLMAN S.p.A.

Aeroporto della Malpensa - Telefono (02) 86.80.08

Servizio pubblico di linea senza fermate intermedie

MILANO
AEROPORTO MALPENSA

Esente da IVA a norma dell'art. 10 comma 14 del D.P.R. 26-10-1972 n. 633

Serie 86 N° 95474 Lit. 6000

Il presente biglietto NON è rimborsabile.

Lettura

L'Unione Europea

Oggi nell'Europa unita si può circolare senza passaporto, e si può lavorare in un paese o nell'altro senza nessun problema. Ma la vera unione sarà possibile solo con l'adozione generale della moneta unica, l'Euro, prevista per il 2002.

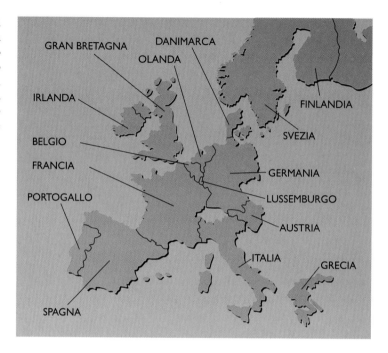

Filippo, Gabriella, Marcello e la sua amica Jane Clark sono seduti ad un caffè vicino a piazza del Duomo. Hanno un'aria seria: parlano di politica.

Marcello	In Italia abbiamo bisogno di riforme e di un governo *stabile,* se vogliamo essere pronti per l'unione monetaria europea del 2002.	stable
Jane	Una volta l'Unione Europea si chiamava Mercato Comune Europeo, non è vero?	
Marcello	Sì, il Mercato Comune era un accordo tra sei paesi, inclusa l'Italia, per ricostruire l'economia del dopoguerra. Più tardi, questi stessi paesi hanno *raggiunto* un' *intesa* politica per creare un'Europa comune, e altri paesi sono entrati a far parte dell'Unione Europea.	reached agreement
Gabriella	Io sono pessimista. Siamo troppo *attaccati* al nostro paese: abbiamo una lingua, delle tradizioni e una cultura diversa.	attached

Filippo	Io invece spero in un'unione europea, perché *ne vedo i vantaggi*. A proposito, avete letto l'articolo di Umberto Eco «Ma cos'è quest'intolleranza?»?
Gabriella	Dove l'hai letto?
Filippo	Sull'*Espresso*, alcune settimane fa.
Jane	L'ho letto anch'io. Se non mi sbaglio, l'articolo *trattava* dell'intolleranza del razzismo e *sosteneva* la tolleranza delle diversità etniche.

I see the advantages of it

dealt with
supported

Strasburgo (Francia). Il Parlamento della UE.

Comprensione

1. Di cosa parlano i quattro amici?
2. Di cosa hanno bisogno gli Italiani per essere pronti per l'unione monetaria europea?
3. I paesi che partecipano alla UE desiderano solamente un'unione economica e monetaria?
4. Perchè Gabriella esprime il suo pessimismo?
5. Chi sembra *(seems)* ottimista? Perchè?
6. Chi ha scritto un articolo sull'intolleranza? Quale rivista l'ha pubblicato?

Conversazione

1. Tu avevi già sentito parlare della UE? Sapevi il significato di questa sigla *(abbreviation)*?
2. Secondo te, un'unione economica e politica delle nazioni europee sarà una realtà o resterà un'utopia? Perchè?
3. Un'integrazione dei sistemi economici dei paesi della UE avrà conseguenze positive o negative per l'economia degli Stati Uniti?
4. Qual è la tua opinione sull'unione monetaria europea?

Attività supplementari

A. **L'ora del telegiornale (Tg).** In piccoli gruppi, immaginate di essere dei telecronisti. Prima preparate insieme e poi presentate alla classe le principali notizie del giorno e le previsioni del tempo di domani. Alla fine descrivete in poche parole il film che ci sarà dopo il telegiornale.

Vocabolario utile

—la scuola, i deputati, il deficit dello Stato, la disoccupazione, l'inflazione, le tasse, una riunione, i problemi, i senzatetto *(homeless)*, il 5% (per cento)

—riunirsi, decidere *(p.p.* deciso), aumentare *(to increase)*, diminuire, aiutare, protestare, migliorare *(to improve)*, riformare, controllare, fare una legge

—difficile, possibile, necessario, importante, essenziale, ottimista, pessimista, sereno, nuvoloso, variabile

B. **Programmi televisivi.** In piccoli gruppi, discutete quali programmi televisivi preferite guardare alla TV americana (telegiornale, telefilm, teleromanzi, notizie sportive, programmi di varietà, documentari, dibattiti politici, giochi come *OK: il prezzo è giusto!, La ruota della fortuna,* spot pubblicitari, ecc.) e spiegate perchè vi piacciono.

C. **Film.** Lei ha visto un film che Le è piaciuto. Ne faccia un breve riassunto. (Era americano o straniero? Qual era il titolo? Chi ne erano il regista e gli attori principali?) Descriva brevemente la trama, la fine e la Sua reazione. Poi chieda a uno studente (una studentessa) che ha visto il film se ha avuto una reazione simile alla Sua. Se il suo giudizio è differente, domandi perchè.

D. **Che ne pensate?** Dopo aver visto il film americano *Il cliente* alla TV, un bambino di Palermo è andato da un avvocato, gli ha dato un dollaro come aveva fatto il bambino del film, e gli ha domandato di aiutarlo. I genitori, presi dalle loro professioni, lo vedevano soltanto qualche ora la sera e la domenica, non si amavano più e volevano separarsi. Fortunatamente, con l'intervento dell'avvocato, hanno aperto gli occhi sulle sofferenze del figlio e si sono riconciliati.

Ecco l'esempio di un film che ha avuto un'influenza benefica sullo spettatore. Ma ci sono tanti spettacoli cinematografici e televisivi che possono fare del male. Perchè sono dannosi? Che cosa mostrano? Chi impressionano *(affect)* specialmente? Quali possono essere le conseguenze? Date degli esempi di film e di programmi televisivi che hanno una buona o una cattiva influenza sugli spettatori e dite perchè.

Espressioni utili: sparare *(to shoot)*, uccidere *(to kill)*, influire *(-isc) (to influence);* la polizia, i criminali, le armi, la droga, la violenza, l'orrore

E. **Le ultime elezioni presidenziali.** In piccoli gruppi, parlate delle ultime elezioni: i candidati dei due partiti, la loro descrizione, il candidato

preferito e perchè; il risultato delle elezioni, il margine dei voti tra i due candidati e perchè.

Vocabolario utile: partito democratico/repubblicano, presidente, vice-presidente, votare, vincere (*p.p.* vinto), perdere

Come si dice in italiano?

1. The other day my friends and I were in the Political Science department's meeting room (***salone, m.***).
2. We were listening to a speech on European politics.
3. The gentleman who was giving (***fare***) the speech was a professor from the University of . . .
4. He was about fifty and was wearing a gray suit and glasses.
5. He had been speaking for forty minutes; he was now saying that Italy didn't need to participate in the European Monetary Union, and he was giving a lot of mistaken reasons (***ragioni sbagliate***).
6. Last week, I had heard a discussion on the same topic (***soggetto***) on TV: all the speakers (***oratori***) were more optimistic.
7. We were tired (***di***) of listening to this man, and we left.
8. When we went out, it was raining.
9. We all went to the Caffè Sport to drink an espresso.

Sito Web

Mass Media

Milan is the center of broadcasting and publishing in Italy. Leading <u>Italian publishers</u>, private television networks, and the largest daily newspaper, <u>Il Corriere della Sera</u>, all have their headquarters in Milan. So do the most popular sports daily, <u>La Gazzetta dello Sport</u>, and the authoritative financial daily newspaper <u>Il Sole 24 Ore</u>. (The second largest daily paper, <u>La Repubblica</u>, is based in Rome.)

Until 1976, Radiotelevisione Italiana (RAI), an agency of the Italian government, exercised a monopoly on television and radio networks. Today RAI broadcasts on three television channels; there are also four large private television networks, <u>Canale 5</u>, <u>Italia 1</u>, <u>Retequattro</u>, and THC, and many regional stations. A fifth private network, <u>Telemontecarlo</u>, broadcasts in Italian from Monte Carlo.

The main Italian Internet providers are Italia Online (http://www.iol.it/) and Rete Civica di Milano (RCM) del Dipartimento di Informatica dell'Università Statale (http://wrcm.dsi.unimi.it/).

Web page addresses of related interest are:

TV on line
http://www.mediasoft.it/tv/

Canale 5
http://www.vol.it

RAI
http://www.rai.it/televideo/index.html

Web NewsStand (access to Italian newspapers and magazines)
http://www.net4u.it/4uingl/edicola.html

Newspapers
http://www.isinet.it/isinet/bussola2/edi6.htm

(http://www.hrwcollege.com)

Vocabolario

Nomi

l'accordo	agreement
la bugia	lie
il campo	field
il candidato	candidate
il/la cliente	client
la cultura	culture
il discorso	speech
la discussione	discussion
la disoccupazione	unemployment
l'economia	economy
l'edicola	newsstand
l'elezione (f.)	election
l'inflazione (f.)	inflation
l'inizio	beginning
l'intervista	interview
il manifesto	poster
il marciapiede	sidewalk
la nazione	nation
l'ottimista (m., f.)	optimist
il paese	country
il partito	party
il/la pessimista	pessimist
la politica	politics
la polizia	police
il problema	problem
la realtà	reality
la riforma	reform
la tassa	tax
l'unione (f.)	union
il vantaggio	advantage
la voce	voice
il voto	vote

Aggettivi

attuale	present, current
comune	common
costoso	expensive
diverso	various; different
ecologico	ecological
estero	foreign
interno	internal
ottimista	optimistic
pessimista	pessimistic
politico	political
storico	historical
unito	united

Verbi

aumentare	to increase
considerarsi	to consider oneself
diminuire (-isc)	to diminish, to reduce
discutere (p.p. discusso)	to discuss
esprimere (p.p. espresso)	to express
esistere (p.p. esistito)	to exist
intervistare	to interview
interessarsi (di)	to be interested (in)
migliorare	to improve
preoccuparsi (di)	to be worried (about)
rendersi conto (p.p. reso)	to realize
votare	to vote

Altre espressioni

a proposito	by the way
c'era una volta	once upon a time
certamente	certainly
improvvisamente	suddenly
parlare male (di)	to speak badly (of)
la seconda guerra mondiale	World War II

Pagina culturale

Mezzi di diffusione in Italia

La stampa, la televisione e il cinema sono i fattori che hanno contribuito notevolmente all'unificazione della lingua italiana. Oggi, gli stessi hanno creato una cultura di massa.

    Quasi ogni città ha il suo giornale locale, ma i quotidiani a diffusione nazionale sono **Il Corriere della Sera** (Milano), **La Stampa** (Torino), **La Repubblica** e **Il Messaggero** (Roma). I *tifosi* dello sport leggono **La Gazzetta dello Sport.** Per chi preferisce una più grande varietà di articoli, c'è un'ampia *scelta* di riviste (settimanali illustrati), come **Panorama, Epoca, L'Espresso** e **Oggi.** Alcune riviste femminili molto lette sono **Grazia, Amica** e **Donna Moderna.**

    Per i *lettori* pigri c'è il telegiornale che riassume le notizie del giorno. Oggi le *reti* televisive dello Stato, **Raiuno, Raidue** e **Raitre** (RAI: Radio-Televisione Italiana) devono competere con varie reti private, come **Retequattro, Canale 5, Italia 1, Telepiù, Telemontecarlo** e **Videomusic.** Dopo

fans

choice

readers

networks

anni di monopolio dello Stato è nata, con queste reti private, la tivù all'americana, ricca di spot commerciali. La differenza tra gli *utenti* ameri- — users
cani e italiani è che questi ultimi devono pagare una tassa annua di circa cento dollari per un servizio che non è più esclusivo dello Stato.

Per quanto riguarda il cinema italiano, il riconoscimento — With regard to
internazionale è arrivato nel dopoguerra, con i due grandi maestri del neo-
realismo, Vittorio De Sica e Roberto Rossellini. Questi registi hanno descritto la povera realtà del paese durante e dopo la seconda guerra mondiale. Negli anni cinquanta–settanta, due nomi hanno dominato la scena cinematografica: Federico Fellini e Michelangelo Antonioni, due registi sempre pronti a sperimentare nuovi temi e nuove forme. Fellini è considerato il grande genio del cinema italiano; ha ritratto l'Italia e gli Italiani con l'occhio di un visionario. Il film **La Strada** (1954) è diventato subito un clas-
sico, e alcuni titoli di altri suoi film sono entrati a far parte del linguaggio comune: *vitellone*, «la dolce vita» e *amarcord*. — lazy good-for-nothing/I remember (Northern dialect)

Altri cineasti hanno raggiunto fama internazionale, tra questi Bernardo Bertolucci e una donna, Lina Wertmüller. Negli ultimi dieci anni, il cinema italiano si è affermato *oltre* frontiera con film quali **Nuovo Cinema Para-** — beyond
diso di Giuseppe Tornatore, **Mediterraneo** di Gabriele Salvatores, **Lamerica** di Gianni Amelio e **Il Postino**, interpretato dal bravissimo e commovente attore Massimo Troisi. Una nuova generazione di registi promette di continuare la gloria del cinema italiano, tra gli ultimi nomi quelli di Francesca Archibugi e di Leonardo Pieraccioni.

Comprensione

L'attore italiano Vittorio Gassman con Michèle Morgan e Robert Altman all'apertura della mostra internazionale del cinema.

1. Spiegate perchè i mezzi di diffusione hanno contribuito all'unifi-cazione della lingua italiana. (Ricordate la prima **Pagina culturale?**)
2. Che cos'è *La Stampa? Panorama? Donna Moderna?*
3. Perchè molti Italiani considerano ingiusta la tassa sulla televisione?
4. Che cosa distingue le reti private da quelle statali?
5. Cos'è il neorealismo? Quando e perchè è nato?
6. In che modo il successo di Federico Fellini ha influenzato la lingua italiana?
7. Sapete nominare qualche film italiano che ha avuto successo in America?
8. Se avete visto alcuni film italiani, li avete trovati differenti dai film americani? In che modo (*way*)?

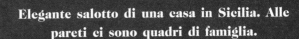
Elegante salotto di una casa in Sicilia. Alle pareti ci sono quadri di famiglia.

Capitolo

13

La casa

Punti di vista

Moderni appartamenti in città.

Il nuovo appartamento

Emanuela e Franco abitano a Napoli, dove Franco lavora come guida turistica. Da alcune settimane Emanuela cercava un appartamento. Ora ne ha trovato uno e lo dice al marito.

Emanuela	Franco, ho trovato un appartamento *bellissimo!* È in via Nazionale, al terzo *piano.*	very beautiful floor
Franco	Quante stanze ci sono?	
Emanuela	Ce ne sono tre, con un bel bagno, e la cucina è abbastanza grande.	
Franco	Quante finestre ci sono nella sala?	
Emanuela	Ce ne sono due. Tutto l'appartamento ha molta *luce.*	light
Franco	È *ammobiliato* o vuoto?	furnished
Emanuela	È ammobiliato.	
Franco	*Magnifico!* Ed è già libero?	Wonderful!
Emanuela	Sì, e il *padrone di casa* dice che dobbiamo firmare il contratto per almeno sei mesi.	landlord
Franco	Va bene, glielo firmeremo. Quant'è l'*affitto*?	rent
Emanuela	900.000 lire al mese, *comprese le spese.*	including utilities
Franco	Possiamo portare il nostro gatto?	
Emanuela	Non gliel'ho domandato, ma *penso di sì.**	I think so
Franco	Allora potremo *traslocare* il primo del mese!	to move

*Verbs such as **pensare, credere,** and **dire** take **di** when affirming or denying something: **Penso di no** = *I don't think so*; **Ha detto di sì** = *He said yes.*

Comprensione

1. Da quanto tempo Emanuela e Franco cercavano un appartamento?
2. A che piano si trova quello in via Nazionale?
3. Quante stanze ci sono in quell'appartamento?
4. Perchè c'è molta luce nella sala?
5. Dovranno comprare i mobili Emanuela e Franco? Perchè?
6. Quanto vuole d'affitto il padrone di casa?
7. Emanuela vuole lasciare il gatto a un parente o desidera portarlo nel nuovo appartamento?
8. Quando potranno traslocare?

Studio di parole La casa e i mobili *(furniture)*

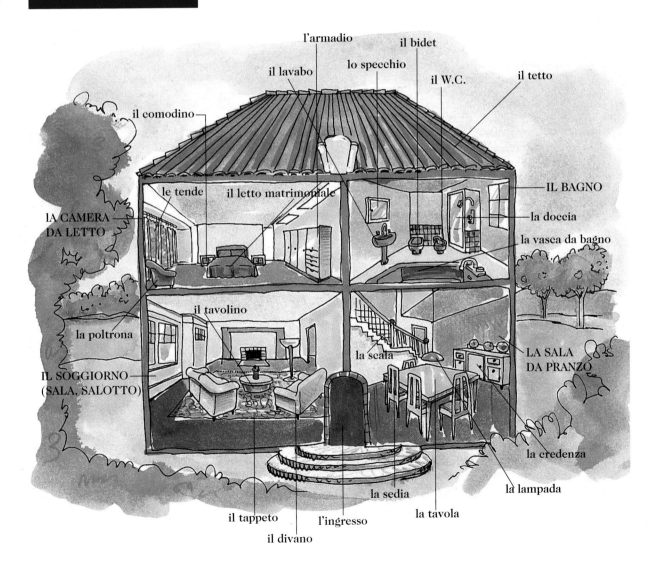

L'ALLOGGIO HOUSING

il palazzo building
la villetta small villa
la casetta cute little house
l'appartamento apartment
il padrone di casa landlord
l'inquilino, l'inquilina tenant
l'affitto rent
affittare to rent
la cauzione security deposit
il trasloco move

traslocare to move
il pianterreno ground floor
il primo (secondo, terzo) piano
  first (second, third) floor
l'ascensore elevator

LA BIANCHERIA LINENS

la coperta blanket
il lenzuolo (*pl.* **le lenzuola**) sheet
il cuscino pillow
la roba household goods

Informazioni

Nei centri urbani e di provincia, come anche nell'immediata periferia *(suburbs)*, la gente vive in appartamenti. Questi si trovano in palazzi antichi o moderni a tre o più piani. Nella maggior parte dei casi, gli appartamenti sono occupati dai loro proprietari; perciò non è facile trovare appartamenti da affittare.

In periferia, e soprattutto nei paesi di campagna, sono comuni le case singole a due piani: ville, villette e case coloniche *(farmhouses)*.

Il piano a livello della strada è chiamato **pianterreno**, mentre il primo piano corrisponde al *second floor*. Sotto il tetto si trova la **soffitta** *(attic)*, che nei vecchi palazzi e ville serviva da abitazione al personale di servizio. Molte case ed anche palazzi hanno una **cantina** *(basement)*. Nelle case di campagna serve a conservare il vino.

In molti edifici urbani c'è ancora il **portinaio** *(concierge)*, che abita a pianterreno ed è incaricato di vari servizi, come la pulizia delle scale, la distribuzione della posta *(mail)* e il funzionamento dell'ascensore.

Villetta con recinto e cancello.

Casa colonica con fabbricati *(buildings)* rurali annessi.

Applicazione

A. **Dove li mettiamo?** Tu e il tuo compagno (la tua compagna) avete traslocato. A turno, domandatevi dove mettere questi mobili.

Esempio

—**Dove devo mettere questa sedia?**
—**Mettila in cucina.**

1.

2.

3.

4.

5.

6.

7.

8.

9.

B. **Descrizione.** In due, descrivete l'uno all'altro la vostra stanza o il vostro appartamento.

C. **Conversazione.**

1. Se tu affitti un appartamento, lo preferisci ai primi piani o ai piani alti? **2.** In generale, gli studenti preferiscono affittare un appartamento vuoto o ammobiliato? **3.** Tu preferisci affittarlo soltanto per te o condividerlo con un'altra persona? Se lo condividi, quali ne sono i vantaggi e gli svantaggi? **4.** Cosa ti piace, o non ti piace, del tuo alloggio? **5.** Puoi avere degli animali domestici *(pets)*? Ne hai? **6.** Nel soggiorno, preferisci i tappeti orientali o la moquette *(wall-to-wall carpet)*? **7.** Ti piacciono di più i mobili antichi o i mobili moderni?

D. **Appartamenti.** Immaginate di cercare un appartamento. Leggete le seguenti pubblicità e decidete, in due, quale preferite e perchè.

Ascoltiamo!

Il giorno del trasloco. Emanuela and Franco, exhausted from moving into their new apartment today, are taking a break and talking about what they have yet to do and what it has all cost them. Listen to their conversation; then answer the questions in your textbook.

Comprensione

1. Emanuela e Franco hanno dimenticato qualche cosa nel vecchio appartamento? Hanno portato tutta la loro roba?
2. Chi è Mimi? Dove sarà?
3. Perchè Franco sembra preoccupato? Che cosa ha dovuto dare al padrone di casa?
4. Mentre loro parlano, chi arriva? Sembra contento o scontento lui? Perchè, secondo Lei?

Dialogo

In due, immaginate di avere affittato insieme un appartamento vuoto di due locali *(rooms)*; ora dovete arredarlo *(furnish it)*. Discutete insieme quali mobili comprare e dove metterli.

—Quanti piani ci sono?
—Ce ne sono 22?

Punti grammaticali

I. Ne

1. **Ne** is an invariable pronoun with several meanings: *some (of it, of them); any (of it, of them); about it, about them; of it, of them.* **Ne** can be used to replace a noun used in a partitive sense or a noun introduced by a number or expression of quantity, such as **poco, molto, tanto, chilo, litro,** etc.

Hai **del vino bianco?**	*Do you have some white wine?*
No, non **ne** ho.	*No, I don't have any (of it).*
Volevo **delle pesche.**	*I wanted some peaches.*
Ne volevo alcune.	*I wanted some (of them).*
Quante **stanze hai?**	*How many rooms do you have?*
Ne ho tre.	*I have three (of them).*
Hai molti **vestiti?**	*Do you have many dresses?*
Sì, **ne** ho molti.	*Yes, I have many (of them).*
Vorrei due cestini **di fragole.**	*I would like two baskets of strawberries.*
Ne vorrei due cestini.	*I would like two baskets (of them).*

2. **Ne** replaces the noun or infinitive used after verbs such as **avere bisogno di, avere paura di, essere contento di, parlare di,** and **pensare di** (when asking for an opinion).

Hai bisogno **di lavorare?**	*Do you need to work?*
No, non **ne** ho bisogno.	*No, I do not need to.*
Che pensi **di quel film?**	*What do you think of that movie?*
Che **ne** pensi?	*What do you think of it?*

3. Like object pronouns, **ne** attaches to the end of the infinitive and the **tu, noi,** and **voi** forms of the imperative.

Desideri comprare **delle arance?**   *Do you want to buy some oranges?*
Desidero comprar**ne** 4 o 5.   *I want to buy 4 or 5 (of them).*
Compra**ne** due chili!   *Buy two kilos (of them)!*

4. When **ne** is used with the **passato prossimo,** the past participle agrees with the noun replaced by **ne** only when this noun is a direct object.

Quanti **annunci** hai letto?   *How many ads have you read?*
                    (direct object)

Ne ho letti molti.   *I have read many (of them).*

Pratica

A. **In un negozio di frutta.** In due, fate la parte del fruttivendolo e del cliente. Usate il pronome **ne.**

> Esempio   —**Vorrei delle arance.**
>   —**Quante ne desidera?**
>   —**Ne vorrei quattro.** (mezzo chilo, un chilo) o...

1. zucchini 2. patate 3. pomodori 4. fragole 5. uva 6. mele 7. funghi 8. pere

B. **Ritorno dall'Italia.** Rispondete affermativamente alle domande di un amico. Usate **lo, la, li, le** o **ne,** secondo il caso.

> Esempio   —Hai comprato i libri?   —**Sì, li ho comprati.**
>   —Hai comprato dei libri?   —**Sì, ne ho comprati.**

1. Hai veduto le fontane di Roma? 2. Hai visitato i musei Vaticani? 3. Hai incontrato dei turisti americani? 4. Hai bevuto il Frascati? 5. Hai comprato dei regali? 6. Hai noleggiato la macchina? 7. Hai fatto delle escursioni? 8. Hai comprato l'Eurailpass?

C. **Quando hai bisogno di...?** In due, fatevi a turno le seguenti domande. Usate **ne** nella risposta e seguite l'esempio.

> Esempio   carta da scrivere
>   —**Quando hai bisogno di carta da scrivere?**
>   —**Ne ho bisogno quando devo scrivere una lettera.**

1. passaporto 2. carta telefonica 3. soldi 4. occhiali da sole 5. carta geografica 6. impermeabile 7. coperta 8. telecomando 9. chiave

D. **Conversazione.** Rispondete usando **ne.**

1. Quanti corsi segui questo trimestre (semestre)? 2. Hai dei fratelli? Quanti? 3. Quanti anni avevi quando hai incominciato a guidare *(to drive)*? 4. Fai molti viaggi in macchina? viaggi lunghi? 5. Spendi molti soldi per i divertimenti? 6. Dai molte o poche feste? Perchè?

II. Ci

—Quanti fiori ci sono!
—Sì, ce ne sono molti!

1. The adverb **ci** means *there* when it is used in the expressions **c'è** and **ci sono.**

   Scusi, **c'è** una galleria d'arte qui vicino?

   Excuse me, is there an art gallery near here?

   Ci sono due lampade in sala.

   There are two lamps in the living room.

2. **Ci** is also used to replace an expression indicating location and introduced by **a, in, su,** or **da.** Its position is the same as that of object pronouns.

   Quando vieni **da me**?

   When are you coming to my house?

   Ci vengo stasera.

   I am coming (there) tonight.

   Sei stato(a) **in Italia**?

   Have you been to Italy?

   No, non **ci** sono mai stato(a).

   No, I have never been there.

   Voglio andar**ci**.
   Ci voglio andare.

   I want to go there.

3. **Ci** may also replace a prepositional phrase introduced by **a** after verbs such as **credere** *(to believe in)* and **pensare** *(to think about).*

   Credi **all'astrologia**?

   Do you believe in astrology?

   No, non **ci** credo.

   No, I don't believe in it.

Devi pensare **al futuro**!	*You have to think about the future!*
Pensaci bene!	*Think hard about it!*

4. **Ci + vuole** or **vogliono** has the idiomatic meaning *it takes* or *one needs.*

ci vuole + *singular noun:*

Ci vuole un'ora per andare da Bologna a Firenze.	*It takes one hour to go from Bologna to Florence.*

ci vogliono + *plural noun:*

Ci vogliono 20 minuti per andare da Firenze a Fiesole.	*It takes 20 minutes to go from Florence to Fiesole.*

5. When **ci** is followed by a direct object pronoun or **ne**, it becomes **ce**.

Ci sono quadri in sala?	*Are there paintings in the living room?*
Sì, **ce ne** sono quattro.	*Yes, there are four.*

Pratica

A. **Piccoli e grandi viaggi.** Quando sei stato(a) in questi posti? In due, fatevi a turno le seguenti domande. Usate **ci** nella risposta.

Esempio	a Los Angeles	—**Quando sei stato(a) a Los Angeles?**
		—**Ci sono stato(a) l'estate scorsa.** *o...*
		—**Non ci sono mai stato(a).**

1. in Europa
2. a un museo
3. a teatro
4. dal dentista
5. dal medico (dottore)
6. dai tuoi nonni
7. al cinema
8. all'ospedale
9. in Sardegna
10. in montagna a sciare *(to ski)*

B. **Pensieri.** Pensi mai alle seguenti cose o situazioni? In due, fatevi a turno le seguenti domande e seguite l'esempio.

Esempio	la politica	—**Pensi mai alla politica?**
		—**Sì, ci penso spesso (qualche volta).** *o...*
		—**No, non ci penso mai.**

1. il costo della vita
2. la morte *(death)*
3. l'inflazione
4. i senzatetto *(homeless)*
5. il tuo futuro
6. i problemi ecologici

III. I pronomi doppi

—Mi leggi gli annunci pubblicitari?
—Sì, te li leggo subito.

—Ci mostra l'appartamento?
—Sì, ve lo mostro volentieri.

1. When two object pronouns accompany the same verb, the word order is the following:

indirect object + *direct object* + *verb*
   Me   **lo**   **leggi?**

(**Mi** leggi il giornale?)

Me lo leggi?   *Will you read it to me?*
Sì, **te lo** leggo.   *Yes, I'll read it to you.*

Here are all the possible combinations.

mi		
ti		me lo, me la, me li, me le, me ne
ci	+ lo, la, li, le, ne =	te lo, te la, te li, te le, te ne
vi		ce lo, ce la, ce li, ce le, ce ne
		ve lo, ve la, ve li, ve le, ve ne
gli	+ lo, la, li, le, ne =	glielo, gliela, glieli, gliele, gliene
le (Le)		

NOTE:

a. **Mi, ti, ci,** and **vi** change to **me, te, ce,** and **ve** before **lo, la, li, le,** and **ne** (for phonetic reasons).

b. **Gli, le,** and **Le** become **glie-** in combination with direct object pronouns.

c. **Loro** does *not* combine with direct object pronouns and always follows the verb.

Do **loro** il quadro.	*I give the painting to them.*
Lo do **loro.**	*I give it to them.*
Quando mi dà il libro?	*When will you give me the book?*
Quando **me lo** dà?	*When will you give it to me?*
Gli ho affittato la casa.	*I rented him the house.*
Gliela ho affittata.	*I rented it to him.*
Le offro centomila lire.	*I offer you one hunded thousand lire.*
Gliene offro centomila.	*I offer you one hundred thousand (of them).*
Non **ci** ha letto la lettera.	*He did not read us the letter.*
Non **ce l'**ha letta.	*He did not read it to us.*
Non le abbiamo dato le chiavi?	*Didn't we give her the keys?*
Non **gliele** abbiamo date?	*Didn't we give them to her?*

2. The position of double object pronouns is the same as that of the single object pronouns. They precede a conjugated verb; they attach to the **tu, noi,** and **voi** imperative forms and to the infinitive. Note that if the infinitive is governed by **dovere, volere,** or **potere,** the double pronouns may either precede these verbs or attach to the infinitive.

Spero di affittarLe l'appartamento.	*I hope to rent you the apartment.*
Spero di affittar**glielo.**	*I hope to rent it to you.*
Voglio mostrarti gli annunci.	*I want to show you the ads.*
Voglio mostrar**teli.**	*I want to show them to you.*
Te li voglio mostrare.	

Ripeti la domanda!   Ripetimi la domanda!   Ripeti**mela!**
Date il giornale a Lucia!   Datele il giornale!   Date**glielo!**
Dia il libro a Lina!   Le dia il libro!   **Glielo** dia!

3. With reflexive verbs, the reflexive pronouns combine with the direct object pronouns **lo, la, li, le,** and **ne,** and follow the same word order as double object pronouns.

Mi metto		**Me lo** metto.
Ti metti		**Te lo** metti.
Si mette	il vestito. =	**Se lo** mette.
Ci mettiamo		**Ce lo** mettiamo.
Vi mettete		**Ve lo** mettete.
Si mettono		**Se lo** mettono.

Mi lavo la faccia.	*I wash my face.*
Me la lavo.	*I wash it.*

If the reflexive verb is in a compound tense, the past participle must agree with the *direct object pronoun* that precedes the verb.

Gino si è lavato **le mani.**	*Gino washed his hands.*
Gino **se le** è lavate.	*Gino washed them.*

Pratica

A. **Subito!** *(Right away!)* In una trattoria, durante l'ora del pranzo. Due studenti (studentesse) fanno la parte del(la) cliente e del cameriere (della
cameriera).

> Esempio   gelato al caffè
> —**Cameriere, mi porta il gelato al caffè, per favore?**
> —**Glielo porto subito, signore (signora, signorina)!**

1. ravioli alla panna   2. tagliatelle alla bolognese   3. spinaci al burro
4. scaloppine al marsala   5. insalata di pomodori   6. formaggio Bel Paese
7. frutta di stagione

B. **Volentieri!** Come reagisce un amico (un amica) alle seguenti domande?
Rispondete secondo l'esempio.

> Esempio   —Ci presti la cassetta?
> —**Ve la presto volentieri!**

1. Mi dai l'indirizzo del tuo dentista?   2. Ci compri i biglietti dell'opera?
3. Ci dici il nome del teatro?   4. Mi offri il caffè?   5. Mostri la foto a
Silvia?   6. Fai questo favore a mio fratello?   7. Gli parli del problema?

C. **Negligenza.** Voi chiedete a vostro fratello se ha già fatto le seguenti cose.
Lui risponde di no. Seguite l'esempio.

> Esempio   dare i soldi a Pietro
> —**Hai già dato i soldi a Pietro?**
> —**No, non glieli ho ancora dati.**
> —**Daglieli!**

1. pagare l'affitto al padrone di casa   2. mandare la notizia del trasloco
agli zii   3. restituire il CD a Lucio   4. comprare le riviste per Gianni
e Luisa   5. portare i quadri a Marisa

D. **Quando ti metti...?** In due, fatevi a turno le seguenti domande. Sostituite
i nomi con il pronome appropriato.

> Esempio   i guanti di lana
> —**Quando ti metti i guanti di lana?**
> —**Me li metto quando fa freddo.**

1. le scarpe da tennis   2. il costume da bagno   3. la cravatta   4. il cappotto   5. l'impermeabile   6. un vestito elegante

E. **Una serata elegante.** Per prepararsi alla festa, gli invitati hanno fatto le
seguenti cose. Ripetete le loro azioni e sostituite le espressioni in corsivo
con il pronome appropriato.

> Esempio   Claudio si è messo *la cravatta a farfalla (bowtie).*
> **Claudio se l'è messa.**

1. Mirella si è lavata *i capelli.*   2. Giampiero e Dino si sono fatti *la barba
(shaved).*   3. Franco si è pulito *le scarpe nere.*   4. Noi ci siamo messi

il vestito da sera.   **5.** Ornella si è messa *la collana (necklace) di perle.*
6. Voi vi siete messi *il cappotto elegante.*   **7.** Io mi sono messo *il completo blu.*

F. **Una scelta difficile.** In due, proponete *(propose)* a turno cosa regalare a
    due vostri amici, sposini novelli *(newlyweds)*. Scegliete quattro oggetti
    per la casa.

> Esempio
>
> —Gli regaliamo un quadro? *o...*
> —Sì, regaliamoglielo!
> —No, non regaliamogli un quadro, regaliamogli...

IV. I numeri ordinali

Pitture e sculture del
ventesimo secolo. *(Artista:
Meo Carbone)*

1. *Ordinal numbers (first, second, third,* etc.) are adjectives and must agree
    in gender and number with the noun they modify. From *first* through
    tenth, they are:

primo(a, i, e)*	sesto
secondo	settimo
terzo	ottavo
quarto	nono
quinto	decimo

From **undicesimo** *(eleventh)* on, ordinal numbers are formed by dropping the final vowel of the cardinal number and adding the suffix **-esimo**
(a, i, e). Exceptions: Numbers ending in **-trè** (**ventitrè, trentatrè,** etc.)
and in **-sei** (**ventisei, trentasei,** etc.) preserve the final vowel.

*The abbreviated forms of ordinal numbers are: **1°** (**primo**) or **1ª** (**prima**), **2°** (**secondo**) or **2ª**
(**seconda**), etc.

quindici	quindici**esimo**
venti	vent**esimo**
trentuno	trentun**esimo**
trentatrè	trentatre**esimo**
ventisei	ventisei**esimo**
mille	mill**esimo**

Ottobre è il **decimo** mese dell'anno.	*October is the tenth month of the year.*
Hai letto le **prime** pagine?	*Did you read the first pages?*
Ho detto di no, per **la millesima** volta.	*I said no, for the thousandth time.*

2. Ordinal numbers precede the noun they modify except when referring to popes and royalty. When referring to centuries, they may follow or precede the noun.

Papa Giovanni XXIII (ventitreesimo)	*Pope John XXIII*
Luigi XIV (quattordicesimo)	*Louis XIV*
il secolo XX (ventesimo) *or* il ventesimo secolo	*the twentieth century*

Pratica

A. **Nomi nella storia.** Completate le frasi con il numero ordinale appropriato.

1. Machiavelli è vissuto (*lived*) nel secolo (XVI) _____ .
2. Il Papa Giovanni (XXIII) _____ ha preceduto il Papa Paolo (VI) _____ .
3. Enrico (VIII) _____ ha avuto sei mogli.
4. La regina (*queen*) d'Inghilterra è Elisabetta (II) _____ .
5. Dante è nato nel secolo (XIII) _____ .

B. **Lo sai o non lo sai?** In gruppi di due, fatevi a turno le domande che seguono.

> Esempio —In quale capitolo di questo libro ci sono gli articoli?
> —**Nel primo capitolo.**

1. Quale pagina del libro è questa?
2. A quale capitolo siamo arrivati?
3. Quale giorno della settimana è mercoledì? E venerdì?
4. Aprile è il sesto mese dell'anno? E dicembre?
5. In quale settimana di novembre festeggiamo il Thanksgiving?
6. In quale settimana di settembre festeggiamo la Festa del Lavoro?
7. Un minuto è un cinquantesimo di un'ora?

Lettura

Si affitta appartamento ammobiliato

Un mese fa Antonio ha incominciato a insegnare in una scuola media come *supplente*. Il giovane è ora pieno di entusiasmo e di progetti. Eccolo che ne parla a Marcello.

Nei traslochi dai piani alti, i mobili sono portati giù *(down)* dalle finestre.

Antonio	Sai, ho intenzione di cercarmi un appartamentino ammobiliato e di *rendermi* indipendente.	to become
Marcello	Ehi! Super! Così possiamo dare *un sacco* di feste! Hai guardato gli annunci pubblicitari sul **Corriere della Sera**?*	a lot
Antonio	No, non ancora... eccoli!	
Marcello	Non ce ne sono molti. Te ne leggo uno: «Appartamento *signorile* 4 locali *doppi servizi* libero...»	deluxe/two baths
Antonio	Sei matto?! *Mi basta* una cucina-soggiorno con bagno.	Is enough for me
Marcello	Eccone uno che va bene: monolocale Lambrate.[†]	
Antonio	Sì, mi piace. Quant'è l'affitto?	
Marcello	Non lo dice. Perchè non *fissiamo* un appuntamento e ci andiamo? (Il monolocale si trova al quinto piano di un modesto edificio senza ascensore. Il *portinaio*, svegliato dalla siesta, glielo mostra *malvolentieri.*)	we set up concierge reluctantly
Il portinaio	Scusi, ha una lettera di referenze?	
Marcello	Certamente. Mio padre, l'ingegner Scotti della *ditta* Scotti e Figli, è pronto a scrivergliene una.	company
Antonio	Grazie, Marcello. Che ne pensi?	
Marcello	Mah! Mi sembra un *buco*...con dei mobili *preistorici*.	hole prehistoric
Antonio	Caro mio, io non ho la *grana* di tuo padre; per uno come me che ha *condiviso* fino a oggi la stanza con due fratelli, quest'appartamento sembra un palazzo!	money (slang) shared

*Well-known Italian newspaper.

[†]Neighborhood in Milan.

Comprensione

Usate i pronomi quando è possibile.

1. In che scuola ha incominciato ad insegnare Antonio?
2. Da quanto tempo ci insegna?
3. Perchè vuole cercarsi un appartamento?
4. Dove suggerisce di cercare gli annunci Marcello?
5. Perchè il primo annuncio che Marcello legge non piace ad Antonio? Di quante stanze ha bisogno?
6. Nell'annuncio c'è il costo dell'affitto?
7. Com'è l'appartamento che Antonio decide di andare a vedere? Dove si trova?
8. Chi mostra l'appartamento ai due amici?
9. Piace a Marcello quell'appartamento?
10. Che ne pensa Antonio? Perchè?

Conversazione

1. Che cosa pensi dell'appartamento che Antonio sta per affittare? È diverso da quello che un(a) giovane che sta per rendersi indipendente affitta negli Stati Uniti?
2. Un edificio negli Stati Uniti simile a quello di Lambrate ha di solito un portinaio? Dove si può trovare un portinaio?
3. Negli Stati Uniti è comune salire a piedi al quinto piano? Perchè?
4. Hai mai avuto bisogno di una lettera di referenze per affittare un appartamento?

Attività supplementari

A. **La casa ideale.** Descrivete la casa ideale. Ogni studente partecipa alla descrizione. Dov'è la casa (in campagna, in città, vicino al mare)? Quanti piani ci sono? Quali sono le stanze?

B. **La casa e i suoi abitanti.** Immaginate, e descrivete in piccoli gruppi, l'abitazione di:

1. uno studente disordinato e molto occupato;
2. una modella;
3. una coppia di sposi ricchi;
4. una coppia di pensionati *(retirees)*.

C. **Alla ricerca di un alloggio.** Attività in gruppi di tre. Un padrone (Una padrona) di casa e due eventuali *(probable)* inquilini (inquiline). Voi cercate un appartamento in affitto e leggete nel giornale i seguenti annunci. Sceglietene *(Choose)* uno e telefonate al numero indicato: specificate l'appartamento che cercate e discutete le condizioni dell'affitto con il padrone (la padrona) di casa.

Affittasi

Affittiamo bellissimi appartamenti nuovi e ristrutturati,
vuoti o arredati, monolocali,
2-3-4 locali, primo-settimo
piano, cucina-soggiorno, doppi
servizi, balcone. Alcuni appartamenti con garage privato.
Zona tranquilla, vicinanza metropolitana. Telefonate al
02/47-817-25 durante ore ufficio.

C.SO PESCHIERA Si affitta attico luminoso, libero subito, ultimo piano, camera-soggiorno, cucinino, bagno, ripostiglio, ingresso, ampio terrazzo, box auto, giardino condominiale. Tel. 758 31 24

VIA MIRAFIORI Affittasi 4° piano senza ascensore, appartamento, vista prestigiosa, composto di: ingresso, salone, 2 camere, cucina e 2 bagni arredati, ripostiglio, 2 terrazzi, cantina, box posto auto. Tel. 128 38 46 FAX 128 38 53

D. **La sera del trasloco.** Immaginate di essere Emanuela e Franco la sera del trasloco. In che stanza siete? Cosa fate? Dove siete seduti? Avete già cenato? Cosa vi dite dopo la fatica *(hard work)* del trasloco?

Come si dice in italiano?

1. Giulia has been living in San Francisco for a month with her friend Kathy, and now she wants to rent an apartment. 2. Today Kathy is helping her find one by reading her the newspaper ads. 3. I found one that I like: "Studio, Golden Gate Park. Available immediately. $950." 4. How big is a studio? How many rooms are there? 5. There is only one, with a bathroom. 6. Now here they are near Golden Gate Park to see the studio. 7. The manager **(l'amministratore,** *m.*) willingly shows it to them. 8. Giulia is enthusiastic about **(di)** the studio and asks Kathy what **(cosa)** she thinks of it. 9. I like it a lot, because there are big windows with a view **(veduta)** of the park. 10. Next Saturday Giulia will be able to move to **(nel)** her new apartment.

Sito Web

La Puglia

La Puglia (Apulia, in English) is the Italian region that stretches southeast into the heel of Italy and overlooks the southernmost part of the Adriatic Sea, which is known as the Ionian Sea. Easily accessible by sea and by land, Apulia was the site of numerous Greek colonies in the fifth century B.C., then became a Roman territory, and still later became the center of Byzantine rule in southern Italy. Aided by the Normans, Apulia rebelled against Byzantium in the eleventh century. It was part of the <u>Bourbon Kingdom of the Two Sicilies</u> in the sixteenth century, and became part of Italy with Italian unification in 1860.

The major trade fair, the "Fiera del Levante," is held in <u>Bari</u>, a port city and the capital of Apulia. Bari is a leading industrial center and commercially important because of its trade with the eastern Mediterranean. The city's Romanesque Cathedral of San Nicola is notable.

Inland in Apulia, the town of Alberobello is famous for its picturesque "Trulli," circular houses with cone-shaped roofs made of limestone tiles. Other provincial towns include: <u>Barletta</u>, with its prominent bronze statue of the Byzantine emperor Valentinian I, which is over sixteen feet tall; Lucera known for its Gothic cathedral and for its castle built by the emperor Frederick II in 1233; and <u>Lecce</u>, with its remarkable Piazza del Duomo. The <u>Gargano Peninsula</u>, the "spur" of the Italian boot, and the <u>Tremiti Islands</u>—San Domino, San Nicola, Il Cretaccio, and Caprera—are particularly interesting because of their untouched traditional character.

The region's typical dishes include: "recchiettelle," fish soup, and fusilli pasta. <u>Aleatico</u> and <u>Moscato</u> wines are produced in the region.

Web page addresses of related interest are:

Puglia/Apulia
http://www.itwg.com/rg_pugli.asp

Apulia
http://www.poliba.it/

Castles
http://www.iqsnet.it/

Puglia/Apulia
http://www.sfiic.org/puglia.htm

Trulli
http://www.woeknet.media.it/puglia/trulli.htm

Travel/History
http://www.traveleurope.it/apulia.htm

Cuisine
http://www.cucina.iol.it

http://www.hrwcollege.com

Costa rocciosa *(rocky)* verso la punta sud-est della Puglia.

Vocabolario

Nomi

l'animale domestico	*pet*
l'annuncio pubblicitario	*ad*
l'arredamento	*furnishing*
il contratto	*contract*
il costo	*cost*
la ditta	*firm, company*
l'entusiasmo	*enthusiasm*
il fruttivendolo	*greengrocer*
il locale	*room*
la luce	*light*
il mobile	*piece of furniture*
il monolocale	*studio apartment*
la moquette	*wall-to-wall carpet*
la morte	*death*
il portinaio, la portinaia	*concierge*
il quadro	*painting, picture*
il ripostiglio	*storage closet*
la scelta	*choice*
i senzatetto	*homeless people*
lo svantaggio	*disadvantage*
la vicinanza	*vicinity*

Aggettivi

ammobiliato	*furnished*
arredato	*furnished*
antico	*antique; ancient*
doppio	*double*
entusiasta (di)	*enthusiastic (about)*
libero	*free; vacant; available*
matto	*crazy*
modesto	*modest*
vuoto	*vacant, empty*

Verbi

arredare	*to furnish*
condividere (p.p. condiviso)	*to share*
ristrutturare	*to restructure*
scegliere (p.p. scelto)	*to choose*
sembrare	*to seem; to look like*
trovarsi	*to find oneself; to be located*
vivere (p.p. vissuto)	*to live*

Altre espressioni

certamente	*certainly*
così	*so, this way*
doppi servizi	*two baths*
essere disposto (a)	*to be willing (to)*
fissare un appuntamento	*to make an appointment*
immediatamente	*immediately*
in affitto	*for rent*
in vendita	*for sale*
lettera di referenze	*reference letter*
malvolentieri	*reluctantly*
penso di sì/penso di no	*I think so/I don't think so*
rendersi indipendente	*to become independent*
va bene	*it is good, right, OK*

Pagina culturale

Una delle molte ville palladiane in provincia di Vicenza (Veneto). Lo stile simmetrico di Andrea Palladio (1508–1580) ha influenzato molti architetti dei secoli successivi. L'architettura coloniale e la Casa Bianca ne sono esempi negli Stati Uniti.

Le abitazioni in Italia

I vecchi palazzi delle città italiane hanno avuto come prototipo l'antica casa romana. *Essi* sono uniti l'uno all'altro. Al centro di ogni *facciata* un *portone ad arco dà* su un *cortile* interno. All'esterno, il pianterreno è occupato da negozi o da uffici, mentre gli altri piani sono occupati, in genere, da appartamenti. Gli *artigiani* e i commercianti abitano spesso nell'appartamento sopra il loro negozio. Nel vecchio centro urbano convivono diverse classi sociali e questo contribuisce alla vitalità del centro cittadino.   *They/front*
arched front gate opens/ courtyard
artisans

Fra il 1950 e il 1970 i *cambiamenti* economici e sociali hanno determinato un'espansione notevole dei centri urbani. *Intorno* alla vecchia città ne è nata una interamente moderna, fatta di edifici a molti piani e di villette. Per correggere la grave crisi di abitazioni del dopoguerra, il governo ha preso molti *provvedimenti*. Ha finanziato la costruzione di condomini e di abitazioni economiche, e ha stabilito dei *mutui* per incoraggiare gli Italiani a diventare proprietari del loro appartamento.   *changes*
Around
measures
mortgage loans

Durante la prosperità degli anni sessanta-ottanta molti Italiani hanno potuto *farsi* una seconda casa o un appartamentino in zone di villeggiatura. Interi villaggi di condomini *sono sorti* senza un *piano regolatore*, causando *eccessivo affollamento* nei periodi di vacanze. Gli *amanti* della campagna hanno ristrutturato vecchie case e *fienili, trasformandoli* in confortevoli rifugi lontano dalla vita cittadina.   *buy*
arose/town plan
overcrowding/lovers
barns/transforming them

In Puglia molti trulli sono stati rimodernati per uso turistico. I trulli sono *strane abitazioni* circolari di *pietra*, attribuite alla civiltà preistorica araba. Il centro della zona dei trulli è la *cittadina* di Alberobello in provincia di Bari, dove sono preservati nella loro antica forma.   *strange dwellings/stone*
small town

Alcuni trulli di Alberobello (Bari).

Comprensione

Completate le seguenti frasi.

1. Come le antiche case romane, i vecchi palazzi italiani hanno un cortile...
    a. davanti   b. dietro   c. all'interno

2. La coabitazione di diverse classi sociali dà vita...
    a. agli uffici   b. ai cortili dei palazzi   c. al vecchio centro urbano

3. Dopo la seconda guerra mondiale, il governo italiano ha...
    a. aumentato gli affitti   b. finanziato la costruzione di case
    c. limitato la costruzione di case

4. Molti Italiani si sono fatti una seconda casa, stimolati (spurred)...
    a. dal costo economico delle costruzioni   b. da un periodo di econo-
    mia favorevole   c. dall'amore per la villeggiatura

5. I trulli sono abitazioni...
    a. moderne   b. vecchie   c. antiche

6. Alberobello si trova nell'Italia...
    a. del Sud   b. del Nord   c. del Centro

Giovani avvocati a Roma.

Capitolo
14

Mestieri e professioni

◆ 327 ◆

Punti di vista

Dalla veterinaria.

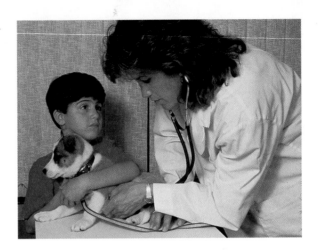

Una scelta difficile

Laura e Franco frequentano l'ultimo anno di liceo e parlano del loro futuro.

Franco	Non so a quale facoltà *iscrivermi*. Tu cosa mi consigli, Laura?	to enroll
Laura	Cosa *ti piacerebbe* fare nella vita?	would you like
Franco	Mi piacerebbe insegnare matematica.	
Laura	Devi considerare che ci sono vantaggi e svantaggi nell'insegnamento, come nelle altre professioni. I vantaggi? *Faresti* un lavoro che ti piace e d'estate avresti tre mesi di vacanza. *Potresti* viaggiare, riposarti o dedicarti ad altre attività.	You would do / You could
Franco	E gli svantaggi, quali sono?	
Laura	Lo sai anche tu che non è facile trovare lavoro nell'insegnamento. E sai anche che lo stipendio degli insegnanti è basso.	
Franco	Hai ragione. E tu hai deciso a quale facoltà iscriverti?	
Laura	Sì, farò il veterinario.	
Franco	*Davvero?* Ti piacciono così tanto gli animali?	Really?
Laura	Oh, sì, moltissimo! A casa mia ho un piccolo zoo: due cani, quattro gatti, un *coniglio* e due *porcellini d'India*.	rabbit / guinea pigs

Comprensione

1. Che anno di liceo frequentano Laura e Franco?
2. Che cosa deve decidere Franco?
3. Che cosa gli piacerebbe fare?
4. Quali sono i vantaggi nell'insegnamento? Quali sono gli svantaggi?
5. Anche Laura è indecisa sulla sua professione?
6. Che cosa vuole fare? Perchè?
7. Cos'ha a casa sua?

Studio di parole   Il mondo del lavoro

I MESTIERI TRADES

il lavoratore, la lavoratrice
  worker
il costruttore builder
l'elettricista electrician
l'idraulico plumber
il meccanico mechanic

LE PROFESSIONI

il medico (dottore, dottoressa)
  physician
il chirurgo surgeon
l'oculista *(m. & f.)* eye doctor
lo psicologo, la psicologa
  psychologist
il/la dentista dentist
il/la farmacista pharmacist
l'infermiere, l'infermiera nurse
il/la dirigente chief executive
il direttore, la direttrice director,
  manager

l'ingegnere *(m. & f.)* engineer
l'architetto *(m. & f.)* architect
il/la commercialista accountant, CPA
il/la consulente consultant
l'avvocato *(m. & f.)* lawyer
il programmatore, la
  programmatrice di computer
  computer programmer
l'uomo, la donna d'affari
  businessman/woman

il segretario, la segretaria secretary
l'arredatore, l'arredatrice interior
  designer
la casalinga homemaker
fare il/la... to be a . . . (profession or
  trade)

il colloquio interview
il requisito requirement
l'impiego employment, job
il lavoro job

un lavoro part-time part-time job	**l'aumento** raise
un posto position, job	**disoccupato** unemployed
fare domanda to apply	**la disoccupazione** unemployment
assumere (p.p. assunto) to hire	**fare sciopero** to strike
licenziare to lay off, to fire	**andare in pensione** to retire
guadagnare to earn	**il pensionato, la pensionata** retiree
il salario } salary, wages	
lo stipendio	

Informazioni

L'obiettivo di partecipare all'unione monetaria europea ha forzato il governo italiano ad adottare programmi economici e fiscali *(taxes)* severi. Molte società pubbliche sono state privatizzate e ristrutturate. Tutto questo ha favorito la discesa dell'inflazione, ma ha anche creato un grande numero di disoccupati, e poche possibilità d'impiego per i giovani.

Nel 1997 la disoccupazione nazionale ha raggiunto *(reached)* il 12%, con punte minime del 6% nel Nord e punte massime del 25–30% nelle zone più povere del Sud. Per aiutare i giovani, specialmente quelli del Mezzogiorno (Sud), il governo ha istituito **impieghi pubblici** e **borse di lavoro** *(work grants)* della durata di un anno. Ha inoltre accordato facilitazioni alle imprese che sono disposte *(willing)* ad assumerli e a dare loro una specializzazione teorica e pratica.

La crisi economica del paese è dovuta in parte anche alla funzione sociale *(welfare)* dello Stato italiano. Le spese sociali costituiscono il 30% del bilancio *(budget)* statale: il 15% di queste è destinato a pagare le pensioni.

Negli ultimi dieci anni, con l'arrivo di nuovi immigrati dall'Africa, dall'ex-Iugoslavia e dall'Albania, le spese pubbliche sono aumentate anche per affrontare le spese sociali necessarie in una nuova «Italia delle tante razze».

Applicazione

A. 1. Guardate il disegno a pagina 329: che cosa vogliono le persone che fanno la fila *(stand in line)* davanti all'agenzia di collocamento? Perchè?

2. Se ha bisogno di occhiali, da quale specialista va Lei?

3. Quando un lavoratore (una lavoratrice) arriva a sessantacinque anni ed è stanco(a) di lavorare, cosa fa?

4. Che cosa riceve alla fine del mese una persona che lavora?

5. Di tutte le professioni o i mestieri elencati *(listed)*, qual è, secondo Lei, la (il) più difficile *(the most difficult)*? Perchè?

6. Se i lavoratori non sono soddisfatti delle loro condizioni di lavoro, cosa fanno?

B. **Cosa fanno?** Dite quale mestiere o professione fanno le seguenti persone e aggiungete qualche vostra definizione.

1. Scrive lettere e tiene *(keeps)* in ordine i documenti in ufficio.
2. È una donna che non conosce orario nè *(nor)* stipendio.
3. Lavora in una fabbrica *(factory)*.
4. Dirige una grande ditta.
5. Ha finito di lavorare e ora dovrebbe *(should)* riposare e... divertirsi.
6. Prepara programmi per una macchina elettronica.
7. È una persona che...
8. ...

C. **Che professione?** Che cosa faranno o potrebbero *(could)* fare questi studenti?

Sonia: Ha appena finito il liceo scientifico. Trova molto interessante conoscere la grande varietà dei medicinali. Nel tempo libero ascolta le canzoni straniere, soprattutto americane; fa lunghe passeggiate in bicicletta e legge libri "gialli." Le piace molto stare con amici.

Andrea: Studia per una laurea breve in Metodologie fisiche, corso di studi introdotto di recente. Nel tempo libero fa del volontariato come soccorritore *(emergency medical technician)* sull'autoambulanza; studia batteria *(drums)* e pianoforte e suona in un piccolo complesso jazz. Gli piace andare in motocicletta, sciare e seguire le partite di basket alla tivù.

D. **Conversazione.**

1. Che professione o mestiere fai o pensi di fare? Che cosa influenza la tua decisione? l'interesse economico o la tua inclinazione?
2. Se hai la scelta, in quale stato degli Stati Uniti preferisci lavorare? Perchè?
3. Se hai la possibilità di lavorare all'estero, quale paese dell'Europa o dell'Asia preferisci? Perchè?
4. Se fai domanda per un impiego, quali sono i fattori che influenzano la tua scelta? Il clima? La famiglia? Lo stipendio? Le condizioni di lavoro? Il costo degli alloggi?
5. Attualmente *(At present)* dov'è più facile trovare un impiego: nell'industria, nel commercio, nel governo o nell'insegnamento?

Ascoltiamo!

Una decisione pratica. Paola has just run into Luigi, an old friend from the **liceo.** Listen to their conversation as they each catch up on what the other is doing. Then answer the questions in your textbook.

Comprensione

1. Com'è vestito Luigi? Perchè?
2. Che cosa voleva fare Luigi quand'era al liceo? Perchè ha cambiato idea *(did he change his mind)*?
3. Che cosa cerca Paola? Perchè?
4. Adesso che cosa vorrebbe fare anche Paola?
5. Secondo Lei, Paola parla seriamente o scherza *(is joking)*?

Dialogo

Lavoro estivo. Leggete l'annuncio e poi telefonate per sapere dettagli sul lavoro, i giorni, le ore e il salario. In coppia, fate le parti di chi cerca lavoro e del padrone del ristorante che lo offre.

Ristorante (Rimini) cerca 2 apprendisti cameriere/a 17-20 anni max periodo estivo minima esperienza. Tel. 902.5610

Punti grammaticali

La regione che batte tutto il resto d'Italia quanto a propensione al lusso (In base all'Indice Astra-Demoskopea) è l'Emilia-Romagna: ben 20 punti sopra la media italiana, pari a 100.

LE REGIONI DELL'ABBONDANZA

Lombardia 108
Triveneto 117
Emilia Romagna 126
Umbria - Marche 105
Abruzzo 103
Toscana 115
Lazio 110

Indice di propensione al consumo di beni e servizi di lusso

Inferiore a 100

In quale regione preferireste lavorare?

I. Il condizionale presente

1. The present conditional (**condizionale presente**) expresses an intention, a preference, a wish, or a polite request; it is the equivalent of the English *would* + verb. Like the future, it derives from the infinitive, and its stem is always the same as the future stem. Also like the future, **-are** verbs change the **-a** to **-e.**

partire → **partirei** = *I would* leave*

It is conjugated as follows:

parlare	rispondere	partire
parlerei	risponderei	partirei
parleresti	risponderesti	partiresti
parlerebbe	risponderebbe	partirebbe
parleremmo	risponderemmo	partiremmo
parlereste	rispondereste	partireste
parlerebbero	risponderebbero	partirebbero

*When "would" indicates a habitual action in the past, Italian uses the imperfect tense. *When I was a child, I would (I used to) go to the beach every summer.* = **Da bambino, andavo alla spiaggia tutte le estati.**

NOTE:

The endings of the present conditional are the same for all conjugations.

Mi **piacerebbe** essere ricco.	*I would like to be rich.*
Preferirebbe lavorare.	*She would prefer to work.*
Ci **aiuteresti**?	*Would you help us?*

2. Verbs that are irregular in the future are also irregular in the conditional. Here is a comprehensive list.

dare:	**darei, daresti,** ecc.	sapere:	**saprei, sapresti,** ecc.
fare:	**farei, faresti,** ecc.	vedere:	**vedrei, vedresti,** ecc.
stare:	**starei, staresti,** ecc.	vivere:	**vivrei, vivresti,** ecc.
andare:	**andrei, andresti,** ecc.	essere:	**sarei, saresti,** ecc.
avere:	**avrei, avresti,** ecc.	bere:	**berrei, berresti,** ecc.
cadere:	**cadrei, cadresti,** ecc.	venire:	**verrei, verresti,** ecc.
dovere:	**dovrei, dovresti,** ecc.	volere:	**vorrei, vorresti,** ecc.
potere:	**potrei, potresti,** ecc.		

—Vorrebbe l'anestesia?

Verresti al cinema con me?	*Would you come with me to the movies?*
Mi **darebbe** alcuni consigli?	*Would you give me some advice?*
Che cosa **vorrebbe** fare Paolo?	*What would Paolo like to do?*
Io **vorrei** fare l'oculista.	*I would like to be an eye doctor.*

3. Verbs ending in **-care, -gare, -ciare,** and **-giare** undergo a spelling change for phonetic reasons, as in the future tense (see Chapter 11, I).

cercare: **Cercherei** un lavoro.	*I would look for a job.*
pagare: **Pagherei** molto.	*I would pay a lot.*
cominciare: **Comincerei** a lavorare.	*I would start working.*
mangiare: **Mangerei** della frutta.	*I would eat fruit.*

Pratica

A. **Desiderio di relax.** Cosa faresti durante le vacanze? Rispondete secondo l'esempio.

> Esempio   vedere gli amici
> **Vedrei gli amici.**

1. dormire fino a tardi 2. fare delle passeggiate 3. leggere molti libri
4. mangiare al ristorante 5. guardare la TV 6. divertirsi 7. scrivere delle lettere 8. andare al cinema 9. stare alla spiaggia tutto il giorno
10. uscire con gli amici 11. riposarsi 12. giocare a tennis

B. **Sogni.** Un vostro amico spera di vincere alla lotteria. Aiutatelo con le vostre domande a esprimere i suoi sogni *(dreams).*

> Esempio   fare un viaggio in Florida
> —**Faresti un viaggio in Florida?**
> —**No, farei un viaggio in Oriente.** o...

1. passare i week-end in città   2. viaggiare in treno   3. mangiare al McDonald's   4. vivere in un appartamentino di due o tre locali   5. comprare una Fiat   6. spendere tutti i soldi in un anno   7. prestarmi mille dollari

C. **Inviti.** Uno studente domanda a te e ad altri compagni se vorreste fare alcune cose. Tu rispondi anche per loro. Seguite l'esempio.

> Esempio   venire al cinema
> —**Verreste al cinema?**
> —**No, ma verremmo volentieri alla discoteca.** o...

1. bere un succo d'arancia   2. mangiare una pizza   3. giocare a carte
4. andare a vedere il film *Le guerre stellari* con Harrison Ford   5. fare un giro *(to take a ride)* in bicicletta   6. darmi il vostro indirizzo

D. **Scambi rapidi.** Completate con il **condizionale presente.**

1. A un caffè di Viareggio, in Toscana.
   —Ragazzi, io _____ (prendere) un espresso lungo *(weak).* E voi?
   —Con questo caldo? Noi _____ (bere) volentieri qualcosa di fresco.
   —Sì, mi _____ (piacere) bere un succo di pompelmo. E a te?
   —Per me la stessa cosa.
2. Un turista in una banca di Bari, in Puglia.
   —Scusi, Lei _____ (potere) cambiarmi un assegno di cento dollari?
   —Non a questo sportello; Lei _____ (dovere) andare allo sportello del Cambio.
3. All'ingresso di un albergo di Verona, nel Veneto.
   —Che camera _____ (volere) i signori? Una sul davanti?
   —Sì, _____ (andare) bene, se non c'è troppo rumore *(noise)* però.
   —Possono stare tranquilli. _____ (Potere) darmi un Loro documento?
   —Ecco il passaporto.

E. **Cosa faresti tu in questa situazione?** Fatevi a turno le domande. Scegliete l'espressione corretta della seconda colonna e rispondete usando il verbo al **condizionale.**

> Esempio   —Sei in ritardo a un appuntamento. Cosa faresti?
> —**Mi scuserei.**

1. La macchina non funziona.	protestare *(o...)*
2. Un amico ti chiede un favore.	fargli le mie congratulazioni
3. Il padrone di casa aumenta l'affitto dell'appartamento.	farglielo
	portarla dal meccanico
4. Un collega d'ufficio riceve una promozione.	fare la fila e aspettare
	ringraziarlo

5. Devi spedire un pacco *(package)*, e all'ufficio postale ci sono molte persone.
6. Devi presentarti ad un colloquio.
7. Il tuo direttore ti dà un aumento di stipendio.

preparare il mio curriculum vitae

II. Il condizionale passato

Questa rivista mi avrebbe aiutato.

1. The conditional perfect (**condizionale passato**) is the equivalent of the English *would have* + past participle. It is formed with the present conditional of **avere** or **essere** + the past participle of the main verb.

avrei finito = *I would have finished*

It is conjugated as follows:

parlare		rispondere		partire	
avrei		avrei		sarei	
avresti		avresti		saresti	partito(a)
avrebbe	parlato	avrebbe	risposto	sarebbe	
avremmo		avremmo		saremmo	
avreste		avreste		sareste	partiti(e)
avrebbero		avrebbero		sarebbero	

Avrei scritto, ma non avevo l'indirizzo.

I would have written, but I did not have the address.

Avresti accettato l'invito?

Would you have accepted the invitation?

2. In indirect discourse with verbs such as **dire, rispondere, scrivere, telefonare,** and **spiegare,** Italian uses the conditional perfect to express a future action seen from a point of view in the past. Compare the constructions in Italian with those in English:

Ha detto che **sarebbe andato.**	*He said he would go.*
Hanno scritto che **sarebbero venuti.**	*They wrote that they would come.*
Ha risposto che non **avrebbe aspettato.**	*He answered that he would not wait.*

Pratica

A. **Contrasti.** Le seguenti persone hanno agito *(acted)* in un certo modo *(way)*. Altre, invece, avrebbero agito diversamente *(differently)*. Dite come.

> Esempio   Lisa ha comprato un cappotto./Marco...
> **Marco, invece, avrebbe comprato un impermeabile.** *o...*

1. Silvio ha ordinato lasagne al forno./Noi...
2. L'ingegner Scotti è partito in aereo./La signora Scotti...
3. Il direttore della ditta è andato in vacanza a Miami./La sua segretaria...
4. Gabriella e Filippo hanno bevuto una bottiglia di Frascati./Tu...
5. Io mi sono alzato tardi./I miei fratelli...
6. I miei genitori hanno preferito un appartamento in centro./Io...

B. **Hanno detto che...** Usate il discorso indiretto *(indirect discourse)* e il **condizionale passato.**

> Esempio   la mia fidanzata, telefonare alle tre
> **La mia fidanzata ha detto che avrebbe telefonato alle tre.**

1. Lorenzo, comprare un computer
2. i miei zii, venire presto
3. Liliana, andare a un colloquio
4. Luigi, fare l'architetto o l'ingegnere
5. la segretaria, chiedere un aumento di stipendio

C. **Supposizioni.** Cosa avresti fatto nelle seguenti situazioni? In coppie e a turno, fate le domande e rispondete.

> Esempio   al lago
> —**Cosa avresti fatto al lago?**
> —**Avrei preso il sole.** *o...*

1. a Roma   2. dopo un esame difficile   3. prima di un colloquio per un impiego   4. in caso di cattivo tempo   5. per il compleanno del tuo ragazzo (della tua ragazza)   6. il giorno delle elezioni   7. dopo un trasloco

D. **Desideri impossibili.** Formate delle frasi complete con il primo verbo al **condizionale passato** e il secondo verbo all'**imperfetto.**

> Esempio   Lia (fare) un viaggio, non (avere) soldi
> **Lia avrebbe fatto un viaggio, ma non aveva soldi.**

1. io (prestarti) la macchina, non (funzionare)
2. lui (cambiare) lavoro, (essere) difficile trovarne un altro
3. noi (prendere) il treno, (esserci) lo sciopero dei treni
4. lei (fare) medicina, ma gli studi (essere) troppo lunghi
5. il nostro amico (partire), non (stare) bene
6. io (preferire) un lavoro a tempo pieno, (esserci) solo lavori part-time

E. **Presente o passato?** Completate con il **condizionale presente o passato.**

1. Io *(would go)* _____ in vacanza, ma sono al verde.
2. Noi *(would go out)* _____, ma piove.
3. *(Would you live)* _____ in campagna Lei?
4. Loro *(would be)* _____ contenti di stare a casa oggi.
5. Gino *(would have left)* _____ con il treno delle sei, ma la sua valigia non era pronta.
6. Che cosa *(would you answer)* _____ a un amico che ti domanda un favore?
7. *(Would you like)* _____ fare il chirurgo?
8. Hai scritto a Pietro? *(I would have written to him)* _____, ma lui non ha risposto alla mia ultima lettera.

F. **Quale professione mi consiglia** *(do you suggest)*? In due, fate a turno la parte di qualcuno che domanda consigli sulla professione da seguire, e dell'impiegato di un'agenzia di collocamento.

> Esempio   —Mi piacerebbe viaggiare e vedere paesi stranieri.
> **—Allora Le consiglierei di fare l'agente di viaggi. (o la guida o...)**

1. Sono una persona ordinata, metodica, precisa e puntuale.
2. Mi piacerebbe studiare per tutta la vita.
3. Mi appassiono ai problemi personali e mi piacerebbe trovare le soluzioni.
4. Vorrei vedere il trionfo della giustizia *(justice)* e diventare ricco(a) allo stesso tempo.
5. Amo curare i bambini e la casa e preparare pranzi deliziosi.
6. Mi diverto a montare e smontare i motori delle macchine.

III. *Uso di* dovere, potere *e* volere *nel condizionale*

1. The present conditional of **dovere, potere,** and **volere** is used instead of the present indicative to make a request more polite or a statement less forceful. It has the following meanings:

dovrei = *I should, I ought to*
potrei = *I could, I might*
vorrei = *I would like*

Compare:

Devi aiutare la gente.	*You must help people.*
Dovresti aiutare la gente.	*You should (You ought to) help people.*
Non **voglio** vivere qui.	*I don't want to live here.*
Non **vorrei** vivere qui.	*I would not like to live here.*
Può aiutarmi?	*Can you help me?*
Potrebbe aiutarmi?	*Could you help me?*

—Potrebbe ripararla in un'ora, prima del ritorno di mio marito?

2. In the conditional perfect, **potere, volere,** and **dovere** correspond to the following English constructions:

avrei dovuto + *infinitive* = *I should have* + past participle
avrei potuto + *infinitive* = *I could have* + past participle
avrei voluto + *infinitive* = *I would have liked* + infinitive

Avrei dovuto parlare all'avvocato.	*I should have spoken to the lawyer.*
Avrebbe potuto laurearsi l'anno scorso.	*She could have graduated last year.*
Avrebbe voluto fare un viaggio.	*He would have liked to take a trip.*

Pratica

A. **Belle maniere** *(Polite manners).* Attenuate *(Make less forceful)* le seguenti frasi, usando il **condizionale presente.**

1. I due turisti: —Vogliamo due camere singole con doccia. Può prepararci il conto per stasera? 2. Il direttore di una ditta: —Dobbiamo assumere una persona competente. Può inviarci *(send us)* il Suo curriculum vitae? 3. Il capoufficio: —Deve pensare al Suo futuro. Vuole una lettera di raccomandazione? 4. Un lavoratore part-time: —Oggi voglio finire prima. Devo andare all'agenzia di collocamento. 5. Gli studenti d'italiano: —Possiamo uscire mezz'ora prima? Può ripetere le spiegazioni sul condizionale domani?

B. **Desideri e possibilità.** Rispondete alle seguenti situazioni secondo l'esempio, e confrontate *(compare)* le vostre risposte con quelle del compagno vicino/(della compagna) vicino.

> Esempio   Il signor Brambilla era stanco di lavorare. Che cosa avrebbe voluto fare?
> **Avrebbe voluto andare in pensione.** *o...*

1. Non avevate notizie di una vostra amica. Che cosa avreste potuto fare?
2. Avevi un appuntamento, ma non ci potevi andare. Che cosa avresti potuto fare? 3. Un amico ti ha telefonato perchè era in gravi difficoltà finanziarie. Che cosa avresti potuto fare? 4. L'altro giorno sei andato(a) in ufficio; il computer non funzionava, faceva troppo caldo e il direttore era di cattivo umore. Cosa avresti voluto fare? 5. Ieri era una bellissima giornata. A scuola c'era un esame difficile; tu e altri studenti non eravate preparati(e), e non avevate voglia di andare in classe. Cosa avreste voluto fare?

C. **Il week-end scorso.** In gruppi di due, dite quattro cose che avreste dovuto fare il week-end scorso e che non avete fatto.

> Esempio   **Il week-end scorso avrei dovuto scrivere una lettera a...**

IV. Verbi e espressioni verbali + infinito

Ecco il gelataio! Andiamo a prenderci un bel gelato!

1. Some verbs and verbal expressions are followed by an infinitive without a preposition. Among the most common are:

   a. semiauxiliary verbs: **dovere, potere, volere, sapere**

   b. verbs of *liking* and *disliking:* **piacere, desiderare, preferire**

   c. impersonal verbal expressions with the verb **essere**, such as **è facile (difficile), è possibile (impossibile), è necessario.**

Potresti aiutarmi?	*Could you help me?*
Mi **piace** ascoltare i dischi di Pavarotti.	*I like to listen to Pavarotti's records.*
È facile sbagliarsi.	*It is easy to make a mistake.*
È possibile laurearsi in quattro anni.	*It is possible to graduate in four years.*

2. Some verbs and verbal expressions require the preposition **di** + *infinitive*. Among the most common are:

   a. **essere** + *adjective:* **contento, felice, stanco**

   b. **avere** + *noun:* **paura, bisogno, tempo**

   c. verbs of *saying:* **dire, domandare, chiedere**

   d. verbs of *thinking:* **credere, pensare, ricordarsi, sperare**

   e. other verbs: **dimenticare, cercare** *(to try),* **finire.**

Sono contento di vederLa.	*I am glad to see you.*
Non ho tempo di fermarmi.	*I don't have time to stop.*
Sperava di diventare un grande pittore.	*He was hoping to become a great painter.*

3. Some verbs require the preposition **a** + *infinitive*. Among the most common are:

   aiutare
   andare
   continuare
   imparare
   (in)cominciare
   venire

Abbiamo continuato a camminare.	*We continued walking.*
Ha imparato a usare il PC.	*He learned to use the PC.*
Vorrei **venire a** trovarti.	*I would like to come visit you.*

   NOTE:

   A more complete list of verbs and verbal expressions + infinitive appears in Appendix 2.

Pratica

A. **La giornata di un bambino.** Completate con le preposizioni **a, di** o **per,** se necessario.

Pierino impara _____ suonare il piano. Non gli piace _____ studiare. Preferisce _____ giocare con gli amici. Dopo la scuola incomincia _____ studiare e spera _____ finire presto perchè vuole _____ andare _____ giocare al pallone. Dopo cena Pierino chiede _____ guardare la televisione, ma non può _____ guardarla per molto tempo perchè ha sonno e desidera _____ dormire. La mattina del giorno dopo, deve _____ alzarsi presto _____ finire i compiti.

B. **Un po' di tutto.** Cambiate le frasi seguenti secondo l'esempio e usate le preposizioni appropriate quando sono necessarie.

> Esempio   Ci iscriviamo all'università. (speriamo)
> **Speriamo di iscriverci all'università.**

1. Beviamo un cappuccino. (vorremmo)
2. Vai in Italia? (sei contento)
3. I lavoratori aspettavano un aumento. (erano stanchi)
4. Ho riparato la macchina da scrivere. (ho cercato)
5. Lucia guarda le vetrine. (si è fermata)
6. Ti accompagno a casa? (posso)
7. Lei leggeva fino a tardi. (le piaceva)
8. Lavoriamo per vivere. (è necessario)

D. **Cercate di indovinare.** Completate le seguenti frasi secondo il significato. Usate le preposizioni appropriate quando è necessario.

> Esempio   Il professore ha sonno. Desidera...
> **Desidera dormire.** o...

1. Il padre di Marcello ha 65 anni. Pensa...
2. Il segretario ha perso l'impiego. Ha paura...
3. Noi partiremo alle cinque di mattina. Dovremo...
4. Gli operai sono scontenti del loro salario. Vorrebbero...
5. A Marcello non piaceva il lavoro in banca. Non voleva continuare...
6. È marzo e piove quasi ogni giorno. Io non dimentico mai...

E. **Conversazione.**

1. Cos'hai intenzione di fare l'estate prossima?
2. Speri di fare un viaggio? Dove desideri andare?
3. Chiederai a tuo padre di aiutarti a pagare le tue vacanze?
4. Hai mai cercato di risparmiare? È facile risparmiare? Perchè?
5. Quanti anni avevi quando hai cominciato a guadagnare?
6. Hai un lavoro adesso? È a tempo pieno? Se l'hai, sei soddisfatto(a) di averlo? Perchè?

Lettura

In cerca di *un impiego*   In search of

Liliana ha preparato il suo curriculum vitae e oggi si
è presentata nello studio dell'avvocato Rizzi per un
colloquio.

Rizzi	Ah, questo è il Suo curriculum. Bene, bene, ma... Mi dica Lei, signorina. Quali sarebbero le Sue qualifiche?	
Liliana	Lei vuol dire se ho esperienza?	
Rizzi	*Appunto.* Ha mai lavorato in un ufficio come questo?	Exactly.
Liliana	No, mai. Ma ho lavorato per alcuni mesi in una ditta di import-export.	
Rizzi	Lei sa usare il personal computer e la *stampante*?	printer
Liliana	Sì, ho seguito un corso di computer l'anno scorso.	
Rizzi	Sa fare i grafici?	
Liliana	No, quelli no.	
Rizzi	Ma...*come mai* vorrebbe lavorare da noi?	how come
Liliana	Sono studentessa in legge e mi piacerebbe vedere come funziona uno studio legale.	

Rizzi	Ah! Lei fa legge! Brava! E quando finirà gli studi?	
Liliana	Se tutto va bene, dovrei finirli presto.	
Rizzi	Veramente, come Lei ha certamente letto nel nostro annuncio, noi avremmo bisogno di *qualcuno* solamente per un lavoro part-time di due mesi, per fare delle ricerche.	somebody
Liliana	Sì, un lavoro di due mesi a orario ridotto mi andrebbe bene, perchè mi permetterebbe di frequentare i miei corsi e sarei libera prima degli esami.	
Rizzi	Benissimo. Allora, *per quanto riguarda* il compenso e l'orario, ne parli alla mia segretaria. Benvenuta a bordo, signorina!	as far as

Comprensione

1. Perchè Liliana si è presentata ad uno studio legale? Sarebbe un'impiegata inesperta? Perchè?
2. Per quali ragioni vorrebbe lavorare in uno studio legale?
3. Ha già finito gli studi di legge? Fra quanto tempo dovrebbe finirli?
4. Ha ottenuto *(obtained)* l'impiego Liliana? Perchè è contenta?
5. Che cosa le dice l'avvocato prima di salutarla?

Conversazione

1. Ti sei mai presentato(a) a un colloquio tu? Com'è andato? Ti hanno chiesto il curriculum vitae?
2. Ti piacerebbe fare l'impiegato(a)? Perchè?
3. Se non hai ancora un lavoro, quale mestiere o professione vorresti fare? Perchè?
4. Se hai già un impiego, sei soddisfatto(a) del tuo stipendio? Lo spendi tutto o riesci a risparmiare un po' di soldi?
5. Se non hai un impiego, è perchè sei disoccupato(a), molto ricco(a), in pensione, o perchè prima avresti intenzione di finire gli studi?

Attività supplementari

A. **Cerchiamo lavoro.** In coppie, immaginate di leggere l'annuncio a pagina 345 e di telefonare per avere informazioni precise sul lavoro offerto e sulle condizioni: l'orario, lo stipendio, gli studi, l'esperienza, le referenze, la data di inizio e a chi rivolgersi per fare domanda.

B. **Curriculum vitae.** Immaginate di scrivere un breve riassunto *(résumé)* della vostra vita.

1. nome e cognome
2. data di nascita
3. indirizzo e numero di telefono
4. titolo di studio (diploma o laurea, nome della scuola o dell'università)
5. conoscenza delle lingue (quali)
6. soggiorno all'estero (in quali paesi)
7. esperienza di lavoro (dove, quando, quanto tempo)
8. attività e interessi personali
9. lettere di raccomandazione (da chi: nome, qualifica, scuola o ditta)

C. **Il futuro.** Fate la parte di due amici (amiche) che parlano dei loro progetti per il futuro: quale mestiere o professione, per quale ragione, vantaggi e svantaggi, ecc. Prendete come esempio il dialogo «*Una scelta difficile*» a pagina 328.

D. **Oggi sciopero!** Leggete i ritagli *(clippings)* di giornale e, in coppie, rispondete a queste domande.

1. Quali lavoratori hanno fatto sciopero e quali lo faranno?
2. Per quando è annunciato lo sciopero del personale ferroviario?
3. Chi sciopererà venerdì? E lunedì?
4. A che ora è incominciato lo sciopero dei controllori di volo?

L'agitazione fino alle 21 di domani. Aumentano del 2,5 % i biglietti

Macchinisti in sciopero, da stasera treni a rischio

ROMA — Fine settimana di disagi per chi viaggerà in treno. A partire dalle 21 di stasera fino alla stessa ora di domani si asterranno dal lavoro i macchinisti aderenti al Comu e i ferrovieri che aderiscono sia al Comitato nazionale di gestione contro la direttiva Prodi sia alle Federazioni Fltu-Cub e Rdb-Cub.

Venerdì sciopero alla Banca di Roma

Venerdì il personale del gruppo Banca di Roma sciopererà contro «i gravi errori di gestione e i colpevoli ritardi che fin qui hanno impedito alle aziende del gruppo di diventare competitive». Lo hanno annunciato i sindacati.

Ieri agitazione di quattro ore degli uomini radar

Negli aeroporti ancora caos
Lunedì scioperano i postini

ROMA. Dopo almeno altri otto scioperi annunciati con grande evidenza dall'inizio dell'anno e poi sospesi, ieri le quattro ore di sciopero dei controllori di volo cominciate alle 12 si sono effettivamente fatte. L'effetto a Linate è infatti quasi quello di uno sciopero improvviso: i passeggeri evidentemente contavano sull'ennesimo rinvio, mentre molte compagnie han-

E. **Sei uno(a) yuppie?** Discutete in coppie la filosofia, lo stile di vita e il modo di vestire di uno(a) yuppie e completate il quiz che segue. Poi confrontate tra voi il risultato.

Preferiresti un lavoro con	molte responsabilità.	A	_____
	poche responsabilità.	B	_____

Fare carriera	sarebbe molto importante per te.	A	_____
	non ti entusiasma molto.	B	_____

Ti piacerebbe vivere	in una grande città.	A	_____
	in un piccolo centro.	B	_____

Sceglieresti alla TV programmi	di economia e marketing.	A	_____
	di sport e film.	B	_____

Vorresti discutere con gli amici	di questioni economiche.	A	_____
	di problemi ecologici.	B	_____

Preferiresti	ascoltare conferenze su come investire i soldi.	A	_____
	passare il tuo tempo libero in campagna.	B	_____

Ti piacerebbe	vestirti in maniera disinvolta (*casual*) ma elegante.	A	_____
	portare abiti pratici e comodi.	B	_____

Vorresti come regalo	un supercomputer.	A	_____
	una bicicletta da montagna.	B	_____

Se hai totalizzato 8 A, hai definitivamente le tendenze di uno(a) yuppie. Se hai totalizzato 8 B, la vita dell'alta finanza non fa per te.

Come si dice in italiano?

1. Roberto S. is a young lawyer who (**che**) lost (his) job.
2. Since he would like to find a new one, today he is in an employment agency for an interview.
3. Would you have a job for a person with my qualifications?
4. Well (**Beh!**), the C. & C. brothers are building a wall (**muro**) around their property (**proprietà**) and will be hiring several people.
5. I would prefer to work in an office: I can type...
6. Well, maybe you should come back next month; we might have another job.
7. I can't wait. I will take this job, though (**però**) I would have preferred a more (**più**) intellectual job.
8. Who knows? Today you start as (a) laborer, and tomorrow you might become the president of C. & C.

Sito Web

Il Piemonte

Piedmont, <u>il Piemonte</u>, is one of the most important industrial areas in Italy. It is known for its textile, metal-working, chemical, automobile, and computer industries, as well as for the production of food products and leather goods. <u>Turin</u>, the region's capital, is the home of Italy's major automobile manufacturer, <u>FIAT</u>. <u>Olivetti</u>, the prominent manufacturer of computers and typewriters, is based in <u>Ivrea</u>.

During the economic boom of the late 1950s and early 1960s, Piedmont's industries attracted many people from other regions in Italy, especially in the south. Even today, when unemployment is a significant problem in Italy, Piedmont has one of the lowest rates in the nation.

Other important cities in Piedmont include <u>Alba</u>, famous for its delectable "tartufi bianchi," or white truffles; <u>Asti</u>, <u>Barolo</u>, and <u>Barbaresco</u>, the major wine centers; and <u>Vercelli</u>, an important rice market.

Web page addresses of related interest are:

Cities
http://www.nettuno.it

Chambers of Commerce
http://www.pie.camcom.it

Piemonte
http://www.yahoo.com/Regional/Courtesy/Italy

Piemonte
http://www.regione.piemonte.it

Trade Unions
http://www.mclink.it/com/cisl

FIAT
http://www.fiat.com/e/range/timeline/default/htm

http://www.hrwcollege.com

Vocabolario

Nomi

l'agenzia di collocamento	*employment agency*
il commercio	*commerce*
la condizione	*condition*
la ditta	*firm*
l'esperienza	*experience*
la fabbrica	*factory*
il fattore	*factor, element*
l'inclinazione *(f.)*	*inclination*
l'industria	*industry*
l'inizio	*beginning*
l'insegnamento	*teaching*
l'interesse *(m.)*	*interest*
la lettera di rac- comandazione	*letter of recommendation*
l'orario	*schedule*
il (la) professionista	*professional (person)*
la promozione	*promotion*
la qualifica	*qualification*
la referenza	*reference*
la ricerca	*research*
il sogno	*dream*
lo (la) specialista	*specialist*
il titolo di studio	*degree*
il veterinario	*veterinarian*

Verbi

annunciare	*to announce*
appassionarsi (a)	*to be very interested (in)*
consultare	*to consult*
dirigere *(p.p.* diretto)	*to manage*
funzionare	*to function, to work*
influenzare	*to influence*
iscriversi	*to enroll, to register*
presentarsi	*to introduce (present) oneself*
riparare	*to repair*
risparmiare	*to save (money)*
rivolgersi *(p.p.* rivolto)	*to address*
scherzare	*to joke*
scrivere a macchina	*to type*

Altre espressioni

Benvenuto(a)!	*Welcome!*
Come mai?	*How come?*
Così tanto!	*So much!*
Davvero?	*Really?*
di cattivo umore	*in a bad mood*
fare la fila	*to stand in line*
lo stile di vita	*lifestyle*

Aggettivi

competente	*competent*
esperto	*experienced, expert*
finanziario	*financial*
grave	*grave, serious*
inesperto	*inexperienced*
legale	*legal*
soddisfatto	*satisfied*
vicino	*near*

Pagina culturale

Nell'ufficio di una commercialista *(CPA)*.

Il lavoro e la donna

Il periodo fascista, che concepiva la donna quasi esclusivamente come casalinga e madre, è ormai lontano. Nel 1946 le donne italiane hanno votato per la prima volta, e da allora si sono ribellate ai vecchi pregiudizi che le limitavano, e *hanno fatto molta strada* nella conquista dei loro *diritti.*

    Oggi si può dire che le donne competono con gli uomini in tutte le professioni una volta esclusivamente maschili. La donna è entrata nel campo della medicina e può fare il chirurgo, o in quello della *magistratura,* e può fare il *giudice* o il *pubblico ministero.* Oppure può dedicarsi all'insegnamento universitario o al giornalismo. Diverse hanno scelto la vita politica e siedono nella Camera dei Deputati o nel Senato; alcune hanno fatto o fanno parte del *Consiglio dei Ministri.**

    L'elemento femminile *impegnato* nell'industria della moda è altissimo: dei due milioni circa di *addetti* a questo settore—se si conta anche il lavoro *sommerso*—almeno due terzi sono costituiti da donne. Molte di queste affermano la loro creatività e formano una piccola impresa *per proprio conto.* Le donne manager sono numerose anche in altre industrie.

    Per legge le lavoratrici hanno diritto al *congedo di maternità,* cioè a cinque mesi pagati di assenza dal lavoro in caso di maternità, e il loro

have come a long way
rights

judiciary/judge/prosecutor

Cabinet
employed
employees
underground
on their own

maternity leave

---

*Esiste un progetto di legge che vorrebbe inserire le donne nell'esercito *(army).*

impiego è *assicurato* per la durata di un anno. Inoltre, esistono   ensured
facilitazioni per le madri lavoratrici, come le *scuole materne* e i *nidi d'in-*   kindergartens/nurseries
fanzia organizzati dalle comunità locali e dal governo.

 È necessario però aggiungere che il progresso sociale di decenni non
ha annullato certi pregiudizi, e che a volte è causa di conflitti e di scelte
penose. Molti mariti, cresciuti in una famiglia dove la madre si occupava   painful
delle varie attività domestiche, si adattano difficilmente ad aiutare la
moglie nelle occupazioni familiari. D'altra parte la donna, per farsi strada
in un mondo dominato per secoli dall'uomo, si sente obbligata spesso a
rinunciare a certi aspetti della sua femminilità, inclusa, a volte, la
maternità.

Comprensione

1. In che anno le donne italiane hanno avuto il diritto di votare? Perchè non potevano votare prima?
2. Quale titolo di studio si deve avere per accedere alla carriera di giudice e di pubblico ministero? E a quella di chirurgo?
3. Quante persone sono impegnate nel settore della moda? Che cosa fa spesso la donna che si occupa di moda?
4. Oggi la donna può competere con l'uomo nel mercato del lavoro: questo è per lei garanzia di una vita facile? Perchè?
5. Trovate differenze e similarità nella situazione delle lavoratrici italiane e americane? Quali?

Zona del Barolo (Piemonte).

Capitolo
15

Paesi e paesaggi

Punti di vista

Giovani sciatori
sulla neve.

Una gita scolastica

field trip

Alcuni professori del liceo «M» dell'Aquila* hanno organizzato una gita scolastica a Roccaraso. Così Tina e i compagni vanno in montagna a passare la settimana bianca.† Ora i ragazzi sono in pullman, *eccitati* e felici.

excited

Tina	Mi piace viaggiare in pullman, e a te?	
Stefano	Mi piace *di più* viaggiare in treno.	more
Riccardo	Sapete cosa mi piacerebbe fare? Un viaggio in aereo. Siete mai andati in aereo voi?	
Lisa	Sì, io ci sono andata l'anno scorso, ma è *meno* interessante *di quel che* tu pensi.	less . . . than
Stefano	Sono d'accordo con te. Un viaggio in treno è *molto più* piacevole: dal treno puoi vedere *pianure*, colline, laghi, fiumi, mentre dall'aereo non vedi niente.	much more plains
Tina	E poi io non prenderei mai l'aereo, perchè soffro di claustrofobia e *avrei una paura da morire!*	I would be scared to death
Riccardo	*Ma va!* Tu hai paura di *tutto!* Come mai non hai paura di sciare?	Come on!/everything
Tina	Perchè sciare mi piace moltissimo. E poi mio padre mi ha comprato un paio di *sci* per Natale.	skis

*L'Aquila, chief town of the Abruzzi region, is surrounded by the highest mountains of the Appennini. South of L'Aquila is Roccaraso, a summer and winter resort town.

†A winter skiing vacation.

Lisa	*A proposito,* ho bisogno di comprare alcune cose appena arriviamo al paese.	By the way
Tina	Di cosa hai bisogno?	
Lisa	Ho dimenticato a casa il *sacchetto del trucco.*	makeup case
Tina	Ma per tre giorni non puoi *farne a meno?*	do without it
Lisa	Sì, posso fare a meno di *truccarmi,* ma il fatto è che nel sacchetto c'erano lo *spazzolino da denti* e *il dentifricio.*	to put on makeup toothbrush toothpaste
Tina	Allora, appena arriveremo al paese, cercheremo una farmacia.	

Comprensione

1. Dove vanno Tina e i suoi compagni?
2. A Stefano piace di più viaggiare in treno o in pullman?
3. Stefano dice che un viaggio in aereo è meno interessante di un viaggio in treno. Perchè?
4. Secondo Riccardo, è una ragazza coraggiosa Tina? Perchè no?
5. Che cosa ha lasciato a casa Lisa?
6. Lisa si preoccupa solo perchè non potrà truccarsi o per un'altra ragione? Quale?
7. Perchè dovrà cercare una farmacia Lisa?

Studio di parole   Termini geografici

Il lago di Misurina tra le montagne delle Alpi Orientali.

la terra earth
la montagna ⎱ mountain
il monte ⎰
montuoso mountainous
la catena chain
il ghiacciaio glacier
la collina hill
il vulcano volcano

la valle valley
la pianura plain
la costa coast
il continente continent
il paese country; small town
l'isola island
la penisola peninsula
il fiume river

il cielo sky	**confinare (con)** to border
il sole sun	**circondare** to surround
la luna moon	**distare** to be distant, to be far (from)
la stella star	**settentrionale = del nord** northern
il pianeta planet	**meridionale = del sud** southern
il porto port	**orientale = dell'est** eastern
il golfo gulf	**occidentale = dell'ovest** western
il lago lake	**illuminare** to light
il mare sea	**l'alba** dawn
l'oceano ocean	**il tramonto** sunset
il territorio territory	**Il sole sorge** (*rises*) **alle... e**
la superficie area, surface	**tramonta** (*sets*) **alle...**
attraversare to cross	

Informazioni

L'Italia è una penisola montuosa, limitata al nord dalla maestosa catena delle **Alpi**, e attraversata nella sua lunghezza dalla catena degli **Appennini**. Tra le Alpi e gli Appennini settentrionali si estende la **Pianura Padana**, attraversata dal Po, il fiume più lungo del paese. Questa pianura è ricchissima di fiumi e di laghi: i più grandi sono il **lago Maggiore**, il **lago di Como** e il **lago di Garda**.

I parchi nazionali e naturali sono numerosi tanto nella zona alpina quanto* in quella appenninica. I loro sentieri (*trails*) e rifugi (*mountain huts*) attirano gli amanti delle lunghe camminate in mezzo ad una natura incontaminata. Qui, nel loro ambiente naturale sono protetti diversi animali in pericolo di estinzione.† Il parco nazionale più noto e più antico è il **Parco del Gran Paradiso**. Si trova in Piemonte e prende il nome dal monte che lo domina (m. 4060). Il più ampio è il **Parco Nazionale dello Stelvio**, situato nelle Alpi centrali, tra la Lombardia e il Trentino. Il **Parco Nazionale d'Abruzzo** nell'Italia centrale e il **Parco Nazionale della Calabria** al sud rivelano la bellezza selvaggia (*wild*) degli Appennini.

Per chi ha la passione delle escursioni a piedi su sentieri di pianura o di montagna, il Touring Club Italiano (**TCI**) e il Club Alpino Italiano (**CAI**) provvedono diverse carte di itinerari. **La Rivista del Trekking** pubblica articoli interessanti, che descrivono in dettaglio vari itinerari e ne illustrano il paesaggio e le tappe (*rest stops*). Leggere questi articoli significa scoprire non solo la natura, ma anche la storia e l'arte dei luoghi che si incontrano.

*as ... as

†Il camoscio (*chamois*), lo stambecco (*ibex*), l'orso (*bear*), il lupo (*wolf*) e l'aquila (*eagle*).

Applicazione

A. **Geografia.** Per riferimento guardate le due carte geografiche d'Italia all'inizio del libro.

1. La Sardegna è un'isola o una penisola?
2. Da che cosa è circondata l'Italia?
3. Che cosa attraversiamo per andare dall'Italia all'Austria?

4. È più lunga la catena degli Appennini o quella delle Alpi?
5. Che cosa sono il Po, l'Arno e il Tevere? Quali città bagnano?
6. Sa quali sono i paesi che confinano con l'Italia?
7. Quali sono le regioni che confinano con la Campania?

B. **Il cielo.**

1. Che cosa illumina il cielo la notte?
2. A che ora sorge il sole in questi giorni? In quali stagioni tramonta presto?
3. Di che colore è il cielo sull'oceano quando il sole tramonta?
4. Che cosa si vede nel cielo nelle notti serene?
5. Nel 1997 il "Pathfinder" è arrivato su Marte. Che cos'è Marte?

C. **Conversazione.**

1. Hai mai partecipato a una gita scolastica? Dove sei stato(a) e con che mezzo hai viaggiato?
2. Hai mai attraversato gli Stati Uniti? Come? Quanti giorni ci vogliono in macchina? E in aereo?
3. Secondo te, è più attraente (attractive) la costa orientale degli Stati Uniti o quella occidentale? Perchè?
4. Conosci il nome di un vulcano attivo in Italia? Sai dov'è?
5. Conosci il nome di due belle isole nel golfo di Napoli?
6. Sai qual è il monte più alto d'Europa?
7. Sai come si chiamano i mari che circondano l'Italia?

D. **Interessi particolari.** Immaginate di avere già visitato molte città italiane; ora volete vedere alcune zone interessanti della provincia. Discutete in coppie quali delle seguenti attività vi potrebbero interessare e dite dove le prarichereste, e perchè.

Esempio   Camminare.

—**Io vorrei camminare nei boschi delle Dolomiti e salire a qualche rifugio perchè mi piace fare escursioni in montagna. E tu?**

1. Andare in bicicletta.   2. Visitare le zone del vino.   3. Fare escursioni sulle Alpi o sugli Appennini, o andare a sciare.   4. Soggiornare in conventi o monasteri.   5. Assistere a spettacoli o a manifestazioni folcloristiche.

Ascoltiamo!

Un incontro. Lisa has stopped at a pharmacy in Roccaraso to buy a toothbrush and toothpaste. There she runs into Giovanni, an old school friend whom she has not seen for several years. Listen to their conversation; then answer the questions in your textbook.

Comprensione

1. Che sorpresa ha avuto Lisa quando è entrata nella farmacia?
2. Con chi è venuto in montagna Giovanni? Perchè?
3. In quale periodo dell'anno Lisa e Giovanni venivano in montagna con le loro famiglie?
4. Lisa era una brava sciatrice quand'era bambina? Perchè Giovanni rideva (*was laughing*)?
5. Perchè Giovanni non potrà vedere Lisa sugli sci domani?
6. Che cosa vuole sapere Giovanni da Lisa? Perchè?

II. I superlativi

Secondo molti, il lago Maggiore è il più bel lago d'Italia.

There are two types of superlatives: the relative superlative (**superlativo relativo**) and the absolute superlative (**superlativo assoluto**).

1. The relative superlative means *the most . . . , the least . . . , the (. . .)est.* It is formed by placing the definite article before the comparative of inequality.

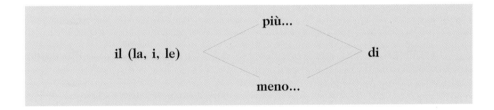

il (la, i, le) **più...** **di** **meno...**

Firenze è **la più** bella città d'Italia.	*Florence is the most beautiful city in Italy.*
Pierino è **il meno** studioso della classe.	*Pierino is the least studious in the class.*
Il monte Bianco è **il più** alto d'Europa.	*Mont Blanc is the highest mountain in Europe.*

Note that the English preposition *in* is rendered in Italian by **di** or **di** + definite article.

The position of the superlative in relation to the noun depends on the adjective. If the adjective follows the noun, the superlative also follows the noun. In this case, the article is placed *before* the noun.

Roma è **la più grande** città d'Italia. *or* Roma è **la** città **più grande** d'Italia.	*Rome is the largest city in Italy.*

Genova e Napoli sono **i porti più importanti** del mare Tirreno.	*Genoa and Naples are the most important ports in the Tyrrhenian Sea.*

2. The absolute superlative means *very* or *extremely* + adjective or adverb. It is formed in the following ways:

   a. By placing **molto** before the adjective or the adverb:

Capri è un'isola **molto bella.**	*Capri is a very beautiful island.*
Lui impara le lingue **molto facilmente.**	*He learns languages very easily.*

   b. By adding the suffix **-ssimo (-ssima, -ssimi, -ssime)** to the masculine plural form of the adjective. This form of the absolute superlative is more emphatic.

È stata una **bellissima** serata.	*It was a very beautiful evening.*
Ho passato delle vacanze **interessantissime.**	*I spent a very interesting vacation.*
Roma è una città **antichissima.**	*Rome is a very ancient city.*

   NOTE:

   The superlatives of **presto** and **tardi** are **prestissimo** and **tardissimo.**

Pratica

A. **Più o meno?** Rispondete usando il **superlativo relativo**, secondo l'esempio.

   > Esempio   i vini francesi, famosi, mondo
   > —I vini francesi sono i più famosi o i meno famosi del mondo?
   > —Sono i più famosi.

   1. lo stato di Rhode Island, grande, Stati Uniti   2. il baseball, popolare, sport americani   3. un chirurgo, caro, professionisti   4. febbraio, lungo, mesi   5. il 21 dicembre, breve, giorni dell'anno   6. l'estate, calda, stagioni   7. il jogging, pericoloso, sport   8. il «Concorde», veloce, aerei di linea   9. il Po, lungo, fiumi italiani   10. il cane, fedele, animali

B. **Secondo te...?** Fatevi a turno le domande, seguendo l'esempio.

   > Esempio   il giorno, bello, settimana
   > Studente 1: Secondo te, qual è il giorno più bello della settimana?
   > Studente 2: Secondo me, il giorno più bello della settimana è il sabato.
   > Studente 1: Per me, invece, il giorno più bello è...

   1. il programma, popolare, televisione   2. la città, attraente, Stati Uniti

3. le attrici, brave, Hollywood   4. il ristorante, caro, questa città   5. la moda, elegante, Europa   6. la stagione, bella, anno

C. **Tutto è superlativo!** Fatevi a turno le domande. Usate il **superlativo assoluto** nella risposta.

> | Esempio | bravo, Maria | —È **brava Maria?** |
> |---|---|---|
> | | | —È **bravissima.** |

1. bello, l'isola di Capri   2. veloce, la Lamborghini   3. alto, il monte Everest   4. antico, Roma   5. vasto, lo spazio   6. profondo, l'oceano Pacifico   7. luminoso, le stelle   8. verde, le colline umbre

III. Comparativi e superlativi irregolari

1. Some adjectives have both regular and irregular comparative and superlative forms. The most common irregular forms are:

Adjective	Comparative		Relative superlative	
buono	migliore	*better*	il migliore	*the best*
cattivo	peggiore	*worse*	il peggiore	*the worst*
grande	maggiore	*bigger, greater*	il maggiore	*the biggest, the greatest*
piccolo	minore	*smaller*	il minore	*the smallest*

Although the regular and irregular forms are sometimes interchangeable, the choice is often determined by the context. The regular forms are generally used in a literal sense, to describe size, physical characteristics, and character traits, for example. The irregular forms are generally used to express opinions about less concrete qualities, such as skill, greatness, and importance.

È il peggior pianista della città. Suona peggio degli altri.

Come studentessa Franca è **migliore** di Claudia, ma Claudia è **più buona** di Franca.

Franca is a better student than Claudia, but Claudia is better (nicer) than Franca.

Il lago di Como è **più piccolo** del lago di Garda.
Le autostrade italiane sono tra **le migliori** d'Europa.

Lake Como is smaller than Lake Garda.
Italian highways are among the best in Europe.

Dante è **il maggior*** poeta italiano.	*Dante is the greatest Italian poet.*
La tua è **la peggiore** delle scuse.	*Yours is the worst of the excuses.*

NOTE:

a. When referring to birth order, *older (the oldest)* and *younger (the youngest)* are frequently expressed by **maggiore (il maggiore)** and **minore (il minore).**

Tuo fratello è **maggiore** o **minore** di te?	*Is your brother older or younger than you?*
Franca è **la minore** delle sorelle.	*Franca is the youngest of the sisters.*

b. When referring to food or beverages, *better (the best)* and *worse (the worst)* may be expressed with the regular or irregular form.

Il vino bianco è **migliore** (**più buono**) quando è refrigerato.	*White wine is better when it is chilled.*
Secondo me, la margarina è **peggiore** (**più cattiva**) del burro.	*In my opinion, margarine is worse than butter.*
A Napoli si mangia **la migliore** (**la più buona**) pizza d'Italia.	*The best pizza in Italy is eaten in Naples.*

2. The *absolute superlatives* of these adjectives have both regular and irregular forms:

buono	→	**buonissimo, ottimo**	*very good*
cattivo	→	**cattivissimo, pessimo**	*very bad*
grande	→	**grandissimo, massimo**	*very big, very great*
piccolo	→	**piccolissimo, minimo**	*very small*

Le tagliatelle alla bolognese sono **buonissime** (**ottime**).	*Tagliatelle alla bolognese is very good.*
La Russia è un paese **grandissimo.**	*Russia is a very large country.*
Capri è un'isola **piccolissima.**	*Capri is a very small island.*
Non ho la **minima** idea di cosa farò.	*I haven't the slightest idea what I will do.*
La tua è un'**ottima** soluzione.	*Yours is a very good solution.*
D'inverno il clima di Milano è **pessimo.**	*In winter the climate in Milan is very bad.*

***Migliore, peggiore, maggiore,** and **minore** may drop the final -e before a noun not beginning with **z** or with **s** + *consonant.*

3. The adverbs **bene, male, molto,** and **poco** have the following comparative and superlative forms:

Adverb	Comparative		Relative superlative	
bene	meglio	*better*	il meglio	*the best*
male	peggio	*worse*	il peggio	*the worst*
molto	più, di più*	*more*	il più	*the most*
poco	meno, di meno*	*less*	il meno	*the least*

Lei conosce gli Stati Uniti **meglio** di me.
You know the United States better than I do.

Viaggio **più** d'estate che d'inverno.
I travel more in summer than in winter.

Parlerò **il meno** possibile.
I will speak as little as possible.

Guadagni come me? No, guadagno **di più.**
Do you earn as much as I (do)? No, I earn more.

È **meglio** partire ora.
It is better to leave now.

NOTE:

The *absolute superlatives* of these adverbs are formed regularly:

bene → **benissimo** *very well*
male → **malissimo** *very badly*
molto → **moltissimo** *very much*
poco → **pochissimo** *very little*

Qui si mangia **benissimo.**
Here one eats very well.

Ho dormito **pochissimo.**
I slept very little.

Proverbi. Quali sono i proverbi in inglese che hanno un significato simile a questi?

1. Meglio tardi che mai. 2. È meglio un asino *(donkey)* vivo che un dottore morto. 3. È meglio un uovo oggi che una gallina *(hen)* domani. 4. Non c'è peggior sordo *(deaf)* di chi non vuol sentire.

Pratica

A. **Opinioni.** Domandatevi a turno la vostra opinione sulle seguenti cose.

a. Quale dei due è **migliore**?

*Di più and di meno are used when the second term of comparison is not expressed.

Esempio il clima della California, il clima dell'Oregon
—**Secondo te, è migliore il clima della California o il clima dell'Oregon?**
—**Il clima della California è migliore del clima dell'Oregon.**

1. una vacanza al mare, una vacanza in montagna 2. un gelato al cioccolato, un gelato alla vaniglia 3. la musica classica, la musica rock 4. la cucina italiana, la cucina francese

b. Quale dei due è **peggiore**?

1. la noia *(boredom)*, il troppo lavoro 2. un padre avaro, un padre severo 3. la pioggia, il vento 4. un chirurgo nervoso, un chirurgo lento

c. Quale dei due è **maggiore**?

1. un figlio di vent'anni, un figlio di tredici anni 2. la popolazione dello stato di New York, quella della California 3. il costo di un biglietto per le Hawaii, uno per l'Inghilterra 4. la responsabilità di un padre, quella di un figlio

d. Quale dei due è **minore**?

1. la distanza Milano–Roma, quella Milano–Napoli 2. i problemi di uno studente, quelli di un padre di famiglia 3. il peso di una libbra, quello di un chilo 4. l'autorità di un deputato, quella del primo ministro

B. **Paragoni.** Formate una frase completa con il **comparativo** dell'avverbio in corsivo, seguendo l'esempio.

Esempio Maria canta *bene*, Elvira. **Maria canta meglio di Elvira.**

1. Un povero mangia *male*, un ricco. 2. Un avvocato guadagna *molto*, un impiegato. 3. Un barista *(bartender)* va a letto *tardi*, un elettricista. 4. Un neonato *(newborn)* mangia *spesso*, un ragazzo. 5. Uno studente pigro studia *poco*, uno studente diligente. 6. Una segretaria scrive a macchina *velocemente*, una professoressa. 7. Mia madre cucina *bene*, me.

C. **Superlativi.** Rispondete usando il **superlativo assoluto** dell'aggettivo o dell'avverbio.

1. Canta bene Pavarotti? 2. Le piace molto viaggiare? 3. Mangia poco quando è a dieta? 4. Sta male quando riceve una brutta notizia? 5. È cattivo l'olio di ricino *(castor oil)*? 6. È grande l'oceano Pacifico? 7. È piccolo un atomo? 8. Sono buoni i dolci italiani?

D. **Confrontando le vacanze.** Al ritorno dalla breve vacanza sulla neve a Cortina d'Ampezzo, Tina e Riccardo parlano dell'albergo dove hanno alloggiato e fanno diversi paragoni *(comparisons)*. Completate il loro dialogo.

R. Quest'anno il nostro albergo era *(better)* _____ di quello dell'anno scorso, non ti pare?

T. Sì, era *(more attractive)* _____, ma la mia camera era *(smaller)* _____ della tua. L'anno scorso io sono stata *(better)* _____ di questa volta.

R. Però non puoi negare *(deny)* che la cucina del ristorante era *(very good)* _____.

T. Hai ragione. I primi piatti erano tutti *(good)* _____, ma i tortellini erano *(the best)* _____. Purtroppo, il cameriere che ci serviva era *(the worst)* _____ di tutto il ristorante.

R. Tina, cerca di criticare *(less)* _____. Il poveretto era austriaco e parlava *(very badly)* _____ l'italiano.

E. **Conversazione.**

1. Chi è il più alto della tua famiglia? E il più giovane? 2. Qual è stata la temperatura massima di ieri? E la minima? 3. Qual esame del tuo programma di studi è stato il peggiore di tutti? 4. Secondo te, è meglio vivere una vita breve ma interessantissima, o vivere una vita lunga ma insignificante? 5. È meglio andare in Europa con un viaggio organizzato o da soli *(by yourselves)*? Perchè?

IV. Uso dell'articolo determinativo

I turisti visitano l'Umbria per i suoi paesaggi e le sue città.

Assisi. Basilica di San Francesco.

Perugia. Piazza 4 Novembre.

1. We have already seen that the definite article is used with titles, days of the week, possessive adjectives, reflexive constructions, and dates and seasons.

2. The definite article is also required with:

   a. nouns used in a general or an abstract sense, whereas in English it is often omitted.

I bambini amano **gli animali.**	*Children love animals.*
La gente ammira **il coraggio.**	*People admire courage.*
Il tempo è prezioso.	*Time is precious.*

b. names of languages (except when immediately preceded by the verb **parlare**).

Ho incominciato a studiare **l'italiano.** Parlo inglese.	*I began to study Italian. I speak English.*

c. geographical names indicating continents, countries, states, regions, large islands, and mountains. Names ending in **-a** are generally feminine and take a feminine article; those ending in a different vowel or a consonant are masculine and take a masculine article.

L'Everest è il monte più alto del mondo.	*Mount Everest is the highest mountain in the world.*
La capitale de**gli Stati Uniti** è Washington.	*The capital of the United States is Washington.*
L'Asia è più grande dell'**Europa.**	*Asia is larger than Europe.*
I miei genitori vengono dal**la Sicilia.**	*My parents come from Sicily.*
Il Texas è ricco di petrolio.	*Texas is rich in oil.*
Il Piemonte confina con **la Liguria.**	*Piedmont borders on Liguria.*
La Sicilia è una bellissima isola.	*Sicily is a very beautiful island.*

NOTE:

When a feminine noun designating a continent, country, region, or large island is preceded by the preposition **in** (*in, to*), the article is omitted unless the noun is modified.

Andrete **in Italia** questa estate?	*Will you go to Italy this summer?*
Sì, andremo **nell'Italia meridionale.**	*Yes, we will go to southern Italy.*

Pratica

A. **Gusti di una coppia.** Mirella parla di sè e del marito. Completate il suo discorso con l'**articolo determinativo,** se necessario.

Io amo _____ musica classica, lui ama _____ calcio. A me piacciono _____ acqua minerale e _____ frutta; a lui piacciono _____ panini al salame e _____ vino rosso. Io preferisco _____ lettura e lui preferisce _____ TV. _____ mia stagione favorita è _____ autunno; _____ sua è _____ estate. Io ho imparato _____ francese ed anche _____ inglese; lui ha studiato solamente _____ spagnolo. _____ mio padre è fiorentino e _____ suo padre è romano. _____ Toscana è _____ mia regione; _____ Lazio è _____ sua. Io vedo sempre _____ mie amiche _____ venerdì e lui vede _____ suoi amici _____ sabato. Ma _____ domenica prossima non ci saranno differenze e partiremo insieme per _____ Grecia.

B. **Dove si trova...?** Fatevi a turno le domande.

Esempio	Cina/Asia
	—Dove si trova la Cina?
	—La Cina si trova in Asia.

1. Portogallo/Europa 2. Brasile/America del Sud 3. monte Etna/Sicilia
4. Russia/Europa orientale 5. Calabria/Italia meridionale 6. monte Bianco/Alpi occidentali 7. Stati Uniti/America del Nord 8. Maine/Stati Uniti dell'est 9. Chicago/Illinois 10. Denver/Colorado

C. **I vostri gusti.** In coppia, a turno, nominate cinque cose che amate e cinque cose che detestate.

Esempio	**Amo le giornate piene di sole. Detesto la pioggia.**

Lettura

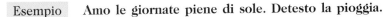

Una lezione di geografia

Liliana ha potuto trovare diverse lezioni private. Fra i suoi *allievi* c'è Tim, un *ragazzino* californiano. Il padre di Tim è impiegato in una società multi-

pupils/young boy

nazionale *con sede* a Milano e si trova in Italia da più   based
di un anno, con la famiglia.

Oggi si parla di geografia.

Liliana   Timmy, che cosa sono queste?

Timmy   Due mappe, una dell'Italia, l'altra degli Stati Uniti.

Liliana   Attento: si dice «carte geografiche». Se paragoni l'Italia agli Stati Uniti, che cosa vedi?

Timmy   Vedo che l'Italia è piccolissima, molto più piccola degli Stati Uniti. Vedo anche che ha una forma strana e che è molto più lunga che larga.

Liliana   Bravissimo! Infatti ha la forma di uno stivale. Ora, se guardi il tuo stato, la California, che cosa mi puoi dire?

Timmy   L'Italia è quasi grande quanto la California.

Liliana   Benissimo. La superficie dell'Italia è più di due terzi quella della California. Ti posso dire di più: Milano dista da Roma quanto San Francisco dista da Los Angeles.

Timmy   Però quando si va in macchina da Milano a Roma, non sembra così lontano.

Liliana   Perchè dici così?

Timmy   Perchè si vedono tante città. Anche l'Autostrada del Sole sembra più piccola, paragonata alle autostrade americane.

Liliana   E Milano, come ti sembra, se la paragoni a San Francisco?

Timmy   Meno bella, *naturalmente*. Più vecchia di   of course
San Francisco, e con le case più grigie. E d'inverno fa più freddo a Milano che a San Francisco, mentre d'estate fa più caldo.

Liliana   *Insomma*, cosa ti piace di questa città?   In short

Timmy   Mi piace la cucina. Da quando siamo qui, mangiamo molto meglio: ogni giorno un piatto diverso di pastasciutta. E le torte sono migliori qui che negli Stati Uniti.

Liliana   *Meno male* che ti piace qualche cosa. Ma...   Thank goodness
parlavamo della superficie dell'Italia, che è quasi uguale a quella della California.* Lo sai quanti abitanti ci sono in California?

Timmy   Mio padre dice che ci sono più di trenta milioni di Californiani e che sono troppi.

Liliana   Sì, ho letto che la California è lo stato più popolato degli Stati Uniti. Ma lo sai, Tim, che in Italia ci sono quasi sessanta milioni di abitanti?

Autostrada del Sole

*L'Italia misura più di 116.000 miglia (*miles*) quadrate e ha una popolazione di più di 57 milioni di abitanti.

Comprensione

1. A chi ha incominciato a dare lezioni private Liliana? Da quanto tempo si trova in Italia?
2. Di quali paesi parlano? Che cosa guardano per paragonarli?
3. È meno grande la California dell'Italia?
4. La distanza fra Milano e Roma è maggiore o minore di quella fra San Francisco e Los Angeles?
5. Secondo Tim, Milano sarebbe più bella o meno bella di San Francisco? Perchè?
6. Com'è il clima di Milano paragonato a quello di San Francisco?
7. Secondo il ragazzino, come sarebbe la cucina italiana paragonata a quella americana?
8. Ci sono più o meno di 50 milioni di abitanti in Italia?
9. L'Italia è più popolata o meno popolata della California?

Conversazione

1. Se Lei paragona l'Italia al Suo stato, quali differenze nota? Per esempio, il Suo stato è più grande o più piccolo? più popolato o meno popolato?
2. Trova altre differenze? Quali? (la moda, la cucina, la casa...)
3. Cosa pensa degli abitanti: sono molto cordiali o poco cordiali? desiderosi di comunicare con gli stranieri o indifferenti?
4. Come Le sembra il tenore di vita *(standard of living):* alto o basso? o più o meno come quello del Suo paese?
5. Quali aspetti La sorprendono maggiormente?

Attività supplementari

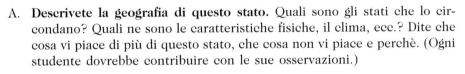

A. **Descrivete la geografia di questo stato.** Quali sono gli stati che lo circondano? Quali ne sono le caratteristiche fisiche, il clima, ecc.? Dite che cosa vi piace di più di questo stato, che cosa non vi piace e perchè. (Ogni studente dovrebbe contribuire con le sue osservazioni.)

B. **Un paragone.** In piccoli gruppi, scegliete due città che vi piacciono di più e paragonatele l'una all'altra, dal punto di vista delle bellezze naturali o artistiche, del clima e dei vantaggi culturali, sportivi, economici e gastronomici.

C. **Identificate le foto a pagina 372.** (In piccoli gruppi)

Foto numero 1: Riconoscete la città? In quale regione si trova? Come si chiama il fiume che l'attraversa? Sapete il nome del suo ponte famoso (visibile nella foto)? Potete nominare una statua, una chiesa o un museo di questa città? Come si chiama il movimento umanistico nato nel

1.

2.

3.

'400 in questa città? Ricordate il nome di alcuni dei suoi più illustri cittadini nel campo dell'arte o della letteratura? (Vedi **Pagina culturale, Capitolo 7.**)

Foto numero 2: Riconoscete questa piazza? Si trova nel più piccolo stato del mondo. Quale? In quale regione si trova la città che lo circonda? È una regione dell'Italia settentrionale? Come si chiama il fiume che attraversa la città? Conoscete il nome di alcuni artisti che hanno contribuito alla ricchezza artistica e architettonica di questa città? (Vedi **Pagina culturale, Capitolo 8.**)

Foto numero 3: In che città si trova questa cattedrale? Come si chiama? Di che stile è? In che regione si trova questa città? La regione si trova in una valle molto fertile che prende il nome dal fiume che l'attraversa. Come si chiama? Perchè questa città si chiama «la capitale industriale d'Italia»? Potete nominare alcune industrie che esportano i loro prodotti all'estero? (Vedi **Pagina culturale, Capitolo 1.**)

Se voi poteste (*If you could*) visitare soltanto una delle tre città, quale scegliereste e perchè?

D. **Un giro in bicicletta.** In piccoli gruppi, consultate la carta d'Italia e organizzate un viaggio in bicicletta, alla scoperta (*discovery*) di una o più regioni italiane. Discutete l'itinerario, la stagione e la durata del viaggio; il punto di partenza e il punto d'arrivo; i luoghi in cui vi piacerebbe fermarvi, dove alloggereste la notte, dove andreste a mangiare e che cosa vorreste vedere.

E. **Come si dice in italiano?**

1. Gino Campana and Gennaro De Filippo are two mechanics who work at the Fiat plant (**fabbrica**) in Torino.
2. Gennaro often talks about his region, Campania, and his city, Napoli, to his friend Gino.
3. Napoli is the most beautiful city in the world, with its fantastic gulf, Capri, Ischia . . .
4. Yes, Gennarino, but you must admit (**ammettere**) that Torino is more industrial and richer than Napoli.

5. But the climate is not as good as that of Napoli. In winter it is much colder, and in summer it is more humid.

6. You are right. Life is more pleasant in Napoli than in Torino for very rich people.

7. If one wants to earn more money, it is better to live in Torino. There are better jobs and salaries are higher.

8. In fact, my younger brother, who is an engineer, has been working only three years and he earns more than I.

9. I will work in Torino until (**fino a quando**) it is time to retire, and then I will return to my very beautiful city.

10. So, Gennarino, it is true what (**quello che**) they say: *Vedi Napoli, e poi muori.*

Sito Web

La Campania

Campania forms a crescent along the Bay of Naples. Its rich cultural tradition reflects the influences of the many peoples who have occupied the area over the centuries: the Greeks, Romans, Goths, Normans, Swabians, Angevins, Aragonese, and Bourbons.

Naples, the capital of the region, was originally a Greek city. Later, it became a favorite residence of well-to-do Romans. Virgil, the poet, composed some of his finest poetry here.

In 1224 Naples University was founded. Many monuments attest to the city's long history: the Royal Palace, home of the Kings of Naples after 1734; the Castel Angionino built by Pierre d'Angicourt in 1282; the Capodimonte Palace and Park, which contains the ruins of a porcelain factory famous in the eighteenth century. The cathedral, the Duomo di San Gennaro, contains a flask with the blood of San Gennaro. Each year in September, the Feast of the Miracle of San Gennaro is held at the cathedral; the saint's blood, ordinarily dry, is supposed to liquefy. If it does not, this is considered a bad omen for Naples.

In the region of Campania, beyond Naples, agriculture, fishing, heavy industry, and handicrafts are major economic resources. The area is also ideal for vacationers. Among the popular sites are the Bay of Naples, Capri, the Amalfi Coast, Positano, Sorrento, Paestum, and the spa resorts of Ischia and Agnano. In addition, there are fascinating lakes, such as Lake Avernus, which have formed in the craters of extinct volcanoes.

Web page addresses of related interest are:

History
http://www.napolivirtuale.com/

Tourism
http://www.citinv.it/associazioni/NAPOLINFORMA/rc/links/turismo.html

Campania
http://altavista.digital.com

http://www.itwg.com/rg_campa.asp

Cuisine
http://www.mclink.it/com/mercurio/regions/campania.htm

Cities
http://www.nettuno.it/cities

http://www.hrwcollege.com

Vocabolario

Nomi

il bosco	*woods, forest*
il canale	*canal, channel*
il clima	*climate*
il codice postale	*zip code*
il dentifricio	*toothpaste*
la distanza	*distance*
la gita scolastica	*field trip*
il grattacielo	*skyscraper*
il miglio (*pl.* le miglia)	*mile*
il mondo	*world*
la noia	*boredom*
il paragone	*comparison*
il paesaggio	*landscape*
il peso	*weight*
la popolazione	*population*
gli sci	*skis*
la società	*company, society*

Aggettivi

amaro	*bitter*
antico	*ancient, antique*
attraente	*attractive*
centrale	*central*
coraggioso	*courageous*
dolce	*sweet*
eccitato	*excited*
faticoso	*tiring*
fedele	*faithful*
fisico	*physical*
maggiore	*larger, greater*
massimo	*greatest*
migliore	*better*
minimo	*smallest*
minore	*smaller; younger*
peggiore	*worse*
pericoloso	*dangerous*

pessimo	*terrible, very bad*
popolare	*popular*
popolato	*populated*
profondo	*deep*
riservato	*reserved*
uguale	*equal*
veloce	*fast*

Verbi

criticare	*to criticize*
negare	*to deny*
paragonare	*to compare*
proteggere (*p.p.* protetto)	*to protect*
raffreddare	*to cool*
riscaldare	*to warm*
soffrire (*p.p.* sofferto)	*to suffer*
truccarsi	*to put on makeup*

Altre espressioni

a proposito	*by the way*
così... come	*as . . . as*
fare a meno di	*to do without*
infatti	*in fact*
insomma	*in short, after all*
meno... di	*less . . . than*
il meno possibile	*the least possible*
meglio (*adv.*)	*better*
peggio (*adv.*)	*worse*
più... di (che)	*more . . . than*
avere una paura da morire	*to be scared to death*
tanto... quanto	*as (much) . . . as*
più o meno	*more or less*

Pagina culturale

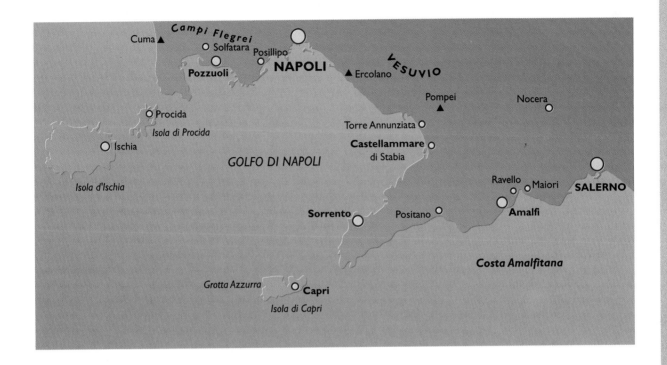

Paesaggi della Campania

La Campania vanta due delle zone più attraenti d'Italia: Napoli con il suo golfo e le isole (Procida, Ischia, Capri) e la costa amalfitana. Le coste dell'Italia del Sud hanno esercitato il loro fascino fino dall'antichità. Napoli (Neapolis, in greco «Nuova città») *fu fondata* dai coloni greci di Cuma. Le rovine di Cuma con l'*antro* della Sibilla, a nord-ovest di Napoli, e i templi di Paestum, a sud di Salerno, sono alcuni dei tanti luoghi che ci ricordano la mitologia e l'arte greca.

    Più tardi, i Romani *chiamarono* questa regione *Campania felix* per la bellezza dei paesaggi e per il clima *mite;* le terre *attorno* alla baia *diventarono* il loro luogo di villeggiatura. Gli scavi di Ercolano e di Pompei, città romane sepolte dall'eruzione del Vesuvio nel 79 *d.C.,* hanno *messo in luce* ville lussuose, riccamente decorate di affreschi e mosaici.

    Il Vesuvio domina con la sua massa scura tutta l'area *partenopea.* Anche oggi le *sorgenti* e le «fumarole» dei Campi Flegrei rivelano la natura vulcanica della zona. I Romani *sfruttarono* le sorgenti e i vapori con sistemi ingegnosi di terme.

was founded
cavern

called/Campagna felice
mild/around/became

dopo Cristo/revealed

napoletana
springs
exploited

Veduta parziale di Pompei.

Positano, addossato *(leaning)* alle pendici *(slopes)* della costa amalfitana.

L'isola d'Ischia è, con Capri, una delle maggiori attrazioni del golfo ed è diventata un luogo alla moda anche per i suoi stabilimenti di cure termali. Ma è certamente Capri la perla del golfo e una delle *mete* più popolari del turismo internazionale. Le sue coste, quasi inaccessibili, nascondono grotte stupende come la Grotta Azzurra. *Vi* sono ancora angoli di una bellezza selvaggia vicino ad altri civilizzati e affollatissimi.

destinations

There

Napoli, capitale della Campania e in teoria del Mezzogiorno, non può essere descritta in poche righe. È una città dai mille aspetti, piena di movimento, di suoni, di colori e di gente estroversa. I suoi quartieri e *dintorni,* da Posillipo a Sorrento, sono stati celebrati nel ricchissimo repertorio delle sue canzoni.

outskirts

Da Sorrento la strada costiera, *a tratti* molto stretta e *a strapiombo* sul mare, corre verso Positano, Amalfi, Ravello e infine Salerno. È una strada spettacolare, che rivela di continuo nuovi panorami e che rende la costa amalfitana indimenticabile.

now and then/overhanging

Comprensione

Osservando la cartina della pagina precedente, trovate i luoghi menzionati nella lettura. Poi dite 1. per quali ragioni sono menzionati; 2. quale o quali vi piacerebbe soprattutto visitare e perchè.

Portofino. Perla della Riviera Ligure e luogo di sport nautici.

Capitolo
16

Gli sport

Punti di vista

Una partita di pallavolo.

Giovani sportivi

Marisa ha incontrato Alberto, un ragazzo *con cui* suo   with whom
fratello faceva dello sport alcuni anni fa.

Marisa	Come va, Alberto? Sempre appassionato di	
	pallacanestro?	basketball
Alberto	Più che mai! Ho *appena* finito di giocare	just
	contro la *squadra* torinese.	team
Marisa	E chi ha vinto la *partita*?	game
Alberto	La mia squadra, naturalmente! Il nostro	
	gioco è stato migliore. E poi, siamo più alti;	
	cosa che aiuta, *non ti pare*?	don't you think so
Marisa	Eh, direi!	
Alberto	E voi, cosa c'è di nuovo?	
Marisa	*Nessuna novità*, almeno per me. Ma mio	Nothing new
	fratello ha ricevuto una lettera, *in cui* gli	in which
	offrono un posto come istruttore sportivo	
	per l'estate prossima.	
Alberto	E dove lavorerà?	
Marisa	In uno dei villaggi turistici della Calabria.	
Alberto	Magnifico! Là potrà praticare tutti gli sport	
	che piacciono a lui, *compresi* il surf e il	including
	windsurf.	

Marisa   Eh, sì. Sono due degli sport di maggior successo oggi.

Alberto   Ma tu, con un fratello così attivo negli sport, non ne pratichi *qualcuno*?   any

Marisa   Certo, ma sono gli sport dei poveri. Faccio del footing e molto ciclismo. Chissà, un giorno forse parteciperò al Giro d'Italia delle donne.

Comprensione

1. Chi è Alberto? Quale sport pratica?
2. La sua squadra ha vinto o perso contro la squadra di Torino?
3. Cosa c'è di nuovo per Marisa?
4. Che novità ci sono per il fratello di Marisa?
5. In quale regione andrà a lavorare? Dove si trova questa regione?
6. Quali sport potrà praticare al mare il fratello di Marisa?
7. Quali sport pratica Marisa?
8. Che cosa spera di fare un giorno?

Studio di parole   Attività sportive

IL CALCIO

gli spettatori

lo stadio

i giocatori

il pallone

fare dello sport
praticare uno sport (lo sci, il calcio...ecc.)
giocare a... to play
la squadra team
la partita match, game
il gioco game
allenarsi to practice, to train
l'allenatore, l'allenatrice coach, trainer
la palestra gym
l'atleta *(m. & f.)* athlete
la gara race, competition
segnare to score
vincere *(p.p. **vinto**)* to win
il premio prize
il tifoso, la tifosa fan
fare il tifo (per) to be a fan (of)
Forza! Come on!

SI PRATICA...

il tennis

il pattinaggio

l'alpinismo

la pallacanestro

la pallavolo

il canottaggio

la ginnastica aerobica

il nuoto

l'equitazione

il ciclismo

ANDARE...
a cavallo   to go horseback riding
in bicicletta   to go bicycle riding
in automobile
Altri sport che possono interessare:

il football americano, lo sci di discesa (downhill skiing), **lo sci di fondo** (cross-country skiing), **lo sci nautico, la vela** (sailing), **il pattinaggio a rotelle** (rollerskating)

Informazioni

Quando si parla di sport gli Italiani sono divisi nel loro comportamento *(behavior)*. La vecchia generazione fa il tifo da casa, seguendo alla tivù le partite di calcio o le corse automobilistiche: queste ultime molto appassionanti, specie dopo i successi della Ferrari guidata *(driven)* dal bravissimo Michael Schuhmacher.

Molti giovani preferiscono vedere e «vivere» da vicino le imprese *(deeds, exploits)* dei loro campioni. In più, una buona parte della gioventù pratica oggigiorno uno o più sport, grazie anche alla stampa e ai programmi televisivi che insistono sugli effetti salutari dell'esercizio fisico.

In tutta Italia si contano circa 1500 club di tennis. Anche le piccole città di provincia hanno campi sportivi *(playing fields)*, una palestra ben attrezzata *(equipped)* e una piscina. Le varie ditte locali e regionali hanno contribuito a incrementare lo sport attivo, sponsorizzando squadre e atleti.

Intere famiglie si danno al jogging e d'inverno passano la settimana bianca, o diversi weekend, in montagna a sciare.

Per i meno attivi, la macchina ha offerto una giustificazione alla loro pigrizia: al volante *(wheel)* della loro «quattro ruote», si sentono infatti trasformati in campioni.

Applicazione

A. 1. Quale genere di sci si fa al mare?
    2. Chi è Magic Johnson?
    3. Dove si pratica il canottaggio?
    4. Quali sono gli sport che si fanno sulla neve o sul ghiaccio?
    5. Come si chiamano gli appassionati di uno sport?
    6. Chi allena i giocatori nella loro preparazione sportiva?
    7. Dove si allenano i giocatori?

B. **Conversazione**

1. Giochi a pallacanestro? Fai del footing? Che sport pratichi? Quante volte alla settimana?
2. Sai sciare? Ti piace di più fare (vedere) lo sci di discesa o lo sci di fondo?
3. Sai quale sport in Italia ha il maggior numero di tifosi?
4. Fai il tifo per una squadra o per un giocatore? Quale?
5. Quali sono gli sport che non ti piacciono? Perchè?
6. Hai mai vinto un premio (primo, secondo, terzo... o il premio di consolazione)?

C. **Celebrità dello sport.** In piccoli gruppi, immaginate di essere una star dello sport. Gli altri vi faranno delle domande per indovinare chi siete.

Esempio   —**Sei un uomo o una donna?**
          —**Giochi a pallacanestro?** o...

Ascoltiamo!

Alla partita di pallacanestro. Marisa and Alberto are watching a basketball game between the Brescia and Trieste teams. Marisa's boyfriend, Gino, plays on the Trieste team. She is shouting encouragement to him and his team and also exchanging opinions with Alberto. Listen to what they are saying, then answer the questions in your textbook.

Comprensione

1. Che partita c'è questa sera?
2. Perchè Marisa è venuta a vedere la partita? Per chi fa il tifo Marisa?
3. Secondo Marisa, la squadra del suo ragazzo vincerà o perderà? Alberto è della stessa opinione?
4. Dove si sono allenati il ragazzo di Marisa e gli altri giocatori?
5. Che cosa pagherà Marisa ad Alberto se la squadra di Trieste perderà?
6. Come si conclude la partita?

Dialogo

Siete spettatori? In piccoli gruppi, discutete quali sport di squadra preferite guardare, per quale squadra o star sportiva fate il tifo e come seguite i loro successi.

Il Totacalcio è una specie di lotteria legata *(related)* alle partite di calcio che si giocano ogni domenica durante la stagione del campionato. Chi riempie *(fills in)* la schedina e «fa tredici,» cioè indovina il risultato delle parrtite di quella domenica, può vincere somme considerevoli.

Punti grammaticali

Ecco la squadra femminile di pallavolo che giocherà a Reggio Calabria.

I. I pronomi relativi

1. The relative pronouns are **che**, **cui**, **quello che (ciò che)**, and **chi**. They are used to link two clauses.

    Questa è la squadra italiana. Ha giocato a Roma.
    Questa è la squadra italiana **che** ha giocato a Roma.

2. **Che** is the equivalent of the English *who, whom, that,* and *which* and is used either as a subject or as a direct object. It is invariable, cannot be omitted, and must *never* be used after a preposition.

Il ragazzo **che** gioca è brasiliano.	*The boy who is playing is Brazilian.*
La macchina **che** ho comprato è usata.	*The car (that) I bought is used.*
Le signore **che** ho visto sono le zie di Pino.	*The ladies (whom) I saw are Pino's aunts.*

3. **Cui** is the equivalent of the English *whom* and *which* as objects of prepositions. It is invariable and must be *preceded* by a preposition.

Ecco i signori **con cui** abbiamo viaggiato.	*Here are the gentlemen we traveled with (with whom we traveled).*
La squadra **di cui** ti ho parlato è la migliore.	*The team I spoke to you about (about which I spoke to you) is the best.*
L'amico **a cui** ho scritto si chiama Gianfranco.	*The friend I wrote to (to whom I wrote) is Gianfranco.*

NOTE:

a. **In cui** translates as *when* in expressions of time and as *where* in expressions of place. In the latter case, it may be replaced by **dove.**

Il giorno **in cui** sono nato...   *The day (when) I was born...*
La casa **in cui (dove)** sono   *The house in which (where) I*
   nato...   *was born...*

b. **Per cui** translates as *why* in the expression *the reason why (that).*

Ecco la ragione **per cui** ti   *Here is the reason (why) I*
   ho scritto.   *wrote to you.*

4. **Quello che (Quel che)** or **ciò che** means *what* in the sense of *that which.* They are invariable.

Quello che (Ciò che) dici   *What you are saying is true.*
   è vero.
Non so **quello che (ciò che)**   *I don't know what I will do.*
   farò.

5. **Chi** translates as *the one(s) who, he who,* and *those who.* It is invariable.

Chi studierà avrà un bel voto.   *He who studies will receive a good grade.*

Chi arriverà ultimo avrà un   *He who arrives last will receive a*
   premio di consolazione.   *consolation prize.*
Chi più spende, meno spende.   *You get what you pay for. (lit. He who spends more, spends less.)*

Pratica

A. **Sai chi sono?** Un tuo amico (Una tua amica) ti chiede chi sono le seguenti persone. Rispondi seguendo l'esempio. In due, fatevi a turno le domande.

> Esempio   Chi sono quei signori?/abitare vicino a me
>   **—Sono i signori che abitano vicino a me.**

1. Chi sono quegli studenti?/seguire il corso d'italiano
2. Chi è quell'allenatore?/allenare la squadra di calcio
3. Chi è quel ciclista così triste?/arrivare ultimo
4. Chi è quel professore?/...
5. Chi sono quelle atlete?/...
6. Chi è quel bel ragazzo?/...

B. **Quello che mi piace.** Esprimete *(Express)* la vostra preferenza per le seguenti cose, secondo l'esempio. In due, fatevi a turno le domande.

Esempio	il nuoto/lo sport...
	—Ti piace il nuoto?
	—No, lo sport che mi piace è il canottaggio. o...

1. il giallo/il colore...
2. le mele/la frutta...
3. il Chianti/il vino...
4. la Volvo/l'automobile...
5. i gatti/gli animali...
6. il pugilato *(boxing)*/gli sport...
7. il tè/la bevanda...
8. il Capodanno/la festa...

C. **Quando ne parlate?** In piccoli gruppi, dite se parlate **spesso, raramente, o qualche volta** dei seguenti argomenti *(topics)*.

Esempio	la politica
	La politica è un argomento *(subject)* di cui non parlo mai. o...

1. il football 2. la crisi economica 3. le previsioni del tempo 4. le vacanze 5. il matrimonio 6. i divertimenti 7. la moda 8. i miei problemi personali 9. il culturismo *(body building)*

D. **Una coppia di sposi.** Completate le seguenti frasi usando **cui** preceduto *(preceded)* dalla preposizione appropriata.

Esempio	Ricordi gli sposi _____ ti ho parlato?
	Ricordi gli sposi di cui ti ho parlato?

1. Ecco la chiesa _____ si sono sposati. 2. Questa è la città _____ si sono conosciuti. 3. Quello è il monumento vicino _____ si incontravano. 4. Ecco il negozio _____ lui lavorava. 5. Quelli sono gli amici _____ hanno passato molte ore divertenti. 6. Non so esattamente la ragione _____ hanno litigato. 7. Ricordo molto bene il biglietto *(card)* _____ lei mi annunciava la loro separazione.

E. **A voi la scelta.** Completate le frasi usando uno dei seguenti pronomi relativi: **che, cui** (preceduto da una preposizione) o **quello che**.

1. Lo sport _____ preferisco è il tennis. 2. L'anno _____ sono nato era bisestile *(leap year)*. 3. Non capisco _____ dici. 4. La festa _____ hai dato è stata un successo. 5. Il libro _____ ti ho parlato è in biblioteca. 6. La signorina _____ abbiamo incontrato è americana. 7. La signora _____ abbiamo parlato è canadese. 8. Il pranzo *a cui* mi hanno invitato era al ristorante Pappagallo di Bologna. 9. È proprio il vestito _____ ho bisogno. 10. Non ho sentito _____ ha detto il professore.

F. **Proverbi.** Quali proverbi inglesi hanno un significato simile a questi proverbi?

1. Chi non lavora non mangia. 2. Chi troppo vuole, niente ha. 3. Chi dorme non prende pesci.

II. I pronomi indefiniti

—C'è qualcuno in casa?

In Chapter 4, you studied the indefinite adjectives **qualche** and **alcuni(e)** *(some);* **tutti(e)** *(all);* and **ogni** *(every).* Here are some common indefinite pronouns:

alcuni(e)	*some*		
qualcuno	*someone, anyone*	**ognuno**	*everyone, each one*
	(in a question)	**tutti(e)**	*everybody, all*
qualcosa	*something, anything*	**tutto**	*everything*
	(in a question)		

Alcuni sono rimasti, altri sono partiti.	*Some stayed, others left.*
Conosco **qualcuno** a Roma.	*I know someone in Rome.*
Hai bisogno di **qualcosa**?	*Do you need anything?*
Ognuno ha fatto una domanda.	*Each one asked a question.*
C'erano **tutti**.	*Everybody was there.*
Ho visto **tutto**.	*I saw everything.*

NOTE:

Qualcosa takes **di** before an adjective and **da** before an infinitive.

Ho qualcosa **di** interessante **da** dirti.	*I have something interesting to tell you.*

Pratica

A. **Quale scegliete?** Completate scegliendo una delle seguenti espressioni: **qualche, alcuni/alcune, qualcuno, qualcosa.**

1. Mi piacciono tutte le attività sportive, ma ho solamente _____ domeniche libere e pratico solamente _____ sport leggero. 2. Ieri sono andato allo stadio e ho visto _____ di interessante. C'erano degli atleti che si allenavano per le Olimpiadi: _____ erano spettacolari. 3. _____ mi ha detto che la nostra squadra di calcio ha una buona possibilità di vincere e che abbiamo anche _____ atlete bravissime. 4. Franco, c'è il tuo allenatore che vuole domandarti _____. 5. _____ volta è difficile accettare la sconfitta *(defeat).*

B. **È qualcuno...** Domandatevi a turno che cosa sono le seguenti persone.

> Esempio   un allenatore
> —**Che cos'è un allenatore?**
> —**È qualcuno che allena gli atleti.**

1. un giornalista   2. un ciclista   3. un ottimista   4. un architetto   5. un disoccupato   6. una persona elegante   7. una persona pigra   8. uno sportivo   9. un tifoso

C. **È qualcosa...** Domandatevi a turno che cosa sono le seguenti cose. Rispondete seguendo l'esempio.

Esempio

—Che cos'è una giacca a vento?
—È qualcosa con cui si va in montagna.

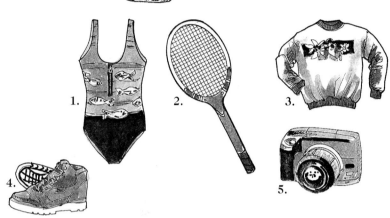

1. 2. 3.

4. 5.

D. **Un po' di tutto.** Completate le frasi usando **ogni, ognuno, tutto** o **tutti.**

1. Ho mangiato _____.
2. _____ può fare questo lavoro.
3. _____ sono venuti.
4. _____ volta che la vedevo, mi sorrideva *(she was smiling)*.
5. _____ erano presenti e _____ ha potuto esprimere la sua opinione.
6. I tifosi applaudivano _____ gol della squadra.
7. Ho fatto _____ quello che dovevo fare.
8. _____ gli hanno augurato buon viaggio.
9. _____ giorno vado in bicicletta.

E. **Qualcosa di...** Fatevi a turno le seguenti domande.

Esempio	dare/bello

—**Che cos'hai da darmi?**
—**Ho qualcosa di bello da darti.**
—**Che cos'è?**
—**Due biglietti per l'opera.** *o...*

1. mostrare/meraviglioso
2. raccontare/divertente
3. regalare/bello
4. annunciare *(to announce)*/interessante
5. portare/buono
6. prestare/ comodo
7. offrire/caldo
8. domandare/importante

III. Espressioni negative

Il frigo è vuoto e il signor Goloso protesta: —Non c'è mai niente da mangiare in questa casa!

1. You have already studied (Chapter 8) some negative expressions: **non... più, non... mai, non... ancora.** The following are other common expressions that take a *double negative* construction:

nessuno — *changes as adj*	*nobody, no one, not . . . anyone*
niente (nulla)	*nothing, not . . . anything*
neanche (neppure, nemmeno)	*not even; neither*
nè... nè	*neither . . . nor*

Non è venuto **nessuno.**	*Nobody came.*
Non abbiamo visto **nessuno.**	*We did not see anyone.*
Non ho mangiato **niente.**	*I did not eat anything.*
Non c'era **neanche** Pietro.	*Not even Pietro was there.*
Io **non** posso andare, e **neanche** lui!	*I can't go, and neither can he!*
Non voglio **nè** carne **nè** pesce.	*I want neither meat nor fish.*

2. The expressions **nessuno, niente, nè... nè** may precede the verb. When they do, **non** is omitted.

Nessuno vuole parlare.	*Nobody wants to talk.*
Niente è pronto.	*Nothing is ready.*
Nè Giovanni **nè** Maria vogliono venire.	*Neither Giovanni nor Maria wants to come.*

Note that with **nè... nè,** Italian uses a plural form of the verb (**vogliono**), whereas English uses a singular form *(wants).*

3. When **nessuno** is used as an adjective, it has the same endings as the indefinite article **un.** The noun that follows is in the singular.

Non ho **nessun** amico.	*I have no friends.*
Non vedo **nessuna** sedia.	*I don't see any chairs.*

4. **Niente** takes **di** before an adjective and **da** before an infinitive.

Non ho **niente di** buono **da** darti.	*I have nothing good to offer you.*

Pratica

A. **Molte negazioni.** Completate le seguenti frasi scegliendo tra **nessuno, niente, neanche** o **nè... nè.**

1. Ieri era il mio compleanno, ma Luisa non mi ha mandato _____ biglietto d'auguri, _____ una cartolina. Io non ho invitato _____, _____ mio fratello. _____ è venuto a trovarmi.

2. Siamo andati allo stadio, ma non c'era _____. Non abbiamo visto _____ giocatore. La partita non c'era, ma noi non ne sapevamo _____.

3. Mi dispiace, ma non ho *niente* da offrirti. Questo mese non ho risparmiato *neanche* una lira.

4. Non c'è mai _____ d'interessante alla tivù, _____ sui canali nazionali, _____ su quelli locali.

B. **Momenti di cattivo umore** *(mood)*. Voi siete di cattivo umore. Fatevi a turno le seguenti domande.

Esempio	—Uscirai con qualcuno domenica?
	—Non uscirò con nessuno.

1. C'è qualcosa di buono in casa?
2. Hai comprato qualcosa da mangiare?
3. Vuoi qualcosa da bere?
4. Desideri leggere il giornale o riposare?
5. Hai incontrato qualcuno in piscina?
6. Ti ha parlato qualcuno?
7. Farai della pallacanestro o del nuoto questo week-end?
8. Hai mai fatto del ciclismo?
9. Farai mai della pesistica *(weightlifting)*?

C. **No!** Fatevi a turno le seguenti domande e rispondete negativamente, seguendo l'esempio.

Esempio	partecipare a una gara di nuoto
	—Hai partecipato a una gara di nuoto?
	—Non ho partecipato a nessuna gara di nuoto.

1. allenarsi allo stadio o in palestra
2. capire tutto
3. conoscere qualcuno a Firenze
4. vedere alcune città italiane
5. vincere un trofeo *(trophy)*
6. telefonare a qualcuno ieri sera
7. andare al cinema o alla partita
8. mangiare qualcosa di buono
9. comprare una macchina nuova

D. **Lamentele** *(Complaints)*. In coppie, immaginate di essere in vacanza in una pensione di villeggiatura. Siete delusi *(disappointed)* e vi lamentate di tutto: della cucina, della vostra stanza, del servizio, della conversazione con gli altri ospiti e del tempo *(weather)*. Usate espressioni negative.

Esempio	**—Nel menù non ci sono nè lasagne nè scaloppine.**
	—Nel bagno non vedo neanche un asciugamano.

IV. Il gerundio e la forma progressiva

—Che cosa fa Pulcinella?
—Sta dando una lezione a Arlecchino.

1. The gerund (**Il gerundio**) corresponds to the *-ing* form of English verbs. The gerund is formed by adding **-ando** to the stem of first conjugation (**-are**) verbs and **-endo** to the stem of second and third conjugation (**-ere** and **-ire**) verbs. It is invariable. The *past gerund* is composed of the gerund of **avere** or **essere** + *past participle* of the verb.

Gerund		Past gerund	
parlando	*speaking*	**avendo** parlato	*having spoken*
ripetendo	*repeating*	**avendo** ripetuto	*having repeated*
uscendo	*going out*	**essendo** uscito (**a, i, e**)	*having gone out*

Note that verbs with an irregular stem in the imperfect also have an irregular stem in the gerund.

bere: **bevendo**   dire: **dicendo**   fare: **facendo**

2. **Stare** + *the gerund* expresses an action in progress in the present, past, or future, stressing the point in time at which the action occurs. This form is less commonly used in Italian than is its equivalent in English.

Che cosa **stai facendo**?	*What are you doing (at this very moment)?*
Sto leggendo.	*I'm reading.*
Che cosa **stavate facendo** ieri sera, a quest'ora?	*What were you doing last night at this time?*
Stavamo cenando.	*We were having dinner.*
Domani, a quest'ora, Stefania **starà viaggiando.**	*Tomorrow at this time, Stefania will be traveling.*

3. The gerund may be used alone in a subordinate clause to express the conditions (time, cause, means, manner) that govern the main action. It corresponds to the English gerund, which is usually preceded by the prepositions *while, upon, on, in,* or *by.*

Camminando per la strada, ho visto un incidente d'auto.	*While walking on the street, I saw a car accident.*
Studiando, s'impara.	*By studying, one learns.*
Leggendo attentamente, capirete meglio.	*By reading carefully, you will understand better.*
Avendo lavorato per quarant'anni, ha guadagnato molti soldi.	*Having worked for forty years, he has earned a lot of money.*

Note that the subject of the gerund and the subject of the main verb are the same.

4. With the progressive form (**stare** + *gerund*), object and reflexive pronouns may either precede **stare** or follow the gerund. When the gerund stands alone, the pronouns are attached to it.

Mi stai ascoltando? *or* Stai ascoltando**mi**?	*Are you listening to me?*
Il medico stava visitando**lo**.	*The doctor was examining him.*

5. Unlike in English, Italian uses an infinitive instead of a gerund as a noun (subject or object of another verb).

Nuotare (Il nuoto) fa bene alla salute.	*Swimming* (subj.) *is good for your health.*
Preferisco **nuotare** (il nuoto).	*I prefer swimming* (obj.).

Pratica

A. **Contraddizione.** Il compagno (La compagna) di stanza dà sempre una risposta contraddittoria alle vostre domande. In coppie, usate **stare** + **gerundio**, secondo l'esempio.

> Esempio sognare *(to dream)*/pensare a domani
> —**Stai sognando?**
> —**No, sto pensando a domani.**

1. guardare qualcosa d'interessante/consultare la carta delle autostrade 2. prendere un aperitivo/bere acqua minerale 3. scrivere a qualcuno/fare i conti della settimana 4. pensare alla partita di calcio/cercare di ricordare un numero di telefono 5. dormire/praticare lo yoga

B. **Che cosa facevano?** Dite che cosa facevano queste persone in determinate circostanze. Seguite l'esempio.

> Esempio I calciatori (giocare). Un cane ha attraversato lo stadio.
> **I calciatori stavano giocando quando un cane ha attraversato lo stadio.**

1. Tu (leggere) una rivista di sport. Il professore è entrato.
2. Il presidente (scrivere) un discorso. Il Segretario di Stato gli ha telefonato.
3. Jane Fonda (fare) dello yoga. È arrivato un giornalista per un'intervista.
4. Il ciclista (bere) alla sua vittoria. Una bella ragazza gli ha dato un bacio e un mazzo di fiori.
5. La sciatrice Picabo Street (scendere) sulla pista. La neve è incominciata a cadere.

C. **Ora, alcune ore fa, domani.** A turno, in coppie, fatevi le seguenti domande. Rispondete usando **stare** + **il gerundio**.

> Esempio —Che lezione studiamo?
> —**Stiamo studiando la lezione sul gerundio.**

1. Che pagina leggiamo?
2. Che cosa fanno gli studenti in questo momento?
3. Che cosa facevi quando il professore è entrato?
4. Alle otto di stamattina che cosa facevi?
5. Che cosa farai domani a quest'ora?

D. **Parliamo di Filippo e di Gabriella.** Leggete le seguenti frasi, sostituendo il gerundio alle espressioni in corsivo.

1. *Poichè (Since) sono* molto innamorati, Filippo e Gabriella non vorrebbero stare lontani l'uno dall'altra.
2. Al mattino, *quando si lasciano* per andare al lavoro, si danno sempre un bacio.
3. La sera, *mentre preparano* la cena, si raccontano i fatti della giornata.
4. Stamattina, *mentre andava* al lavoro, Filippo ha incontrato Liliana.
5. *Siccome desiderava* fare una sorpresa alla moglie, ha invitato Liliana a cena a casa loro.
6. Adesso, *poichè sono* insieme tutti e tre, fanno un brindisi al loro futuro.

E. **Sostituzione.** Sostituite il nome in corsivo con l'**infinito** corrispondente.

> Esempio   *Il lavoro* fa bene allo spirito e alla salute.
> **Lavorare fa bene allo spirito e alla salute.**

1. *Lo sci* è divertente.
2. *Il riso (Laughter)* fa buon sangue.
3. *Il fumo* fa male ai polmoni *(lungs)*.
4. Vorrei *una bevanda*.
5. Ho bisogno di *riposo*.
6. Ti piacerebbe *una passeggiata* in campagna?
7. *Il divertimento* è necessario quanto *lo studio*.
8. I bambini preferiscono *il gioco*.

F. **A voi la scelta.** Completate le seguenti frasi, scegliendo tra il **gerundio** e l'**infinito**.

1. _____ *(Walking)* per la strada, ho incontrato Maria.
2. _____ *(Hearing)* quella canzone, ho avuto nostalgia del mio paese.
3. Mi piace _____ *(swimming)*.
4. _____ *(Skiing)* è molto costoso.
5. _____*(Walking)* tutti i giorni è un buon esercizio.
6. Pietro è andato a scuola _____ *(running)*.
7. _____ *(Having)* molti soldi non significa essere felici.
8. _____ *(Having)* molti soldi, Dino è partito per le Hawaii.

G. **Attività del sabato.** In coppie, domandatevi che cosa farete sabato prossimo in diversi momenti del giorno. Nelle domande e nelle risposte usate **stare + il gerundio.**

Lettura

Salone di esposizione della Ferrari.

Progetti tra amici

Oggi Marcello e Antonio sono andati a trovare gli amici, e ora Marcello sta parlando di un suo progetto.

Marcello	Vi annuncio che sto considerando l'idea di partecipare a gare automobilistiche.
Filippo	Davvero? Parli seriamente? Ma è formidabile! E noi verremo tutti a tifare per te. Vedo già il nostro Marcellone correre nell'autodromo di Monza.*
Marcello	Non esageriamo! Lo farei soltanto durante il week-end. E poi sarei solo un dilettante.
Antonio	La notizia non mi sorprende. Quando siamo andati in Sicilia non c'era nessun limite di velocità per te. E anche sull'Autostrada del Sole correvi come un disperato! Confesso di aver provato una grande *fifa* quando siamo arrivati alle curve della costa amalfitana. Per fortuna non abbiamo incontrato nessun poliziotto.

fear *(slang)*

*In the race track of this town, near Milano, a famous car race takes place every September.

Filippo	Senti, Marcello, se hai bisogno di un assistente pilota, mi offro io.	
Gabriella	Tu? *Non farmi ridere!* Non capisci niente di macchine e di *automobilismo.* Non sai neanche guidare decentemente. L'altro giorno, a un *incrocio,* non hai notato che un *pedone* stava attraversando la strada e hai dovuto *frenare di colpo* per non *investirlo.*	Don't make me laugh! car racing intersection pedestrian to brake suddenly/run over him
Antonio	A proposito di automobili, avrei intenzione di comprare una macchina usata perchè sono stanco di aspettare tutti i giorni l'autobus.	
Marcello	Bravo Tonino! E io mi offro come tuo istruttore di guida.	
Antonio	Tu? Ti ho visto più di una volta passare col *semaforo* rosso. No, grazie mille.	traffic light
Gabriella	Se si pensa alla difficoltà di trovare un parcheggio e al costo della *benzina,* non si ha più voglia di avere una macchina. Antonio, perchè non ti prendi un motorino?	gasoline
Antonio	Perchè mi sembra un mezzo pericoloso. Ma ammetto che le tue ragioni sono buone. Ci penserò.	

Comprensione

Domande sulla lettura.

1. Cosa sta progettando di fare Marcello?
2. Cosa ne pensa Filippo?
3. Qual è l'opinione di Antonio sulla maniera di guidare di Marcello? Perchè?
4. Qual è la proposta *(proposition)* di Filippo?
5. Qualcuno, tra gli amici, ride alla proposta di Filippo. Chi? Perchè?
6. Perchè Antonio sta considerando l'idea di comprarsi un'auto?
7. Quali sarebbero, secondo Gabriella, gli svantaggi di avere una macchina?

Domande personali.

1. Gli Italiani hanno la reputazione di guidare velocemente. Cosa ne pensa Lei?
2. Le piacerebbe fare dell'automobilismo? Perchè?
3. Quali sono i vantaggi e gli svantaggi della macchina come mezzo di trasporto?

Attività supplementari

A. **Una scelta.** Avete del tempo libero durante la settimana e vorreste dedicarvi a una nuova attività sportiva. In gruppi di due, consultate la pubblicità e decidete insieme quale sport scegliere, perchè, quando e dove allenarvi.

B. Identificate gli sport delle foto e rispondete alle domande.

Foto numero 1: Gli Italiani lo chiamano anche «football», ma qual è il vero nome italiano di questo sport? Sai quanti giocatori giocano nella squadra? È uno sport per cui fanno il tifo i paesi europei e quelli dell'America Latina. È popolare anche negli Stati Uniti? più popolare del football? Perchè?

1.

2.

Foto numero 2: Come si chiama questo sport? Hai una bicicletta? Di che marca *(make)* è? Quando la usi? La usi come divertimento o come mezzo di trasporto? Quali sono i vantaggi e gli svantaggi della bicicletta rispetto alla macchina? Quale delle due è migliore per la salute *(health)* e per l'ambiente? meno pericolosa, più economica, più divertente?

C. Leggete il trafiletto *(excerpt)* sul team femminile dell'Alfa Romeo. Chi ha sponsorizzato il gruppo di donne? Cosa pensate delle parole del direttore tecnico del team? Che cosa può influenzare la passione per un determinato sport? (Fate riferimento a quello che dicono Manuela Famà e Daniela Dal Col.) Potete dire qualcosa di simile basandovi sulla vostra esperienza personale?

Donna Moderna scende in pista

Il team tutto femminile dell'Alfa Romeo.

MILANO. Al volante a 250 chilometri l'ora. Negli autodromi del Campionato italiano velocità turismo, quest'anno corre anche *Donna Moderna.* Che sponsorizza il team tutto femminile dell'Alfa Romeo. Cinque signore che si alterneranno alla guida di una velocissima Alfa Romeo 155. «Abbiamo una squadra di sole ragazze perché vogliamo sfatare il luogo comune che i bravi piloti sono maschi» spiega Maurizio Toma, direttore tecnico della Scuderia del Portello, l'organizzazione sportiva dell'Alfa Romeo. «Le donne guidano anche meglio dei loro colleghi». E imparano alla svelta. Lo prova la storia di Manuela Famà, 19 anni, una delle cinque pilote: «Ho preso la patente solo l'anno scorso» racconta. «Ma l'auto è una vecchia passione ereditata da mio padre, che correva su due e quattro ruote». «Paura? No, correre è proprio divertente» aggiunge Daniela Dal Col, 21 anni, che lavora nell'albergo dei genitori ma, appena può, scappa sulle piste. «Il mio fidanzato corre nelle gare di rally. Passiamo i week end a tifare l'uno per l'altra». Per vedere in azione il team "Donna Moderna-Scuderia del Portello" l'appuntamento è all'autodromo del Levante di Binetto, in provincia di Bari. Qui, il 6 luglio, si corre la prossima gara del campionato. **L.R.**

D. Come si dice in italiano?

1. Paul is a student at the University of . . . , which is one of the best universities on the West Coast.
2. He is also a football player who plays on **(in)** the school team.
3. Today he is sitting **(è seduto)** in the **(alla)** cafeteria.
4. John, the friend with whom he is speaking, is a basketball player.
5. Someone said that he is so good that one day he will certainly take part in the Olympic games.
6. Today he needs to talk to Paul because he wants to ask him for yesterday's notes.
7. But Paul didn't go to class.
8. John, did you do anything interesting yesterday?

9. No, I didn't do anything interesting. I practiced for a few hours in the gym. And you?

10. I was supposed to meet my coach and some other players at the stadium, but no one was there.

11. Will you come tomorrow to see the game?

12. I don't know yet what I will do. I hope to be able to come. Anyhow **(Comunque)**, good luck!

Sito Web

Le automobili da corsa famose

While soccer is Italy's most popular sport, car racing, particularly Formula 1, also ranks near the top. There are several circuits in Italy, the most famous of which are Monza and Imola.

Italians' love for cars is related to their love for high speed, beautiful and aerodynamic style and design, and prestigious and varied models of cars. World-famous cars are produced in Italy, among them Bugatti, Alfa Romeo, FIAT, Lancia, De Tomaso, Lamborghini, Maserati, and Ferrari.

Ferraris have been produced in Maranello, near Modena, since 1948, when the first red Ferrari was produced and called simply 125s. The creator of this famous car was Enzo Ferrari, an engineer and race-car driver. He chose for his emblem the vertical yellow rectangle below the image of a prancing horse that the World War I Italian air ace, Francesco Baracca, had painted on his airplane. Ferrari designers continue to work to find the right combination of a powerful engine and the unmistakable Ferrari styling, as exemplified in the Pininfarina.

The Ferrari has been successful all over the world's circuits (108 Grand Prix), on both sides of the Atlantic Ocean and in different categories. Its prancing horse remains a symbol of both distinguished styling and power.

Web page addresses of related interest are:

Enzo Ferrari
http://www.ferrari.it/storia/enzoferr/enzoferr.html

Ferrari
http://www.ferrari.it

Ducati
http://www.ducati.it

Bugatti
http://www.bugatti.com

Lamborghini
http://www.lamborghini.com

Alfa Romeo
http://www.alfaromeo.com

FIAT
http://www.fiat.com

Lancia
http://www.lancia.com

De Tomaso
http://www.detomaso.com

Maserati
http://www.maserati.it

http://www.hrwcollege.com

Vocabolario

Nomi

l'argomento	subject
l'automobilismo	car racing
la benzina	gasoline
l'incrocio	intersection
l'istruttore,	instructor
l'istruttrice	
il limite di velocità	speed limit
il motorino	motor scooter
il parcheggio	parking
i pattini	skates
il pedone	pedestrian
il poliziotto	policeman
la possibilità	possibility
la proposta	proposition
la ragione	reason
lo sciatore, la	skier
sciatrice	
gli sci	skis
la sconfitta	defeat
il semaforo	traffic light
lo svantaggio	disadvantage
il vantaggio	advantage

Aggettivi

appassionato (di)	fond (of)
estivo	summer
invernale	winter
olimpico	Olympic
spettacolare	spectacular
sportivo	athletic, sporty
usato	used

Verbi

ammettere (p.p. ammesso)	to admit
applaudire	to applaud
correre (p.p. corso)	to run
esagerare	to exaggerate
esprimere (p.p. espresso)	to express
guidare	to drive
partecipare (a)	to take part (in)
progettare	to plan
sorprendere (p.p. sorpreso)	to surprise
ridere (p.p. riso)	to laugh

Altre espressioni

Chissà!	Who knows!
contro	against
nè... nè	neither . . . nor
neanche, nemmeno	not even, neither
nessuna novità	nothing new
nessuno	nobody, no one
niente	nothing
ognuno	everyone; each one
qualcuno	someone
tutti	everybody
tutto	everything

Pagina culturale

Karate per piccoli e grandi, molto diffuso anche in provincia.

Gli sport in Italia

Come nel passato, gli Italiani continuano ad essere *accaniti* tifosi del cal- [fierce]
cio. Incominciano a praticarlo da bambini nei *cortili* delle scuole o nel [courtyards]
campo della loro *parrocchia*. In famiglia e fuori assistono alle discussioni [parish playgrounds]
dei *grandi* che il sabato *compilano* la *schedina* del Totocalcio e predicono [grown-ups/fill in/form]
la vittoria della loro squadra nella partita della domenica. Le discussioni
diventano polemiche durante e dopo la partita e possono trasformarsi in
vere *battaglie*. [fights]

La bicicletta è sempre stata molto popolare e, negli ultimi anni, è
diventata per molti una necessità in risposta ai problemi dell'*ambiente* e al [environment]
consiglio dei medici. Un avvenimento ciclistico importante è il **Giro
d'Italia;** è una gara a *tappe* che ha luogo in primavera e a cui partecipano [in heats]
campioni di diversi paesi.

Nuovi sport d'importazione USA hanno mantenuto il nome inglese:
beach-volley, surf, windsurf, skateboard, snowboard, rugby, golf, body-build-
ing, stretching, jogging, e... aerobica. Sono sport che hanno contribuito a
rendere più attivi soprattutto i giovani.

Una passione che sta influenzando *diversi* Italiani è quella delle mara- [several]
tone. La più antica, iniziata negli anni '70, è la **Cento chilometri del Pas-
satore:** corsa *dura* perchè si deve attraversare l'Appennino. Nel 1997 tre- [tough]
mila podisti erano presenti *al via* di Firenze; poco più di mille, compresa [at the starting signal]
un'italiana ottantenne, sono arrivati al traguardo di Faenza (Emilia-
Romagna). L'ultima moda è quella dei turisti-podisti che, con la passione
della corsa, soddisfano il desiderio di visitare nuovi paesi. Il vincitore della
maratona di New York del 1996 è stato un italiano, Giacomo Leone.

Per finire, si deve parlare di uno sport, nato dal *crescente* interesse per   growing
i problemi ecologici: il trekking. D'estate, intere famiglie passano le loro
vacanze in aziende agrituristiche.* Da qui vanno alla scoperta della natura
e dell'arte meno conosciuta, praticando il trekking a piedi, in bicicletta o a
cavallo, lungo nuovi itinerari.

Trekking nella dolce campagna di Siena, lungo il tracciato *(traces)* dell'antica via Frangipena, che i pellegrini *(pilgrims)* diretti a Roma (i romei) e i commercianti percorrevano nel Medioevo. Sullo sfondo, le mura di Monteriggioni irte di *(spiked with)* torri.

Comprensione

Rispondete alle seguenti domande.

1. In quale giorno della settimana si giocano le partite di calcio? Come si chiama la lotteria legata *(tied)* al gioco del calcio?
2. Perchè è così popolare il ciclismo oggi?
3. Che cos'è il Giro d'Italia?
4. A quale paese si ispira la gioventù per i suoi sport? Sono principalmente sport di squadra o sono sport individuali?
5. La maratona è una manifestazione sportiva nuova per l'Italia? Quando ha avuto luogo la prima? Perchè non è una corsa facile?
6. Di che nazionalità è il podista che ha vinto la maratona di Nuova York nel 1996? Perchè diversi podisti partecipano a gare internazionali di corsa?
7. In questi ultimi anni, che cosa preferiscono fare diverse famiglie durante le vacanze estive?
8. Come si pratica il trekking e perchè sta diventando popolare?

*These are usually renovated farmhouses, with horses, swimming pools, and good country cooking.

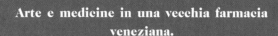
Arte e medicine in una vecchia farmacia
veneziana.

Capitolo

17

Salute e ecologia

Punti di vista

In sala operatoria.

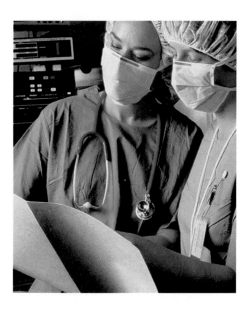

Dalla dottoressa

Nello studio della dottoressa Rovelli, a Bari.

Signor Pini	Buon giorno, dottoressa.	
La dottoressa	Buon giorno, signor Pini, come andiamo oggi?	
Signor Pini	Eh, non molto bene, purtroppo. Ho mal di testa, un terribile *raffreddore* e la *tosse*.	cold cough
La dottoressa	Ha anche la *febbre*?	fever
Signor Pini	Sì, l'ho misurata ed è alta: *trentanove*.	39° centigradi (102.2F)
La dottoressa	Vedo che Lei ha una bella influenza. Le scrivo una *ricetta* che Lei presenterà in farmacia. Sono gli stessi antibiotici che Le ho dato l'anno scorso.	prescription
Signor Pini	E per la tosse? La notte non posso dormire *a causa della* tosse.	because of the
La dottoressa	Per la tosse è bene che *prenda* questa medicina.	you take
Signor Pini	*Mi fanno male* anche le spalle, le braccia e le gambe.	My . . . ache
La dottoressa	Prenda delle aspirine e vedrà che fra due o tre giorni starà meglio.	

Signor Pini   Se non morirò prima...
La dottoressa   *Che fifone! Lei è sano come un pesce!*   What a chicken!/as
healthy as a horse (*lit.*
as a fish)

Comprensione

1. In quale città si trova lo studio della dottoressa Rovelli?
2. Perchè il signor Pini va dalla dottoressa?
3. Quali sono i suoi sintomi?
4. Qual è la diagnosi della dottoressa?
5. Che cosa scrive la dottoressa? Che cosa deve fare il signor Pini?
6. Perchè non dorme la notte il signor Pini? Che dolori ha?
7. Che cosa prescrive la dottoressa per tutti i dolori?
8. Perchè la dottoressa lo prende in giro (*teases him*)?

Studio di parole   Il corpo* e la salute (*Health*)

avere mal di... testa   to have a . . .
  headache
  denti   toothache
  stomaco   stomachache
  schiena   backache
  gola   sore throat
avere il raffreddore   to have a
  cold
avere la febbre   to have a fever
**mi fa male la testa (lo stomaco,
  ecc.)**   my head hurts (my
  stomach . . . , etc.)
farsi male   to hurt oneself
Mi sono fatto(a) male al collo.   I
  hurt my neck.
**Mi sono rotto (rompersi) un
  braccio.**   I broke my arm.
sano   healthy
ammalarsi   to become ill
(am)malato   ill
la malattia   disease
il dolore   pain
la medicina   medication, medicine
guarire (-isc-)   to recover

dimagrire (-isc-)   to lose weight
Sono dimagrito(a) di due chili.   I
  lost 2 kilos.
ingrassare   to gain weight
Sono ingrassato(a) di una libbra.   I
  gained 1 pound.

L'AMBIENTE (ENVIRONMENT)
la natura   nature
l'aria   air
l'ossigeno   oxygen
respirare   to breathe
lo strato dell'ozono   ozone layer
l'effetto serra   greenhouse effect
l'ecologia   ecology
l'ecologo   ecologist
l'ambientalista (*m. & f.*)
  environmentalist
inquinare   to pollute
l'inquinamento   pollution
i rifiuti   garbage
riciclare   to recycle
proteggere (*p.p.* **protetto**)   to
  protect

la testa
l'orecchio
l'occhio
il naso
la faccia
i denti
la bocca
il collo
la spalla
il braccio
lo stomaco
il dito
la mano
il ginocchio
la gamba
il piede

Il corpo

*For the plurals of nouns referring to the parts of the body, see page 273.

Informazioni

Tutti i cittadini in Italia hanno l'assistenza medica e ospedaliera. I lavoratori pagano un contributo e per chi non ha un lavoro l'assistenza medica è gratuita. Ognuno possiede una **tessera sanitaria** che presenta per le visite mediche e tutti gli altri servizi sanitari. Quando una persona è ammalata il medico viene a casa per la visita e, se necessario, ritorna nei giorni successivi.

Le migliorate condizioni di vita e un'assistenza sanitaria costante hanno allungato la vita media che oggi è di circa 75 anni. Il governo concede un sussidio mensile di circa 800.000 lire ai familiari che ospitano e si prendono cura di un genitore incapace di provvedere a se stesso.

Il farmacista è un laureato che può consigliare e dare medicinali in caso di malattie non gravi. In una città c'è sempre almeno una farmacia aperta di notte.

Per una visita medica è bene dirigersi al **Pronto soccorso**. Se si tratta di qualcosa di molto serio o di un incidente, è meglio chiamare il numero **113** per l'ambulanza o l'ospedale più vicino.

Applicazione

A. 1. Quando si va dal dentista?
 2. Se uno va a sciare e cade, cosa si può rompere?
 3. Se qualcuno festeggia un'occasione speciale e beve molti bicchieri di vino, che cos'ha il giorno dopo?
 4. Quando portiamo un paio di scarpe strette, che cosa ci fa male?
 5. Cosa si prende quando si ha il raffreddore?
 6. Quando si usa il termometro?
 7. Chi si preoccupa di proteggere la natura?
 8. Perchè il riciclaggio è importante?
 9. L'effetto serra riscalda o raffredda la terra?
 10. Che cosa protegge (*protects*) l'atmosfera dai raggi (*rays*) ultravioletti?

B. **Quanti mali!** Completate le frasi seguenti.

 1. Il mese scorso sono andato(a) a sciare e (*I broke my leg*) _____.
 2. Ieri sono stato(a) a casa perchè (*I had a fever*) _____.
 3. Mia sorella è caduta dalla bicicletta e (*she hurt herself*) _____.
 4. L'altro ieri ho camminato per 4 ore e oggi (*my feet hurt*) _____.
 5. Se (*you have a toothache*) _____, perchè non vai dal dentista?
 6. Dottore, non mi sento bene: (*I have a cold and a sore throat*) _____.
 7. Mia madre è preoccupata perchè (*I lost weight*) _____ di tre chili.

C. **Conversazione**

 1. In quale stagione è facile prendere il raffreddore? Perchè?
 2. Quanto tempo fa ha avuto l'influenza Lei? Che cosa Le faceva male?
 3. Ha mai fatto l'iniezione Lei per prevenire (*to prevent*) l'influenza?
 4. Che cosa fa di solito un fifone quando sta male? Si considera un fifone (una fifona) Lei?
 5. Nell'ambiente in cui viviamo, quali sono, secondo Lei, i pericoli per la nostra salute?

D. **Come vivere sani.** Discutete in piccoli gruppi: Per vivere secondo le norme dell'ecologia, e per il nostro benessere fisico, che cosa dovremmo fare?

GUERRA AI RIFIUTI
Eliminiamo i contenitori non riciclabili

Parchi e animali da proteggere

respirare meglio

mangiare sano

UNA VACANZA ALL'INSEGNA DELLA NATURA

Ascoltiamo!

Una telefonata. Lisa receives a phone call from Giovanni, an old friend she ran into a few weeks earlier while on vacation in Roccaraso. Listen to their conversation; then answer the questions in your textbook.

LE SCHEDE DI PIU' BELLA
PRIMI SOCCORSI
GUIDA ALLE EMERGENZE
IN CASA, IN CITTÀ, IN VACANZA
CHE COSA FARE IN ATTESA DEL MEDICO

Comprensione

1. Dove si sono incontrati Lisa e Giovanni?
2. Lisa ha delle buone novità?
3. Che cosa è successo a Lisa mentre sciava?
4. Si è anche fatta male alla testa?
5. Dove le hanno ingessato il braccio? Il braccio ingessato è il destro o il sinistro?
6. Perchè Giovanni ha telefonato a Lisa?
7. Quando si vedranno Lisa e Giovanni?

Dialogo

Cosa vi è successo? In piccoli gruppi, raccontatevi quando e come avete avuto un incidente *(accident)*.

Punti grammaticali

I. Il congiuntivo presente

PROTEGGI
LA
NATURA

Non lasciare   i sacchetti
di plastica   in giro

Credete che sia bene usare
i sacchetti di plastica?

1. The subjunctive mood (**il congiuntivo**) expresses points of view and feelings, volition, uncertainty, possibility, and doubt. The indicative mood (**l'indicativo**) expresses facts, indicating what is objectively real. Compare the following sentences:

   (fact) L'acqua è inquinata.
   So che l'acqua è inquinata.

   (belief) **Credo**
   (doubt) **Dubito** } che l'acqua **sia** inquinata.
   (fear) **Ho paura**

   Unlike in English, the subjunctive is very common in Italian, in both speaking and writing.

2. The subjunctive is used mainly in dependent clauses introduced by **che**, when the subjects of the main clause and the dependent clause are different. If the subject is the same, the infinitive is used. Compare the following sentences:

   Spero che tu **stia** meglio.   *I hope you'll feel better.*
   Spero di **stare** meglio.   *I hope to feel better.*

3. Here are the present subjunctive (**congiuntivo presente**) forms of regular verbs.

Main clause		Subordinate clause			
		ascoltare	**leggere**	**partire**	**finire**
Sperano	che io	ascolti	legga	parta	finisca
	che tu	ascolti	legga	parta	finisca
	che lui/lei	ascolti	legga	parta	finisca
	che noi	ascoltiamo	leggiamo	partiamo	finiamo
Vuole	che voi	ascoltiate	leggiate	partiate	finiate
	che loro	ascoltino	leggano	partano	finiscano

a. Note that the first, second, and third persons singular are identical. To avoid ambiguity, the subject pronouns are usually expressed.

b. Verbs ending in **-care** and **-gare** insert an **h** between the stem and the endings: dimentichi, dimentichiamo, dimentichiate, dimentichino; paghi, paghiamo, paghiate, paghino.

c. Verbs ending in **-iare** drop the **i** of the stem: **cominci, cominciamo, cominciate, comincino.**

4. The following verbs and expressions usually require the subjunctive in a dependent clause:

Verbs of volition	Verbs of opinion, doubt, uncertainty	Expressions of emotion
volere	credere	avere paura
desiderare	pensare	essere contento/felice
preferire	dubitare	dispiacere
sperare	non essere certo/sicuro	

Impersonal expressions (implying a personal attitude)	
bisogna (*it is necessary)*	è importante
è necessario	è ora *(it is time)*
è (im)probabile	pare/sembra *(it seems)*
è (im)possibile	può darsi *(it may be)*
è bene	(è un) peccato *(too bad)*
è meglio	

Mia madre **vuole che** io **finisca** i miei studi.	*My mother wants me to finish my studies.*
Sono felice che i miei genitori mi **capiscano.**	*I am happy that my parents understand me.*
Bisogna che tu **studi** di più.	*It is necessary that you study more.*
È probabile che domani **piova.**	*It is probable that tomorrow it will rain.*
Peccato che il televisore non **funzioni.**	*(It's) Too bad that the TV set is not working.*

NOTE:

The infinitive is used after an impersonal expression when no subject is expressed.

È necessario **lavorare.**	*It is necessary to work.*
È ora di **partire.**	*It is time to leave.*

Pratica

A. **Dal medico.** In coppie, a turno, uno studente fa la parte del medico e l'altro quella del paziente. Seguite l'esempio.

 Esempio   mangiare molta carne
—**Mangio molta carne.**
—**Bisogna che Lei mangi poca carne.**

1. seguire una dieta con poca verdura   2. non prendere vitamine
3. alzarsi tardi la mattina   4. camminare poco   5. passare più ore seduto
6. non praticare nessuno sport

B. **Preoccupazioni di una madre.** Di che cosa ha paura una madre per i suoi figli?

> Esempio   studiare poco
> **Ha paura che studino poco.**

1. non mangiare abbastanza   2. ammalarsi   3. spendere troppo
4. divertirsi invece di studiare   5. frequentare cattive compagnie
6. guidare troppo velocemente   7. causare qualche incidente
8. E tua madre di che cosa ha paura?   9. ...

C. **Difesa dell'ambiente.** Un professore dà una breve lezione di ecologia ai suoi studenti. Seguite l'esempio.

> Esempio   usare più prudenza/è bene
> **È bene che usiate più prudenza.**

1. prendere sul serio l'ecologia/è ora   2. proteggere la natura/è necessario
3. abbandonare i rifiuti nell'ambiente/non è bene   4. non inquinare le spiagge/bisogna   5. rifiutare nei negozi i sacchetti di plastica/è meglio
6. capire la necessità di riciclare/è importante   7. usare solamente la bicicletta e i mezzi pubblici/è ora

D. **I tuoi cugini.** I tuoi cugini Massimo e Giulia verranno a trovarti. Un tuo parente ti fa delle domande su di loro: quando rispondi non sei sempre sicuro(a) delle tue affermazioni.

> Esempio   dove, abitare i tuoi cugini/Penso che...
> **—Dove abitano i tuoi cugini?**
> **—Penso che abitino a...**

1. dove, lavorare/Credo che...
2. è vero che, aspettare un bambino/Pensiamo che...
3. abitare vicino ai loro genitori/Sappiamo che...
4. pensare di comprare un appartamento/Sembra che...
5. tua cugina, continuare a lavorare/È probabile che...
6. quando, arrivare/Spero che...

E. **Oggi parliamo di politica.** Completate le seguenti frasi con i verbi in parentesi, scegliendo tra il **congiuntivo** e l'**infinito**.

1. I Verdi vogliono che il governo _____ (prendere) nuovi provvedimenti (*measures*) contro l'inquinamento dei fiumi.   2. Il governo preferisce _____ (occuparsi) di altri problemi.   3. È probabile che il valore della lira _____ (discendere).   4. Il primo ministro dice che bisogna _____ (aumentare) le tasse.   5. Gli Italiani non sono contenti di _____ (pagare) altre tasse.   6. Tutti sperano che la crisi del paese _____ (finire) presto.

F. **Opinioni diverse.** In coppie, reagite a turno alle seguenti affermazioni esprimendo la vostra opinione. Usate espressioni come: **Dubito che...**, **Non credo che...**, **Sono d'accordo che...**, **Sono sicuro che...**

1. Oggigiorno quasi tutti desiderano riciclare.
2. Gli ambientalisti esagerano il problema dell'inquinamento.
3. Le medicine di oggi aiutano a vivere più a lungo.
4. Secondo alcuni, il problema dell'effetto serra non esiste.
5. La gente si ammala quando non segue una dieta sana.

II. Il congiuntivo presente dei verbi irregolari

Here is the present subjunctive of the most common irregular verbs.

andare:	vada, andiamo, andiate, vadano
avere:	abbia, abbiamo, abbiate, abbiano
bere:	beva, beviamo, beviate, bevano
dare:	dia, diamo, diate, diano
dire:	dica, diciamo, diciate, dicano
dovere:	deva (debba), dobbiamo, dobbiate, devano (debbano)
essere:	sia, siamo, siate, siano
fare:	faccia, facciamo, facciate, facciano
potere:	possa, possiamo, possiate, possano
sapere:	sappia, sappiamo, sappiate, sappiano
stare:	stia, stiamo, stiate, stiano
uscire:	esca, usciamo, usciate, escano
venire:	venga, veniamo, veniate, vengano
volere:	voglia, vogliamo, vogliate, vogliano

Il medico mi ha detto di perdere peso !
Sono andato in Pasticceria per una seconda opinione

Pensate che sia una buon'idea andare in pasticceria per una seconda opinione?

Spero che Lei **sia** in buona salute.	*I hope you are in good health.*
Desidero che tu **vada** dal dottore.	*I would like you to go to the doctor.*
È ora che tutti **siano** responsabili.	*It is time for everybody to be responsible.*
La mamma non vuole che **beviate** vino.	*Mother does not want you to drink wine.*
Dubita che **sappiamo** guidare bene.	*He (She) doubts that we know how to drive well.*
Non crede che **dicano** la verità.	*He (She) does not believe (that) they are telling the truth.*

Pratica

A. **Commenti di un Americano di ritorno dall'Italia.** Completate le frasi, scegliendo il presente dell'**indicativo** o del **congiuntivo**.

1. Ora sono sicuro che gli Italiani _____ (guidare) pericolosamente. 2. Ho paura che gli stranieri _____ (avere) molti problemi quando _____ (guidare) in Italia. 3. È certo che l'Italia _____ (essere) un bellissimo paese. 4. Credo che la gente là _____ (sapere) vivere bene. 5. Peccato che gli alberghi italiani _____ (essere) così cari. 6. Pare che l'economia italiana _____ (andare) meglio.

B. **Una donna autoritaria.** Marta impone (*imposes*) i suoi desideri a tutti, fratelli e amici. Completate le frasi, esprimendo i suoi desideri.

> Esempio   Desidero che tu (stare)...   **—Desidero che tu stia attento.**
> *o...*

1. Non voglio che voi (bere)... 2. Desidero che tu non (uscire)... 3. Voglio che tu (fare)... 4. Spero che Lisa non (andare)... 5. Non desidero che Roberto (venire)... 6. Insisto che Marco e Pino (stare)... 7. Non voglio che tu (dire)... 8. Spero che tu non (volere)...

C. **Opinioni personali.** Rispondete a turno alle seguenti domande incominciando la frase con **Credo** o **Non credo**.

> Esempio   Le donne italiane guidano meglio degli uomini?
> **Credo (Non credo) che guidino meglio degli uomini.**

1. Che cosa bevono gli Italiani? 2. Devono pagare molto per le cure mediche? 3. È facile guidare nelle città? 4. In quali mesi vanno in vacanza gli Italiani? 5. La benzina è più cara negli Stati Uniti o in Italia? 6. Molti Europei vengono in vacanza negli Stati Uniti? 7. Sanno tutti parlare inglese? 8. Possono viaggiare nei paesi dell'Unione Europea senza passaporto?

D. **Siete d'accordo o no?** In coppie, a turno, uno fa un'affermazione e l'altro esprime la sua opinione usando un verbo di dubbio o di certezza, e dicendo perchè.

> Esempio   —Faccio dello sport ogni giorno.
> **—Non credo che tu faccia dello sport ogni giorno**
>   **perchè sei troppo pigro(a).**
> **—Sono certo(a) che fai dello sport perchè ti preoccupi**
>   **della tua salute.**

E. **Il testamento del vecchio conte di Altavilla.** Completate la storiella con le forme appropriate del **congiuntivo**.

Cara moglie,

Queste sono le mie ultime volontà. Spero che tu _____ (seguire) tutte le mie istruzioni. Desidero che tu _____ (dare) il tappeto del mio studio alla cameriera perchè mi ha sempre servito bene. Voglio che

tu _____ (regalare) la mia collezione di francobolli al mio maggior-
domo (*butler*) per la sua fedeltà e che tu _____ (pagare) al giar-
diniere la somma di un milione di lire.

Preferisco che il cugino Cosimo _____ (avere) il mio orologio
d'oro (*gold*) e che le zie Rosa e Linda _____ (ricevere) tutte le bottiglie di vino della mia cantina. Spero che così loro _____ (conso-
larsi) della mia morte. Desidero che il mio castello, i miei mobili, le mie
cinque macchine e tutte le mie proprietà _____ (andare) al mio
autista che mi è stato amico fedele per quarant'anni. A te, cara moglie,
che hai protestato per quarant'anni, lascio i miei occhiali e la mia den-
tiera (*dentures*). Spero che tu ne _____ (essere) contenta.

Tuo Alfredo

**Acqua potabile,
risorsa limitata**

Provincia di Milano
ASSESSORATO ALL'ECOLOGIA

III. Il congiuntivo passato

1. The past subjunctive (**congiuntivo passato**) is a compound tense formed with the present subjunctive of the auxiliary verb **avere** or **essere** + *past participle* of the main verb.

—Che cosa ne pensi? Non credi che l'amministrazione abbia fatto felici gli ambientalisti con quei fiori?

	studiare		partire	
Franco crede	che io **abbia** che tu **abbia** che lui/lei **abbia** che noi **abbiamo** che voi **abbiate** che loro **abbiano**	**studiato**	che io **sia** che tu **sia** che lui/lei **sia**	**partito(a)**
			che noi **siamo** che voi **siate** che loro **siano**	**partiti(e)**

Spero che **abbiate ascoltato** il telegiornale.	*I hope you listened to the TV news.*
Non penso che i miei genitori **siano** già **arrivati**.	*I don't think my parents have arrived yet.*

2. The **congiuntivo passato** is used when the verb of the main clause is in the present tense and requires the subjunctive, and the subordinate clause expresses an action that precedes the action of the main clause.

COMPARE:

Mi dispiace che zia Teresa non **venga** oggi.	*I'm sorry Aunt Teresa is not coming today.*
Mi dispiace che zia Teresa non **sia venuta** ieri.	*I'm sorry Aunt Teresa didn't come yesterday.*
Ho paura che non ti **piaccia** questo film.	*I'm afraid you will not like this movie.*
Ho paura che non ti **sia piaciuto** il film di domenica.	*I'm afraid you did not like last Sunday's movie.*

3. When the subject of the main verb and the subject of the subordinate verb are the same, the past infinitive is used.

Past infinitive: **avere** or **essere** + *past participle* of the verb

Spero di **aver(e) fatto** tutto.	*I hope I did everything.*
Siamo contenti di **essere ritornati**.	*We are happy we came back.*
Crede di **averla vista**.	*He thinks he saw her.*

News

Dove il mare è più blu

Due barche che prelevano 500 campioni di acqua marina in un mese. E ci dicono dove tuffarci senza rischi per la salute. La Goletta Verde di Legambiente (tel. 06/862681) partirà il 17 luglio da Trieste. Da qui, lungo la costa adriatica, raggiungerà Lampedusa il 19 agosto. Per passare il testimone alla seconda goletta, che toccherà la Liguria e le spiagge del Tirreno.

La Goletta Verde di Legambiente.

La Legambiente è un'associazione di ambientalisti. Che cosa fa in questo caso?

Pratica

A. **Avvenimenti del giorno.** Il signor Fanti sta leggendo alcune notizie alla moglie e aggiunge ogni volta il suo commento.

Esempio   Il presidente ha fatto un discorso davanti al Senato.
(Pare che...)
Pare che il presidente abbia fatto un discorso davanti al Senato.

1. I Verdi hanno presentato il loro programma per la protezione dell'ambiente. (Sono contento che...) 2. Delle squadre di volontari *(volunteers)* hanno pulito le spiagge sporche *(dirty)*. (Pare che...) 3. Il rappresentante del Governo italiano non è andato al Convegno *(Conference)* mondiale di ecologia. (È un peccato che...) 4. L'Opec ha deciso di aumentare il costo della benzina. (Mi dispiace che...) 5. La fabbrica X ha inquinato l'acqua di una parte della città. (Pare che...) 6. Alcuni leader della Legambiente sono partiti per studiare la situazione. (È bene che...)

B. **Parlando di amici.** Commentate quello che è successo la settimana scorsa. Sostituite il **congiuntivo passato** al **congiuntivo presente.**

1. Spero che Giovanni trovi un buon posto. 2. Siamo contenti che anche lui traslochi. 3. Mi dispiace che Franca non venga con noi alla festa di domenica. 4. È possibile che sia ammalata. 5. Peccato che Marina e Lisa partano per la Svizzera. 6. Non credo che i loro genitori siano contenti della loro partenza.

C. **Commenti.** Filippo parla di Antonio e Marcello, e Gabriella risponde con qualche commento. Seguite l'esempio.

> Esempio   Antonio, ritornare ieri dalla Sicilia/Sono contenta...
> —**Antonio è ritornato ieri dalla Sicilia.**
> —**Sono contenta che sia ritornato presto (*o* che il viaggio sia stato breve).**

1. Antonio, trovare la nonna migliorata/Sono felice...
2. Antonio, rinunciare all'idea del motorino/È bene...
3. Marcello, dargli lezioni di guida con molta pazienza/Non credo...
4. Antonio, imparare subito a guidare/Non sono sicura...
5. Marcello, cercare buone occasioni di macchine usate/Dubito...
6. Marcello, non trovare niente d'interessante/Mi dispiace...
7. Antonio, dimagrire di alcuni chili/È bene...

D. **Sentimenti** *(Feelings).* Esprimete quello che queste persone sentono. Di due frasi formatene una usando **di + infinito** o **che + congiuntivo.**

> Esempio   Paolo è contento. È guarito.
> **Paolo è contento di essere guarito.**
> Paolo è contento. Suo padre è guarito.
> **Paolo è contento che suo padre sia guarito.**

1. Ho paura. Non ho capito la domanda. 2. Gabriella è felice. Filippo ha vinto due milioni al Totocalcio. 3. Mi dispiace. Ho dimenticato di telefonarti. 4. Antonio è contento. È riuscito all'esame di guida. 5. Sono felice. I miei genitori sono venuti a trovarmi. 6. Mi dispiace. Tu non ti sei divertito.

E. **Che bugiardo(a)!** Vi piace esagerare quando parlate di voi, ma gli amici non vi credono. In coppie, completate le frasi usando il **congiuntivo presente** o **passato.**

Esempio	Domani partirò.../Non credo...	Ieri ho visto.../Dubito...
	—Domani partirò per Roma.	**—Ieri ho visto Elvis.**
	—Non credo che tu parta per Roma.	**—Dubito che tu l'abbia visto.**

1. Il week-end scorso ho vinto.../È impossibile... **2.** Per Natale i miei zii mi regaleranno.../Ho paura... **3.** Il mese scorso sono andato(a).../Non credo... **4.** Due anni fa sono stato(a).../Non è possibile... **5.** L'estate prossima mio padre mi darà.../Non penso... **6.** L'estate scorsa ho guadagnato.../Non credo... **7.** Ho partecipato a una gara di... e ho ricevuto.../Mi sembra impossibile... **8.** Fra qualche anno sarò.../Dubito...

F. **Notizie piacevoli e spiacevoli.** In coppie, scambiatevi alcune vostre notizie su quello che vi è successo.

Esempio	**—Mi sono divertito(a) molto a Capodanno.**
	—Sono contento(a) che tu ti sia divertito(a).
	—Io e mio fratello abbiamo avuto un incidente di macchina.
	—Mi dispiace che voi abbiate avuto un incidente di macchina.

IV. Suffissi con nomi e aggettivi

Una chiesetta di montagna.

In Italian, the meaning of a noun or an adjective can be altered by attaching a particular suffix. The suffix is added after the final vowel of the word is dropped. The most common suffixes are:

a. **-ino(a); -etto(a); ello(a)**, conveying smallness or endearment.

fratello	fratell**ino** *(dear little brother)*
Luigi	Luig**ino** *(dear little Luigi)*
casa	cas**etta** *(cute little house)*
vino	vin**ello** *(light but good wine)*

b. **-one (-ona, -oni, -one)**, conveying largeness, weight, or importance.

naso	nas**one** *(huge nose)*
dottore	dottor**one** *(well-known doctor)*
pigro	pigr**one** *(very lazy)*

c. **-accio (-accia, -acci, -acce)**, conveying a pejorative connotation.

parola	parol**accia** *(dirty word)*
ragazzo	ragazz**accio** *(bad boy)*
tempo	temp**accio** *(very bad weather)*

NOTE:

The choice of suffixes is idiomatic and cannot be made at random. It is best that you limit their use to examples you read in reliable sources or hear from native speakers.

Pratica

A. **Variazioni.** Aggiungete a ogni parola in corsivo il **suffisso** necessario per rendere *(to convey)* il significato della frase.

1. un *tempo* con molta pioggia
2. un *libro* di mille pagine
3. il *naso* di un bambino
4. un *ragazzo* grande e grosso
5. una *villa* piccola e carina
6. due lunghe *giornate* faticose
7. il *giornale* dei piccoli (bambini)
8. un *ragazzo* cattivo
9. le grosse *scarpe* da montagna
10. un *professore* molto famoso
11. una brutta *parola*

B. **Che cosa significa?** Date l'equivalente inglese delle espressioni in corsivo.

1. Hanno comprato *una macchinetta rossa.* 2. Vai alla spiaggia? *Porta l'ombrellone!* 3. Antonio ci ha raccontato *una storiella divertente.* 4. Se voglio i libri dell'ultimo scaffale, *ho bisogno della scaletta.* 5. *Era una serataccia* fredda, con vento e pioggia. 6. Ho incontrato Marcello: *era con una biondina.* 7. Un ragazzo come te non dovrebbe leggere quel *giornalaccio.* 8. Nel giardino ci sono due *alberelli di mele.*

Lettura

Un bravo medico
nel suo studio.

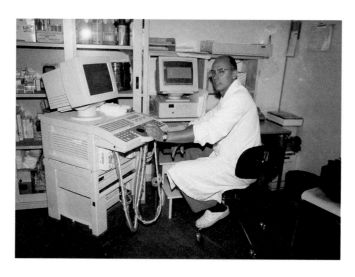

La nonna è ammalata

Antonio è andato in Sicilia a trovare nonna Caterina che è ammalata da
molti mesi.

Antonio	Come ti senti, nonnina?	
nonna	Eh, figlio mio, non troppo bene. Mi fanno male tutte le ossa e *faccio fatica a* camminare.	I find it difficult to
Antonio	Ma non hai chiamato il medico?	
nonna	Ma sì, Tonino, il dottor Gaetani è venuto molte volte l'inverno scorso.	
Antonio	E che cosa ti ha detto *allora* il medico?	at that time
nonna	Mi ha detto che ho l'artrite e mi ha trovato la pressione alta.	
Antonio	Che cosa ti ha ordinato?	
nonna	Delle iniezioni. Mi ha dato anche delle pillole per calmare un po' il dolore e controllare la pressione. Mi ha raccomandato anche di stare a dieta.	
Antonio	E la cura non ha fatto niente?	
nonna	Credo che mi abbia fatto bene. Sto ancora facendo delle iniezioni, ma che vuoi, ragazzo mio, gli anni sono tanti...	
nonno	Tua nonna parla sempre di anni e mi sembra che ascolti troppo i medici. Dovrebbe	

ascoltare me e bere questo vinello rosso dell'Etna. *L'hai assaggiato?*   Have you tasted it?

Antonio   Sì, lo trovo ottimo. È della tua *vigna,*   vineyard
nonno?

nonno   No, questo me l'ha dato un mio amico. Che ne dici, Tonino, non ti pare che ci sia dentro il fuoco dell'Etna?

Antonio   Hai ragione, nonno. Incomincio già ad avere caldo.

nonno   È quello che dico sempre a tua nonna: due bicchieri di vino al giorno e *ti levi il medico*   you keep the doctor
d'intorno. Ma lei ha la testa dura e prefe-   away
risce ascoltare i dottori.

Comprensione

1.   Perchè Antonio è andato a trovare nonna Caterina?
2.   Come si sentiva la nonna?
3.   Che cosa le faceva male?
4.   Cosa le ha detto il medico che l'ha visitata? Che medicine le ha ordinato?
5.   Il medico ha detto che poteva mangiare tutto quello che voleva? Cosa doveva fare?
6.   Secondo la nonna, quale sarebbe la vera ragione dei suoi disturbi *(ailments)*?
7.   Secondo il nonno, cosa dovrebbe fare la nonna per guarire?
8.   Quale proverbio ripete sempre il nonno?
9.   Perchè, secondo lui, la nonna ha la testa dura?

Conversazione

1.   Com'è la Sua salute? Che medicina prende quando ha mal di testa?
2.   Lei può mangiare tutto o deve stare a dieta? Compra prodotti biologici *(organic)*?
3.   Che cosa pensa Lei dei medici? Ha fiducia in loro *(Do you trust them)*?
4.   Se il Suo medico Le ordina una medicina, che cosa fa Lei? E se Le dà un consiglio?
5.   È d'accordo Lei con il proverbio del nonno di Antonio? Cosa pensa Lei della filosofia del nonno?

Spesa sanitaria alta. Risultati buoni.

SPESA SANITARIA PRO CAPITE

0   500   1000   1500   2000   2500

Lussemburgo
Francia
Germania
Austria
Belgio
ITALIA
Olanda
Finlandia
Danimarca
Svezia
G. Bretagna
Spagna
Irlanda
Portogallo
Grecia

(in dollari)

Attività supplementari

A. **Sono benefici o dannosi?** Discutete gli effetti del vino sulle persone e quelli del fumo sulle persone e sull'ambiente. Parole utili: il cuore *(heart)*, i polmoni *(lungs)*, il monossido di carbonio, le sostanze inquinanti.

Un bicchiere di vino fa bene
Chi beve mezzo litro di vino al giorno, tre bicchieri, non importa se di rosso o di bianco, riduce almeno del 25 per cento la probabilità di essere colpito da infarto cardiaco. Questo è il risultato di numerosi studi condotti, in tutta Italia, dagli esperti nutrizionisti e cardiologi della Nutrition foundation of Italy. Secondo le ricerche, la quantità quotidiana ideale di alcol deve essere pari a circa 40-50 grammi.

B. Avete mai pensato di diventare naturalisti o ambientalisti? Leggete le due descrizioni e discutete quale attività vi interesserebbe di più.

I DIFENSORI DELLA NATURA

Naturalisti

Corso di laurea. Durata: 4 anni
　　　　Esami: 23+inglese
Obiettivi: conservazione della natura e delle sue risorse; didattico
Impiego professionale: educazione ambientale (visite guidate in parchi naturali e musei); direzione parchi e riserve naturali; restauro ambiente e monumenti culturali.

Ambientalisti

Corso di laurea. Durata: 5 anni
　　　　Esami: 28+lingua straniera
Obiettivo: formazione manager dell'ambiente

Impiego professionale: in amministrazioni pubbliche con competenza ecologica; in settori privati (società che si occupano di raccolta e elaborazione dei dati ambientali).

C. **Un avvenimento scientifico.** Leggete questo breve trafiletto e dite di che cosa si tratta. Poi esprimete la vostra opinione sui seguenti punti.

1. La clonazione rappresenta una scoperta benefica della genetica?
2. È ammissibile la clonazione umana?
3. È giusta o crudele la clonazione animale? Perchè?

Come si dice in italiano?

1. Mr. and Mrs. Smith arrived in Rome yesterday and rented a Fiat.
2. Mr. Smith's wife was afraid that he might have problems with the traffic and was telling him: "Go slowly! Pay attention!"
3. "If you must complain so much (**così tanto**), next time I prefer that you stay home."
4. Unfortunately, Mrs. Smith was right: at a busy (**di grande traffico**) intersection, they had an accident.
5. Mr. Smith broke his leg, and his wife hurt her neck.
6. So, half an hour later, the two were at the emergency room (**Pronto Soccorso**), where the doctor put a cast on (**ha ingessato**) Mr. Smith's leg.
7. "Mr. Smith," said the doctor, "I think you need this medication for the pain."
8. "Doctor," Mrs. Smith said, "I'm afraid I need something for my neck."
9. "I believe my nurse (**infermiera**) has already prepared the medication for you."

«Punire chi la tenterà»
No dell'Europa alla clonazione dell'uomo

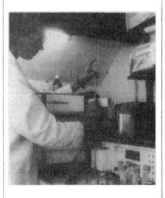

STRASBURGO. Un «bando mondiale» contro la clonazione umana, con «sanzioni penali per reprimere ogni violazione». Con questa proposta il Parlamento europeo sta cercando di rispondere ai timori con cui ovunque è stata accolta Dolly, la pecora clonata da Ian Wilmut.

> ### *Sito Web*

L'ambiente naturale

Italy has preserved many areas of natural beauty: over five hundred protected zones have been set up, including eighteen national parks, state forest preserves, and marine preserves. Among the most important are: <u>Gran Paradiso National Park</u>, <u>Stelvio National Park</u>, <u>Abruzzo National Park</u>, <u>Calabria National Park</u>, and the <u>Coastal Park of the Circeo</u>.

Italy also has many distinctive environments that have been harmoniously shaped by centuries of human presence, making the country famous throughout the world as "il bel paese." This appeal is exemplified in Italy's botanical gardens. <u>Villa Taranto</u> near Pallanza, <u>Campo Imperatore</u> outside of <u>L'Aquila</u>, and <u>Orto Botanico</u>, a short distance from Florence, all function as living museums.

There are many other natural wonders, such as volcanoes. For example, <u>Etna</u>, Europe's largest active volcano, and <u>Stromboli</u>, on the <u>Eolian Islands</u>, remain active, and Vesuvio is still intermittently active. Fascinating sea caves are found in the <u>Tremiti Islands</u>, the island <u>Anacapri</u>, <u>Portovenere</u> on the <u>Riviera</u>, the <u>Pontine Islands</u>, and <u>Grotta Calafarina</u> near <u>Ragusa</u>. The caves of <u>Castellana</u> are the finest stalactite caves in Europe. <u>Grotta Bianca</u> is noted for its perfect condition and its profusion of stalagmites and stalactites, as is the Grotto di Nettuno in <u>Alghero</u>. Near <u>Pozzuoli</u> is a volcanic area where hot springs, steam jets, and sulfurous gases rise from the ground. All of these natural wonders are under protection decreed by law.

The power of the mineral waters and mud baths that bubble from Italian springs and spas has been renowned since Roman times. The emphasis on rest and recreation in a natural environment has made many spas into fashionable resort centers: <u>Salice Terme</u>, <u>Abano Terme</u>, <u>Salsomaggiore</u>, <u>Montecatini</u>, <u>Fiuggi</u>, and <u>Sciacca</u>.

 Web page addresses of related interest are:

Legambiente
http://www.isinet.it/trenoverde/campagne/

Parks
http://www.parks.it

Geology and Oceanography
http://www.vol.it

Mountains
http://www.city.net

Volcanoes
http://www.geo.mtu.edu

ITWG
http://www.itwg.com

Natural Environment
http://www.travelive.com/

Italia Nostra
http://www.alfanet.it/welcomeitaly/italianostra/

http://www.hrwcollege.com

Grotta Zinzulusa, sul mare Adriatico. Provincia di Lecce, Puglia.

Vocabolario

Nomi

l'antibiotico	*antibiotic*
l'artrite *(f.)*	*arthritis*
l'aspirina	*aspirin*
il calmante	*sedative*
il cuore	*heart*
la cura	*treatment; care*
la depressione	*depression*
il dente	*tooth*
la diagnosi	*diagnosis*
la dieta	*diet*
il disturbo	*ailment; trouble*
il dolore	*pain, ache*
l'incidente	*accident*
l'incrocio	*intersection*
l'infermiere(a)	*nurse*
l'influenza	*flu*
l'iniezione *(f.)*	*injection*
il malato, la malata	*sick person; patient*
l'osso *(pl.* le ossa*)*	*bone*
il (la) paziente	*patient*
il peso	*weight*
la pillola	*pill*
la pressione	*blood pressure*
la ricetta	*prescription*
il sintomo	*symptom*
il termometro	*thermometer*

Aggettivi

benefico	*beneficial*
biologico	*organic*
dannoso	*harmful*
duro	*hard*
medico	*medical*

Verbi

calmare	*to calm*
controllare	*to check; to keep under control*
curare	*to treat*
dubitare	*to doubt*
ingessare	*to put in a cast*
migliorare	*to improve*
ordinare	*to prescribe*
raccommandare	*to recommend*
visitare	*to examine*

Altre espressioni

a causa di	*because of*
avere fiducia	*to trust*
avere la testa dura	*to be stubborn*
avere la tosse	*to have a cough*
bisogna *(impers.)*	*it is necessary*
Che cosa è successo?	*What happened?*
Che fifone!	*What a chicken!*
Come andiamo?	*How are we doing?*
(È un) peccato...	*too bad . . .*
fare fatica a (+ *inf.*)	*to find it difficult to*
pare *(impers.)*	*it seems*
prendere il raffreddore	*to catch a cold*
può darsi *(impers.)*	*it may be*
sano come un pesce	*as healthy as a horse* (lit. *fish*)
sembra *(impers.)*	*it seems*
stare a dieta	*to be on a diet*

Pagina culturale

Una strada di Napoli, anni fa. Ora l'amministrazione comunale ha provveduto a migliorare la circolazione dei veicoli.

Alcuni problemi ecologici

Da diversi anni l'Italia si preoccupa della necessità di difendere l'ambiente. Il partito politico dei Verdi, il Ministero dell'Ambiente e le varie associazioni che si sono formate hanno contribuito a rendere gli Italiani *consapevoli* dei problemi ecologici.   aware

Il notevole sviluppo industriale e agricolo *minaccia* costantemente il   threatens
paesaggio e le acque con i prodotti chimici. In tutta Italia l'alta densità
della popolazione contribuisce all'inquinamento della natura, con i *rifiuti* e   waste
i *detersivi,* e con l'uso dei veicoli. L'afflusso dei turisti peggiora una situa-   detergents
zione già seria. Per esempio, d'estate le coste del lago di Garda (170.000
residenti) sono invase da circa 2 milioni di villeggianti; 25 milioni di
innamorati del mare *affollano* i 7.000 chilometri di coste italiane. E quasi   overcrowd
tutti sono motorizzati. Purtroppo l'estate è la stagione in cui l'aria
inquinata ha l'effetto più drammatico sull'organismo umano.

Un piccolo paese come l'Italia deve amministrare un patrimonio artistico che, per la sua ricchezza, non ha paragone al mondo. Ma l'inquinamento e l'azione del tempo hanno *annerito* e danneggiato buona parte dei   blackened
suoi monumenti.

Da anni si è deviata la circolazione dei veicoli dal centro storico.
Alcune città hanno aumentato la *rete* dei trasporti pubblici e hanno facili-   network
tato la circolazione in bicicletta. Si sono create aree di parcheggio lontano
dal centro e delle vie sono state dedicate esclusivamente all'uso pedonale.

Un miglioramento atmosferico c'è stato, ma è dovuto principalmente a carburanti più puliti come la benzina *senza piombo,* chiamata anche la benzina verde.

unleaded

Comprensione

Rispondete alle seguenti domande.

1. Che influenza hanno l'agricoltura e l'industria sull'ambiente?
2. Anche l'alta densità della popolazione minaccia la natura. Come?
3. I turisti contribuiscono a questa minaccia? Perchè?
4. L'aria inquinata che effetto produce sulle opere d'arte e sulle persone?
5. Che cosa hanno fatto molte città e cittadine per proteggere l'ambiente?
6. Sono sufficienti questi miglioramenti? Che cosa si dovrebbe fare, secondo voi?

Due giovani pianisti si esibiscono in un concerto per pianoforte a quattro mani.

Capitolo
18

Arte e teatro

Punti di vista

Musica operistica o musica elettronica?

Giuseppe Piccoli e tre suoi amici hanno messo insieme un piccolo gruppo rock che ha un certo successo. Giuseppe suona la chitarra elettrica, e gli altri tre suonano la *batteria*, il piano e la chitarra. Oggi i quattro ragazzi sono a casa di Giuseppe e suonano i loro strumenti un po' troppo entusiasticamente. Dopo un paio d'ore la mamma entra nel soggiorno.

       drums

Andrea Bocelli, nuova vedetta della canzone melodica italiana.

mamma	Giuseppe... Giuseppe! Adesso dovreste smettere di suonare, prima che mi venga un gran mal di testa.
Giuseppe	Ti prego, mamma, *lasciaci* suonare ancora un po'. E poi... lo sai che adesso mi chiamo Paco Pank! *let us*
mamma	Paco Pank? Che bisogno avevi di cambiarti il nome? Giuseppe Mangiapane non ti andava bene?
Giuseppe	Se il mio nome d'arte fosse Giuseppe Mangiapane, come potrei essere famoso nel mondo del rock?
mamma	Beh, famoso... è troppo presto per dirlo. Ricordati che riesce solo chi ha talento.
Giuseppe	In questa casa nessuno mi capisce! A papà, per esempio, piace solo la musica operistica e non vuole ascoltare *nient'altro.* Però se un giorno diventerò famoso, *grazie alla* musica rock, tu e papà sarete *orgogliosi* di me. *nothing else* / *thanks to* / *proud*
mamma	Va bene, ma per il momento sarei contenta se tu suonassi meno *forte;* mi sembra che questo sia *fracasso,* non musica. *loud* / *loud noise*
Giuseppe	È inutile discutere con voi! Siete rimasti all'epoca di Giuseppe Verdi.

Comprensione

1. Cos'hanno messo insieme i quattro amici? Quali strumenti suonano?
2. Cosa fanno oggi? Dove?
3. Paco Pank è un nome vero o un nome d'arte? Qual è, in questo caso, il nome vero?

4. Perchè ha deciso di cambiarsi il nome Giuseppe?
5. Per diventare famoso, basta che Giuseppe si cambi il nome o ci vuole qualcos'altro? Che cosa?
6. Piace a suo padre la musica rock? Perchè no?
7. Cosa vuole la madre di Giuseppe, per il momento?
8. Qual è, secondo Giuseppe, il problema dei suoi genitori per quanto riguarda *(regarding)* la musica?
9. Lei sa chi era Giuseppe Verdi?

Studio di parole   Le arti e il teatro

MOSTRA D'ARTE—PITTURA E SCULTURA

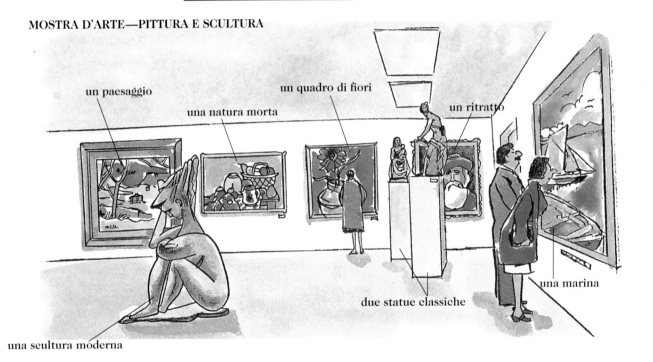

un paesaggio

una natura morta

un quadro di fiori

un ritratto

una marina

due statue classiche

una scultura moderna

l'architettura architecture	**l'affresco** fresco
l'architetto *(m. & f.)* architect	**l'autoritratto** self-portrait
il pittore, la pittrice painter	**l'acquerello** watercolor
lo scultore, la scultrice sculptor,	**la caricatura** caricature
sculptress	**disegnare** to draw
lo stile style	**dipingere** to paint
classico,	**scolpire (-isc-)** to sculpt
barocco,	
moderno	

A TEATRO

i palchi

il sipario

il cantante

il palcoscenico
i musicisti

il direttore d'orchestra

la galleria

il pubblico

la musica	**comporre** (*p.p.* **composto**) to
classica, operistica, sinfonica,	compose
leggera	**l'opera (lirica)**
la sinfonia symphony	**il coro** chorus
la canzone song	**la commedia** play, comedy
strumenti musicali	**la tragedia** tragedy
il pianoforte	**l'atto** act
il violino violin	**la scena** scene
il violoncello cello	**il comico** comedian
il flauto flute	**il commediografo** playwright
la tromba trumpet	**recitare** to act, to play a part
la chitarra guitar	**applaudire** to applaud
la batteria drums	**fischiare** to boo (*lit.*, to whistle)
il compositore, la compositrice	**il pubblico** audience
composer	**la platea** orchestra seats

Informazioni

L'Italia è un museo d'arte all'aperto, ma per vedere in poche ore qualche opera dei più famosi artisti dei secoli scorsi, i turisti affollano le **Cappelle Palatine** in Vaticano, o musei nazionali come la **Galleria degli Uffizi** a Firenze e la bella **Galleria Borghese** a Roma. La riapertura, dopo molti anni, di questo museo, è stata il grande evento culturale del 1997.

Nell'estate del '97, per la prima volta i più famosi musei nazionali hanno osservato un orario continuato, dalle 9.00 del mattino alle 11.30 di notte, per accomodare l'afflusso dei visitatori.

D'estate l'Italia si trasforma in tanti teatri all'aperto. Il popolo esprime l'orgoglio della sua città con manifestazioni artistiche che durano delle settimane. Molte si svolgono (*take place*) nelle piazze o in anfiteatri greco-romani.

Firenze. Un gruppo di pittori davanti alla Galleria degli Uffizi. Che cosa hanno dipinto o stanno dipingendo?

Applicazione

A. 1. Che cosa compose Beethoven?
   2. Paganini era un famoso musicista dell'Ottocento. Quale strumento suonava alla perfezione?
   3. Louis Armstrong suonava il flauto o la tromba?
   4. Milioni di turisti visitano la Cappella Sistina in Vaticano. Perchè?
   5. Chi era Botticelli?
   6. Che tipo di quadro è *La Gioconda (Mona Lisa)*? Dove si trova?
   7. Che cosa rappresenta una natura morta?
   8. Cosa fa il pubblico alla fine di una rappresentazione?

B. **Autori e opere** (*works*).

   a. Abbinate gli elementi delle due colonne in una frase completa, scegliendo la forma appropriata dei verbi **scrivere, comporre, scolpire, dipingere**.

Shakespeare	*La Bohème*
Michelangelo	*La Gioconda*

Giuseppe Verdi	*la sinfonia «Le quattro stagioni»*
Puccini	*La Pietà*
Leonardo da Vinci	*Amleto*
Vivaldi	*L'Aida*

b. Shakespeare era uno scrittore. Dite cos'erano gli altri artisti. Identificate anche il genere delle loro opere.

C. **Conversazione**

1. Lei sa suonare qualche strumento? Se sì, quale?   2. Ha mai suonato in un'orchestra o in un gruppo?   3. Quale musica e quali cantanti preferiscono i Suoi genitori? E Lei?   4. Le differenze di gusti e di opinioni sono frequenti fra la vecchia generazione e la nuova? Per esempio, su che cosa la Sua famiglia e Lei non vanno d'accordo?   5. Lei crede che la musica sia importante nella vita? Spieghi la Sua risposta.

D. **Quali festival?** In coppie, considerate i festival e situate nelle rispettive regioni le città in cui hanno luogo. Poi dite a quale o a quali festival vi piacerebbe assistere, e perchè.

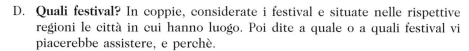

FESTIVAL DELLE ARTI

FIESOLE   *Estate fiesolana,* arti varie, Giugno-Agosto

FIRENZE   *Maggio musicale fiorentino,* Maggio-Giugno

MESSINA   *Film internazionale,* Luglio

NAPOLI   *Musica internazionale,* Maggio
              Canzone napoletana a Piedigrotta, Settembre
PERUGIA   *Musica jazz,* Luglio-Agosto

ROMA   *Opera alle Terme di Caracalla,* Estate

SIRACUSA   *Teatro antico,* Maggio-Giugno

SPOLETO   *Festival dei due Mondi,* arti varie, Giugno-Luglio

TAORMINA   *Film internazionale-Teatro,* Giugno, Agosto

VENEZIA   *Festival del film internazionale,* Agosto-Settembre

VERONA   *Film internazionale-Opera,* Giugno, Estate

Ascoltiamo!

Se tu fossi pittore... Luisa has been taking an art course and must do a painting of her own as an assignment. She is trying to decide what to paint, and asks her older brother Alberto for advice. Listen as he makes various suggestions; then answer the questions in your textbook.

Comprensione

1. Che cosa deve fare Luisa per lunedì? A chi ha domandato aiuto?
2. È pittore Alberto? Se fosse pittore, che cosa dipingerebbe?
3. Quali elementi dovrebbe avere l'angolo (corner) di giardino che Alberto consiglia di disegnare? 4. Luisa segue il consiglio del fratello? Perchè? 5. Alberto le suggerisce una seconda idea. Quale? 6. Alla fine, Alberto che cosa ha detto di dipingere? 7. Crede Lei che Luisa abbia veramente talento artistico?

Dialogo

Preferenze. Se voi foste pittori, che tipo di quadro dipingereste? In piccoli gruppi, scambiatevi le vostre opinioni sul tipo di pittura e sui pittori che preferite.

Punti grammaticali

—Ti lavo la macchina purchè tu mi dia i soldi per andare a vedere i burattini.

I. Congiunzioni + congiuntivo

1. The following conjunctions *must* be followed by the subjunctive:

affinchè, perchè	*so that*
benchè, per quanto, sebbene	*although*
a meno che... (non)	*unless*
prima che	*before*
purchè	*provided that*
senza che	*without*

Scrivimi una nota **affinchè** me ne **ricordi**.	*Write me a note so that I will remember it.*
Compra i biglietti **a meno che** Paolo (non) li **abbia** già **comprati**.	*Buy the tickets unless Paolo has already bought them.*
Oggi vado a una mostra di pittura astratta, **benchè** la **capisca** poco!	*Today I'm going to an exhibit of abstract art, although I don't understand it very well.*
Ritorniamo a casa **prima che piova**.	*Let's go home before it rains.*

2. The prepositions **per, prima di,** and **senza** + *infinitive* are used instead of **affinchè (perchè), prima che,** and **senza che** when the subject of both clauses is the same. Compare:

Lavoro **per pagarmi** gli studi.	*I work (in order) to pay for my studies.*
Lavoro **perchè tu possa** continuare gli studi.	*I work so that you'll be able to continue your studies.*
Telefonami **prima di uscire**.	*Call me before going out.*
Telefonami **prima che io esca**.	*Call me before I go out.*
Partono **senza salutarci**.	*They leave without saying good-bye to us.*
Partono **senza che noi** li **salutiamo**.	*They leave without our saying good-bye to them.*

Pratica

A. **Benchè...** A turno, fatevi le seguenti domande.

> Esempio Vai spesso a teatro?/i biglietti essere cari
> —**Vai spesso a teatro?**
> —**Sì, benchè i biglietti siano cari.**

1. Canti quando fai la doccia?/essere stonato(a) come una campana (*tone-deaf*) 2. Ti piace l'arte astratta?/non capirla molto 3. Andrai in vacanza quest'anno?/non avere molti soldi 4. Ti piace la musica di Puccini?/preferire quella di Verdi 5. Fai tutti i compiti per il corso di italiano?/trovarli difficili 6. Ti piacciono le nature morte?/piacermi di più i quadri di paesaggi

TEATRO ᴀʟʟᴀ SCALA
Settore 3
Galleria 2 n.145
OPERA LE NOZZE DI FIGARO
02/06/97   ore 20.00   L.   30000
L.   0
N. 35/10 INTERO

B. **Notizie incomplete.** Completate le seguenti frasi.

1 Stasera il Teatro Nuovo chiuderà a meno che il personale non (rinunciare) _____ allo sciopero.
2. L'attore americano X parteciperà al Festival di Spoleto purchè i dirigenti (pagargli) _____ le spese di viaggio.

3. Il marchese e la marchesa Marelli di Mirandola organizzeranno una festa prima che la stagione lirica *(finire)* _____.

4. Il tenore X canterà anche domani a meno che non *(sentirsi)* _____ peggio.

5. Le sale della galleria sono bene illuminate *(lighted)* perchè i visitatori *(potere)* _____ vedere meglio i quadri.

C. **Quale congiunzione?** Unite i due frammenti di frase, usando la congiunzione appropriata.

> Esempio   Paolo esce stasera—abbia il raffreddore.
> **Paolo esce stasera benchè abbia il raffreddore.**

1. Ti presto diecimila lire—tu me li restituisca presto.
2. Ritorneremo dall'opera—voi andiate a letto.
3. Il signor Ricci continua a lavorare—i figli possano andare all'università.
4. Stasera vedremo una commedia di Dario Fo—l'abbiamo già vista l'anno scorso.
5. Il professore parla ad alta voce—tutti lo capiscano.
6. Leggo ancora—sia l'una di notte.

D. **Intervista.** Immaginate di essere un(a) giornalista e di fare le seguenti domande ad una soprano straniera che ha appena finito di cantare l'*Aida* in Italia. Completate le domande e rispondete in modo personale.

G. Signora, quando pensa *(to leave)* _____ Milano?
S. ...
G. Le dispiace *(that the opera season is already finished)* _____?
S. ...
G. Desidera *(to work again)* _____ con il direttore d'orchestra Muti?
S. ...
G. È vero che Lei partirà *(without visiting)* _____ altre città italiane?
S. ...
G. *(Before arriving)* _____ in Italia, come immaginava Lei questo paese?
S. ...
G. Suo marito verrà a raggiungerLa *(to join you)* *(before you leave)* _____?
S. ...
G. Grazie, signora, e i miei migliori auguri di buon viaggio!
S. ...

E. **Pensieri sciolti** *(unrestrained).* Completate le frasi con immaginazione e logica e confrontatele con quelle del vostro compagno.

1. Ho intenzione di comprarmi un vestito benchè...
2. Andrò al concerto purchè...
3. D'inverno mi piace sciare sebbene...
4. In caso di bisogno, aiuto gli amici senza che...
5. Di sera guardo la tivù a meno che...

II. L'imperfetto del congiuntivo

1. The imperfect subjunctive (**imperfetto del congiuntivo**) is formed by adding the endings **-ssi, -ssi, -sse, -ssimo, -ste, -ssero** to the infinitive form of the verb after dropping **-re.**

   che io **parlassi** = *that I spoke, might speak, would speak*

Il signor Placido sperava che quelle vacanze non finissero più!

		parlare	leggere	dormire
Volevano	che io	parlassi	leggessi	dormissi
	che tu	parlassi	leggessi	dormissi
	che lui/lei	parlasse	leggesse	dormisse
	che noi	parlassimo	leggessimo	dormissimo
Era bene	che voi	parlaste	leggeste	dormiste
	che loro	parlassero	leggessero	dormissero

2. The imperfect subjunctive is governed by the same verbs and conjunctions that govern the present and past subjunctive. It expresses an action that is *simultaneous* with or *subsequent* to that of the main clause, and is used when the verb of the main clause is in a *past tense* or in the *conditional.*

Lisa desiderava che suo figlio **diventasse** musicista.	*Lisa wanted her son to become a musician.*
È uscito benchè **piovesse.**	*He went out although it was raining.*
L'attrice era felice che i giornalisti l'**intervistassero.**	*The actress was happy that the journalists would interview her.*
Vorrei che voi mi **ascoltaste.**	*I would like you to listen to me.*
Il regista sperava che gli attori **andassero** d'accordo.	*The film director was hoping that the actors would get along.*

   The following verbs are irregular in the imperfect subjunctive:

essere:	**fossi, fossi, fosse, fossimo, foste, fossero**
dare:	**dessi, dessi, desse, dessimo, deste, dessero**
stare:	**stessi, stessi, stesse, stessimo, steste, stessero**
fare:	**facessi, facessi, facesse, facessimo, faceste, facessero**
dire:	**dicessi, dicessi, dicesse, dicessimo, diceste, dicessero**
bere:	**bevessi, bevessi, bevesse, bevessimo, beveste, bevessero**

Mi piacerebbe che tu mi **facessi** la caricatura.	*I would like you to draw my caricature.*

Il regista sperava che il tenore **stesse** meglio.	*The director hoped the tenor would feel better.*
Ha letto una commedia di Dario Fo sebbene **fosse** mezzanotte.	*He read a comedy by Dario Fo although it was midnight.*

3. **The if clause. Se** + imperfect subjunctive is used to describe a hypothetical situation in the present or the future that is possible but unlikely. The present conditional is used to express the outcome.

Se **avessi** tempo, **seguirei** un corso di pittura.	*If I had the time, I would take a course in painting.*
Se **fossi** milionario, **farei** il giro del mondo.	*If I were a millionaire, I would take a trip around the world.*

NOTE:

In a real or probable situation, the *if* clause is *always* in the indicative.

Se **mangi** troppo, **ingrassi.**	*If you eat too much, you get fat.*
Se **andremo** a Roma, **visiteremo** i Musei Vaticani.	*If we go to Rome, we will visit the Vatican Museums.*

Pratica

A. **Trasformazioni.** Mettete le frasi al passato, secondo l'esempio.

> Esempio   Ho paura che lui sia malato.
> **Avevo paura che lui fosse malato.**

1. Ho paura che la farmacia sia chiusa.   2. È una bella giornata benchè faccia freddo.   3. È necessario che tu vada in biblioteca.   4. Devo comprare un televisore, sebbene costi molto.   5. È bene che non beviamo troppo.   6. Il padre si sacrifica affinchè i figli si istruiscano.   7. Sono contenta che i miei genitori siano d'accordo con me.

B. **Speranze.** Incominciate ogni frase con **Luisa sperava che...**, e fate i cambiamenti necessari.

> Esempio   qualcuno invitarla ad un recital di poesie
> **Luisa sperava che qualcuno l'invitasse ad un recital di poesie.**

1. il suo ragazzo regalarle un CD di Andrea Bocelli   2. esserci una stagione teatrale interessante   3. la sua amica dare una festa   4. il vestito rosso andarle bene   5. qualcuno dirle «sei bella!»   6. le tasse universitarie *(tuition)* essere meno costose   7. il professore essere di buon umore *(in a good mood)* e dare a tutti un bel voto

C. **Volere non è potere.** In coppie, domandatevi cosa vorreste cambiare, se fosse possibile.

Esempio Se tu potessi cambiare le cose, cosa vorresti cambiare?
il week-end durare...
Vorrei che il week-end durasse tre giorni. o...

1. la vita essere... **2.** i professori dare... **3.** mio padre capire... **4.** gli amici dire... **5.** mia sorella non leggere... **6.** i corsi finire... **7.** la televisione eliminare... **8.** i film essere...

D. **Desideri.** Che cosa vorresti dalla vita? Incomincia con **Vorrei che...** Ogni studente esprime un desiderio.

E. **Se...** Completate le seguenti frasi, usando il congiuntivo del verbo in parentesi.

1. Potrei trovare facilmente lavoro se io _____ (conoscere) l'informatica.
2. Se quel tenore _____ (cantare) meglio, il pubblico non lo fischierebbe.
3. Compreremmo dei biglietti di platea se _____ (costare) di meno.
4. Se noi non _____ (avere) lezione oggi, inviteremmo il professore al caffè.
5. Che cosa direste se noi _____ (fare) una festa?
6. Se tu _____ (divertirsi) di meno, avresti dei voti migliori.

F. **Se...** In coppie, a turno, completate le seguenti frasi con un po' di fantasia.

1. Se mi piacesse la musica... **2.** Se avessi una bella voce... **3.** Se sapessi scrivere con facilità... **4.** Se fossi in Italia d'inverno... **5.** Se mi invitassero al ristorante Pappagallo di Bologna... **6.** Se non ci fossero più esami...

G. **Cosa faresti se...?** In coppie, a turno, chiedetevi cosa fareste se ne aveste la possibilità, il tempo, i soldi, ecc.

Esempio essere in Italia
—**Cosa faresti se tu fossi in Italia?**
—**Andrei a visitare le Cappelle Medicee a Firenze.**

1. avere un mese di vacanza **2.** tuo nonno darti un sacco di soldi **3.** un grande commediografo chiederti di recitare in una sua commedia **4.** essere architetto **5.** un amico italiano invitarti all'opera all'Arena di Verona **6.** un musicista dirti che hai del talento musicale

H. **Conversazione.** Rispondete con frasi complete alle seguenti situazioni ipotetiche; poi spiegate la ragione della vostra scelta.

1. Se tu avessi uno yacht, dove andresti? **2.** Se tu potessi scegliere, dove vorresti vivere? **3.** Se tu ricevessi in eredità *(inheritance)* un quadro di De Chirico,* che cosa ne faresti? **4.** Se tu fossi pittore, che cosa dipingeresti? **5.** Se tu potessi rivivere un anno della tua vita, quale sceglieresti?

*Giorgio de Chirico (1888–1978). One of the most outstanding Italian painters of our century, he gave impetus to the surrealist movement and influenced many contemporary artists, including the Spanish painter Salvador Dalí.

6. Se tu fossi il presidente degli Stati Uniti, cosa faresti per prima cosa?
7. Se tu avessi una bacchetta magica *(magic wand),* quali cose ti piacerebbe avere?

III. Il trapassato del congiuntivo

—Guarda! Ci sono ancora «Le Avventure di Pinocchio».
Stasera portiamo Luigino.
—D'accordo. Credevo che i marionettisti fossero già partiti.

1. The pluperfect subjunctive **(trapassato del congiuntivo)** is a compound tense. It is formed with the imperfect subjunctive of **avere** or **essere** + *past participle* of the main verb.

	dormire			partire	
Non era vero	che io	avessi		fossi	partito(a)
	che tu	avessi		fossi	
	che lui/lei	avesse	dormito	fosse	
	che noi	avessimo		fossimo	
	che voi	aveste		foste	partiti(e)
	che loro	avessero		fossero	

2. The pluperfect subjunctive, like the imperfect subjunctive, is used when the verb of the main clause is in a *past tense* or in the *conditional.* However, the pluperfect subjunctive expresses an action that occurred *prior* to the action of the main clause.

Non sapevo che Marco Polo **avesse scritto** *Il Milione* in prigione.	*I did not know Marco Polo had written* Il Milione *in prison.*

| Benchè i Fiorentini l'**avessero mandato** in esilio, Dante continuò ad amare Firenze. | *Although the Florentines had sent him into exile, Dante continued to love Florence.* |

3. **The if clause. Se** + *pluperfect subjunctive* is used to describe a hypothetical situation in the past that did not occur (a "contrary-to-fact" situation). The past conditional is used to express the outcome.

| Se **avesse avuto** più talento, **sarebbe diventata** una grande scultrice. | *If she had had more talent, she would have become a great sculptor.* |

Pratica

A. **Un'amica curiosa.** Jane è con Gabriella e Filippo e sta facendo loro una serie di domande. Completate secondo l'esempio.

> Esempio   Sapete se Antonio ha già preso la patente? Sì? Credevo che non l'**avesse** ancora **presa.**

1. Gabriella, hai telefonato a Liliana? No? Speravo che tu le _____ già _____. 2. Come mai Liliana non è ancora ritornata a casa? Pensavo che a quest'ora _____ già _____. 3. Sapete se ha già ricevuto la lettera dagli Stati Uniti? No? Come mai? Speravo che l'_____ già _____. 4. Filippo, sai se Marcello ha già trovato una macchinetta per Antonio? Sì? Credevo che non l'_____ ancora _____. 5. Come? Non avete ancora visto *Il Postino*, il film che ha avuto così tanto successo? Mi pareva che l'_____ già _____. 6. Avete già letto la rivista *Trekking*? No? Credevo che l'_____ qualche settimana fa.

B. **Pensieri di un compagno di studi.** Completate mettendo l'infinito **al congiuntivo passato** o **trapassato**, secondo il caso.

1. Dubito che Paolo (finire) _____ gli studi l'anno scorso. 2. Pensavo che Marco (andare) _____ in biblioteca ieri. 3. È un peccato che Fulvio non (venire) _____ a teatro con me domenica scorsa. 4. Sarebbe stato meglio che (accompagnarmi) _____: mi sarei divertito di più. 5. Mi dispiace che mio fratello (rompersi) _____ una gamba quando è andato a sciare. 6. Avevo paura che (rompersi) _____ anche un braccio.

C. **Se...** Che cosa avrebbero fatto le seguenti persone?

> Esempio   Se fossi stato a Firenze, (vedere) il *Davide.*
> **Se fossi stato a Firenze, avrei visto il *Davide.***

1. Se avessimo avuto tempo, (visitare) la galleria d'arte moderna. 2. Se tu mi avessi aspettato, (noi uscire) insieme. 3. Se io fossi arrivato in orario alla stazione, non (perdere) il treno. 4. Se lui avesse studiato il Rinascimento, (imparare) molto sull'arte italiana. 5. Se tu avessi cercato attentamente, (trovare) il libro perduto. 6. Se io non avessi dimenticato il tuo indirizzo, ti (scrivere) una cartolina. 7. Se Gabriella non fosse stata ammalata, (andare) a teatro.

D. **Situazioni ipotetiche.** In coppie, a turno, fatevi delle domande usando la forma ipotetica al passato, e partendo dagli elementi suggeriti.

> Esempio   avere una bella voce
> —**Che cosa avresti fatto se tu avessi avuto una bella voce?**
> —**Avrei preso lezioni di canto. E tu?**

1. perdere il lavoro   2. essere al verde per Natale   3. andare al mare
4. litigare con il tuo ragazzo (la tua ragazza)   5. essere a Venezia durante l'estate   6. ...   7. ...

IV. Il congiuntivo: uso dei tempi

—Peccato che tu non abbia visto i mosaici di Ravenna.
—Se avessi avuto più giorni di ferie, sarei andato a vederli volentieri.

The following chart summarizes the relationship between verb tenses in the main clause and the dependent clause in the subjunctive.

Main clause	Subordinate clause
present, future, *imperative*	*present subjunctive (simultaneous or future action)* *past subjunctive (prior action)*
all past tenses, *conditional*	*imperfect subjunctive (simultaneous or future action)* *pluperfect subjunctive (prior action)*

Now look at the following examples:

Sono contento che Lei **venga** stasera.	*I am happy you are coming tonight.*
Sono contento che Lei **sia venuto** ieri sera.	*I am happy you came last night.*
Sarà bene che tu **parta** presto.	*It will be good if you leave soon.*
Sarà bene che tu **sia** già **partito** prima del suo arrivo.	*It will be good if you have already left before he arrives.*
Spegni la tivù prima che tuo padre **s'arrabbi.**	*Turn off the TV before your father gets mad.*
Compra due biglietti, a meno che non li **abbiano** già **venduti** tutti.	*Buy two tickets unless they have already sold them all.*
Era meglio che **studiasse** l'italiano.	*It was better for him to study Italian.*
Era meglio che **avesse studiato** l'italiano.	*It was better for him to have studied Italian.*
Aveva paura che lo **licenziassero.**	*He was afraid they might fire him.*
Aveva paura che **avessero deciso** di licenziarlo.	*He was afraid they had decided to fire him.*
In quel momento ho pensato che il treno **fosse** in ritardo.	*At that moment I thought the train was late.*
In quel momento ho pensato che il treno **fosse** già **arrivato.**	*At that moment I thought the train had already arrived.*
Vorrei che tu **seguissi** i miei consigli.	*I would like you to follow my advice.*
Vorrei che tu **avessi seguito** i miei consigli.	*I wish you had followed my advice.*

Pratica

A. **Dialogo tra madre e figlio.** Completate mettendo l'infinito **al congiuntivo presente** o **imperfetto,** secondo il caso.

F. Mamma, partirò benchè (fare) _____ brutto tempo. Non mi piace, ma è necessario che io (andare) _____.

M. Sei veramente ostinato. Preferivo che tu (restare) _____ a casa, ma se proprio bisogna che tu (partire) _____, va' pure. Vorrei almeno che (metterti) _____ l'impermeabile.

F. Non preoccuparti! Ti telefonerò non appena arriverò perchè tu (potere) _____ stare con il cuore in pace.

B. **Pensieri.** Liliana va a trovare la mamma. Ecco i suoi pensieri mentre sta andando alla stazione ferroviaria. Completate le frasi con il **congiuntivo passato** o **trapassato**.

1. È un peccato che Lucia non _____ (venire) al concerto di ieri sera.
2. Mi ha detto che era stanca, sebbene _____ (essere) in vacanza due giorni. *fosse stato*
3. Vorrei che anche lei _____ (sentire) l'orchestra dell'Angelicum: ha suonato magnificamente!
4. Spero che mia madre _____ (curarsi) della brutta influenza che aveva e che ora stia meglio.
5. Spero che il treno non _____ (già, partire).

Gotico siderale n. 2. È un'opera del pittore senese contemporaneo Enzo Santini, dedicata a Santa Caterina da Siena (1347–1380).

C. **Il robot I.C.P.** Riscrivete la storiella cambiando i tempi dal **presente** al **passato**. Incominciate con: **L'anno scorso...**

Lo scrittore Carlo Speranza manda all'editore il suo primo romanzo, intitolato *Il robot I.C.P.*, perchè glielo pubblichi. Si tratta di una storia di fantascienza. I due personaggi principali sono uno scienziato, il dottor Ivan Inventovich, e il suo assistente. Il professore vuole che il suo assistente lo aiuti a perfezionare il modello di un robot: il cameriere perfetto. È importante che l'esperimento riesca perchè il professore spera che tutto il mondo riconosca finalmente il suo genio *(genius)*. I.C.P. è un cameriere perfetto. La mattina prepara il caffè prima che i due uomini si alzino. A mezzogiorno cucina senza che glielo domandino. La sera non va a letto a meno che non abbia lavato i piatti. Tutto va bene finchè *(until)* un giorno un transistor di I.C.P. non funziona. I.C.P. deve fare la frittata *(omelette)*, ma invece di rompere due uova, rompe la testa al professore e al suo assistente.

Lettura

Dario Fo, bravo attore del suo teatro.*

La commedia è finita

Liliana ha ricevuto una borsa di studio che le permetterà di studiare per un anno negli Stati Uniti. Oggi gli amici si sono riuniti per festeggiare l'avvenimento, prima che lei parta. Infatti hanno organizzato una serata in suo onore: l'hanno invitata al Teatro Nuovo dove si rappresenta una commedia di Pirandello perchè sanno che le piace andare a teatro. Dopo la rappresentazione, ci sarà una cenetta elegante al ristorante Biffi.

Uscendo dal teatro, gli amici discutono la commedia che hanno visto, *Sei personaggi in cerca d'autore*.

Lucia   Mi è piaciuta molto l'idea dei sei personaggi che escono dal pubblico e salgono *(go on)* ad uno ad uno sul palcoscenico.

Marcello   Sì, ma perchè?

Antonio   Se tu avessi studiato meglio Pirandello, avresti capito perchè.

Liliana   Be', bisognerebbe parlare della filosofia di Pirandello, che non è molto semplice.[†]

Filippo   La storia che ognuno dei sei personaggi ha raccontato era molto deprimente. Chissà perchè è stata chiamata commedia. Questa è una vera tragedia familiare.

*Dario Fo (1926–) received the Nobel Prize for literature in 1997. His plays satirically portray the injustices of society.

[†]Luigi Pirandello (1867–1936) is internationally famous for his plays, which dramatize the difficulties of knowing what is reality and what is illusion. Pirandello was awarded the Nobel Prize for literature in 1934.

Gabriella	Ehi, anche noi siamo sei personaggi, ognuno con una sua storia!
Antonio	In cerca d'autore?
Gabriella	A proposito, Liliana, se visiterai la California, va' a salutare le due signore che sono state gentili con noi.
Antonio	Be', veramente, con me non sono state tanto gentili. Mi hanno descritto brutto e con il naso storto.
	(Coro di proteste.)
Lucia	E io? Per loro sono una brava cuoca e basta.
Marcello	Cosa dovrei dire io? Mi hanno presentato come un bel ragazzo superficiale.
Liliana	E io? Sembra che viva solo per lo studio e la carriera!
Gabriella	Ma insomma, perchè ci lamentiamo? L'hanno fatto scherzando, ma con affetto.
	(Dopo la cenetta al Biffi gli amici si abbracciano affettuosamente.)
	Buon viaggio, Liliana!
	Arrivederci all'anno prossimo.
	Scrivici presto!
	Ciao!
	Ciao!

Comprensione

1. Dove andrà Liliana? Perchè?
2. Che cosa hanno deciso di fare i suoi amici, prima che lei parta?
3. In che modo passeranno la serata?
4. Che cosa fanno all'uscita dal teatro?
5. Da quale parte del teatro sono saliti sul palcoscenico i personaggi della commedia?
6. È comica questa commedia di Pirandello?
7. Che paragone fa Gabriella fra gli amici e i personaggi della commedia?
8. Chi dovrebbe andare a salutare in America Liliana?
9. Chi sono, secondo voi, le due signore?

Conversazione

1. Ha mai recitato Lei in una commedia? Quale? Che parte ha fatto?
2. Se Lei fosse un attore (un'attrice), preferirebbe recitare una parte drammatica, comica o sentimentale? Perchè?
3. Lei ha mai visto o letto un'opera teatrale di Pirandello? Quale? In italiano o in inglese? Saprebbe citare qualche commediografo americano e qualcuna delle sue opere?
4. Se un amico (un'amica) dovesse partire per un lungo viaggio, come festeggerebbe Lei la sua partenza? L'inviterebbe a teatro? O che cosa farebbe?
5. Lei va qualche volta a teatro con gli amici? Perchè? Che cosa va a vedere?
6. Ha letto Lei qualche tragedia di Shakespeare? Quale o quali?

Attività supplementari

A. **Parliamo di musica.** In piccoli gruppi, ogni studente parla del tipo di musica che preferisce (classica, operistica, jazz, popolare, ecc.) e racconta quando l'ascolta, dove, se va all'opera o ai concerti, se ha una collezione di dischi (cassette o CD) e chi è il suo (la sua) cantante preferito(a). Se uno studente suona uno strumento musicale, specifica quale, da quanto tempo lo suona e se fa parte di un gruppo.

B. **Un avvenimento** *(event)* **artistico.** Descrivete l'un all'altro una vostra esperienza: un'opera alla quale avete assistito o un concerto che avete ascoltato.

C. **Intervista.** Immaginate che Liliana e una sua amica siano già ritornate dai loro studi in America. Due studentesse faranno la loro parte. Gli altri studenti chiederanno informazioni sulla loro esperienza americana.

D. **Osservate questi quadri.** Il primo è di Botticelli (1447–1515). È un particolare della *Primavera*. Il secondo è *Donna dagli occhi blu* di Modigliani (1884–1920). Il terzo è il *Bacco* di Caravaggio (1571–1610). Il quarto è *Ettore e Andromaca* di De Chirico (1888–1978). Quale vi piace di più? Perchè?

1.

2.

3.

4.

Come si dice in italiano?

1. One day a friend told Michelangelo: "Too bad you did not marry. If you had married, you would have had children and you would have left them your masterpieces." The great sculptor answered: "I have the most beautiful wife. My children are the works of art I will leave; if they are great, I will live for a long time."

2. While Michelangelo was painting *The Last Judgment (Il Giudizio Universale)*, a cardinal **(cardinale)** bothered him **(gli dava fastidio)** every day. Michelangelo got angry at **(con)** the cardinal and, since he was painting hell, decided to put him there. The cardinal went to the pope to complain, but the pope answered him: "If you were in purgatory **(purgatorio)**, I could do something for you, but no one can free **(liberare)** you from hell." Whoever **(Chi)** looks at *The Last Judgment* can see the portrait of the cardinal in the left corner **(nell'angolo di sinistra)**.

Sito Web

L'opera

The opera, originally called "dramma musicato," or drama set to music, by its inventors, originated in Florence toward the end of the sixteenth century. Words of dramas were set to music rather than spoken, and, together, the music and words expressed feelings. Jacopo Peri's *Dafne,* performed in 1594 for the Medicis, was the world's first opera. The first truly great composer of operas who began to reach a wider public was Claudio Monteverdi.

The first opera house opened in Venice in 1632. Among the composers of this period, the most important was Alessandro Scarlatti. In the eighteenth century, the operas of Giovanni Pergolesi and Domenico Cimarosa, originating in Naples and Rome, became popular throughout Europe. In the nineteenth century, Italian opera flourished because of the contributions of such distinguished composers as Gaetano Donizetti, Vincenzo Bellini, Gioacchino Rossini, and, perhaps the greatest of all, Giuseppe Verdi. Arrigo Boito and Amilcare Ponchielli were also active. The tradition continued in the twentieth century with Pietro Mascagni, Ruggero Leoncavallo, and Giacomo Puccini, the last great composer of Italian opera.

The most famous opera house in the world is il Teatro alla Scala in Milan. Other distinguished opera houses are the Opera in Rome, the San Carlo in Naples, La Fenice in Venice (which is being rebuilt after a fire in 1996), the Regio in Turin, the Petruzzelli in Bari, the Comunale in Bologna, and the Massimo Bellini in Catania.

Many places feature outdoor opera at summer festivals. These include the Arena of Verona, the Baths of Caracalla in Rome, the Steristerio of Macerata, and the Rocca Brancaleone of Ravenna. The "Maggio Musicale Fiorentino" is an outstanding festival of opera held in Florence and the annual "Festival of the Two Worlds" is an international presentation of opera in the Umbrian town of Spoleto.

Web page addresses of related interest are:

Opera Houses and Festivals in Italy
http://www.operabase.com/coords.cgi?
map=it&id=none&lang=en

La Scala
http://www.lascala.milano.it

Gran Teatro la Fenice
http://www.gpnet.it/fenice/homeuk.htm
hrrp://www.tim.it/fenice/

Verdi
http://www.nycopera.com/education/verdi.
html

Luciano Pavarotti
http://www.lucianopavarotti.it

http://www.hrwcollege.com

Vocabolario

Nomi

l'affetto	affection
l'assistente (m. & f.)	assistant
l'avvenimento	happening, event
il capolavoro	masterpiece
il concerto	concert
l'epoca	epoch, era
l'esperimento	experiment
il fracasso	loud noise
la frittata	omelette
la generazione	generation
il genio	genius
il modello	model
la perfezione	perfection
la rappresentazione	performance
il successo	success
il talento	talent
il tema	theme
il tenore	tenor

Aggettivi

artistico	artistic
astratto	abstract
comico	comical, funny
deprimente	depressing
drammatico	dramatic
familiare	of the family
orgoglioso	proud
ostinato	stubborn
sentimentale	sentimental
teatrale	theatrical, of the theater

Verbi

assistere	to attend
dare fastidio	to bother
lamentarsi	to complain
rappresentare	to stage
rimanere (p.p. rimasto)	to remain
riunirsi	to gather
sembrare	to look like
smettere di (p.p. smesso)	to stop (doing something)

Altre espressioni

ad uno ad uno	one by one
affettuosamente	affectionately
affinchè (perchè) (+ subj.)	so that
a meno che (+ subj.)	unless
andare d'accordo	to get along
avere luogo	to take place
benchè (+ subj.)	although
borsa di studio	scholarship
entusiasticamente	enthusiastically
far(e) venire il mal di testa	to cause a headache
galleria d'arte	art gallery
grazie a	thanks to
lezioni di canto	singing lessons
nome d'arte	stage name
opera d'arte	work of art
per quanto (+ subj.)	although
poichè	since
prima che (+ subj.)	before
purchè (+ subj.)	provided that
sebbene (+ subj.)	although
senza che (+ subj.)	without

Pagina culturale

Il tenore Luciano Pavarotti, famoso interprete dell'opera italiana.

*L'opera italiana e la Commedia dell'arte**

L'opera *nacque* in Italia alla fine del Cinquecento. Claudio Monteverdi, uno dei più grandi compositori italiani, *scrisse* l'opera l'*Orfeo,* rappresentata nel 1606 alla corte dei duchi Gonzaga di Mantova. Ma è a Napoli che l'opera *diventò* quella che il mondo *definisce* oggi «opera italiana». Napoli si identificò con il «bel canto», la melodia cantata. Fra i grandi maestri napoletani del Seicento e del Settecento furono Stradella, Scarlatti e Pergolesi. Dall'Italia l'opera italiana partì alla conquista del mondo ed influenzò geni come Mozart, che scrisse opere italiane di stile e di libretto.

Il periodo del bel canto continuò *a fiorire* nell'Ottocento con Rossini, Bellini e Donizetti. Questo secolo fu dominato *tuttavia* dal genio drammatico di Giuseppe Verdi. Le prime opere di Verdi *si ispirarono* a temi nazionali, e Verdi fu considerato come l'interprete del *sogno* politico degli Italiani. I patrioti italiani *diedero* alle lettere del suo nome la seguente interpretazione: V(ittorio) E(manuele) R(e) D(i) I(talia), e il suo nome diventò il loro *grido di battaglia.* Il grande musicista fu insuperabile nella creazione di arie e di cori che accompagnano grandi scene drammatiche. Basti ricordare di lui alcune opere come *Rigoletto, il Trovatore, la Traviata, Aida* e *Otello.*

was born

wrote

became/defines as

to flourish

however

were inspired

dream

gave

battle cry

*In these last **Pagine culturali**, most verbs expressing the past are in the **passato remoto**, which corresponds to the English past absolute. The **passato remoto** is explained in Appendix 1B.

Alla fine del secolo l'opera *si fece* più realista, e Giacomo Puccini, autore della *Bohème,* ne fu l'interprete più popolare. Da allora altri compositori hanno scritto opere, ma nessuno si è avvicinato al successo di Verdi e di Puccini.

became

Le maschere italiane:
1. Pulcinella
2. Pantalone
3. Colombina
4. Arlecchino
5. Il Dottore

La Commedia dell'arte *si sviluppò* in Italia nella seconda metà del Cinquecento. Essa nacque dall'arte degli attori che improvvisavano le scene di una commedia, seguendo una trama prestabilita (lo scenario). I più *abili* si specializzarono in una parte e crearono un *tipo* che aveva *gesti* ed espressioni particolari. Nacquero così le maschere* che si presentavano al pubblico vestendo il costume e la *maschera* che le distinguevano.

developed

clever
stock character/gestures

mask

Tutta l'Italia è rappresentata nel teatro delle maschere. Venezia ha dato Pantalone, il tipo del vecchio mercante geloso e anche del padre avaro e tiranno. Di origine veneta è probabilmente anche *la più nota* delle maschere femminili, Colombina, *servetta* piena di brio e di *astuzia*. Da Bologna, la città universitaria, viene il Dottore, cioè il pedante a cui piace mostrare la sua erudizione. La maschera napoletana più famosa è Pulcinella, brutto e *amante* delle donne e del vino.

the best known
young maid/cleverness

fond

Da una città lombarda, Bergamo, è venuto Arlecchino, servitore simpatico *nonostante* i suoi molti *difetti*. Arlecchino è la maschera più facile da riconoscersi per il suo costume *variopinto*.

in spite of/faults
multicolored

La commedia italiana *ebbe* successo in tutta l'Europa. I suoi comici, *oltre a* saper recitare, si distinguevano come acrobati, ballerini e musicisti. In Francia le loro fantasie e invenzioni ispirarono il grande Molière. Nel Settecento la letteratura italiana ebbe il suo primo grande commediografo nel veneziano Carlo Goldoni. Goldoni riformò la commedia dell'arte, che era diventata troppo libera, eliminando gli scenari. Le sue commedie si rappresentano ancora oggi e *hanno conservato* il movimento e la comicità della Commedia dell'arte.

had
besides

retained

Le antiche maschere italiane continuano a vivere per il divertimento dei bambini nel teatro delle marionette. *Inoltre,* i loro costumi ritornano ogni anno durante le feste del Carnevale.

Furthermore

*Stock characters identifiable by their masks and costumes.

Comprensione

A. 1. L'opera nacque in Italia, e il primo compositore ne fu...
   a. Monteverdi   b. Bellini   c. Scarlatti

2. Il libretto contiene...
   a. la musica dell'opera   b. le parole dell'opera   c. le istruzioni ai cantanti

3. La città che diventò famosa per «il bel canto» fu...
   a. Mantova   b. Milano   c. Napoli

4. Il maggiore compositore di opere del diciannovesimo secolo fu...
   a. Rossini   b. Verdi   c. Puccini

5. Verdi entusiasmò i patrioti italiani specialmente...
   a. per la creazione delle sue arie   b. per la sua ispirazione drammatica   c. per la scelta di temi nazionali

B. 1. Dove e in che secolo nacque la Commedia dell'arte?
   2. Le commedie che gli attori recitavano erano scritte? Che cosa facevano gli attori?
   3. Perchè la Commedia dell'arte si chiama anche Commedia delle maschere?
   4. Che maschere ha dato il Veneto? Che personaggi rappresentavano?
   5. Perchè il Dottore è bolognese?
   6. Di dov'è Pulcinella e com'è?
   7. Qual è la maschera più riconoscibile (recognizable)? Perchè?
   8. Sapevano soltanto recitare questi attori?
   9. Chi trasformò lo scenario in commedia scritta? Perchè?
   10. Dove e quando si possono ancora vedere le maschere italiane?

Appendixes

Appendix 1 (For recognition purposes)

A. *Futuro anteriore*

1. The **futuro anteriore** (*future perfect tense*) expresses a future action taking place before another future action. It is a compound tense formed with the future of the auxiliary **avere** or **essere** + the past participle of the conjugated verb, and is usually introduced by conjunctions such as **se, quando, appena**, and **dopo che**.

    avrò finito = I will have finished

    It is conjugated as follows:

parlare		rispondere		partire	
avrò		avrò		sarò	
avrai		avrai		sarai	partito(a)
avrà	parlato	avrà	risposto	sarà	
avremo		avremo		saremo	
avrete		avrete		sarete	partiti(e)
avranno		avranno		saranno	

Avrò finito alle cinque.	*I will have finished by five.*
Usciremo dopo che **avremo cenato.**	*We will go out after we have had dinner.*
Visiterò la città appena **sarò arrivata.**	*I will visit the city as soon as I arrive.*

2. The future perfect tense also expresses probability in the past.

Che bella macchina ha Luigi! **Avrà ereditato** dallo zio d'America.	*What a beautiful car Luigi has! He must have inherited (money) from his rich uncle in America.*
Com'è abbronzata! **Sarà stata** alla spiaggia.	*How tan she is! She must have been at the beach.*

Non è ancora arrivato? No, **si sarà fermato** con gli amici.

Hasn't he arrived yet? No, he must have stopped with his friends.

B. Passato remoto

1. The **passato remoto** is a past tense that corresponds to the English past absolute. It is formed by adding the appropriate endings to the infinitive stem.

   parlare → parlai = *I spoke, I did speak*

   It is conjugated as follows:

parlare	ricevere	partire
parlai	ricevei (ricevetti)	partii
parlasti	ricevesti	partisti
parlò	ricevè (ricevette)	partì
parlammo	ricevemmo	partimmo
parlaste	riceveste	partiste
parlarono	riceverono (ricevettero)	partirono

Many regular **-ere** verbs have an alternate ending for the first person singular and for the third person singular and plural.

2. The **passato remoto,** like the **passato prossimo,** expresses an action that was completed in the past. However, the **passato prossimo** is generally used to express actions that took place in a not-too-distant past. The **passato remoto** relates past actions and events completely detached from the present. It is most commonly found in narrative and historical writings. The **passato remoto** is used less frequently in spoken Italian, although this varies from region to region. Use of the **passato remoto** in conversation indicates that the speaker perceives the action described as distant from or unrelated to the present.

   Dante **morì** nel 1321.

   Dante died in 1321.

   Il dottore **entrò** e **visitò** il malato.

   The doctor came in and examined the patient.

   Roma **diventò** la capitale d'Italia nel 1870.

   Rome became the capital of Italy in 1870.

3. **Essere** and the following verbs are irregular in all their forms in the **passato remoto:**

essere:	**fui, fosti, fu, fummo, foste, furono**
bere:	**bevvi, bevesti, bevve, bevemmo, beveste, bevvero**
dare:	**diedi, desti, diede, demmo, deste, diedero**
dire:	**dissi, dicesti, disse, dicemmo, diceste, dissero**
fare:	**feci, facesti, fece, facemmo, faceste, fecero**
stare:	**stetti, stesti, stette, stemmo, steste, stettero**

4. **Avere** and the following verbs are irregular only in the **io, lei,** and **loro** forms. To conjugate these forms, add the endings **-i, -e,** and **-ero** to the irregular stem.

avere: **ebb***i*, avesti, **ebbe**, avemmo, aveste, **ebb***ero*
cadere: **cadd***i*, cadesti, **cadde**, cademmo, cadeste, **cadd***ero*

chiedere	chiesi	rispondere	risposi
chiudere	chiusi	rompere	ruppi
conoscere	conobbi	sapere	seppi
decidere	decisi	scrivere	scrissi
leggere	lessi	vedere	vidi
mettere	misi	venire	venni
nascere	nacqui	vivere	vissi
prendere	presi	volere	volli

5. The **passato remoto,** like the **passato prossimo,** may be used in combination with the imperfect tense to express an action that was completed while another action or situation was occurring.

Gli **diedi** un bacio mentre uscivo.	*I gave him a kiss while I was going out.*
Scrissero al padre perchè non avevano più soldi.	*They wrote to their father because they didn't have any more money.*

Applicazione

La gente non è mai contenta.

Un giorno la Madonna, San Giuseppe e il Bambino Gesù partirono da Gerusalemme con il loro asino. San Giuseppe mise la Madonna e il Bambino Gesù sull'asino. Lui era a piedi. Arrivarono ad un paese. La gente guardò i tre viaggiatori e disse: «Che vergogna! La giovane donna e il bambino sono sull'asino, e il povero vecchio cammina!» Allora la Madonna e il Bambino smontarono dall'asino e incominciarono a camminare e San Giuseppe salì sull'asino. Arrivarono ad un altro paese e sentirono altri commenti della gente: «Che vergogna! L'uomo forte è sull'asino e la povera donna con il bambino cammina!» Allora tutti e tre montarono sull'asino. Ma appena arrivarono ad un terzo paese, la gente ricominciò con i commenti: «Che vergogna! Tre persone sopra un povero asino!» E i tre smontarono dall'asino e lo portarono sulle spalle. Quando arrivarono ad un altro paese, gli abitanti fecero altri commenti: «Che stupidi! Tre persone che portano un asino!»

Cappuccetto Rosso

C'era una volta una bambina che si chiamava Cappuccetto Rosso. Un giorno la mamma preparò un cestino di cose buone da portare alla nonna che era ammalata.

Cappuccetto Rosso partì, entrò nel bosco e si fermò a raccogliere dei fiori. Improvvisamente un grosso lupo uscì da dietro un albero e le domandò dove andava. Quando seppe che andava dalla nonna, la salutò e andò via. Cappuccetto Rosso arrivò dalla nonna, entrò e trovò la nonna a letto.
—Nonna, nonna, che orecchie lunghe hai... disse la bambina.
—Per sentirti meglio! rispose la nonna.
—Nonna, nonna, che bocca grande hai...
—Per mangiarti meglio!
E il lupo saltò dal letto e la divorò.

Longevità

In una piccola città di provincia un contadino festeggiava il suo centesimo compleanno. Un giornalista andò a casa sua per intervistarlo. Voleva conoscere il segreto della sua longevità.
—Qual è il segreto di una lunga vita? domandò il giornalista al contadino. Il contadino, che si sentiva importante, pensò un po' e poi rispose:
—È molto semplice: non fumo, vado a letto presto la sera e, soprattutto, non bevo vino. Non ho mai bevuto una goccia di vino in tutta la mia vita: ecco il segreto.

Mentre i due uomini parlavano, si sentì un gran rumore che veniva dalle scale.
—Che cosa succede? chiese il giornalista.
—Oh, non è niente, disse il contadino, è mio padre che ritorna a casa ubriaco tutte le sere.

Alcuni Italiani famosi. Quanti nomi di esploratori *(explorers)* e di scienziati *(scientists)* italiani potete abbinare *(to match)* con le frasi che seguono?

Marco Polo (1254–1324) Luigi Galvani (1737–1798)
Leonardo da Vinci (1452–1519) Alessandro Volta (1745–1827)
Amerigo Vespucci (1454–1512) Guglielmo Marconi (1874–1937)
Galileo Galilei (1564–1642) Enrico Fermi (1901–1954)

1. Cinque secoli fa disegnò molte macchine moderne, fra cui l'elicottero, l'aereo e il carro armato *(tank)*.
2. Con l'aiuto del telescopio, confermò la teoria che la terra gira intorno al sole. La Chiesa lo condannò come eretico.

3. Nel 1938 ricevè il premio Nobel per le sue ricerche nel campo *(field)* dell'energia nucleare.
4. Fece esperimenti sugli animali e stabilì le basi dell'elettrofisiologia.
5. Esplorò le coste del «Nuovo Mondo» e diede il suo nome al nuovo continente.
6. Inventò il telegrafo senza fili *(wireless)*, e nel 1909 ottenne il premio Nobel per la fisica.
7. Visitò l'Asia e descrisse il suo viaggio nel famoso libro *Il Milione*.
8. Fu l'inventore della pila *(battery)* elettrica.

C. *Trapassato remoto*

1. The **trapassato remoto** *(past perfect)* is a compound tense. It is formed with the **passato remoto** of the auxiliary verb **essere** or **avere** + the past participle of the main verb.

ebbi parlato = *I had spoken*

fui partito = *I had left*

parlare		partire	
ebbi		fui	
avesti		fosti	partito(a)
ebbe	parlato	fu	
avemmo		fummo	
aveste		foste	partiti(e)
ebbero		furono	

2. The **trapassato remoto** is used in combination with the **passato remoto** and after conjunctions of time such as **quando, dopo che,** and **appena** *(as soon as)* to express an action prior to another past action. It is a tense found mainly in literary language.

Quando **ebbe finito**, salutò i colleghi e uscì.	*When he (had) finished, he said good-bye to his colleagues and left.*
Appena **fu uscito**, tutti cominciarono a ridere.	*As soon as he (had) left, they all began to laugh.*

3. When the subject of the two clauses is the same, the **trapassato remoto** is often replaced by **dopo (di)** + the past infinitive.

Dopo che ebbe mangiato, uscì. *or* **Dopo (di) aver(e) mangiato**, uscì.

D. La forma passiva

The passive form is possible only with transitive verbs (verbs that take a direct object). When an active sentence is put into the passive form, the direct object becomes the subject of the new sentence. The subject becomes the agent, introduced by **da.**

The passive form of a verb consists of **essere** (in the required tense) + *the past participle* of the verb. As for all verbs conjugated with **essere,** the past participle must agree with the subject in number and gender.

Active form	Passive form
Nino **canta** la canzone.	La canzone **è cantata** da Nino.
Nino **cantava** la canzone.	La canzone **era cantata** da Nino.
Nino **cantò** la canzone.	La canzone **fu cantata** da Nino.
Nino **canterà** la canzone.	La canzone **sarà cantata** da Nino.
Lisa **ha scritto** il diario.	Il diario **è stato scritto** da Lisa.
Lisa **aveva scritto** il diario.	Il diario **era stato scritto** da Lisa.

Il paziente è **curato** dal medico.	*The patient is treated by the physician.*
Quelle ville **sono state costruite** dall'architetto Nervi.	*Those villas were built by the architect Nervi.*
Questo libro **sarà pubblicato** da un editore di Fort Worth.	*This book will be published by a publisher in Fort Worth.*

E. Fare + infinito

1. The construction **fare** + *infinitive* is used to express the idea of having something done or having someone do something.

Faccio cantare una canzone.	*I have a song sung.*
Faccio cantare i bambini.	*I have (make) the children sing.*
Faccio cantare una canzone ai bambini.	*I have the children sing a song.*

When the construction has only one object, it is always a direct object.

Fa suonare **un disco.**	*He has a record played.*
Fa suonare **Pietro.**	*He has (makes) Pietro play.*

When there are two objects, the person who performs the action is always the indirect object.

Fa suonare **un disco a Pietro.**	*He has (makes) Pietro play a record.*

2. When the objects are nouns, as above, they *always* follow the infinitive. When the objects are pronouns, they precede the verb **fare.**

Farò riparare **il piano.**	*I will have the piano repaired.*
Lo farò riparare.	*I will have it repaired.*
Farò riparare **il piano a Pietro.**	*I will have Pietro repair the piano.*
Glielo farò riparare.	*I will have him repair it.*
Ho fatto venire **i miei amici.**	*I had my friends come.*
Li ho fatti venire.	*I had them come.*

If **fare** is in the *imperative* (**tu, noi, voi** forms) or in the *infinitive,* the pronouns follow **fare** and are attached to it.

Fa' cantare **i bambini!**	*Have the children sing!*
Falli cantare!	*Have them sing!*
Mi piacerebbe fare dipingere **la casa.**	*I would like to have the house painted.*
Mi piacerebbe **farla** dipingere.	*I would like to have it painted.*

3. The verb **fare** is used in a reflexive form when the subject has the action performed on his/her own behalf. The name of the person performing the action is preceded by **da.** In compound tenses, **essere** is used.

Lisa **si farà** aiutare da Luigi.	*Lisa will have Luigi help her (Lisa will have herself helped by Luigi).*
Lisa **si è fatta** aiutare da Luigi.	*Lisa had Luigi help her (Lisa had herself helped by Luigi).*
Il bambino **si fa** lavare la faccia dalla mamma.	*The child is having his face washed by his mother.*
Il bambino **se la fa** lavare dalla mamma.	*The child is having it washed by his mother.*

Appendix 2

Common Verbs and Expressions Requiring a Preposition Before an Infinitive

A. Verbs and expressions + **a** + infinitive

abituarsi	*to get used to*	Mi sono abituato ad alzarmi presto.
aiutare	*to help*	Aiutiamo la mamma a cucinare.
andare	*to go*	La signora va a fare la spesa ogni giorno.
continuare	*to continue*	Continuano a parlare di politica.
divertirsi	*to have a good time*	Ci siamo divertiti a cantare molte canzoni.
essere pronto	*to be ready*	Siete pronti a rispondere alla domanda?
imparare	*to learn*	Quando hai imparato a giocare a tennis?
(in)cominciare	*to begin*	Incomincio a lavorare domani.
insegnare	*to teach*	Mi insegni a usare il computer?
invitare	*to invite*	Vi invito a prendere un espresso.
mandare	*to send*	L'ho mandato a comprare una pizza.
mettersi	*to start*	Mi sono messo(a) a leggere il giornale.
prepararsi	*to get ready*	Ci prepariamo a fare un lungo viaggio.
riuscire	*to succeed*	Sei riuscito a trovare gli appunti d'inglese?
venire	*to come*	Luisa è venuta a salutare i suoi nonni.

B. Verbs and expressions + **di** + infinitive

accettare	*to accept*	Accetti di aiutarlo?
ammettere	*to admit*	Lei ammette di volere troppo.
aspettare	*to wait*	Aspettano di ricevere una risposta.
cercare	*to try*	Cerco di arrivare in orario.
chiedere	*to ask*	Mi ha chiesto di prestargli dei soldi.

consigliare	to advise	Che cosa mi consigli di fare?
credere	to believe	Crede di avere ragione.
decidere	to decide	Ha deciso di fare medicina.
dimenticare	to forget	Non dimenticare di comprare della frutta!
(di)mostrare	to show	Lucia ha dimostrato di essere generosa.
dire	to say, to tell	Gli ho detto di stare zitto.
dubitare	to doubt	Dubita di riuscire.
finire	to finish	Ha finito di lavorare alle dieci di sera.
lamentarsi	to complain	Si lamentano di avere poco tempo.
ordinare	to order	Il medico mi ha ordinato di prendere delle vitamine.
pensare	to think	Quando pensi di partire?
permettere	to allow	Mi permetti di dire la verità?
pregare	to pray, to beg	La prego di scusarmi.
preoccuparsi	to worry	Si preoccupa solamente di finire.
proibire	to forbid	Mio padre mi proibisce di usare la macchina.
promettere	to promise	Ci hanno promesso di venire stasera.
raccomandare	to recommend	Ti raccomando di scrivermi subito.
riconoscere	to recognize	Riconosco di avere torto.
ricordare	to remember; to remind	Ricordami di telefonarle!
ripetere	to repeat	Vi ripeto sempre di fare attenzione.
scegliere	to choose	Perchè hai scelto di andare a Firenze?
scrivere	to write	Le ho scritto di venire in treno.
smettere	to stop	Ho smesso di bere caffè.
sperare	to hope	Loro sperano di vederti.
suggerire	to suggest	Filippo suggerisce di andare al ristorante.
temere	to fear	Lei teme di non sapere abbastanza.
avere bisogno	to need	Abbiamo bisogno di dormire.
avere paura	to be afraid	Hai paura di viaggiare in aereo?
avere ragione	to be right	Hanno avuto ragione di partire presto.
avere torto	to be wrong	Non ha torto di parlare così.
avere voglia	to feel like	Ho voglia di mangiare un gelato.
essere certo (sicuro)	to be certain	Sei sicuro di avere abbastanza soldi?
essere contento (felice)	to be happy	Nino, sei contento di andare in Europa?
essere curioso	to be curious	Siamo curiosi di sapere la verità.
essere fortunato	to be lucky	È fortunata di avere un padre ricco.
essere impaziente	to be eager	Lui è impaziente di vederla.
essere libero	to be free	È libera di uscire.

essere orgoglioso	to be proud	Siamo orgogliosi di essere americani.
essere spiacente	to be sorry	Sono spiacenti di non essere qui.
essere stanco	to be tired	Sono stanca di aspettare.
è ora	it is time	È ora di partire.

Appendix 3

A. *Auxiliary verbs:* avere, essere

SMALL TENSES

SIMPLE TENSES

Infinito *(Infinitive)*	avere		essere	
Presente *(Present indicative)*	ho hai ha	abbiamo avete hanno	sono sei è	siamo siete sono
Imperfetto *(Imperfect indicative)*	avevo avevi aveva	avevamo avevate avevano	ero eri era	eravamo eravate erano
Passato remoto *(Past absolute)*	ebbi avesti ebbe	avemmo aveste ebbero	fui fosti fu	fummo foste furono
Futuro *(Future)*	avrò avrai avrà	avremo avrete avranno	sarò sarai sarà	saremo sarete saranno
Condizionale presente *(Present conditional)*	avrei avresti avrebbe	avremmo avreste avrebbero	sarei saresti sarebbe	saremmo sareste sarebbero
Imperativo *(Imperative)*	— abbi abbia	abbiamo abbiate abbiano	— sii sia	siamo siate siano
Congiuntivo presente *(Present subjunctive)*	abbia abbia abbia	abbiamo abbiate abbiano	sia sia sia	siamo siate siano

SIMPLE TENSES (CONTINUED)

Imperfetto del congiuntivo *(Imperfect subjunctive)*	avessi avessi avesse	avessimo aveste avessero	fossi fossi fosse	fossimo foste fossero
Gerundio *(Gerund)*	avendo		essendo	

COMPOUND TENSES

Participio passato *(Past participle)*	avuto		stato(a, i, e)
Infinito passato *(Past infinitive)*	avere avuto		essere stato(a, i, e)

Passato prossimo
(Present perfect indicative)

ho		sono	
hai		sei	stato(a)
ha	avuto	è	
abbiamo		siamo	
avete		siete	stati(e)
hanno		sono	

Trapassato prossimo
(Pluperfect)

avevo		ero	
avevi		eri	stato(a)
aveva	avuto	era	
avevamo		eravamo	
avevate		eravate	stati(e)
avevano		erano	

Trapassato remoto
(Past perfect indicative)

ebbi		fui	
avesti		fosti	stato(a)
ebbe	avuto	fu	
avemmo		fummo	
aveste		foste	stati(e)
ebbero		furono	

Futuro anteriore
(Future perfect)

avrò		sarò	
avrai		sarai	stato(a)
avrà	avuto	sarà	
avremo		saremo	
avrete		sarete	stati(e)
avranno		saranno	

Condizionale passato
(Conditional perfect)

avrei		sarei	
avresti		saresti	stato(a)
avrebbe	avuto	sarebbe	
avremmo		saremmo	
avreste		sareste	stati(e)
avrebbero		sarebbero	

Congiuntivo passato (Present perfect subjunctive)	ạbbia ạbbia ạbbia abbiamo abbiate ạbbiano	} avuto	sia sia sia siamo siate sịano	} stato(a) } stati(e)
Trapassato del congiuntivo (Pluperfect subjunctive)	avessi avessi avesse avẹssimo aveste avẹssero	} avuto	fossi fossi fosse fọssimo foste fọssero	} stato(a) } stati(e)
Gerundio passato (Past gerund)	avendo avuto		essendo stato(a, i, e)	

B. Regular verbs

SIMPLE TENSES

Infinito (Infinitive)	-are cantare	-ere ripetere	-ire partire	-ire (-isc-) finire
Presente (Present indicative)	cant o cant i cant a cant iamo cant ate cạnt ano	ripet o ripet i ripet e ripet iamo ripet ete ripẹt ono	part o part i part e part iamo part ite part ono	fin isc o fin isc i fin isc e fin iamo fin ite fin isc ono
Imperfetto (Imperfect indicative)	canta vo canta vi canta va canta vamo canta vate cantạ vano	ripete vo ripete vi ripete va ripete vamo ripete vate ripetẹ vano	parti vo parti vi parti va parti vamo parti vate partị vano	fini vo fini vi fini va fini vamo fini vate finị vano
Passato remoto (Past absolute)	cant ai cant asti cant ò cant ammo cant aste cant ạrono	ripet ei ripet esti ripet è ripet emmo ripet este ripet ẹrono	part ii part isti part ì part immo part iste part ịrono	fin ii fin isti fin ì fin immo fin iste fin ịrono

SIMPLE TENSES (CONTINUED)

Futuro (Future)	canter ò	ripeter ò	partir ò	finir ò
	canter ai	ripeter ai	partir ai	finir ai
	canter à	ripeter à	partir à	finir à
	canter emo	ripeter emo	partir emo	finir emo
	canter ete	ripeter ete	partir ete	finir ete
	canter anno	ripeter anno	partir anno	finir anno
Condizionale presente (Present conditional)	canter ei	ripeter ei	partir ei	finir ei
	canter esti	ripeter esti	partir esti	finir esti
	canter ebbe	ripeter ebbe	partir ebbe	finir ebbe
	canter emmo	ripeter emmo	partir emmo	finir emmo
	canter este	ripeter este	partir este	finir este
	canter ẹbbero	ripeter ẹbbero	partir ẹbbero	finir ẹbbero
Imperativo (Imperative)	—	—	—	—
	cant a	ripet i	part i	fin isc i
	cant i	ripet a	part a	fin isc a
	cant iamo	ripet iamo	part iamo	fin iamo
	cant ate	ripet ete	part ite	fin ite
	cạnt ino	ripẹt ano	pạrt ano	fin isc ano
Congiuntivo presente (Present subjunctive)	cant i	ripet a	part a	fin isc a
	cant i	ripet a	part a	fin isc a
	cant i	ripet a	part a	fin isc a
	cant iamo	ripet iamo	part iamo	fin iamo
	cant iate	ripet iate	part iate	fin iate
	cạnt ino	ripẹt ano	pạrt ano	fin isc ano
Imperfetto del congiuntivo (Imperfect subjunctive)	cant assi	ripet essi	part issi	fin issi
	cant assi	ripet essi	part issi	fin issi
	cant asse	ripet esse	part isse	fin isse
	cant ạssimo	ripet ẹssimo	part issimo	fin ịssimo
	cant aste	ripet este	part iste	fin iste
	cant ạssero	ripet ẹssero	part ịssero	fin ịssero
Gerundio (Gerund)	cant ando	ripet endo	part endo	fin endo

COMPOUND TENSES

Participio passato (Past participle)	cant ato	ripet uto	part ito	fin ito
Infinito passato (Past infinitive)	avere cantato	avere ripetuto	essere partito(a, i, e)	avere finito

COMPOUND TENSES *(CONTINUED)*

Passato prossimo *(Present perfect indicative)*	ho hai ha abbiamo avete hanno	cantato	ho hai ha abbiamo avete hanno	ripetuto	sono sei è siamo siete sono	partito(a) partiti(e)	ho hai ha abbiamo avete hanno	finito
Trapassato prossimo *(Pluperfect)*	avevo avevi aveva avevamo avevate avẹvano	cantato	avevo avevi aveva avevamo avevate avẹvano	ripetuto	ero eri era eravamo eravate ẹrano	partito(a) partiti(e)	avevo avevi aveva avevamo avevate avẹvano	finito
Trapassato remoto *(Past perfect indicative)*	ebbi avesti ebbe avemmo aveste ẹbbero	cantato	ebbi avesti ebbe avemmo aveste ẹbbero	ripetuto	fui fosti fu fummo foste fụrono	partito(a) partiti(e)	ebbi avesti ebbe avemmo aveste ẹbbero	finito
Futuro anteriore *(Future perfect)*	avrò avrai avrà avremo avrete avranno	cantato	avrò avrai avrà avremo avrete avranno	ripetuto	sarò sarai sarà saremo sarete saranno	partito(a) partiti(e)	avrò avrai avrà avremo avrete avranno	finito
Condizionale passato *(Conditional perfect)*	avrei avresti avrebbe avremmo avreste avrẹbbero	cantato	avrei avresti avrebbe avremmo avreste avrẹbbero	ripetuto	sarei saresti sarebbe saremmo sareste sarẹbbero	partito(a) partiti(e)	avrei avresti avrebbe avremmo avreste avrẹbbero	finito
Congiuntivo passato *(Present perfect subjunctive)*	ạbbia ạbbia ạbbia abbiamo abbiate ạbbiano	cantato	ạbbia ạbbia ạbbia abbiamo abbiate ạbbiano	ripetuto	sia sia sia siamo siate sịano	partito(a) partiti(e)	ạbbia ạbbia ạbbia abbiamo abbiate ạbbiano	finito
Trapassato del congiuntivo *(Pluperfect subjunctive)*	avessi avessi avesse avẹssimo aveste avẹssero	cantato	avessi avessi avesse avẹssimo aveste avẹssero	ripetuto	fossi fossi fosse fọssimo foste fọssero	partito(a) partiti(e)	avessi avessi avesse avẹssimo aveste avẹssero	finito
Gerundio passato *(Past gerund)*	avendo cantato		avendo ripetuto		essendo partito(a, i, e)		avendo finito	

Appendix 4

Irregular verbs

Only the irregular forms are given.

andare   *to go*

present indicative:	vado, vai, va, andiamo, andate, vanno
future:	andrò, andrai, andrà, andremo, andrete, andranno
conditional:	andrei, andresti, andrebbe, andremmo, andreste, andrẹbbero
imperative:	va' (vai), vada, andiamo, andate, vạdano
present subjunctive:	vada, vada, vada, andiamo, andiate, vạdano

aprire   *to open*

past participle:	aperto

assụmere   *to hire*

past absolute:	assunsi, assumesti, assunse, assumemmo, assumeste, assụnsero
past participle:	assunto

bere   *to drink*

present indicative:	bevo, bevi, beve, beviamo, bevete, bẹvono
imperfect indicative:	bevevo, bevevi, beveva, bevevamo, bevevate, bevẹvano,
past absolute:	bevvi, bevesti, bevve, bevemmo, beveste, bẹvvero
future:	berrò, berrai, berrà, berremo, berrete, berranno
conditional:	berrei, berresti, berrebbe, berremmo, berreste, berrẹbbero
imperative:	bevi, beva, beviamo, bevete, bẹvano
present subjunctive:	beva, beva, beva, beviamo, beviate, bẹvano
imperfect subjunctive:	bevessi, bevessi, bevesse, bevẹssimo, beveste, bevẹssero
past participle:	bevuto
gerund:	bevendo

cadere   *to fall*

past absolute:	caddi, cadesti, cadde, cademmo, cadeste, caddero
future:	cadrò, cadrai, cadrà, cadremo, cadrete, cadranno
conditional:	cadrei, cadresti, cadrebbe, cadremmo, cadreste, cadrebbero

chiedere   *to ask*

past absolute:	chiesi, chiedesti, chiese, chiedemmo, chiedeste, chiesero
past participle:	chiesto

chiudere   *to close*

past absolute:	chiusi, chiudesti, chiuse, chiudemmo, chiudeste, chiusero
past participle:	chiuso

conoscere   *to know*

past absolute:	conobbi, conoscesti, conobbe, conoscemmo, conosceste, conobbero
past participle:	conosciuto

correre   *to run*

past absolute:	corsi, corresti, corse, corremmo, correste, corsero
past participle:	corso

dare   *to give*

present indicative:	do, dai, dà, diamo, date, danno
past absolute:	diedi, desti, diede, demmo, deste, diedero
future:	darò, darai, darà, daremo, darete, daranno
conditional:	darei, daresti, darebbe, daremmo, dareste, darebbero
imperative:	da' (dai), dia, diamo, date, diano
present subjunctive:	dia, dia, dia, diamo, diate, diano
imperfect subjunctive:	dessi, dessi, desse, dessimo, deste, dessero

decidere   *to decide*

past absolute:	decisi, decidesti, decise, decidemmo, decideste, decisero
past participle:	deciso

dipingere   *to paint*

past absolute:	dipinsi, dipingesti, dipinse, dipingemmo, dipingeste, dipinsero
past participle:	dipinto

dire   *to say, to tell*

present indicative:	dico, dici, dice, diciamo, dite, dicono
imperfect indicative:	dicevo, dicevi, diceva, dicevamo, dicevate, dicevano
past absolute:	dissi, dicesti, disse, dicemmo, diceste, dissero
imperative:	di', dica, diciamo, dite, dicano
present subjunctive:	dica, dica, dica, diciamo, diciate, dicano
imperfect subjunctive:	dicessi, dicessi, dicesse, dicessimo, diceste, dicessero
past participle:	detto
gerund:	dicendo

discutere   *to discuss*

past absolute:	discussi, discutesti, discusse, discutemmo, discuteste, discussero
past participle:	discusso

dovere   *must, to have to*

present indicative:	devo, devi, deve, dobbiamo, dovete, devono
future:	dovrò, dovrai, dovrà, dovremo, dovrete, dovranno
conditional:	dovrei, dovresti, dovrebbe, dovremmo, dovreste, dovrebbero
present subjunctive:	debba, debba, debba, dobbiamo, dobbiate, debbano
	or deva, deva, deva, dobbiamo, dobbiate, devano

fare   *to do, to make*

present indicative:	faccio, fai, fa, facciamo, fate, fanno
imperfect indicative:	facevo, facevi, faceva, facevamo, facevate, facevano
past absolute:	feci, facesti, fece, facemmo, faceste, fecero
future:	farò, farai, farà, faremo, farete, faranno
conditional:	farei, faresti, farebbe, faremmo, fareste, farebbero
imperative:	fa' (fai), faccia, facciamo, fate, facciano
present subjunctive:	faccia, faccia, faccia, facciamo, facciate, facciano
imperfect subjunctive:	facessi, facessi, facesse, facessimo, faceste, facessero
past participle:	fatto
gerund:	facendo

leggere   *to read*

past absolute:	lessi, leggesti, lesse, leggemmo, leggeste, lessero
past participle:	letto

mettere   *to put*

past absolute:	misi, mettesti, mise, mettemmo, metteste, misero
past participle:	messo

morire   *to die*

present indicative:	muoio, muori, muore, moriamo, morite, muoiono
imperative:	muori, muoia, moriamo, morite, muoiano
present subjunctive:	muoia, muoia, muoia, moriamo, moriate, muoiano
past participle:	morto

nascere   *to be born*

past absolute:	nacqui, nascesti, nacque, nascemmo, nasceste, nacquero
past participle:	nato

offendere   *to offend*

past absolute:	offesi, offendesti, offese, offendemmo, offendeste, offesero
past participle:	offeso

offrire   *to offer*

past participle:	offerto

piacere   *to be pleasing*

present indicative:	piaccio, piaci, piace, piacciamo, piacete, piacciono
past absolute:	piacqui, piacesti, piacque, piacemmo, piaceste, piacquero
imperative:	piaci, piaccia, piacciamo, piacete, piacciano
present subjunctive:	piaccia, piaccia, piaccia, piacciamo, piacciate, piacciano
past participle:	piaciuto

potere   *to be able to*

present indicative:	posso, puoi, può, possiamo, potete, possono
future:	potrò, potrai, potrà, potremo, potrete, potranno
conditional:	potrei, potresti, potrebbe, potremmo, potreste, potrebbero
present subjunctive:	possa, possa, possa, possiamo, possiate, possano

prendere   *to take*

past absolute:	presi, prendesti, prese, prendemmo, prendeste, presero
past participle:	preso

ridere   *to laugh*

past absolute:	risi, ridesti, rise, ridemmo, rideste, risero
past participle:	riso

rimanere *to remain*

present indicative:	rimango, rimani, rimane, rimaniamo, rimanete, rimangono
past absolute:	rimasi, rimanesti, rimase, rimanemmo, rimaneste, rimasero
future:	rimarrò, rimarrai, rimarrà, rimarremo, rimarrete, rimarranno
conditional:	rimarrei, rimarresti, rimarrebbe, rimarremmo, rimarreste, rimarrebbero
imperative:	rimani, rimanga, rimaniamo, rimanete, rimangano
present subjunctive:	rimanga, rimanga, rimanga, rimaniamo, rimaniate, rimangano
past participle:	rimasto

rispondere *to answer*

past absolute:	risposi, rispondesti, rispose, rispondemmo, rispondeste, risposero
past participle:	risposto

rompere *to break*

past absolute:	ruppi, rompesti, ruppe, rompemmo, rompeste, ruppero
past participle:	rotto

salire *to go up*

present indicative:	salgo, sali, sale, saliamo, salite, salgono
imperative:	sali, salga, saliamo, salite, salgano
present subjunctive:	salga, salga, salga, saliamo, saliate, salgano

sapere *to know*

present indicative:	so, sai, sa, sappiamo, sapete, sanno
past absolute:	seppi, sapesti, seppe, sapemmo, sapeste, seppero
future:	saprò, saprai, saprà, sapremo, saprete, sapranno
conditional:	saprei, sapresti, saprebbe, sapremmo, sapreste, saprebbero
imperative:	sappi, sappia, sappiamo, sappiate, sappiano
present subjunctive:	sappia, sappia, sappia, sappiamo, sappiate, sappiano

scegliere   *to choose*

present indicative:	scelgo, scegli, sceglie, scegliamo, scegliete, scelgono
past absolute:	scelsi, scegliesti, scelse, scegliemmo, sceglieste, scelsero
imperative:	scegli, scelga, scegliamo, scegliete, scelgano
present subjunctive:	scelga, scelga, scelga, scegliamo, scegliate, scelgano
past participle:	scelto

scendere   *to descend*

past absolute:	scesi, scendesti, scese, scendemmo, scendeste, scesero
past participle:	sceso

scoprire   *to discover*

past participle:	scoperto

scrivere   *to write*

past absolute:	scrissi, scrivesti, scrisse, scrivemmo, scriveste, scrissero
past participle:	scritto

sedere   *to sit down*

present indicative:	siedo, siedi, siede, sediamo, sedete, siedono
imperative:	siedi, sieda, sediamo, sedete, siedano
present subjunctive:	sieda, sieda, sieda, sediamo, sediate, siedano

spendere   *to spend*

past absolute:	spesi, spendesti, spese, spendemmo, spendeste, spesero
past participle:	speso

stare   *to stay*

present indicative:	sto, stai, sta, stiamo, state, stanno
past absolute:	stetti, stesti, stette, stemmo, steste, stettero
future:	starò, starai, starà, staremo, starete, staranno
conditional:	starei, staresti, starebbe, staremmo, stareste, starebbero
imperative:	sta' (stai), stia, stiamo, state, stiano
present subjunctive:	stia, stia, stia, stiamo, stiate, stiano
imperfect subjunctive:	stessi, stessi, stesse, stessimo, steste, stessero

succedere *to happen*

past absolute:	successe
past participle:	successo

tenere *to hold, to keep*

present indicative:	tengo, tieni, tiene, teniamo, tenete, tengono
past absolute:	tenni, tenesti, tenne, tenemmo, teneste, tennero
future:	terrò, terrai, terrà, terremo, terrete, terranno
conditional:	terrei, terresti, terrebbe, terremmo, terreste, terrebbero
imperative:	tieni, tenga, teniamo, tenete, tengano
present subjunctive:	tenga, tenga, tenga, teniamo, teniate, tengano

uccidere *to kill*

past absolute:	uccisi, uccidesti, uccise, uccidemmo, uccideste, uccisero
past participle:	ucciso

uscire *to go out*

present indicative:	esco, esci, esce, usciamo, uscite, escono
imperative:	esci, esca, usciamo, uscite, escano
present subjunctive:	esca, esca, esca, usciamo, usciate, escano

vedere *to see*

past absolute:	vidi, vedesti, vide, vedemmo, vedeste, videro
future:	vedrò, vedrai, vedrà, vedremo, vedrete, vedranno
conditional:	vedrei, vedresti, vedrebbe, vedremmo, vedreste, vedrebbero
past participle:	visto (veduto)

venire *to come*

present indicative:	vengo, vieni, viene, veniamo, venite, vengono
past absolute:	venni, venisti, venne, venimmo, veniste, vennero
future:	verrò, verrai, verrà, verremo, verrete, verranno
conditional:	verrei, verresti, verrebbe, verremmo, verreste, verrebbero
imperative:	vieni, venga, veniamo, venite, vengano
present subjunctive:	venga, venga, venga, veniamo, veniate, vengano
past participle:	venuto

vincere *to win*

past absolute:	vinsi, vincesti, vinse, vincemmo, vinceste, vinsero
past participle:	vinto

vivere   *to live*

past absolute:	vissi, vivesti, visse, vivemmo, viveste, vissero
future:	vivrò, vivrai, vivrà, vivremo, vivrete, vivranno
conditional:	vivrei, vivresti, vivrebbe, vivremmo, vivreste, vivrebbero
past participle:	vissuto

volere   *to want*

present indicative:	voglio, vuoi, vuole, vogliamo, volete, vogliono
past absolute:	volli, volesti, volle, volemmo, voleste, vollero
future:	vorrò, vorrai, vorrà, vorremo, vorrete, vorranno
conditional:	vorrei, vorresti, vorrebbe, vorremmo, vorreste, vorrebbero
present subjunctive:	voglia, voglia, voglia, vogliamo, vogliate, vogliano

Italian-English Vocabulary

The Italian-English vocabulary contains most of the basic words and expressions used in each chapter. Stress is indicated by a dot under the stressed vowel. An asterisk * following an infinitive indicates that the verb is conjugated with **essere** in compound tenses. The **-isc-** after an **-ire** verb means that the verb requires **-isc-** in the present indicative, present subjunctive, and imperative conjugations.

The following abbreviations are used:

adj.	adjective	*inf.*	infinitive
adv.	adverb	*inv.*	invariable
affect.	affectionate	*m.*	masculine
art.	article	*math.*	mathematics
colloq.	colloquial	*pl.*	plural
conj.	conjunction	*p.p.*	past participle
def. art.	definite article	*prep.*	preposition
f.	feminine	*pron.*	pronoun
fam.	familiar	*s.*	singular
form.	formal	*sub.*	subjunctive

A

a in, at, to
abbasso down with
abbastanza enough, sufficiently
l'abbigliamento clothing, apparel
abbonarsi* to subscribe
abbondante abundant
abbracciare to embrace
l'abbraccio hug
abbronzarsi to tan
l'abitante *(m. & f.)* inhabitant
abitare to live
l'abitazione *(f.)* housing
l'abito dress, suit
abitualmente usually
abituarsi* to get used to
abituato accustomed

l'abitudine *(f.)* habit
accademico academic
accelerare to accelerate
accendere *(p.p.* **acceso**) to light, to turn on
l'accento accent, stress
accomodarsi* to make oneself comfortable
accompagnare to accompany
l'accordo agreement;
    d'accordo OK, agreed
l'aceto vinegar
l'acqua water;
    l'acqua minerale mineral water;
    l'acqua potabile drinking water
adagio slowly

addio good-bye (forever)
addormentarsi* to fall asleep
addormentato asleep
adesso now
l'adulto, l'adulta adult
l'aereo, l'aeroplano airplane
l'aeroporto airport
l'affare *(m.)* business;
    per affari on business;
    È un affare! It is a bargain!;
    uomo (donna) d'affari businessman(woman)
affascinante fascinating
affatto not at all
l'affermazione *(f.)* statement
l'affetto affection;
    con affetto love
affettuoso affectionate

affinchè so that, in order that
affittare to rent, to lease
l'affitto rent, rental;
   in affitto for rent
affollato crowded
l'affresco fresco
africano African
l'agente (m. & f.) **di viaggi**
   travel agent
l'agenzia di collocamento
   employment agency;
     agenzia di viaggi travel agency
l'aggettivo adjective
aggiungere (p.p. **aggiunto**) to
   add
agire (-isc-) to act
l'aglio garlic
agosto August
aiutare to help
l'aiuto help
l'alba dawn
l'albergo hotel
l'albero tree;
   l'albero genealogico family
     tree
alcolico alcoholic
alcuni (alcune) some, a few
allacciare (le cinture di sicurezza)
   to fasten (the seat belts)
allegro cheerful
allenare to coach;
   allenarsi* to practice, to train,
     to get in shape
l'allenatore, l'allenatrice coach
l'allievo, l'allieva pupil
alloggiare to stay
l'alloggio housing
allora then, well then, so;
   da allora since then
allungare to prolong
almeno at least
le Alpi Alps
l'alpinismo mountain climbing
l'alpinista (m. & f.) mountain
   climber
alto tall, high
altro other
alzarsi* to get up
amare to love
amaro bitter
l'ambientalista (m. & f.)
   environmentalist
l'ambiente environment
l'ambulanza ambulance

americano American
l'amicizia friendship
l'amico, l'amica friend
ammalarsi* to become ill
ammalato ill, sick
ammettere to admit
ammirare to admire
ammobiliato furnished
l'amore (m.) love
l'analisi (f.) analysis
analogo similar
l'ananas pineapple
anche also, too;
   anche se even if
ancora still, more, again;
   ancora una volta once more;
   non ancora not yet
andare* to go;
   andare d'accordo to get along;
   andare bene to fit;
   andare in bicicletta to ride a
     bicycle;
   andare in cerca di to go in
     search of;
   andare al cinema to go to the
     movies;
   andare in pensione to retire;
   andare a piedi to walk;
   andare a trovare to visit a
     person;
   andare via to go away
l'angolo corner
l'animale (m.) animal;
   l'animale domestico pet
annegare to drown
l'anniversario anniversary
l'anno year;
   avere... anni to be . . . years
     old
annoiarsi* to get bored
annullare to cancel
annunciare to announce
l'annunciatore, l'annunciatrice
   TV announcer
l'annuncio pubblicitario ad
ansiosamente anxiously
l'antibiotico antibiotic
l'anticipo advance;
   in anticipo ahead of time, in
     advance
antico (pl. **antichi**) ancient,
   antique
l'antipasto appetizer
antipatico unpleasant

anzi on the contrary
anziano elderly
l'aperitivo aperitif
aperto open;
   all'aperto outdoors
apparecchiare to set the table
l'appartamento apartment
appassionato (di) fond (of)
appena as soon as; only
gli Appennini Apennine
   Mountains
appenninico of the Apennines
l'appetito appetite
applaudire to applaud
apprezzare to appreciate
approssimativamente
   approximately
l'appuntamento appointment, date
gli appunti notes
aprile April
aprire (p.p. **aperto**) to open
arabo Arabic;
   gli Arabi Arabs
l'arancia orange
l'aranciata orange drink
arancione (inv.) orange (color)
l'arbitro referee
l'architetto architect
l'architettura architecture
l'argomento subject
l'aria air, appearance;
   aria condizionata air
     conditioning;
   avere un'aria to look
l'armadietto cabinet
l'armadio wardrobe;
   armadio a muro closet
arrabbiarsi* to get angry
arrabbiato angry
l'arredamento furnishing
arredare to furnish
arredato furnished
l'arredatore, l'arredatrice interior
   designer
arrivare* to arrive
arrivederci! (fam.);
   ArrivederLa! (form.) Good-
     bye!
l'arrivo arrival
l'arrosto roast;
   l'arrosto di vitello roast veal
l'arte (f.) art;
   opera d'arte work of art;
   Le Belle Arti Fine Arts

l'articolo article, item
l'artigianato handicraft
l'artigiano artisan
l'artista (m. & f.) artist
artistico artistic
l'artrite (f.) arthritis
l'ascensore (m.) elevator
l'asciugamano towel
asciugare to dry;
   asciugarsi* to dry oneself
ascoltare to listen to
gli asparagi asparagus
aspettare to wait for
l'aspirina aspirin
assaggiare to taste
l'assegno check
assente absent
l'assicurazione insurance
l'assistente di volo (m. & f.)
   flight attendant
assistere (p.p. assistito) to
   attend, to assist
assumere (p.p. assunto) to hire
astratto abstract
l'astrologia astrology
l'atleta (m. & f.) athlete
l'atmosfera atmosphere
attaccare to hang
attento careful;
   stare attento to pay attention
l'attenzione (f.) attention;
   fare attenzione to be careful
atterrare to land (plane)
l'attività (f.) activity
attivo active
l'atto act
l'attore, l'attrice actor, actress
attraente attractive
attraversare to cross
attraverso across; through
attrezzato equipped
attuale present
attualmente at present
augurare to wish
l'augurio wish;
   Tanti auguri! Best wishes!
l'aula classroom
aumentare to increase
l'aumento increase
l'autista (m. & f.) driver
l'autobiografia autobiography
l'autobus (m.) (pl. gli autobus)
   bus
l'automobile (f.) car

l'automobilismo car racing
l'automobilista (m. & f.) motorist
l'autore, l'autrice author
l'autorità authority
l'autostop hitchhiking;
   fare
   l'autostop to hitchhike
l'autostrada freeway
l'autunno autumn, fall
avanti straight ahead;
   Avanti! Come in!
avaro stingy
avere to have;
   avere... anni to be . . . years old;
   avere un'aria to look;
   avere bisogno (di) to need;
   avere caldo to be hot;
   avere fame to be hungry;
   avere la febbre to have a
     temperature;
   avere freddo to be cold;
   avere fretta to be in a hurry;
   avere dei guasti al motore to
     have a car breakdown;
   avere intenzione (di) to intend;
   avere luogo to take place;
   avere mal di (denti, schiena,
     stomaco, testa, gola) to
     have a (toothache, backache,
     stomachache, headache, sore
     throat);
   avere paura di to be afraid of;
   avere il raffreddore to have a
     cold;
   avere ragione to be right;
   avere sete to be thirsty;
   avere sonno to be sleepy;
   avere torto to be wrong;
   avere la tosse to have a cough;
   avere voglia (di) to feel like
l'avvenimento event
l'avventura adventure
l'avverbio adverb
avvicinarsi* (a) to get near, to
   approach
avvincente fascinating
l'avvocato, l'avvocatessa lawyer
l'azione (f.) action
azzurro light blue

B

baciare to kiss
il bacio kiss

i baffi mustache
i bagagli baggage, luggage
il/la bagnante bather
il bagnino, la bagnina lifeguard
il bagno bath; bathroom;
   fare il bagno to take a bath
il balcone balcony
ballare to dance
il balletto ballet
il bambino, la bambina child;
   little boy, little girl;
   da bambino as a child
la banca bank
il banco stand, counter; student
   desk
la banda band
la bandiera flag
il bar bar;
   bar con tavola calda snack bar
la barba beard;
   farsi la barba to shave
la barca boat;
   la barca a vela sailboat
il barista bartender
barocco baroque
basso short, low
bastare to suffice, to be enough
la batteria drums
be' (bene) well
la bellezza beauty
bello beautiful, handsome
benchè although
bene well, fine;
   va bene OK, very well;
   è bene che it's a good thing
     that;
   benissimo very well;
   benone! great!
benefico beneficial
la benzina gasoline;
   il distributore di benzina
     gasoline pump;
   fare benzina to fill up;
   benzina senza piombo
     unleaded gasoline
bere (p.p. bevuto) to drink
la bevanda drink;
   bevanda alcolica alcoholic
     beverage
la biancheria da letto linens
bianco (pl. bianchi) white
la bibita soft drink
la biblioteca library
il bicchiere glass

la bicicletta bicycle
la biglietteria ticket office
il biglietto ticket, card;
   biglietto di andata e ritorno
     round-trip ticket
il binario (railway) track
la biologia biology
biondo blond
la birra beer
il biscotto cookie
bisognare to be necessary
il bisogno need;
   avere bisogno di to need
la bistecca steak
blu (inv.) blue
la bocca mouth
   in bocca al lupo! good luck!
     (lit. in the mouth of the
     wolf!)
bollire to boil
la borsa bag;
   borsa di studio grant,
     scholarship
la borsetta handbag
il bosco wood, forest
la bottiglia bottle
il braccialetto bracelet
il braccio (pl. le braccia) arm
bravo good
breve short, brief
il brodo broth
bruno dark-haired
brutto ugly; bad
la bugia lie;
   dire bugie to lie
bugiardo liar
buio dark, darkness
buono good;
   Buon anno! Happy New Year!;
   Buon appetito! Enjoy your
     meal!;
   Buona giornata! Have a nice
     day!;
   Buona notte! Good night!;
   Buone vacanze! Have a nice
     vacation!
il burattino puppet
il burro butter
la busta envelope

C

la cabina telefonica telephone
   booth

cadere* to fall
il caffè coffee, café, coffee shop
il calcio soccer
la calcolatrice calculator
il calcolo calculus
caldo hot;
   avere caldo to be hot;
   fa caldo it is hot (weather)
il calendario calendar
il calmante sedative
calmare to calm
calmo calm
la caloria calorie
la calza stocking
il calzino sock
cambiare to change, to exchange;
   cambiare idea to change one's
     mind
il cambio change, exchange
la camera room;
   camera da letto bedroom;
   camera singola (doppia) single
     (double) room;
   camera con servizi room with
     bath
il cameriere, la cameriera waiter,
   waitress; maid
la camicetta blouse
la camicia (pl. le camicie) shirt
camminare to walk
la campagna country,
   countryside;
   campagna elettorale election
     campaign
il campanile bell tower
il campeggio camping;
   fare il campeggio to go
     camping
il campionato championship
il campione, la campionessa
   champion
il campo field;
   campo da tennis tennis court
canadese Canadian
il canale channel, canal (Venice)
la candela candle
il candidato, la candidata
   candidate
il cane dog
i cannelloni stuffed pasta
il canottaggio boating, rowing
il/la cantante singer
cantare to sing
il canto singing

la canzone song
i capelli hair
capire (-isc-) to understand
la capitale capital
il capitolo chapter
il capo head, leader
il Capodanno New Year's Day
il capolavoro masterpiece
il capoluogo chief town
il capoufficio boss
il cappello hat
il cappotto winter coat
il cappuccino coffee with
   steamed milk
le caramelle candies
il carattere temperament
la caratteristica characteristic,
   feature
il carciofo artichoke
la caricatura caricature
carino pretty, cute
la carne meat
caro dear, expensive
la carota carrot
la carriera career;
   fare carriera to have a
     successful career
la carrozza car (train), carriage
la carta paper;
   carta geografica map;
   carta di credito credit card;
   carta telefonica telephone card;
   carta d'identità identification
     card
la cartella chart
il cartello sign
la cartoleria stationery store
la cartolina postcard
il cartone animato cartoon
la casa house, home;
   a casa, in casa at home;
   a casa di at the house of;
   a casa sua at his/her house;
la casalinga housewife
il caso case;
   per caso by any chance;
   secondo il caso according to
     the case
Caspita! Wow!
la cassa case, cashier's desk
il cassetto drawer
la cassiera cashier
castano brown (eyes, hair)
il castello castle

la catena chain
la cattedra desk
cattivo bad, mean
la causa cause;
   a causa di because of
causare to cause
c'è (ci sono) there is (are)
celebrare to celebrate
celibe *(m.)* unmarried, single
la cena dinner
cenare to have supper
il centesimo cent
cento one hundred
centrale central
il/la centralinista telephone
   operator
il centro center;
   in centro downtown
cercare to look for;
   cercare di + *inf.* to try (to)
i cereali cereals
certamente certainly
certo certain; *(adv.)* certainly
il cestino basket
che *(conj.)* that;
   che *(pron.)* who, whom, that,
     which;
   che, che cosa, cosa? what?;
   che...! what a . . . !
   più... che more . . . than
chi? who?, whom?;
   di chi è? whose is it?
chiamare to call;
   chiamarsi* to be called
la chiave key
chiedere *(p.p. chiesto)* to ask (for)
la chiesa church
il chilogrammo kilogram
il chilometro kilometer
la chimica chemisty
il chirurgo surgeon
chissà! who knows!
la chitarra guitar
chiudere *(p.p. chiuso)* to close
ciao hello, hi, good-bye
il cibo food
il ciclismo bicycling
il/la ciclista cyclist
il cielo sky
il cinematografo movie theater
cinese Chinese
la cintura belt;
   cintura di sicurezza safety
     belt, seatbelt

il cioccolato chocolate
il cioccolatino chocolate candy
cioè that is
la cipolla onion
circa about, approximately
circondare to surround
la circostanza occasion
la città city, town
la cittadinanza citizenship
il cittadino citizen
la civilizzazione civilization
la civiltà civilization
la classe class, classroom
classico classic
il/la cliente customer
il clima climate
il codice postale zip code
il cognato, la cognata brother-in-
   law, sister-in law
il cognome last name
la coincidenza coincidence;
   connection (train, bus)
la colazione breakfast;
   fare colazione to have
     breakfast
collaborare to collaborate
i collant pantyhose
il/la collega colleague
la collina hill
il collo neck
il colloquio interview
il colore color
il coltello knife
come as, like;
   Come? How?;
   Come sta? *(form. s.)*, Come
     stai? *(fam. s.)*, Come va?
     (colloq.) How are you?;
   Com'è? What is he (she, it)
     like?;
   Come mai? How come?;
   Come si chiama? What is his
     (her, your, its) name?
il comico comedian;
   comico *(adj.)* comic, funny
la commedia comedy, play
il commediografo playwright
commentare to make a comment
il commento comment
il/la commercialista accountant
il commercio commerce
il commesso, la commessa
   salesperson
comodamente comfortably

il comodino nightstand
la comodità comfort
comodo comfortable
la compagnia company
il compagno, la compagna
   companion;
   compagno(a) di classe
     classmate;
   compagno(a) di stanza
     roommate
il compenso compensation
competente competent
il compito homework, task
il compleanno birthday;
   Buon compleanno! Happy
     birthday!
completamente fully, completely
completare to complete
il completo suit
complicato complicated
comporre *(p.p. composto)* to
   compose
il compositore, la compositrice
   composer
comprare to buy
comprensivo understanding, with
   understanding; comprehensive
comune common
comunicare to communicate
il/la comunista communist
con with
il concerto concert
concludersi* *(p.p. concluso)* to
   end, to conclude
la conclusione conclusion
condire to dress (salad, food)
condividere *(p.p. condiviso)* to
   share
la condizione condition
la conferenza lecture
confermare to confirm
confinare to border, to confine
confrontare to compare
la confusione confusion
il congelatore freezer
Congratulazioni!
   Congratulations!
il coniglio rabbit
il/la conoscente acquaintance
la conoscenza knowledge
conoscere *(p.p. conosciuto)* to
   know, to meet, to be
   acquainted with
considerarsi* to consider oneself

consigliare to advise
il consiglio advice
consolare to console
la consonante consonant
il/la consulente consultant
consultare to consult
consumare to consume
il contadino, la contadina
   peasant; farmer
i contanti cash
contare to count
contento happy, glad; pleased
il continente continent
continuare to continue
il conto check, bill
il contorno (cooked) vegetable
il contrario opposite
il contrasto contrast
il contratto contract
contribuire (-isc-) to contribute
contro against
controllare to check
il controllore conductor
consistere (di) to consist (of)
la conversazione conversation
convincere (p.p. convinto) to
   convince
la coperta blanket; cover
la copia copy
la coppia couple, pair
il coraggio courage;
   coraggio! come on! keep it up!
coraggioso courageous, brave
cordiale cordial
il coro chorus
il corpo body
correggere (p.p. corretto) to
   correct
correre (p.p. corso) to run
il corridoio corridor
corrispondere (p.p. corrisposto)
   to correspond
la corsa run, race
il corso course (studies); main
   street
il cortile courtyard
corto short
la cosa thing
così so;
   così-così so-so;
   così tanto! that much!;
   così... come as . . . as
la costa coast;

la Costa Azzurra French
   Riviera
costare to cost;
   quanto costa? how much is it?
il costo cost, price
costoso expensive
costruire (-isc-) to build
il costruttore builder
il costume costume;
   costume da bagno bathing suit
il cotone cotton
cotto cooked
la cravatta tie
creare to create
credere to believe
la crema cream
la crisi crisis
la critica criticism, critique,
   review
criticare to criticize
il critico critic; (adj.) critical
la crociera cruise;
   fare una crociera to go on a
      cruise
il cucchiaino teaspoon
il cucchiaio spoon
la cucina kitchen; cooking;
   cuisine
cucinare to cook;
   cucinare al forno to bake
il cugino, la cugina cousin
cui (pron.) whom, which;
   la ragazza con cui esco the girl
      with whom I go out
la cultura culture
culturale cultural
il culturismo bodybuilding
cuocere (p.p. cotto) to cook
il cuoco, la cuoca cook
il cuore heart
la cupola dome
la cura treatment; care
curare to treat
curioso curious
il cuscino pillow

D

da from, by;
   lavoro da un mese I have been
      working for a month
d'accordo OK, agreed;
   essere d'accordo to agree

Dai! Come on! (fam.)
dannoso damaging
dare to give;
   dare un esame to take an
      exam;
   dare fastidio to bother;
   dare la mano to shake hands;
   dare un passaggio to give a lift;
   dare del tu (Lei) to use the tu
      (Lei) form
la data date (calendar)
il dattilografo, la dattilografa
   typist
davanti (a) in front of, before
davvero really, indeed
il debito debt
debole weak
decidere (p.p. deciso) to decide
la decisione decision
decollare to take off (plane)
dedicarsi* to devote oneself
la delusione disappointment
deluso disappointed
democratico democratic
la democrazia democracy
il denaro money
il dente tooth;
   al dente firm, not overcooked
il dentifricio toothpaste
il/la dentista dentist
dentro in, inside
depositare to deposit;
   depositare un assegno to
      deposit a check
il deposito deposit;
   deposito bagagli baggage room
deprimente depressing
il deputato, la deputata
   congressman, congresswoman
descrivere (p.p. descritto) to
   describe
la descrizione description
desiderare to wish, want;
   desidera? may I help you?
il desiderio wish, desire
desideroso eager
la destra right;
   a destra to the right;
   il braccio destro the right arm
detestare to hate
il dettaglio detail
di of, from; di + def. art. some,
   any;

di chi è? whose is it?;
di dov'è? where is he/she
from?
la diagnosi diagnosis
il dialetto dialect
il dialogo (*pl.* **dialoghi**) dialogue
dicembre December
dichiarare to declare
le didascalie (*f. pl.*) (cinema)
subtitles
la dieta diet;
stare a dieta to be on a diet
il dietologo, la dietologa
dietician
dietro behind
difendersi* to defend oneself
differente different
la differenza difference;
a differenza di unlike
difficile difficult
la difficoltà difficulty
diligente diligent
dimagrire (-isc-)* to lose weight
dimenticare to forget
diminuire (-isc-) to diminish; to
reduce
dimostrare to show, to express
dinamico dynamic
dipendere (*p.p.* **dipeso**) to
depend;
dipende (da) it depends (on)
dipingere (*p.p.* **dipinto**) to paint,
to portray
il diploma certificate, diploma
diplomarsi* to graduate from
high school
dire (*p.p.* **detto**) to say, to tell;
dire di no to say no;
voler dire to mean
direttamente directly
il direttore, la direttrice director;
administrator;
direttore d'orchestra orchestra
conductor
il/la dirigente manager
dirigere (*p.p.* **diretto**) to manage,
to conduct
diritto, dritto (*adj.*) straight;
(*adv.*) straight ahead
il diritto right
discendere* (*p.p.* **disceso**) to
descend, to go (come) down
il disco (*pl.* **dischi**) record

il discorso speech
la discoteca discoteque
la discussione discussion
discutere (*p.p.* **discusso**) to
discuss
disegnare to draw
il disegnatore, la disegnatrice
designer
il disegno drawing, pattern,
plan
disoccupato unemployed
la disoccupazione unemployment
disonesto dishonest
disordinato messy
dispiacere* (*p.p.* **dispiaciuto**) to
mind, to be sorry;
mi dispiace I am sorry
disposto willing;
essere disposto to be willing
la distanza distance
distare to be distant, to be far
from
distratto absent-minded
il distributore di benzina
gasoline pump
disturbare to bother
il disturbo ailment, trouble
il dito (*pl.* **le dita**) finger;
dito del piede toe
la ditta firm
il divano sofa, couch
diventare* to become
la diversità diversity
diverso different; several;
diversi giorni several days
divertente amusing
divertimento amusement;
buon divertimento! have fun!
divertire to amuse;
divertirsi* to have fun, to
enjoy oneself
dividere (*p.p.* **diviso**) to share, to
divide
il divieto prohibition;
divieto di fumare no smoking;
divieto di parcheggio no
parking
divorziato (a) divorced
il divorzio divorce
il dizionario dictionary
la doccia shower;
fare la doccia to take a shower
il documentario documentary film

il documento document;
documento d'identità I.D.
la dogana customs
il dolce dessert, candy; (*adj.*)
sweet
dolcemente gradually, gently
il dollaro dollar
il dolore pain, ache
la domanda question;
application;
fare una domanda to ask a
question;
fare domanda to apply
domandare to ask;
domandarsi* to wonder
domani tomorrow;
A domani! See you tomorrow!
la domenica Sunday
la donna woman
dopo after, afterward
dopodomani the day after
tomorrow
doppio double
dormire to sleep
la dose amount
il dottore, la dottoressa doctor,
university graduate
dove where;
di dove sei? where are you
from?
il dovere duty
dovere to have to, must; to owe
la dozzina dozen
il dramma drama, play
drammatico dramatic
la droga drug
il dubbio doubt;
senza dubbio undoubtedly
dubitare to doubt
dunque therefore; well, now!
il duomo cathedral
durante during
durare* to last
duro hard;
avere la testa dura to be
stubborn

E

e, ed and
eccellente excellent
l'eccesso excess
eccetera et cetera

eccetto   except

l'eccezione *(f.)*   exception

eccitato   excited

ecco...!   here is . . . ! here
are . . . !;

   eccomi   here I am

l'ecologia   ecology

ecologico   ecological

l'economia   economy

economico   economic(al), cheap

economo   thrifty

l'edicola   newsstand

l'edificio   building

l'editore, l'editrice   publisher

educato   polite

l'effetto   effect;

   effetto serra   greenhouse effect

efficiente   efficient

egoista   selfish

elegante   elegant, fashionable

eleggere *(p.p. eletto)*   to elect

elementare   elementary

l'elenco telefonico   telephone
book

l'elettricista   electrician

l'elettricità   electricity

elettronico   electronic

l'elezione *(f.)*   election

eliminare   to eliminate

entrare*   to enter

l'entrata   entrance

l'entusiasmo   enthusiasm

entusiasta   enthusiastic

l'epoca   period, era

l'equipaggiamento   equipment

l'equitazione *(f.)*   horseback
riding

l'erba   grass

l'eredità   inheritance

ereditare   to inherit

l'errore *(m.)*   error, mistake

esagerare   to exaggerate

l'esame *(m.)*   exam;

   dare un esame   to take an
exam

esattamente   exactly

esatto   exact

l'esclamazione *(f.)*   exclamation

l'escursione *(f.)*   excursion

l'esempio   example;

   ad (per) esempio   for example

esercitare   to exercise

l'esercizio   exercise

esigente   demanding

l'esilio   exile

esistere* *(p.p. esistito)*   to exist

esotico   exotic

l'esperienza   experience

l'esperimento   experiment

esperto   experienced

esplorare   to explore

l'espressione   expression;

   espressione di cortesia
greetings

l'espresso   expresso coffee

esprimere *(p.p. espresso)*   to
express

essere* *(p.p. stato)*   to be;

   essere d'accordo   to agree;

   essere in anticipo   to be early;

   essere a dieta   to be on a diet;

   essere in orario   to be on time;

   essere promosso   to be
promoted;

   essere in ritardo   to be late;

   essere al verde   to be broke

l'est   east

l'estate *(f.)*   summer

esterno   exterior

estero   foreign;

   commercio estero   foreign
trade;

   all'estero   abroad

estivo *(adj.)*   summer

l'età   age

etnico   ethnic

l'etto(grammo)   100 grams

l'Europa   Europe

europeo   European

evitare   to avoid

F

fa   ago;

   un anno fa   one year ago

fa caldo (freddo, fresco, bel
tempo, brutto tempo)   it is
hot (cold, cool, nice weather,
bad weather);

   fa *(math.)*   equals

la fabbrica   factory

la faccia   face

facile   easy

facilmente   easily

la facoltà di legge (medicina,
ecc.)   school of law (medicine,
etc.)

i fagiolini   green beans

falso   false

la fame   hunger;

   avere fame   to be hungry

la famiglia   family

familiare   familiar

famoso   famous

la fantascienza   science fiction

la fantasia   fantasy; imagination

fare *(p.p. fatto)*   to do, to make;

   fare dell'alpinismo   to go
mountain climbing;

   fare attenzione   to pay
attention;

   fare gli auguri   to offer good
wishes;

   fare l'autostop   to hitchhike;

   fare il bagno   to take a bath;

   fare un brindisi   to offer a
toast;

   fare il campeggio   to go
camping;

   fare colazione   to have
breakfast;

   fare la conoscenza (di)   to
make the acquaintance (of);

   fare la doccia   to take a
shower;

   fare una domanda   to ask a
question;

   fare domanda   to apply;

   fare il dottore (l'ingegnere,
ecc.)   to be a doctor (an
engineer, etc);

   fare un'escursione   to take an
excursion;

   fare bella figura   to make a
good impression;

   fare la fila   to stand in line;

   fare una foto   to take a picture;

   fare una gita   to take a short
trip;

   fare legge (matematica,
medicina, ecc.)   to study law
(mathematics, medicine,
etc.);

   fare la pace   to make up;

   fare parte (di)   to take part
(in);

   fare una passeggiata   to take a
walk;

   fare una pausa   to take a break;

   fare presto   to hurry;

   fare un regalo   to give a
present;

fare sciopero to be on strike;
fare la siesta to take a nap;
fare la spesa to buy groceries;
fare le spese to go shopping;
fare lo spiritoso to clown around;
fare dello sport to take part in sports;
fare una telefonata to make a phone call;
fare il tifo to be a fan;
fare le valigie to pack;
fare un viaggio to take a trip;
fare una visita to pay a visit;
farne a meno to do without it;
farsi* male to hurt oneself
la farina flour
la farmacia pharmacy
il/la farmacista pharmacist
il fascismo fascism
faticoso tiring
il fatto fact; event
il fattore factor, element
la favola fable
il favore favor;
per favore please
il fazzoletto handkerchief
febbraio February
la febbre fever
fedele faithful; loyal
la fedeltà loyalty
il fegato liver
felice happy
la felicità happiness
Felicitazioni! Congratulations!
la felpa sweatshirt
femminile feminine
le ferie paid annual vacation
fermare to stop (someone or something);
fermarsi* to stop (oneself)
fermo still, stopped
il Ferragosto August holiday
ai ferri broiled
la ferrovia railroad
ferroviario of the railroad
la festa holiday, party
festeggiare to celebrate
la festività festivity
la fetta slice
il fidanzamento engagement
fidanzarsi* to become engaged
il fidanzato, la fidanzata fiancé, fiancée

la fiducia trust;
avere fiducia to trust
il figlio, la figlia son, daughter;
figlio unico, figlia unica only child;
i figli children
la figura figure;
fare bella figura to make a good impression
la fila line;
fare la fila to stand in line
il film movie;
dare un film to show a movie
filmare to make a movie
la filosofia philosophy
finalmente finally, at last
finanziare to finance
finanziario financial
finchè until
la fine end
il fine-settimana weekend
la finestra window
il finestrino window (of a car, bus, train, etc.)
finire (-isc-) to finish, to end
fino a until; as far as
finora until now
il fiore flower
fiorentino Florentine
fiorito flowering
Firenze Florence
la firma signature
firmare to sign;
firmare una ricevuta to sign a receipt
fischiare to whistle; to boo
la fisica physics
fisico physical
fissare un appuntamento to make an appointment
il fiume river
il flauto flute
il foglio sheet;
foglio di carta sheet of paper
la folla crowd
fondare to found
la fontana fountain
la forchetta fork
la forma form, shape
il formaggio cheese
formare to form;
formare il numero to dial
il fornaio baker
i fornelli range (stove)

il forno oven;
forno a microonde microwave oven
forse maybe, perhaps
forte strong
la fortuna fortune, luck;
buona fortuna good luck;
per fortuna luckily
fortunato lucky
la forza strength;
forza! come on!
la foto(grafia) picture, photography;
fare una foto to take a picture
fra between, among, in
la fragola strawberry
francamente frankly, honestly
francese French
il francobollo stamp
la frase sentence
il fratello brother
il freddo cold;
avere freddo to be cold;
fa freddo it is cold;
il caffè freddo (adj.) iced coffee
frenare to brake
frequentare to attend (school)
fresco cool, fresh
la fretta hurry;
avere fretta to be in a hurry;
in fretta in a hurry
friggere to fry
il frigo(rifero) refrigerator
la frittata omelette
fritto fried
frizzante sparkling, carbonated
la frutta fruit
fumare to smoke
il fumatore, la fumatrice smoker
il fumetto bubble;
i fumetti comic strips
il fungo (pl. funghi) mushroom
funzionare to function
il fuoco (pl. fuochi) fire
fuori (di) out (of), outside
il futuro future

G

la galleria arcade; gallery; balcony;
la galleria d'arte art gallery
la gamba leg
il gamberetto shrimp

la gara   race; competition
il gatto   cat
la gelateria   ice-cream parlor
il gelato   ice cream
i gemelli   twins
generale   general;
    in generale   in general
la generazione   generation
il genere   gender;
    in genere   generally
i generi alimentari   groceries
il genero   son-in-law
generoso   generous
il genio   genius
il genitore   parent
gennaio   January
Genova   Genoa
la gente   people
gentile   kind
la geografia   geography
geografico   geographic
la Germania   Germany
il gesso   chalk
il ghiaccio   ice
già   already; yes, sure
la giacca   coat, jacket;
    la giacca a vento   windbreaker
giallo   yellow
il Giappone   Japan
giapponese   Japanese
il giardino   garden;
    i giardini pubblici   park
la ginnastica   gymnastics
il ginocchio   knee
giocare (a)   to play (a game);
    giocare a carte   to play cards
il giocatore, la giocatrice   player
il giocattolo   toy
il gioco (pl. giochi)   game
il giornale   newspaper
il/la giornalista   journalist
la giornata   the whole day
il giorno   day;
    buon giorno   good morning,
        hello
giovane   young;
    il giovane   young man;
    i giovani   young people
il giovanotto   young man
il giovedì   Thursday
la gioventù   youth
il giradischi   record player
girare   to turn; to tour;
    girare un film   to make a movie

il giro   tour
la gita   trip, excursion, tour;
    la gita scolastica   field trip
il giudizio   judgment, sentence
giugno   June
la giustificazione   justification
giusto   just, right, correct
gli gnocchi   potato dumplings
la gola   throat;
    il mal di gola   sore throat
il golf   sweater (cardigan)
il golfo   gulf
la gonna   skirt
gotico   gothic
governare   to rule
il governo   government
la grammatica   grammar
il grammo   gram
grande   big, wide, large, great;
    da grande   as an adult
grasso   fat
grassottello   chubby
il grattacielo   skyscraper
gratuito   free (of charge)
grave   grave; serious
grazie   thank you;
    grazie a   thanks to;
    mille grazie   thanks a lot
greco (pl. greci)   Greek
gridare   to shout
grigio   grey
alla griglia   grilled
i grissini   breadsticks
grosso   huge, big
il gruppo   group
guadagnare   to earn;
    guadagnarsi* il pane   to earn
        one's living
i guanti (pl.)   gloves
guardare   to look at, to watch
guarire (-isc-)   to cure, to recover
la guerra   war
la guida   guide, tourist guide;
    guidebook; driving
guidare   to drive
il gusto   taste; preference
gustoso   tasty

I

l'idea   idea
ideale   ideal
l'idealista   idealist
l'idraulico   plumber

ieri   yesterday;
    l'altro ieri   the day before
        yesterday;
    ieri sera   last night
ignorante   ignorant
ignorare   to ignore
illuminare   to illuminate, to light
imitare   to imitate
immaginare   to imagine
immaginario   imaginary
l'immaginazione (f.)   imagination
immediatamente   immediately
imparare   to learn
impaziente   impatient
l'impazienza   impatience
l'impermeabile (m.)   raincoat
l'impiegato, l'impiegata   clerk
l'impiego   employment, job
importante   important
l'importanza   importance
importare   to be important, to
    matter;
    non importa!   never mind!
l'importazione (f.)   import
impossibile   impossible
improvvisamente   suddenly
in   in, at, to
incantevole   charming
incassare   to cash
incerto   uncertain
l'inchiostro   ink
l'incidente (m.)   accident
l'inclinazione (f.)   inclination
includere (p.p. incluso)   to
    include
incominciare   to begin
incontrare   to meet
l'incontro   encounter; meeting
incoraggiare   to encourage
l'incrocio   intersection
indeciso   undecided; indecisive
l'indicazione (f.)   direction
indifferente   indifferent
indipendente   independent
l'indipendenza   independence
l'indirizzo   address
indispensabile   indispensable
indovinare   to guess
l'indovinello   puzzle; guessing
    game
indulgente   indulgent
l'industria   industry
industriale   industrial
inefficiente   inefficient

inesperto inexperienced
infatti in fact
infelice unhappy
l'infermiere, l'infermiera nurse
l'inferno hell
l'inflazione (*f.*) inflation
l'influenza flu
influenzare to influence; to affect
l'informatica computer science
l'informazione (*f.*) information
l'infrazione (*f.*) violation
l'ingegnere (*m.*) engineer
l'ingegneria engineering
ingessare to put in a cast
l'Inghilterra England
inglese English
ingrassare to gain weight
l'ingrediente (*m.*) ingredient
l'ingresso entrance, entry
l'iniezione (*f.*) injection
iniziare to initiate, to begin
l'inizio beginning
innamorarsi* (**di**) to fall in love (with)
innamorato (*adj.*) in love
innocente innocent
inoltre besides
l'inquilino, l'inquilina tenant
l'inquinamento pollution
inquinare to pollute
l'insalata salad
l'insegnamento teaching
l'insegnante (*m.& f.*) teacher, instructor
insegnare to teach
insieme together
insomma in short, in conclusion;
insomma! for heaven's sake!
intelligente intelligent
l'intenzione (*f.*) intention;
avere intenzione di (+ *inf.*) to intend
interessante interesting
interessare to interest;
interessarsi* di (a) to be interested in
l'interesse (*m.*) interest
l'intermezzo intermission
internazionale international
interno internal, interior, domestic
l'interpretazione (*f.*) interpretation
l'intervista interview

intervistare to interview
intimo close, intimate
intitolato entitled
l'intolleranza intolerance
intorno a around
introdurre (*p.p.* **introdotto**) to introduce
l'introduzione introduction
inutile useless
invece instead
inventare to invent
l'inventore, l'inventrice inventor
invernale (*adj.*) winter
l'inverno winter
inviare to send
invitare to invite
l'invitato guest
l'invito invitation
irlandese Irish
l'ironia irony
irregolare irregular
irresponsabile irresponsible
iscriversi* (*p.p.* **iscritto**) to enroll, to register
l'isola island
ispirare to inspire;
ispirarsi* to get inspired
istruire to educate, to instruct, to teach;
istruirsi* to educate oneself
l'istruzione (*f.*) instruction, education
l'Italia Italy
italiano Italian;
l'italiano Italian language;
l'Italiano/l'Italiana Italian person
all'italiana in the Italian way

L

là there, over there
il labbro (*pl.* **le labbra**) lip
il ladro, la ladra thief
il lago (*pl.* **laghi**) lake
lamentarsi* (**di**) to complain (about)
la lampada lamp
il lampadario chandelier
la lana wool;
di lana woollen
largo (*pl.* **larghi**) large, wide
lasciare to leave (someone or

something); to quit; to let, to allow
il latte milk
la lattina can
la laurea university degree
laurearsi* to graduate
il laureato university graduate
il lavabo wash-basin
la lavagna blackboard
il lavandino sink
lavare to wash;
lavarsi* to wash (oneself)
la lavastoviglie dishwasher
la lavatrice washing machine
lavorare to work
il lavoratore, la lavoratrice worker
il lavoro work, job;
lavoro a tempo pieno full-time job
legale legal;
studio legale law office
la legge law;
facoltà di legge law school
leggere (*p.p.* **letto**) to read
leggero light
il legno wood;
di legno wooden
lento slow
il lenzuolo (*pl.* **le lenzuola**) sheet
il leone lion
la lettera letter;
le Lettere humanities
la letteratura literature
il letto bed;
letto singolo (matrimoniale) single (double) bed;
camera da letto bedroom
il lettore, la lettrice reader
la lettura reading
la lezione lesson; class
lì there
la libbra pound
libero free, available; vacant (apartment)
la libertà freedom
la libreria bookstore
il libro book;
libro di cucina cookbook
licenziare to fire (employee)
il liceo high school
il limite limit;
limite di velocità speed limit

il limone lemon
la linea aerea airline
la lingua language; tongue;
   lingue straniere foreign
     languages
la lira lira (Italian currency)
lirico lyric
la lista list
litigare to fight
il litro liter
il locale room;
   locale *(adj.)* local
la località place
la Lombardia Lombardy
Londra London
lontano (da) far (from)
la luce light; electricity
luglio July
luminoso bright
la luna moon;
   luna di miele honeymoon
il lunedì Monday
lungo *(pl.* **lunghi)** long; *(adv.)*
   along;
   a lungo for a long time
il luogo *(pl.* **luoghi)** place;
   avere luogo to take place
di lusso deluxe
lussuoso sumptuous

M

ma but
la macchina car, machine,
   engine;
   macchina fotografica camera;
   macchina da presa movie
     camera;
   macchina da scrivere
     typewriter
la macedonia di frutta fruit salad
la madre mother
maestoso majestic
il maestro, la maestra
   elementary-school teacher
maggio May
la maggioranza majority
maggiore bigger, greater, older;
   la maggior parte most (of)
magico magic
la maglietta T-shirt
il maglione heavy sweater
magnifico magnificent, splendid

magro thin; skinny
mai ever;
   non... mai never
il malato sick person; *(adj.)* sick,
   ill
la malattia illness, disease
il male ache;
   male di denti toothache
male *(adv.)* badly;
   non c'è male not bad
maleducato impolite
malgrado in spite of
il malumore bad mood;
   essere di malumore to be in a
     bad mood
malvolentieri reluctantly
la mamma mom
la mancanza lack
mancare to miss;
   mi manca la famiglia I miss
     my family
la mancia tip;
   dare la mancia to tip
mandare to send
mangiare to eat
la maniera manner
il manifesto poster;
   manifesto elettorale campaign
     poster
la mano *(pl.* **le mani)** hand;
   dare la mano to shake hands
il manoscritto manuscript
la marca make; brand name
il marciapiede sidewalk
marcio rotten
il mare sea;
   al mare at the seashore;
   il Mar Tirreno Tyrrhenian Sea
la margarina margarine
il marinaio sailor
il marito husband
la marmellata jam
il marmo marble
marrone brown
il martedì Tuesday
marzo March
la maschera mask; masked
   character
maschile masculine
massimo greatest, maximum;
   al massimo at the most
la matematica mathematics
la materia subject (scholastic)

la matita pencil
il matrimonio marriage, wedding
la mattina, il mattino morning;
   di mattina in the morning
matto crazy;
   da matti a lot
il mattone brick
maturo mature; ripe
il meccanico mechanic
la medicina medicine
il medico doctor, physician
medievale medieval
mediocre mediocre
il Medio Evo Middle Ages
meglio *(adv.)* better
la mela apple
la melanzana eggplant
il melone cantaloupe
il membro member
la memoria memory;
   a memoria by heart
meno less; minus;
   a meno che unless;
   Meno male! Thank God!
la mensa cafeteria
mensile monthly
mentre while
il menù menu
meravigliosamente wonderfully
meraviglioso wonderful
il mercato market;
   a buon mercato cheap
il mercoledì Wednesday
meridionale southern
mescolare to mix
il mese month
il messaggio message
messicano Mexican
il mestiere trade, occupation
la metà half
la metropolitana subway
mettere to put, to place, to wear;
   mettersi* to put on, wear;
   mettersi* a to start;
   mettere a posto to put in
     order;
   mettere in moto to start *(car)*
la mezzanotte midnight
i mezzi di diffusione mass media
i mezzi di trasporto means of
   transportation
mezzo *(adj.)* half
il mezzo means; middle;

per mezzo di by means of;
il mezzogiorno noon;
il Mezzogiorno Southern Italy
il miglio *(f. pl.* **miglia)** mile
migliorare to improve
migliore *(adj.)* better
Milano Milan
il miliardario billionaire
il miliardo billion
il milionario millionaire
il milione million
mille *(pl.* **mila)** thousand;
Mille grazie! Thanks a lot!
la minestra soup
il minestrone vegetable soup
minimo smallest
il ministro *(m. & f.)* minister
minore smaller, younger
il minuto minute
misto mixed
misurare to measure
mite mild
il mobile piece of furniture
la moda fashion;
di moda fashionable
il modello, la modella model
moderno modern
modesto modest
il modo way, manner;
ad ogni modo anyway
la moglie wife
molto much, a lot of; *(inv.)* very
il momento moment
la monarchia monarchy
mondiale worldwide
il mondo world
la moneta coin
monetario monetary
il monolocale studio apartment
la montagna mountain
il monte mount
il monumento monument
la moquette wall-to-wall carpet
morire* *(p.p.* **morto)** to die
la morte death
la mostra exhibition
mostrare to show
il motivo motive
il moto motion, movement
la moto(cicletta) motorcycle
il motore motor
il motorino motorscooter
la multa fine

il muratore mason
il muro (exterior) wall;
le mura city walls
il museo museum
la musica music;
musica folkloristica folk
music;
musica operistica opera music;
musica classica classical
music;
musica leggera light music
il/la musicista musician

N

napoletano Neapolitan
Napoli Naples
nascere* *(p.p.* **nato)** to be born
la nascita birth
il naso nose
il Natale Christmas;
Babbo Natale Santa Claus;
Buon Natale! Merry
Christmas!
la natura nature;
natura morta still life
naturale natural
naturalmente naturally
la nave ship
nazionale national
la nazionalità nationality
la nazione nation
nè... nè neither . . . nor
neanche not even
la nebbia fog
c'è nebbia it is foggy
necessario necessary
negare to deny
negativo negative
il negozio store, shop
nemmeno not even
nero black
nervoso nervous
nessuno nobody, no one, not
anyone
la neve snow
nevicare to snow
niente nothing, not anything;
nient'altro nothing else
il nipote nephew, grandchild;
la nipote niece,
granddaughter;
i nipoti grandchildren

no no
la noia boredom; *(pl.)* trouble
noioso boring
noleggiare to rent (a car, a
bicycle, skis)
il nome noun, name
nominare to name
non not
il nonno, la nonna grandfather,
grandmother;
i nonni grandparents
nonostante in spite of
il nord north
notevole remarkable
la notizia news
noto well-known
la notte night
novembre *(m.)* November
la novità news;
nessuna novità nothing new
le nozze wedding;
viaggio di nozze honeymoon
trip
nubile *(f.)* unmarried, single
il numero number;
numero di telefono phone
number
numeroso numerous
la nuora daughter-in-law
nuotare to swim
il nuoto swimming
nuovo new;
di nuovo again
la nuvola cloud;
avere la testa fra le nuvole to
be absent-minded
nuvoloso cloudy

O

o or
obbligatorio compulsory
l'occasione *(f.)* opportunity;
approfittare dell'occasione di
to take advantage of
gli occhiali *(pl.)* eyeglasses;
occhiali da sole sunglasses
l'occhio eye;
costare un occhio della testa
to cost a fortune;
dare un'occhiata to take a look
occidentale western
occupare to occupy;

occuparsi* (di) to occupy oneself with
occupato busy
l'oceano ocean
l'oculista (m. & f.) eye doctor
offendere (p.p. offeso) to offend
l'offerta offer
offrire (p.p. offerto) to offer
l'oggetto object
oggi today
ogni each, every
ognuno everyone, each one
olimpico Olympic
l'olio oil;
   olio d'oliva olive oil
oltre a besides
l'ombrello umbrella
l'ombrellone beach umbrella
l'onomastico name day
l'onore (m.) honor
l'opera work, opera;
   l'opera d'arte work of art;
   cantante d'opera opera singer
l'operaio, l'operaia factory worker, laborer
operare to operate
l'opinione (f.) opinion
oppure or
ora now
l'ora hour, time;
   è ora che it is time that;
   è ora di it is time to;
   le ore di punta rush hours;
   non vedo l'ora I can't wait
orale oral
l'orario schedule;
   in orario on time
l'orchestra orchestra
ordinare to order, to prescribe
ordinato neat
l'ordine order
l'orecchio (pl. le orecchie) ear
organizzare to organize
l'orgoglio pride
orgoglioso proud
orientale oriental, eastern
originale original
l'origine (f.) origin
l'oro gold;
   d'oro golden
l'orologio watch, clock
l'ospedale (m.) hospital
l'ospite (m. & f.) guest; host

l'ossigeno oxygen
l'osso (f. pl. le ossa) bone
l'ostello per la gioventù youth hostel
ostinato stubborn
ottenere to obtain
l'ottimista optimist
ottimo excellent
ottobre October
l'ovest west
l'ozono ozone;
   lo strato dell'ozono ozone layer

P

il pacco package, parcel
la pace peace;
   fare la pace to make up
la padella frying pan
il padre father
il padrone owner, boss;
   padrone di casa landlord
il paesaggio landscape, scenery
il paese country; town, village
pagare to pay
la pagina page
il paio (f. pl. le paia) pair
il palazzo palace, building
il palcoscenico stage
la palestra gym
la palla ball
la pallacanestro basketball
la pallanuoto water polo
la pallavolo volleyball
pallido pale
il pallone ball (soccer)
la panchina bench
il pane bread
il panino roll;
   panino imbottito sandwich
la paninoteca sandwich shop
la panna cream
i pantaloncini shorts
i pantaloni pants, trousers
le pantofole slippers
il Papa Pope
il papà dad
paragonare to compare
il paragone comparison
parcheggiare to park
il parcheggio parking
il parco park

il/la parente relative;
   i parenti relatives
parere (p.p. parso) to seem;
   non ti pare? don't you think so?
la parete (interior) wall
Parigi Paris
la parità similarity
parlare to speak, to talk;
   parlare male (bene) di to say bad (good) things about
il parmigiano Parmesan cheese
la parola word
il parrucchiere, la parrucchiera hairdresser
la parte part, role;
   fare la parte to play the role;
   da parte di from
partecipare a to take part in
la partenza departure
particolare particular
partire* to leave, to depart
la partita match, game
il partito political party
la Pasqua Easter;
   Buona Pasqua! Happy Easter!
il passaggio ride, lift;
   dare un passaggio to give a ride
il passaporto passport
passare to pass, to pass by; to spend (time)
il passatempo pastime, hobby
il passato past;
   passato (adj.) last, past
il passeggero, la passeggera passenger
la passeggiata walk;
   fare una passeggiata to take a walk
la passione passion
la pasta dough, pasta, pastry;
   le paste (pl.) pastries
la pastasciutta pasta dish
la pasticceria pastry shop
il pasto meal
la patata potato;
   patate fritte fried potatoes
la patente driver's license
paterno paternal
la patria country, native land
il pattinaggio skating
i pattini skates

la **paura** fear;
 avere paura to be afraid;
 avere una paura da morire to
  be scared to death
il **pavimento** floor
paziente patient
il/la paziente patient
la **pazienza** patience;
 avere pazienza to be patient
Peccato! Too bad!
il **pedone** pedestrian
peggio *(adv.)* worse
peggiore *(adj.)* worse
la **pelle** skin; leather
la **penisola** peninsula
la **penna** pen
pensare to think;
 pensare a to think about;
 pensare di (+ *inf.*) to plan, to
  intend (to do something);
 penso di sì I think so
il **pensiero** thought
il **pensionato** senior citizen
la **pensione** pension;
 boardinghouse;
 andare in pensione to retire
la **pentola** pot
il **pepe** pepper
per for;
 per (+ *inf.*) in order to;
 per caso by any chance
la **pera** pear
perchè why; because
perdere *(p.p. **perduto, perso**)* to
 lose, to waste (time);
 perdersi* to get lost
perfetto perfect
la **perfezione** perfection
il **pericolo** danger
pericoloso dangerous
la **periferia** outskirts, periphery
il **periodo** period (time)
Permesso? May I come in?
permettere *(p.p. **permesso**)* to
 allow
però but, however
la **persona** person
il **personaggio** character
la **personalità** personality
personale personal
pesante heavy
la **pesca** peach; fishing
pescare to fish

il **pesce** fish;
 pesce fritto fried fish
la **pesistica** weightlifting
il **peso** weight
il/la pessimista pessimist
pettinarsi* to comb one's hair
il **pettine** comb
il **pezzo** piece;
 un due pezzi a two-piece suit
il **piacere** *(m.)* pleasure;
 con piacere with pleasure,
  gladly;
 per piacere please;
 Piacere! Pleased to meet you!
piacere* *(p.p. **piaciuto**)* to like,
 to be pleasing
piacevole pleasant
il **pianeta** planet
piangere *(p.p. **pianto**)* to cry, to
 weep
il **piano** floor; plan
il **pianterreno** ground floor
il **piano(forte)** piano
la **pianta** plant; map (of a city)
la **pianura** plain
il **piatto** dish;
 primo piatto first course;
 secondo piatto second course
la **piazza** square
piccante spicy
piccolo little, small
il **piede** *(m.)* foot;
 a piedi on foot
il **Piemonte** Piedmont
pieno (di) full (of);
 fare il pieno to fill up (with
  gasoline)
la **pietra** stone
pigro lazy
la **pillola** pill
il **pilota** pilot
la **pioggia** rain
piovere to rain
la **pipa** pipe
la **piscina** swimming pool
i **piselli** peas
il **pittore, la pittrice** painter
pittoresco picturesque
la **pittura** painting
più more;
 non più no longer;
 più o meno more or less;
 più... di more . . . than

piuttosto rather
la **platea** orchestra section
 (theater)
poco little, few;
 un po' di some; a little bit of
il **poema** poem
la **poesia** poetry; poem
il **poeta, la poetessa** poet
poi then, afterwards
poichè since
la **polenta** cornmeal mush
politico political
la **politica** politics
il **poliziotto** policeman
il **pollo** chicken;
 pollo allo spiedo rotisserie
  chicken;
 pollo arrosto roast chicken
la **polpetta** meatball
la **poltrona** armchair; orchestra
 seat (theater)
il **pomeriggio** afternoon
il **pomodoro** tomato
il **pompelmo** grapefruit
il **ponte** bridge
popolare popular
popolato populated
la **popolazione** population
il **popolo** people, population
la **porta** door
il **portafoglio** wallet
portare to carry, to bring; to
 wear; to take
il **portinaio** concierge
il **porto** port, harbor
le **posate** silverware
possibile possible;
 il meno possibile as little as
  possible
la **possibilità** possibility
il **postino** mailman
la **posta** post office; mail
postale *(adj.)* post, mail;
 cassetta postale mailbox;
 codice postale zip code
il **posto** place, seat, position
il **potere** power
potere to be able to, can, may;
 può darsi it could be
povero poor
Poverino! Poor thing!
pranzare to have dinner
il **pranzo** dinner;

sala da pranzo dining room;
l'ora del pranzo lunch
(dinner) time
praticare to practice a sport
pratico practical
preciso precise
la preferenza preference
preferibile preferable
preferire (-isc-) to prefer
preferito favorite
il prefisso area code *(phone)*
pregare to pray; to beg
il pregiudizio prejudice
Prego! Please!, You're welcome!,
Don't mention it!
il premio prize, award
prendere *(p.p.* **preso)** to take, to
pick up;
prendere in giro to tease
prenotare to reserve
la prenotazione reservation
preoccuparsi* (di) to worry
(about)
preoccupato worried
la preoccupazione worry
preparare to prepare;
prepararsi* to prepare oneself,
to get ready
la preparazione preparation
prescrivere *(p.p.* **prescritto)** to
prescribe
presentare to introduce;
presentarsi* to introduce
oneself
presente *(adj.)* present
la presenza presence
il presidente, la presidentessa
president
prestare to lend
la pressione pressure;
la pressione del sangue blood
pressure
presso in care of (c/o)
il prestito loan
presto early, fast, soon, quickly;
il più presto possibile as soon
as possible;
(Fa') presto! Hurry up!;
A presto! See you soon!
la previsione forecast
prezioso precious
il prezzo price
prima *(adv.)* before, earlier, first;

prima di *(prep.)* before;
prima che *(conj.)* before
la primavera spring
primo first
principale main; leading
privato private
privilegiato privileged
probabile probable
la probabilità probability
il problema *(pl.* **problemi)**
problem
il produttore, la produttrice
producer
la produzione production
la professione profession
il/la professionista professional
man/woman
il professore, la professoressa
professor, teacher
profondo deep
il profumo perfume, scent
progettare to plan
il progetto project, plan
il programma *(pl.* **programmi)**
program; schedule
il programmatore, la
programmatrice programmer
il progresso progress
proibire (-isc-) to prohibit
promettere *(p.p.* **promesso)** to
promise
la promozione promotion
il pronome pronoun
pronto ready;
Pronto! Hello! *(telephone)*
il pronto soccorso emergency
room
proporre *(p.p.* **proposto)** to
propose
il proposito purpose, intention;
a proposito by the way
la proposta proposal
il proprietario, la proprietaria
owner
proprio *(adv).* exactly, indeed
la prosa prose
il prosciutto cured Italian ham
prossimo next
il/la protagonista main character
proteggere *(p.p.* **protetto)** to
protect
protestare to protest, to
complain

provare to try, to try on
il proverbio proverb
la provincia province
prudente prudent, cautious
la psicologia psychology
lo psicologo, la psicologa
psychologist
pubblicare to publish
la pubblicità advertising
il pubblico public, audience;
(adj.) public
il pugile boxer
il pugilato boxing
pulire (-isc-) to clean
pulito clean
il pullman tour bus
punire (-isc-) to punish
il punto point;
punto di vista point of view;
in punto on the dot
puntuale punctual
purché provided that (+ *sub.*)
pure by all means
purtroppo unfortunately

Q

il quaderno notebook
il quadro painting, picture;
a quadri checked
qualche some
qualcosa something;
qualcos'altro something else
qualcuno someone
quale? which?; which one?
la qualifica qualification
la qualità quality
quando when;
da quando? since when?
quanto how much;
per quanto although;
quanto a concerning, as for;
quanto tempo fa? how long
ago?
il quarto quarter (of an hour)
quarto fourth
quasi almost
quello that
la questione question, issue,
matter
questo this
qui here
il quotidiano daily newspaper

R

la racchetta da tennis tennis racket
raccomandare to warn
la raccomandazione recommendation
raccontare to tell, to relate
il racconto short story, tale
radersi* (p.p. raso) to shave
la radio radio
la radiografia X-ray
raffreddare to cool
il raffreddore cold (virus);
    prendere il raffreddore to catch a cold
il ragazzo, la ragazza boy, young man; girl, young woman; boyfriend, girlfriend
raggiungere (p.p. raggiunto) to reach, to arrive
la ragione reason;
    avere ragione to be right
il ragioniere, la ragioniera accountant
rallentare to slow down
rapido (adj.) fast, quick;
    il rapido express train
il rapporto relation
rappresentare to represent; to stage (theater)
la rappresentazione performance (theater)
raramente rarely, seldom
raro rare
il re, la regina king, queen
reagire to react
il/la realista realist
la realtà reality
la reazione reaction
recente recent
recentemente recently
recitare to perform; to play (a part)
la recitazione recitation, performance
la referenza reference
regalare to give a present
il regalo gift, present
la regione region
il/la regista movie director
il registratore tape recorder
la regola rule

il regolamento regulation
regolare regular
le relazioni internazionali international relations
rendersi* conto (p.p. reso) to realize
il reparto department (store)
la repubblica republic
repubblicano republican
il requisito requirement
respirare to breathe
responsabile responsible
la responsabilità responsibility
restare* to stay, to remain
restituire (-isc-) to return (something)
il resto change (money); remainder
la rete network
riassumere to summarize
il riassunto summary
la ricchezza wealth
ricco (pl. ricchi) rich
la ricerca research
la ricetta recipe; prescription
il ricettario cookbook
ricevere to receive
la ricevuta receipt
riciclare to recycle
riconoscente grateful
riconoscere to recognize
ricordare to remember;
    ricordarsi* to remember
il ricordo memory, souvenir
ridere (p.p. riso) to laugh
rifare il letto to make the bed
i rifiuti garbage
la riforma reform
la riga (pl. righe) line;
    a righe striped
rimanere (p.p. rimasto) to remain
rimproverare to scold, to reproach
il Rinascimento Renaissance
il ringraziamento thanks;
    il giorno del Ringraziamento Thanksgiving
ringraziare to thank
rinunciare (a) to renounce
riordinare to put in order
riparare to repair, to fix
ripassare to review

ripetere to repeat
riposante relaxing
riposare to rest;
    riposarsi* to rest
riscaldare to warm
riscuotere (p.p. riscosso) to cash
riservato reserved
il riso rice; laughter
la risorsa resource
il risotto creamy rice dish
risparmiare to save
il risparmio saving
rispettare to respect
rispondere (p.p. risposto) to answer, to reply
la risposta answer, reply
il ristorante restaurant
ristrutturare to restore, to remodel
il risultato result, outcome
il ritardo delay;
    in ritardo late
ritirare to withdraw
ritornare to return, to come back
il ritorno return
il ritratto picture, portrait
ritrovare to find again
la riunione reunion, meeting
riunirsi* (-isc-) to gather
riuscire* (a) to succeed (in)
rivedere (p.p. rivisto) to see again
la rivista magazine
rivolgersi (p.p. rivolto) to turn to, to address
la roba stuff
Roma Rome
romano Roman
romantico romantic
il romanzo novel;
    romanzo rosa (giallo, di fantascienza, di avventure) love story (mystery, science-fiction, adventure)
rompere (p.p. rotto) to break;
    rompersi* un braccio to break an arm
rosa (inv.) pink
la rosa rose
rosolare to sauté, to brown
rosso red
rovinare to ruin; to damage

rubare to steal
il rumore noise
il ruolo role
russo Russian

S

il sabato Saturday
la sabbia sand
il sacchetto bag
il sacco bag, sack;
   sacco a pelo sleeping bag;
   un sacco di a lot of
sacrificarsi* to sacrifice oneself
il saggio essay
la sala living room;
   la sala da pranzo dining room
il salario salary
il sale salt
salire* to climb, to go up, to get
   on
il salmone salmon
il salone hall
il salotto living room
la salsa sauce
le salsicce sausages
saltare to jump; to skip
la salumeria delicatessen
salutare to greet, to say good-
   bye;
   salutarsi* to greet each other
la salute health
il saluto greeting;
   saluti cordiali cordial regards;
   distinti saluti sincerely
salvare to save; to rescue
il salvataggio rescue
Salve! (colloq.) Hello!
i sandali sandals
sano healthy;
   sano come un pesce as healthy
   as a horse
sapere to know, to know how (to
   do something)
la Sardegna Sardinia
satirico satirical
sbadigliare to yawn
sbagliarsi* to make a mistake
sbagliato wrong, incorrect;
   è sbagliato it is wrong
lo scaffale shelf
la scala ladder; staircase
scambiare to exchange

lo scambio exchange
la scampagnata picnic
lo scapolo bachelor
scapolo single (male)
la scarpa shoe;
   scarpe da tennis tennis shoes
gli scarponi da montagna hiking
   boots
la scatola box
scegliere (p.p. **scelto**) to choose
la scelta choice
la scena scene
scendere* (p.p. **sceso**) to
   descend, to come down; to get
   off
la scherma fencing
scherzare to joke
lo scherzo joke
la schiena back
lo sci (inv.) ski;
   lo sci acquatico water skiing;
   lo sci di discesa downhill
   skiing;
   lo sci di fondo cross-country
   skiing
sciare to ski
lo sciatore, la sciatrice skier
scientifico scientific
la scienza science;
   le scienze politiche political
   science;
   le scienze naturali natural
   sciences
lo scienziato scientist
scioperare to strike
lo sciopero strike;
   fare sciopero to go on strike
scolastico scholastic
scolpire to sculpt, to carve
lo scompartimento compartment
la sconfitta defeat
sconosciuto unknown
scontento unhappy
lo sconto discount;
   sconto del venti per cento
   twenty-percent discount
lo scontrino fiscale receipt
la scoperta discovery
scoprire (p.p. **scoperto**) to
   discover
scorso last;
   il mese scorso last month
lo scrittore, la scrittrice writer

la scrivania desk
scrivere (p.p. **scritto**) to write;
   scrivere a macchina to type
lo scultore, la scultrice sculptor
la scultura sculpture
la scuola school;
   scuola elementare elementary
   school;
   scuola media junior high
   school
la scusa excuse;
scusarsi* to apologize;
   Scusa! (fam. s.); **Scusi!**
   (form. s.) Excuse me!
se if;
   anche se even if
sebbene although
secco dry
il secolo century
secondo according to; (adj.)
   second
sedersi* to sit down
la sedia chair;
   sedia a sdraio beach chair
segnalare to signal
il segnale signal; sign
segnare to score (sports)
il segretario, la segretaria
   secretary
la segreteria telefonica answering
   machine
il segreto secret
seguente following
seguire to follow, to take
   (a course)
il semaforo traffic light
sembrare to seem
il semestre semester
semplice simple
sempre always
il senatore, la senatrice senator
il senso sense, meaning;
   direction;
   senso unico one-way
   (direction)
sentimentale sentimental
il sentimento feeling
sentire to hear, to feel, to smell;
   sentirsi* bene (male) to feel
   well (sick)
   sentir dire to hear say
senza (prep.) without;
   senza che (conj.) without

i senzatetto homeless people
separare to divide;
   separarsi* to separate, to part
la separazione separation
la sera evening;
   la (di) sera in the evening
la serata evening (duration)
sereno clear (weather)
seriamente seriously
la serie series
serio serious
servire to serve;
   servirsi* (di) to use
il servizio service;
   i doppi servizi two baths
il sesso sex
la seta silk
la sete thirst;
   avere sete to be thirsty
settembre September
settentrionale northern
la settimana week;
   fra una settimana in a week
il settimanale weekly magazine
severo strict
sfavorevole unfavorable
la sfilata fashion show
la sfortuna bad luck
sfortunato unfortunate
sì yes
si va? shall we go?;
   si mangia bene qui one eats
     well here
sia... che both . . . and
siccome since, because
Sicilia Sicily
siciliano Sicilian
sicuro sure; safe
la siesta siesta, nap;
   fare la siesta to take a nap
la sigaretta cigarette
significare to mean
il significato meaning
la signora lady, Mrs., ma'am
il signore gentleman, Mr., sir
la signorina young lady, miss
il silenzio silence
la sillaba syllable
il simbolo symbol
simile similar
simpatico nice, likeable
la sincerità sincerity
sincero sincere

la sinfonia symphony
la sinistra left;
   a sinistra to the left
il sintomo symptom
il sistema (pl. sistemi) system
situato situated, located
la situazione situation
smettere (p.p. smesso) to stop
snello slim, slender
socialista socialist
la società society, company
socievole sociable
la sociologia sociology
soddisfatto satisfied
soffrire (p.p. sofferto) to suffer
soggiornare to stay (in a hotel)
il soggiorno (la sala) living
   room; stay, sojourn
la sogliola sole (fish)
sognare to dream
il sogno dream
solamente only
i soldi money;
   un sacco di soldi a lot of
     money
il sole sun;
   c'è il sole it is sunny;
   prendere il sole to sunbathe
solito usual;
   al solito as usual;
   del solito than usual;
   di solito usually, generally
la solitudine loneliness
solo (adj.) alone; (adv.) only;
   da solo by oneself
soltanto only
la somma sum, total; addition
il sonno sleep;
   avere sonno to be sleepy
sopra above, on top of
il/la soprano soprano
soprattutto above all
la sorella sister
sorgere (p.p. sorto) to rise
sorprendere (p.p. sorpreso) to
   surprise
la sorpresa surprise
sorpreso surprised
sorridere (p.p. sorriso) to smile
sotto under, below
sottolineare to underline
spagnolo Spanish
la spalla shoulder

lo spazio space
spazioso spacious
lo spazzolino da denti toothbrush
lo specchio mirror
speciale special
lo/la specialista specialist
specializzarsi* (in) to specialize
   (in)
la specializzazione major
   (studies)
specialmente especially
spedire (-isc-) to send; to mail
spegnere (p.p. spento) to turn
   off
spendere (p.p. speso) to spend
sperare to hope
la spesa expense;
   fare la spesa to go (grocery)
     shopping
spesso often
spettacolare spectacular
lo spettacolo show, performance;
   sight
lo spettatore, la spettatrice
   spectator
la spiaggia beach
spiegare to explain
la spiegazione explanation
gli spinaci spinach
spiritoso witty, funny
sporco dirty
lo sportello (teller) window
sportivo athletic, sporty
sposare to marry;
   sposarsi* to get married
sposato(a) married
lo sposo, la sposa groom, bride;
   gli sposi newlyweds
la spremuta di frutta fruit
   smoothie
lo spumante sparkling wine
lo spuntino snack
la squadra team
squisito exquisite, delicious
lo stadio stadium
la stagione season;
   di mezza stagione in between
     seasons
stamattina this morning
la stampa press, printing
stancare to tire;
   stancarsi* to get tired
stanco tired;

stanco morto dead tired
la stanza room
stare* to stay;
    stare attento to be careful;
    stare bene to be well, to feel
        well;
    stare a dieta to be on a diet;
    stare male to feel ill;
    stare per to be about to;
    stare zitto to be quiet
stasera this evening, tonight
statale of the state
lo stato state
la statua statue
la stazione station
la stella star
stesso same;
    lo stesso the same
lo stile style
lo/la stilista designer
lo stipendio salary
lo stivale boot
la stoffa fabric
lo stomaco stomach
la storia history; story
storico historical
storto crooked
la strada street, road
stradale of the street or highway
straniero (*adj.*) foreign
lo straniero, la straniera
    foreigner
strano strange
stretto narrow, tight
lo strumento instrument;
    strumento musicale musical
        instrument
lo studente, la studentessa
    student
studiare to study
lo studio study; study room
studioso studious
stupendo magnificent, splendid
stupido stupid
su above, on top of;
    Su! Come on!
subito immediately
succedere (*p.p.* **successo**) to
    happen;
    Cos'è successo? What
        happened?
il successo success
il succo juice;
    succo d'arancia orange juice

il sud south
il suffisso suffix
il suggerimento suggestion
suggerire (-isc-) to suggest
il suocero, la suocera father-in-
    law, mother-in-law
suonare to play an instrument,
    to ring
il suono sound
superare to exceed (speed); to
    overcome
superficiale superficial
la superficie area
superiore superior
il supermercato supermarket
surgelato frozen
lo svago amusement
lo svantaggio disadvantage
la sveglia alarm clock
svegliarsi* to wake up
la svendita sale
lo sviluppo development
la Svizzera Switzerland
svizzero Swiss

T

la taglia size
tagliare to cut;
    tagliarsi* to cut oneself
le tagliatelle pasta cut into thin
    strips
il talento talent
tanto much, so much;
    Così tanto! That much!;
    tanto... quanto as much as
il tappeto rug
tardi late;
    è tardi it is late
la tasca pocket
la tassa tax;
    tassa universitaria tuition
il tassì (*inv.*) taxi, cab
il tassista cab driver
la tavola, il tavolo table;
    A tavola! Dinner's ready!;
    tavola calda snack bar;
    tavola da pranzo dinner table;
    tavolo da disegno drawing
        table;
    il tavolino end table;
    tavolino da tè coffee table
la tazza cup
il tè tea

teatrale theatrical, of the theater
il teatro theater
la tecnica technique
tedesco (*pl.* **tedeschi**) German
la telecamera TV camera
il telecomando remote control
il/la telecronista newscaster
il telefilm TV movie
telefonare to phone
la telefonata phone call;
    telefonata interurbana long-
        distance phone call;
    telefonata a carico del
        destinatario collect phone
        call
il telefono telephone;
    telefono cellulare (telefonino)
        cellular phone
il telegiornale TV news
il telegramma telegram
il teleromanzo soap opera
il telespettatore, la telespettatrice
    TV viewer
la televisione television;
    alla televisione on TV
televisivo pertaining to television
il televisore TV set
il telo-bagno beach towel
il tema (*pl.* **temi**) theme,
    composition
temere to fear
la temperatura temperature
il tempo time; weather;
    a tempo pieno full-time;
    a tempo ridotto part-time;
    Che tempaccio! What bad
        weather!
la tenda tent;
    montare la tenda to pitch the
        tent
le tende curtains
tenere to keep, to hold
il tenore tenor (singer);
    il tenore di vita way of life;
        standard of living
la tentazione temptation
la teoria theory
terminare to finish, to end
il termine term
il termometro thermometer
la terra earth, ground, land;
    per terra on the floor, on the
        ground
il terremoto earthquake

terribile terrible

terribilmente terribly

il territorio territory

la tesi di laurea doctoral dissertation

il tesoro treasure;
tesoro! (*affect.*) honey, sweetheart

la tessera membership card;
la tessera sanitaria medical card

la testa head

il tetto roof

il Tevere Tiber river

il tifo (sports) enthusiasm;
fare il tifo per to be a fan of

tifoso fan

timido timid, shy

la tinta color; dye;
in tinta unita solid color

tipico typical

il tipo guy; type, kind

tirare to pull;
tirare vento to be windy

il titolo title;
il titolo di studio college degree

la tivù (*colloq.*) television

il topo mouse;
Topolino Mickey Mouse

Torino Turin

tornare to return;
Ben tornato! Welcome back!

la torre tower

la torta cake; pie

torto wrong;
avere torto to be wrong

toscano Tuscan

la tosse cough

il totale total

il Totocalcio soccer lottery;
schedina del Totocalcio soccer lottery ticket

la tovaglia tablecloth

il tovagliolo napkin

tra (*or* **fra**) between, among;
tra un'ora in one hour

tradizionale traditional

la tradizione tradition

tradurre (*p.p.* **tradotto**) to translate

la traduzione translation

il traffico traffic

la tragedia tragedy

il tram streetcar

la trama plot

tramontare to set (sun, moon)

il tramonto sunset

tranquillo quiet

traslocare to move (to another place)

il trasloco moving

la trasmissione transmission, broadcasting

il trasporto transportation

trattare to treat; to deal with;
trattarsi* to have to do with;
si tratta di it has to do with

la trattoria restaurant

il treno train;
perdere il treno to miss the train

il trimestre quarter (academic year)

triste sad

il trofeo trophy

la tromba trumpet

troppo too much

la trota trout

trovare to find;
trovarsi* to find oneself; to be situated

truccarsi* to put on makeup

il trucco makeup

il/la turista tourist

turistico pertaining to tourism;
la classe turistica economy class

il turno turn

la tuta overall;
la tuta da ginnastica sweatsuit

tutti, tutte everybody, all;
tutti e due both

tutto (*adj.*) all, every; the whole;
tutto (*pron.*) everything;
tutti (*pron.*) everybody, all;
tutto il giorno the whole day

U

ubbidire (**-isc-**) to obey

ubriaco drunk

l'ufficio office;
l'ufficio postale post office

uguale equal

ultimo last

umido humid

l'umore (*m.*) humor, mood;

essere di buon (cattivo) umore to be in a good (bad) mood

unico unique;
figlio unico only child

l'unificazione (*f.*) unification

l'uniforme (*f.*) uniform

l'unione (*f.*) union

unire (**-isc-**) to unite

unito united

uno one (number);
un, uno, una (*art.*) a, an

l'università university

universitario (*adj.*) university-related

l'uomo (*pl.* **gli uomini**) man

l'uovo (*pl.* **le uova**) egg;
le uova strapazzate scrambled eggs

urgente urgent

usare to use, to take

l'usanza custom

usato used, secondhand

uscire* to go (come) out

l'uscita exit

l'uso use

utile useful

l'uva grapes

V

la vacanza vacation, holiday

la valigia (*pl.* **valigie** *or* **valige**) suitcase;
fare le valigie to pack

la valle valley

la valuta currency

il vantaggio advantage

vantaggioso advantageous

vantare to boast

il vaporetto waterbus (in Venice)

variabile variable

variare to vary

la varietà variety

vario varied

variopinto multicolored

la vasca (da bagno) (bath)tub

il vaso vase

vecchio old

vedere (*p.p.* **visto, veduto**) to see

il vedovo, la vedova widower, widow

vegetariano vegetarian

la vela sail;
barca a vela sailboat;

fare della vela to sail
veloce fast
la velocità speed;
   limite di velocità speed limit
vendere to sell
la vendita sale;
   in vendita for sale
il venerdì Friday
Venezia Venice
veneziano Venetian
venire* (*p.p.* **venuto**) to come
il vento wind;
   tira vento it is windy
veramente truly; really, actually
il verbo verb
verde green;
   essere al verde to be broke
la verdura vegetables
la vergogna shame;
   Che vergogna! What a shame!
la verità truth
vero true;
   È vero! That's right!
versare to pour
il verso line (of poetry);
   verso (*prep.*) toward
vestirsi* to get dressed
il vestito dress; suit
i vestiti clothes
il veterinario veterinarian
la vetrina shop window, display window
via (*adv.*) away, off
la via street, way
viaggiare to travel
il viaggiatore, la viaggiatrice traveler
il viaggio trip, voyage;
   viaggio d'affari (di piacere) business (pleasure) trip;

viaggio di nozze honeymoon;
   Buon viaggio! Have a nice trip!
la vicinanza vicinity
vicino (*adv.*) close, nearby;
   vicino a (*prep.*) near
il vicino, la vicina neighbor
il videoregistratore videorecorder
vietato (entrare, fumare, ecc.) prohibited (entrance, smoking, etc.)
il vigile (urbano) city police officer
la vigna vineyard
la vignetta drawing, cartoon
il villaggio village
il villeggiante vacationer
la villeggiatura summer vacation
vincere (*p.p.* **vinto**) to win
il vino wine
viola (*inv.*) purple
la violenza violence
il violino violin
il violoncello cello
la visita visit
visitare to visit; to examine
la vita life
la vitamina vitamin
il vitello veal;
   arrosto di vitello roast veal
la vittoria victory
Viva! Hurrah!
vivere (*p.p.* **vissuto**) to live
vivo alive, living
il vocabolario vocabulary; dictionary
la vocale vowel
la voce voice;
   ad alta (bassa) voce in a loud (low) voice

la voglia desire;
   avere voglia di to feel like
volentieri gladly; willingly
volere to want;
   voler dire to mean;
   volersi* bene to love each other;
   ci vuole, ci vogliono it takes
il volo flight
la volontà will, willingness
la volta time;
   una volta once;
   (c'era) una volta once upon a time;
   due volte twice;
   qualche volta sometimes;
   ogni volta every time
le vongole clams
votare to vote
il voto grade; vote;
   un bel (brutto) voto a good (bad) grade
il vulcano volcano
vuoto empty; vacant

Z

lo zaino backpack
lo zero zero
lo zio, la zia uncle, aunt
zitto silent;
   sta' zitto! be quiet!
la zona zone, area
lo zoo zoo
lo zucchero sugar
la zuppa di verdure vegetable soup

English-Italian Vocabulary

A

to be able to potere
about circa, di
above sopra, su;
    above all soprattutto
abroad all'estero
absent assente
abstract astratto
abundant abbondante
academic accademico
to accelerate accelerare
to accept accettare
accident l'incidente (*m.*)
to accompany accompagnare
according to secondo
accountant il ragioniere, la
    ragioniera
act l'atto;
    to act (a role) recitare
activity l'attività
actor l'attore
actress l'attrice
ad l'annuncio pubblicitario
address l'indirizzo
to admire ammirare
to admit ammettere (*p.p.*
    ammesso)
adult l'adulto, l'adulta
advance l'anticipo;
    in advance in anticipo
advantage il vantaggio
advantageous vantaggioso
adventure l'avventura
advertising la pubblicità
advice il consiglio
to advise consigliare
affection l'affetto
affectionate affezionato
to be afraid avere paura
African africano

after dopo
afternoon il pomeriggio
afterward poi
again ancora
against contro
age l'età
ago fa;
    How long ago? Quanto tempo
      fa?
to agree essere* d'accordo
air l'aria
air conditioning l'aria
    condizionata
airline la linea aerea
airplane l'aereo, l'aeroplano
alarm clock la sveglia
alive vivo
all tutto
to allow permettere (*p.p.*
    permesso), lasciare
almost quasi
alone solo (*adj.; adv.*)
along lungo;
    to get along andare d'accordo
already già
also anche
although benchè (+ *subj.*)
always sempre
American americano
among fra (*or* tra)
amount la dose
amusement il divertimento, lo
    svago
amusing divertente
analysis l'analisi (*f.*)
ancient antico
and e
animal l'animale (*m.*)
anniversary l'anniversario
to announce annunciare
announcer l'annunciatore,

l'annunciatrice
annoyed seccato
anonymous anonimo
another un altro
answer la risposta
to answer rispondere (*p.p.*
    risposto)
antique antico
anyway ad ogni modo
apartment l'appartamento;
    studio apartment il
      monolocale
to apologize scusarsi*
to appear apparire* (*p.p.*
    apparso)
to applaud applaudire
applause l'applauso
apple la mela
to apply fare domanda
appointment l'appuntamento
to appreciate apprezzare
to approach avvicinarsi*
April aprile
arcade la galleria
architect l'architetto
architecture l'architettura
architectural architettonico
area la superficie;
    area code il prefisso
to argue litigare
arm il braccio (*pl.* le braccia)
armchair la poltrona
around intorno (a), verso
arrival l'arrivo
to arrive arrivare*
art l'arte (*f.*)
artichoke il carciofo
article l'articolo
artistic artistico
as come;
    as soon as appena

to ask domandare, chiẹdere *(p.p.* chiesto)
asleep addormentato;
    to fall asleep addormentarsi*
at a, in, da **(at the house of)**;
    at least almeno
athlete l'atleta *(m. or f.)*
athletic sportivo
to attend assistere;
    to attend a course seguire, frequentare
attention l'attenzione *(f.)*
to attract attirare
attractive attraente
audience il pubblico
August agosto
aunt la zia
author l'autore, l'autrice
autobiography l'autobiografia
automobile l'automobile *(f.)*
autumn l'autunno
available libero, disponibile
away via

B

backpack lo zaino
bad cattivo;
    Too bad! Peccato!
bag la borsa; il sacchetto;
    handbag la borsetta;
    sleeping bag il sacco a pelo
balcony il balcone, la galleria
ball la palla; il pallone **(soccer)**
ballet il balletto
bank la banca
bartender il barista
basketball la pallacanestro *(f.)*
bath il bagno;
    to take a bath fare il bagno;
    bathroom la stanza da bagno;
    bathtub la vasca da bagno
to be essere* *(p.p.* stato);
    to be able to potere;
    to be acquainted with conoscere;
    to be bad for fare male a;
    to be born nascere;
    to be broke essere al verde;
    to be called (named) chiamarsi*;
    to be careful stare* attento;
    to be on a diet essere* a dieta;

to be distant distare;
to be a doctor (a lawyer, etc.) fare il dottore (l'avvocato, ecc.);
to be enough bastare;
to be a fan (of) fare il tifo (per);
to be in a hurry avere fretta;
to be necessary bisognare;
to be . . . years old (afraid, cold, hot, hungry, thirsty, right, wrong, sleepy) avere anni (paura, freddo, caldo, fame, sete, ragione, torto, sonno)
beach la spiaggia;
    beach chair la sedia a sdraio
beard la barba
beautiful bello
beauty la bellezza
because perchè;
    because of a causa di
to become diventare*;
    to become ill ammalarsi*
bedroom la camera da letto
beer la birra
before *(prep.)* davanti a; prima di *(conj.)*, prima che (+ *subj.*)
to begin (in)cominciare
beginning l'inizio
behind dietro
to believe credere (a)
bell tower il campanile
to belong appartenere
below sotto
beneficial benefico
besides inoltre
between tra *(or* fra)
bicycle la bicicletta
big grande;
    bigger maggiore
bill il conto
billion il miliardo
biology la biologia
birth la nascita
birthday il compleanno;
    Happy Birthday! Buon compleanno!
bitter amaro
black nero
blackboard la lavagna
blond biondo
blouse la camicetta
blue blu *(inv.)*
boat la barca

body il corpo
to boil bollire
bone l'osso *(pl.* le ossa)
book il libro
bookstore la libreria
boot lo stivale
to border confinare
bored: to get bored annoiarsi*
boredom la noia
boring noioso
born: to be born nascere* *(p.p.* nato)
boss il capoufficio
to bother dare fastidio
bottle la bottiglia
bouquet il mazzo (di fiori)
boy, boyfriend il ragazzo
box la scatola
boxer il pugile
boxing il pugilato
bread il pane;
    breadsticks i grissini
to brake frenare
to break rompere *(p.p.* rotto); rompersi*
breakfast la colazione;
    to have breakfast fare colazione
brick il mattone
bright luminoso
brilliant brillante
to bring portare
broke: to be broke essere al verde
brother il fratello;
    brother-in-law il cognato
brown castano, marrone
to build costruire (-isc-)
builder il costruttore
building l'edificio; il palazzo
bus l'autobus *(m.)*;
    bus stop la fermata dell'autobus
business l'affare *(m.)*
busy occupato
but ma, però
butter il burro
to buy comprare
by da

C

cab il tassì *(inv.)*
cafeteria la mensa

cake la torta
calculator la calcolatrice
calculus il calcolo (math.)
calendar il calendario
to call chiamare;
   to be called chiamarsi*
calm calmo
camera la macchina fotografica
camping il campeggio;
   to go camping fare il
     campeggio
can (to be able) potere
can la lattina
to cancel cancellare, annullare
candidate il candidato
candies le caramelle
capital la capitale
car l'auto(mobile) (f.), la
   macchina;
   car racing l'automobilismo
carbonated frizzante
careful attento;
   to be careful stare attento
carpet il tappeto
to carry portare
car (train) la carrozza
to cash incassare;
   to pay cash pagare in
     contanti
cashier il cassiere, la cassiera
castle il castello
cat il gatto
cathedral il duomo
cause la causa
to celebrate festeggiare
cellar la cantina
central centrale
century il secolo
certain certo
chain la catena
chair la sedia
chalk il gesso
champion il campione, la
   campionessa
change il cambiamento; la
   moneta
to change cambiare;
   to change one's clothes
     cambiarsi*;
   to change one's mind
     cambiare idea
channel il canale
chapel la cappella;

Sistine Chapel la Cappella
   Sistina
chapter il capitolo
character il personaggio
charity la beneficenza
cheap economico
check il conto; l'assegno
to check controllare
cheerful allegro
cheese il formaggio
chemistry la chimica
chicken il pollo
child il bambino, la bambina;
   (pl.) i bambini, i figli;
   only child il figlio unico, la
     figlia unica;
   grandchild il/la nipote;
   as a child da bambino
Chinese cinese
chocolate il cioccolato;
   chocolate candy il cioccolatino
choice la scelta
to choose scegliere (p.p. scelto)
Christmas il Natale
church la chiesa
cigarette la sigaretta
citizenship la cittadinanza
city la città
civilization la civiltà, la
   civilizzazione
clams le vongole
class la classe, la lezione
classmate il compagno, la
   compagna di classe
clean pulito
to clean pulire (-isc-)
clear sereno
clerk l'impiegato, l'impiegata
client il/la cliente
climate il clima
to climb salire
clock l'orologio;
   alarm clock la sveglia
to close chiudere (p.p. chiuso)
closet l'armadietto
clothes i vestiti
clothing l'abbigliamento
cloudy nuvoloso
clown il pagliaccio
to clown around fare lo
   spiritoso
coach l'allenatore, l'allenatrice
to coach allenare

coast la costa
coat la giacca;
   winter coat il cappotto
coffee, coffee shop il caffè
cold freddo;
   to be cold avere freddo;
   it is cold fa freddo;
   to catch a cold prendere il
     raffreddore
to collaborate collaborare
colleague il/la collega
to come venire* (p.p. venuto);
   to come back ritornare;
   to come down discendere*
     (p.p. disceso);
   to come in entrare;
   Come on! Dai!
comedian il comico
comedy la commedia
comfort la comodità
comfortable comodo
comic comico
comment il commento
common comune
to communicate comunicare
Communist comunista
company compagnia, ditta,
   azienda
to compare paragonare
competition la competizione, la
   gara
to complain lamentarsi* (di)
completely completamente
complicated complicato
to compose comporre (p.p.
   composto)
composer il compositore, la
   compositrice
compulsory obbligatorio
computer science l'informatica
concert il concerto
concierge il portinaio
conclusion la conclusione
condition la condizione
to confirm confermare
confusion la confusione
Congratulations!
   Congratulazioni!
congressman, congresswoman il
   deputato, la deputata
connection (train, plane) la
   coincidenza
to consider considerare;

to consider oneself considerarsi*

consideration la considerazione

to consist (of) consistere (di)

to console consolare

to consume consumare

consultant il/la consulente

continent il continente

continually continuamente

to continue continuare

contract il contratto

contrary il contrario;

  on the contrary anzi

to control controllare

conversation la conversazione

cook il cuoco, la cuoca;

to cook cucinare

cooking la cucina

cookie il biscotto

cool fresco

to cool off raffreddare

cordial cordiale

corner l'angolo

to correct correggere (p.p. corretto)

to correspond corrispondere (p.p. corrisposto)

cornmeal mush la polenta

corridor il corridoio

cost il costo

to cost costare

costume il costume

cotton il cotone

couch il divano

cough la tosse

to count contare

country il paese; la patria;

  countryside la campagna

couple la coppia

courage il coraggio

courageous coraggioso

course il corso, la classe

cousin il cugino, la cugina

covered coperto

crazy pazzo;

  to go crazy impazzire*

cream la crema

crisis la crisi

critic il critico (m. or f.)

to criticize criticare

crooked storto

to cross attraversare

crowded affollato

cruise la crociera

to cry piangere (p.p. pianto)

cup la tazza

to cure guarire

curious curioso

currency la valuta

curtain la tenda; il sipario

customer il/la cliente

customs la dogana

to cut tagliare;

  to cut oneself tagliarsi*

cute carino

D

dad il papà

to damage rovinare

damaging dannoso

to dance ballare

danger il pericolo

dangerous pericoloso

dark buio;

  dark-haired bruno

date la data; l'appuntamento

daughter la figlia;

  daughter-in-law la nuora

day il giorno, la giornata;

  the next day il giorno dopo

dear caro

death la morte

debt il debito

December dicembre

to decide decidere (p.p. deciso)

decision la decisione

to declare dichiarare

deep profondo

defeat la sconfitta

defect il difetto

to define definire (-isc-)

degree il titolo di studio

delicatessen la salumeria

delicious delizioso, squisito

deluxe di lusso

democracy la democrazia

dentist il/la dentista

departure la partenza

to depend dipendere*;

  it depends (on) dipende (da)

deposit il deposito

to deposit depositare

depressing deprimente

to descend (di)scendere* (p.p. disceso)

to describe descrivere (p.p. descritto)

description la descrizione

designer lo/la stilista

desk la scrivania

dessert il dolce

detail il dettaglio

to detest detestare

development lo sviluppo

to dial formare il numero

dialect il dialetto

dialogue il dialogo

diary il diario

dictionary il vocabolario

to die morire* (p.p. morto)

diet la dieta;

  to be on a diet stare a dieta, essere a dieta

dietician il dietologo, la dietologa

difference la differenza

different differente

difficult difficile

difficulty la difficoltà

diligent diligente

dinner la cena, il pranzo;

  dining room sala da pranzo;

  to have dinner cenare, pranzare

direction l'indicazione (f.)

directly direttamente

director il direttore, la direttrice

disadvantage lo svantaggio

disappointment la delusione

discovery la scoperta

to discuss discutere (p.p. discusso)

discussion la discussione

disease la malattia

dish il piatto

dishonest disonesto

dishwasher la lavastoviglie

distance la distanza

distant distante;

  to be distant distare

district il quartiere

to divide dividere (p.p. diviso)

divorced divorziato

to do fare (p.p. fatto)

doctor il dottore, la dottoressa; il medico

document il documento

documentary il documentario

dog il cane

dollar il dollaro
dome la cupola
door la porta
doubt il dubbio
to doubt dubitare
downtown il centro; in centro
dozen la dozzina
draperies le tende
to draw disegnare
drawer il cassetto
drawing il disegno
dream il sogno
to dream sognare
dress l'abito, il vestito;
   to get dressed vestirsi*
to dress vestire
drink la bevanda
to drink bere (p.p. bevuto)
drinking water l'acqua potabile
to drive guidare
driver l'automobilista (m. or f.)
driving la guida
drunk ubriaco
dry secco
to dry asciugare;
   to dry oneself asciugarsi*
during durante
duty il dovere

E

each ogni
ear l'orecchio (pl. le orecchie);
   earache mal d'orecchio
early presto
to earn guadagnare;
   to earn one's living
      guadagnarsi* il pane
earth la terra
Easter la Pasqua
eastern orientale
easy facile
to eat mangiare
ecological ecologico
economy l'economia
to educate istruire (-isc-)
education l'istruzione (f.)
egg l'uovo (pl. le uova)
either . . . or o... o
election l'elezione (f.)
electricity l'elettricità
elegant elegante
elementary elementare

elevator l'ascensore
to eliminate eliminare
to embrace abbracciare
emergency room il pronto
   soccorso
emotion l'emozione (f.)
employee l'impiegato, l'impiegata
employment l'impiego;
   employment agency l'agenzia
      di collocamento
empty vuoto
to encourage incoraggiare
end la fine
to end finire (-isc-)
engagement il fidanzamento
engineer l'ingegnere (m.)
engineering l'ingegneria
England l'Inghilterra
English inglese
to enjoy godere;
   to enjoy oneself divertirsi*;
   Enjoy your meal! Buon
      appetito!
enough abbastanza;
   to be enough bastare
to enroll iscriversi* (p.p.
   iscritto)
to enter entrare* (in)
entertaining divertente
enthusiastic entusiasta
entire intero
entitled intitolato
equal uguale
equality l'uguaglianza, la parità
error l'errore (m.)
especially specialmente
ethnic etnico
Europe l'Europa
even perfino;
   not even neanche, nemmeno
evening la sera, la serata;
   Good evening! Buona sera!;
   this evening stasera
event l'avvenimento
every ogni (inv.);
   everybody ognuno;
   everyone ognuno
exact esatto
exactly esattamente
exam l'esame (m.);
   to take an exam dare un
     esame
example l'esempio;

for example ad esempio, per
   esempio
to exceed superare
excellent eccellente, ottimo
except eccetto
exception l'eccezione (f.)
to exchange (money) cambiare
excursion l'escursione (f.)
excuse la scusa;
   Excuse me! Scusi! Scusa!
exercise l'esercizio
exhibition la mostra
to exist esistere* (p.p. esistito)
expense la spesa
expensive caro, costoso
experience l'esperienza
experienced esperto
experiment l'esperimento
expert esperto
to explain spiegare
explanation la spiegazione
to explore esplorare
to express esprimere (p.p.
   espresso)
expression l'espressione (f.)
eye l'occhio
eye doctor l'oculista (m. or f.)
eyeglasses gli occhiali (pl.)

F

fable la favola
face la faccia
fact il fatto;
   in fact infatti
factory la fabbrica
fair giusto
faithful fedele
fall l'autunno
to fall cadere*
familiar familiare
family la famiglia
family tree l'albero genealogico
famous famoso
fan tifoso;
   to be a fan (of) fare il tifo (per)
fantastic fantastico
far (from) lontano (da)
farmer il contadino, la contadina
fascinating affascinante,
   avvincente
fascism il fascismo
fashion la moda

fashionable di moda, alla moda
fast rapido, veloce
fat grasso
father il padre;
    father-in-law il suocero;
    grandfather il nonno
favor il favore
favorable favorevole
fear la paura, il timore
to fear temere
February febbraio
to feel sentire, sentirsi*;
    to feel like avere voglia di
feeling il sentimento
feminine femminile
fencing la scherma
festivity la festa
fever la febbre
few pochi(e);
    a few alcuni(e)
fiancé, fiancée il fidanzato, la
    fidanzata
field il campo
to fill riempire;
    to fill it up (with gas) fare il
      pieno
final definitivo
finally finalmente
to finance finanziare
to find trovare
fine la multa
finger il dito (*pl.* le dita)
to finish finire (-isc-)
fire il fuoco;
    fireplace il caminetto
to fire licenziare
firm la ditta
first (*adj.*) primo, (*adv.*) prima
fish il pesce;
    fried fish pesce fritto
to fish pescare
to fit andare bene
flag la bandiera
flaw il difetto
flight il volo;
    flight attendant (*m. & f.*)
      l'assistente di volo
floor il pavimento; il piano
Florence Firenze
flour la farina
flower il fiore
flu l'influenza
flute il flauto

fog la nebbia
to follow seguire
following seguente
fond (of) appassionato (di)
food il cibo
foot il piede;
    on foot a piedi
for per
to forbid proibire (-isc-)
foreign straniero
foreigner lo straniero, la straniera
to forget dimenticare
fork la forchetta
fountain la fontana
frankly francamente
free libero, gratuito
freeway l'autostrada
freezer il congelatore
French francese
fresco l'affresco
Friday il venerdì
fried fritto
friend l'amico, l'amica
friendship l'amicizia
from da, di
frozen surgelato
fruit la frutta;
    piece of fruit il frutto;
    fruit smoothie la spremuta di
      frutta
to fry friggere
full pieno
fun il divertimento;
    to have fun divertirsi*
to function funzionare
furious furioso
furnishing l'arredamento
furniture i mobili (*pl.*);
    piece of furniture un mobile

G

to gain guadagnare;
    to gain weight ingrassare
gallery la galleria;
    art gallery la galleria d'arte
game il gioco, la partita
garbage i rifiuti
garden il giardino
garlic l'aglio
gasoline la benzina;
    gasoline pump il distributore
      di benzina

to gather riunirsi* (-isc-)
gender il genere
general generale
generally in genere
generous generoso
genius il genio
gentleman il signore
geography la geografia
German tedesco
Germany la Germania
to get prendere;
    to get along andare d'accordo;
    to get bored annoiarsi*;
    to get engaged fidanzarsi*;
    to get lost perdersi*;
    to get mad arrabbiarsi*;
    to get married sposarsi*;
    to get near avvicinarsi* (a);
    to get sick ammalarsi*;
    to get tired stancarsi*;
    to get up alzarsi*;
    to get used to abituarsi* (a)
gift il regalo
girl la ragazza;
    little girl la bambina;
    girlfriend la ragazza
to give dare;
    to give back restituire (-isc-);
    to give a present regalare;
    to give a ride dare un
      passaggio
glad contento
glass il bicchiere;
glasses gli occhiali;
    sunglasses occhiali da sole
gloves i guanti (*pl.*)
to go andare*;
    to go back ritornare*;
    to go camping fare il
      campeggio;
    to go down scendere*;
    to go in entrare*;
    to go near avvicinarsi*;
    to go out uscire*;
    to go shopping fare la spesa
      (le spese);
    to go up salire*
gold l'oro
good buono, bravo;
    Good-bye! Arrivederci! (*fam.*);
      ArrivederLa! (*form.*); Ciao!;
    Good night! Buona notte!
government il governo

grade il voto
to graduate laurearsi*;
   diplomarsi*
grammar la grammatica
grandfather il nonno;
   grandmother la nonna;
   grandparents i nonni
grapes l'uva
grass l'erba
grateful riconoscente
gray grigio
great grande
green verde
to greet salutare
greeting il saluto;
   greetings tanti saluti
grill la griglia
grilled alla griglia
groom lo sposo
group il gruppo
to grow crescere*
to guess indovinare
guest l'ospite (m. or f.),
   l'invitato, l'invitata
guide la guida
guilty colpevole
guitar la chitarra
gulf il golfo
guy il tipo
gym la palestra
gymnastics la ginnastica

H

hair i capelli;
   dark-haired bruno
hairdresser il parrucchiere, la
   parrucchiera
half la metà, mezzo (adj.)
hand la mano (pl. le mani);
   to shake hands dare la mano
handkerchief il fazzoletto
handsome bello
to happen succedere* (p.p.
   successo)
happiness la felicità
happy felice;
   Happy Easter! Buona Pasqua!;
   Happy New Year! Buon Anno
     Nuovo!
hard duro
to hate detestare, odiare
to have avere;

to have breakfast fare
   colazione;
to have dinner cenare;
to have fun divertirsi*;
to have a headache (toothache,
   stomachache, backache, sore
   throat) avere mal di testa
   (denti, stomaco, schiena,
   gola);
Have a nice day! Buona
   giornata!;
Have a nice vacation! Buone
   vacanze!;
   to have to dovere
head il capo, la testa
health la salute
to hear sentire
heart il cuore
heavy pesante
hell l'inferno
hello buon giorno, salve, ciao;
   pronto **(telephone)**
help l'aiuto;
to help aiutare
here qui;
   Here is . . . ! Ecco...!
hero l'eroe (m.)
high alto
hill la collina
to hire assumere (p.p. assunto)
historical storico
history la storia
to hit colpire (-isc-)
hitchhiking l'autostop (m.)
to hitchhike fare l'autostop
holiday la festa, la vacanza
home la casa;
   at home a casa
homeless people i senzatetto
homework il compito
honeymoon la luna di miele
to hope sperare
horse il cavallo
hospital l'ospedale (m.)
hot caldo;
   to be hot avere caldo;
   it is hot fa caldo
hotel l'albergo
hour l'ora;
   rush hour le ore di punta
house la casa;
   at the house of a casa di;
   at his/her house a casa sua

housewife la casalinga
how? come?;
   How much? Quanto?;
   How are you? Come sta?
     (form. s.), Come stai?
     (fam. s.), Come va?;
   How come? Come mai?
however comunque, però
huge grosso
humid umido
hundred cento (inv.)
hunger la fame;
   to be hungry avere fame
hurry la fretta;
   to be in hurry avere fretta;
   in a hurry in fretta
to hurt oneself farsi* male
husband il marito

I

ice il ghiaccio;
   ice cream il gelato
   ice-cream parlor la gelateria
idea l'idea
ideal ideale
if se
ignorant ignorante
ill (am)malato;
   to become ill ammalarsi*
illness la malattia
imagination l'immaginazione (f.)
to imagine immaginare
immediately immediatamente
impatience l'impazienza
impatient impaziente
impolite maleducato
importance l'importanza
important importante
impossible impossibile
to improve migliorare
in in, a; fra
to include includere (p.p.
   incluso)
included compreso
increase l'aumento
to increase aumentare
indeed davvero, veramente
independent indipendente
indulgent indulgente
industrial industriale
inelegant inelegante
inexperienced inesperto

inflation l'inflazione *(f.)*
information l'informazione *(f.)*
ingredient l'ingrediente *(m.)*
inhabitant l'abitante *(m.)*
to inherit ereditare
inheritance l'eredità
to initiate iniziare
injection l'iniezione *(f.)*
ink l'inchiostro
inn la pensione, l'albergo
insensitive insensibile
inside dentro, in
instead (of) invece (di)
instrument lo strumento
insurance l'assicurazione *(f.)*
intellectual intellettuale
intelligent intelligente
to intend avere intenzione di, pensare di
intention l'intenzione *(f.)*
interest l'interesse *(m.);*
    to be interested in interessarsi* a
to interest interessare
interesting interessante
interior designer l'arredatore, l'arredatrice
intersection l'incrocio
interview il colloquio
intolerance l'intolleranza
to introduce presentare;
    to introduce oneself presentarsi*
to invent inventare
to invite invitare
Irish irlandese
island l'isola
issue la questione
Italian italiano;
    Italian language l'italiano
Italy l'Italia
item l'articolo

J

jacket la giacca
January gennaio
Japan il Giappone
Japanese giapponese
job il lavoro;
    full-time job lavoro a tempo pieno;
    part-time job lavoro a tempo ridotto

to joke scherzare
journalist il/la giornalista
joy la gioia
juice il succo;
    orange juice il succo d'arancia
July luglio
to jump saltare
June giugno
just *(adj.)* giusto; *(adv.)* appena

K

to keep tenere;
    to keep up to date aggiornarsi*
key la chiave
to kill uccidere *(p.p.* ucciso)
kilogram il chilo (chilogrammo)
kilometer il chilometro
kind gentile; il genere
king il re
kiss il bacio
to kiss baciare
kitchen la cucina
knee il ginocchio *(pl.* le ginocchia)
knife il coltello
to know conoscere *(p.p.* conosciuto), sapere;
    to know how sapere;
    Who knows! Chissà!
knowledge la conoscenza

L

lack la mancanza
ladder la scala
lady la signora
lake il lago
lamp la lampada
land la terra
to land (a plane) atterrare
landlord, landlady il padrone, la padrona di casa
landscape il paesaggio
language la lingua;
    foreign language la lingua straniera
large largo, grande
last ultimo, scorso
to last durare
late tardi;
    to be late essere in ritardo
to laugh ridere *(p.p.* riso)

laughter il riso
law la legge
lawyer l'avvocato, l'avvocatessa
lazy pigro
to learn imparare
leather il cuoio, la pelle
to leave lasciare, partire*
lecture la conferenza
left la sinistra, *(adj.)* sinistro;
    to the left a sinistra
leg la gamba
legal legale
to lend prestare
less meno
lesson la lezione
to let lasciare
letter la lettera
library la biblioteca
license (driver's) la patente
lie la bugia
to lie dire una bugia
life la vita;
    still life la natura morta
lifeguard il bagnino, la bagnina
lift il passaggio;
    to give a lift dare un passaggio
light la luce; *(adj.)* leggero;
    traffic light il semaforo
to light accendere *(p.p.* acceso)
like come
to like piacere *(p.p.* piaciuto)
limit il limite;
    speed limit il limite di velocità
line la fila;
    to stand in line fare la fila
lip il labbro *(pl.* le labbra)
lira (Italian currency) la lira
to listen to ascoltare
liter il litro
literature la letteratura
little piccolo
to live abitare, vivere *(p.p.* vissuto)
liver il fegato
London Londra
long lungo;
    for a long time a lungo
to look (at) guardare;
    to look (+ adj.) avere un'aria;
    to look for cercare;
    to look like assomigliare a
to lose perdere;
    to get lost perdersi*;

to lose weight dimagrire
lot (a lot) molto, un sacco (di)
love l'amore (m.);
    to be in love (with) essere
      innamorato (di);
    love (closing a letter) con
      affetto
to love amare
low basso
luck la fortuna;
    bad luck la sfortuna;
    Good luck! Buona fortuna!, In
      bocca al lupo!
luckily per fortuna
lucky fortunato
lyric lirico

M

mad: to get mad arrabbiarsi*
magazine la rivista
magnificent stupendo
to mail spedire (-isc-)
main principale
major (studies) la
    specializzazione
majority la maggioranza
to make fare (p.p. fatto);
    to make the acquaintance fare
      la conoscenza;
    to make an appointment
      fissare un appuntamento;
    to make a movie girare un
      film;
    to make up fare la pace
man l'uomo (pl. gli uomini)
to manage dirigere (p.p. diretto)
manager il dirigente
manifest il manifesto
manner la maniera
map la carta geografica;
    la pianta (di una città)
marble il marmo
March marzo
market il mercato
marriage il matrimonio
to marry sposare;
    to get married sposarsi*;
    married sposato
masculine maschile
mask, masked character la
    maschera
mass media i mezzi di diffusione
masterpiece il capolavoro

match (sports) la partita
mathematics la matematica
mature maturo
May maggio
may potere;
    it may be that può darsi che
maybe forse
meal il pasto
mean cattivo
to mean significare, voler(e) dire
meaning il significato
means il mezzo;
    by means of per mezzo di;
    means of transportation i
      mezzi di trasporto
meat la carne
meatball la polpetta
mechanic il meccanico
medicine la medicina
medieval medievale
to meet conoscere (p.p.
    conosciuto); incontrare
meeting la riunione
memory la memoria
message il messaggio
messy disordinato
meter il metro
midnight la mezzanotte
mild mite
mile il miglio (pl. le miglia)
milk il latte
million il milione
millionaire il milionario
minute il minuto
mirror lo specchio
misadventure la disavventura
miss signorina
to miss sentire la mancanza (di);
    to miss the train perdere il
      treno
mistake l'errore (m.)
mister signore
to mix mescolare
mixed misto
model il modello, la modella
modern moderno
modest modesto
mom la mamma
moment il momento
Monday il lunedì
monetary monetario
money il denaro, i soldi
month il mese
monthly mensile (adj.)

monument il monumento
mood l'umore;
    to be in a good (bad) mood
      essere di buon (cattivo)
      umore
moon la luna
more più; ancora, di più
morning il mattino, la mattina;
    in the morning di mattina;
    this morning stamattina;
    Good morning! Buon giorno!
mother la madre;
    mother-in-law la suocera;
    grandmother la nonna
motive il motivo
motorcycle la motocicletta
motorist l'automobilista (m.
    or f.)
mountain la montagna
mountain climbing l'alpinismo
moustache i baffi
mouth la bocca
to move traslocare
moving il trasloco
movie il film;
    to go to the movies andare al
      cinema
movie theater il cinema
much molto;
    too much troppo
multicolored variopinto
museum il museo
mushroom il fungo
music la musica;
    opera music musica operistica;
    folk music musica folcloristica
musician il/la musicista
must dovere

N

name il nome;
    last name il cognome
napkin il tovagliolo
Naples Napoli
narrow stretto
nation la nazione
nationality la nazionalità
naturally naturalmente
nature la natura
Neapolitan napoletano
near vicino;
    to get near avvicinarsi*
neat ordinato

necessary necessario;
    to be necessary bisognare
neck il collo
need il bisogno
to need avere bisogno di
neighbor il vicino, la vicina
nephew il nipote
nervous nervoso
never mai
nevertheless ciò nonostante
new nuovo;
    What's new? Cosa c'è di nuovo?
news la notizia
newscaster l'annunciatore, l'annunciatrice
newspaper il giornale
newsstand l'edicola
next to vicino (a);
    next week la settimana prossima
nice simpatico
niece la nipote
night la notte;
    Good night! Buona notte!;
    last night ieri sera;
    nightstand il comodino
no no
nobody nessuno
noise il rumore
noon il mezzogiorno
northern settentrionale
nose il naso
not non
notebook il quaderno
notes gli appunti
nothing niente
to notice notare
noun il nome
novel il romanzo
November novembre
now adesso, ora
number il numero;
    phone number il numero telefonico
nurse l'infermiere, l'infermiera

O

to obey ubbidire (-isc-)
object l'oggetto
to obtain ottenere
occasion la circostanza

to occupy occupare
ocean l'oceano
October ottobre
of di
to offend offendere (p.p. offeso)
offer l'offerta
to offer offrire (p.p. offerto)
office l'ufficio;
    Post Office la Posta
often spesso
oil l'olio
OK, very well va bene
old vecchio
Olympic olimpico
on su, sopra
once una volta;
    once upon a time c'era una volta;
    once more ancora una volta
onion la cipolla
only solo (adv.), solamente, appena, soltanto
open aperto
to open aprire
opera l'opera
opinion l'opinione (f.)
opportunity l'occasione (f.)
opposite il contrario
optimist ottimista
or o
oral orale
orange l'arancia;
    orange (color) arancione (inv.);
    orange juice il succo d'arancia
    orange smoothie la spremuta d'arancia
order l'ordine (m.);
    in order to per;
    in order that affinchè
to order, to put in order riordinare
to organize organizzare
oriental orientale
origin l'origine (f.)
original originale; l'originale (m.)
other altro
out fuori
outdoors all'aperto
outside fuori
outskirts la periferia
oven il forno;
    microwave oven il forno a microonde

to owe dovere
owner il proprietario, la proprietaria

P

to pack fare le valigie;
    backpack lo zaino
package il pacco
page la pagina
pain il dolore
to paint dipingere (p.p. dipinto)
painter il pittore, la pittrice
painting la pittura, il quadro
pair il paio (pl. le paia)
palace il palazzo
pants i pantaloni
paper la carta
parents i genitori
park il parco
to park parcheggiare
parking lot il parcheggio
particular particolare
party (political) la festa; il partito
to pass passare
passenger il passeggero, la passeggera
passport il passaporto
past il passato; passato (adj.)
pastry il pasticcino
patience la pazienza
patient paziente
to pay pagare;
    to pay attention fare attenzione;
    to pay a visit fare visita
paycheck lo stipendio
peace la pace
peach la pesca
pear la pera
peas i piselli
peasant il contadino, la contadina
pedestrian il pedone
pen la penna
pencil la matita
peninsula la penisola
pension la pensione
people la gente;
    some people alcune persone
pepper il pepe
perfect perfetto

perfectly alla perfezione
to perform rappresentare, recitare
performance la rappresentazione
perfume il profumo
perhaps forse
period il periodo
person la persona
personality la personalità
pessimist pessimista
pet l'animale domestico
pharmacy la farmacia
philosophy la filosofia
phone il telefono;
    phone call la telefonata;
    collect call telefonata a carico del destinatario
to phone telefonare
phone book l'elenco telefonico
photograph la foto(grafia)
physician il medico
physics la fisica
picnic la scampagnata
picture la fotografia, il quadro
picturesque pittoresco
pie la torta
pillow il cuscino
pilot il pilota
pineapple l'ananas
pink rosa *(inv.)*
place il luogo, il posto
to place mettere
plan il progetto
to plan progettare, pensare (di + *inf.*)
play la commedia, il dramma
to play an instrument suonare;
    to play a game giocare;
    to play a part recitare;
player il giocatore, la giocatrice
playwright il commediografo, la commediografa
pleasant piacevole
please per piacere, prego
pleasure il piacere;
    with pleasure con piacere, volentieri;
    My pleasure! Il piacere è mio!
plot la trama
plumber l'idraulico
plus più

pocket la tasca
poem il poema
poet il poeta
poetry la poesia
point il punto;
    point of view il punto di vista
police la polizia
policeman il poliziotto
polite educato
political politico
politics la politica
pollution l'inquinamento
poor povero
popular popolare
popularity la popolarità
populated popolato
portrait il ritratto
position il posto
possibility la possibilità
possible possibile;
    as little as possible il meno possibile
postcard la cartolina
poster il manifesto;
    electoral poster il manifesto elettorale
post office l'ufficio postale
pot la pentola
potato la patata;
    fried potatoes le patate fritte;
    potato dumplings gli gnocchi
to pour versare
practical pratico
to practice allenarsi*; esercitarsi*
to pray pregare
precious prezioso
precise preciso
to prefer preferire (-isc-)
preferable preferibile
preference la preferenza
to prepare preparare
to prescribe prescrivere (*p.p.* prescritto)
prescription la ricetta
present il regalo
present *(adj.)* attuale
president il presidente, la presidentessa
press la stampa
pretty carino
price il prezzo
print la stampa
private privato

privileged privilegiato
prize il premio
probable probabile
problem il problema
producer il produttore, la produttrice
production la produzione
profession la professione
professor il professore, la professoressa
program il programma
to prohibit proibire (-isc-)
project il progetto, il piano
to promise promettere (*p.p.* promesso)
prompter il suggeritore
pronoun il pronome
proposal la proposta
protest la protesta
to protest protestare
provided purchè
proud orgoglioso
psychology la psicologia
public il pubblico
publicity la pubblicità
to publish pubblicare
publisher l'editore *(m.)*, l'editrice *(f.)*
to pull tirare
punctual puntuale
to punish punire (-isc-)
puppet il burattino
purple viola *(inv.)*
purpose il fine
to put mettere (*p.p.* messo);
    to put on mettersi*;
    to put on makeup truccarsi*;
    to put in order riordinare

Q

qualification la qualifica
quality la qualità
quarrel il litigio
to quarrel litigare
quarter il trimestre, il quarto
question la domanda;
    to ask a question fare una domanda
quiet tranquillo;
    to be quiet stare zitto
to quit abbandonare, lasciare

R

race   la gara, la corsa
radio   la radio
rain   la pioggia
to rain   piovere
raincoat   l'impermeabile *(m.)*
rare   raro
rather   piuttosto
to react   reagire (-isc-)
to read   leggere *(p.p.* letto)
reader   il lettore, la lettrice
reading   la lettura
ready   pronto
reality   la realtà
to realize   rendersi* conto *(p.p.* reso)
really   davvero
reason   la ragione
receipt   la ricevuta, lo scontrino
to receive   ricevere
recently   recentemente
recipe   la ricetta
to recite   recitare
to recognize   riconoscere *(p.p.* riconosciuto)
record   il disco;
   record player   il giradischi
to recover   guarire (-isc-)
red   rosso
referee   l'arbitro
reform   la riforma
refrigerator   il frigo(rifero)
region   la regione
regular   regolare
relation   la relazione;
   international relations   le relazioni internazionali
relationship   il rapporto, la relazione
relative   il/la parente
to remain   rimanere* *(p.p.* rimasto), restare*
remarkable   notevole
to remember   ricordare, ricordarsi*
remote control   il telecomando
Renaissance   il Rinascimento
to renounce   rinunciare
renowned   noto, famoso
rent   l'affitto
to rent   affittare;
   to rent (a car)   noleggiare

to repair   riparare
to repeat   ripetere
to reply   rispondere
to reproach   rimproverare
republic   la repubblica
requirement   il requisito
to remodel   ristrutturare
research   la ricerca
reservation   la prenotazione
to reserve   prenotare
to rest   riposarsi*
restaurant   il ristorante, la trattoria
result   il risultato
to retire   andare in pensione
retiree   il pensionato, la pensionata
return   il ritorno
to return   ritornare*; restituire (-isc-) (to give back)
reunion   la riunione
rice   il riso
rich   ricco
ride   il passaggio;
   to give a ride   dare un passaggio
to ride a bicycle (a horse)   andare in bicicletta (a cavallo)
riding (horses)   l'equitazione *(f.)*
right   giusto;
   to be right   avere ragione;
   to the right   a destra
ring   l'anello
river   il fiume
road   la strada
role   la parte;
   to play the role (of)   recitare la parte (di)
romantic   romantico
Rome   Roma
roof   il tetto
room   la camera, il locale, la stanza;
   living room   il soggiorno (la sala);
   bedroom   la camera da letto;
   hotel room with bathroom   camera con servizi
roommate   il compagno, la compagna di stanza
rose   la rosa
rowing   il canottaggio
rug   il tappeto

run   la corsa
   to run   correre *(p.p.* corso)

S

sacrifice   il sacrificio
to sacrifice   sacrificarsi*
sad   triste
safety   la sicurezza; la salvezza;
   safety belt   la cintura di sicurezza
sailing: to go sailing   andare in barca
sailor   il marinaio
salad   l'insalata
salary   lo stipendio
salesperson   il commesso, la commessa
salmon   il salmone
salt   il sale
same   stesso
sand   la sabbia
sandals   i sandali
sandwich   il panino imbottito;
   sandwich shop   la salumeria, la paninoteca
sarcastically   sarcasticamente
satisfied   soddisfatto
Saturday   il sabato
sauce   la salsa
sausage   la salsiccia
to sauté   rosolare
to save   risparmiare; salvare
saving   il risparmio
to say   dire *(p.p.* detto);
   to say good-bye, to say hello   salutare
scene   la scena
schedule   l'orario
scholarship   la borsa di studio
scholastic   scolastico
school   la scuola;
   elementary school   la scuola elementare;
   junior high school   la scuola media;
   high school   il liceo
science   la scienza;
   political science   le scienze politiche
scientist   lo scienziato
to scold   rimproverare
to score   segnare

to scream gridare
to sculpt scolpire
sculptor lo scultore, la scultrice
sculpture la scultura; la statua
sea il mare
serious grave
season la stagione
seat (theater) il posto, la poltrona
seated seduto
second secondo; il secondo
secret il segreto
secretary il segretario, la segretaria
to see vedere (p.p. visto, veduto)
to seem parere, sembrare
selfish egoista
to sell vendere
semester il semestre
senator il senatore, la senatrice
to send mandare, inviare
sensitive sensibile
sentence la frase
September settembre
serious serio
to serve servire
to set (the table) apparecchiare (la tavola)
several diversi(e)
sex il sesso
shape la forma
to share dividere, condividere (p.p. diviso, condiviso)
sharp (time) in punto
to shave radersi* (p.p. raso)
sheet (of paper) il foglio (di carta)
shelf lo scaffale
ship la nave
shirt la camicia
shoe la scarpa;
    hiking shoes gli scarponi da montagna;
    tennis shoes le scarpe da tennis
shop il negozio
shopping: to go shopping fare le spese;
    to go grocery shopping fare la spesa
short basso, breve
shorts i pantaloncini
to shout gridare

show la mostra, lo spettacolo;
    to show (di)mostrare
shower la doccia;
    to take a shower fare la doccia
Sicilian siciliano
Sicily la Sicilia
sick ammalato
sidewalk il marciapiede
sign il cartello
to sign firmare
signal il segnale;
    to signal segnalare
signature la firma
silence il silenzio
silent silenzioso
silk la seta
similar simile
similarity la parità
simple semplice
since siccome; da quando
sincerity la sincerità
to sing cantare
singer il/la cantante
single nubile (woman); celibe, scapolo (man)
sink il lavandino, il lavabo
sir signore
sister la sorella;
    sister-in-law la cognata
to sit sedersi*
situation la situazione
size la taglia
skates i pattini
skating il pattinaggio
to ski sciare
skier lo sciatore, la sciatrice
skiing lo sci (inv.)
to skip saltare
skirt la gonna
sky il cielo
skyscraper il grattacielo
sleep il sonno;
    to be sleepy avere sonno
to sleep dormire
slice la fetta
slim snello
slippers le pantofole
slow lento
to slow down rallentare
slowly adagio
small piccolo
to smile sorridere (p.p. sorriso)

to smoke fumare
snack lo spuntino;
    snack bar la tavola calda
snow la neve
to snow nevicare
so così;
    so much così tanto;
    so that affinchè (+ subj.)
soccer il calcio
sociable socievole
socialist socialista
sock il calzino
sofa il divano
solitude la solitudine
some alcuni (alcune), qualche, di + def. art., un po' di
someone qualcuno
something qualcosa
sometimes qualche volta
son il figlio;
    son-in-law il genero
song la canzone
soon presto;
    as soon as possible appena possibile;
    See you soon! A presto!
sorry spiacente;
    to be sorry dispiacere (p.p. dispiaciuto)
soup la minestra;
    vegetable soup il minestrone
south il sud; il Mezzogiorno
southern meridionale
souvenir il ricordo
Spanish spagnolo
sparkling frizzante
to speak (about) parlare (di)
special speciale
specialist lo/la specialista
specially specialmente
spectator lo spettatore, la spettatrice
speech il discorso
speed la velocità
to spend spendere (money) (p.p. speso); passare (time)
spicy piccante
splendid splendido, magnifico
spoon il cucchiaio
sporty sportivo
spring la primavera
square la piazza
stadium lo stadio

stage il palcoscenico
to stage rappresentare
stamp il francobollo
to stand in line fare la fila
to start incominciare
state lo stato
station la stazione
statue la statua
to stay restare*, stare; alloggiare, soggiornare
steak la bistecca
to steal rubare
still fermo; ancora (adv.)
stingy avaro
stocking la calza
to stop smettere (p.p. smesso); fermare, fermarsi*
store il negozio
story la storia;
   short story il racconto
straight diritto, dritto;
   straight ahead avanti diritto
strange strano
strawberry la fragola
street la strada;
   street corner l'angolo della strada
strength la forza
strict severo
strike lo sciopero
to strike scioperare
strong forte
stubborn ostinato
student lo studente, la studentessa
studio (apartment) il monolocale
studious studioso
study lo studio
to study studiare
stuff la roba
style lo stile
subject l'argomento, il soggetto
subtitles le didascalie
subway la metropolitana
to succeed (in) riuscire* (a)
success il successo
suddenly improvvisamente
to suffer soffrire (p.p. sofferto)
sugar lo zucchero
to suggest suggerire (-isc-)
suit il completo;
   bathing suit il costume da bagno

suitcase la valigia
summary il riassunto
summer l'estate (f.)
sumptuous lussuoso
sun il sole
Sunday la domenica
sunglasses gli occhiali da sole
sunny: it is sunny c'è il sole
supermarket il supermercato
supper la cena;
   to have supper cenare
sure sicuro, certo; già
surface la superficie
surgeon il chirurgo
surprise la sorpresa;
to surprise sorprendere;
   surprised sorpreso
to surround circondare
sweater il maglione
sweatsuit la tuta da ginnastica
sweet dolce
to swim nuotare
swimming il nuoto;
   swimming pool la piscina
system il sistema

T

table il tavolo, la tavola;
   coffee table il tavolino
tablecloth la tovaglia
to take prendere (p.p. preso), portare;
   to take a bath (a shower, a walk, a trip, a picture, a break) fare il bagno (la doccia, una passeggiata, un viaggio, una foto, una pausa);
   to take care of curare;
   to take a class seguire un corso;
   to take an exam dare un esame;
   to take off (plane) decollare;
   to take part (in) partecipare (a);
   to take place avere luogo;
   it takes ci vuole, ci vogliono
to talk (about) parlare (di)
tall alto
to tan abbronzarsi*
tape recorder il registratore

taste il gusto
tasty gustoso, saporito
tax la tassa
tea il tè
to teach insegnare
teacher il maestro, la maestra
team la squadra
telegram il telegramma
telephone il telefono;
   telephone book l'elenco telefonico;
   telephone booth la cabina telefonica;
   telephone operator il/la centralinista
to telephone telefonare
television la televisione;
   TV set il televisore;
   TV news il telegiornale
to tell dire (p.p. detto); raccontare
tenant l'inquilino, l'inquilina
tent la tenda
terrible terribile
thank you grazie;
   Thank God! Meno male!
   thanks il ringraziamento;
   Thanksgiving il giorno del ringraziamento
   thanks to grazie a
to thank ringraziare
that che; quello;
   that is cioè
theater il teatro;
   movie theater il cinema
then allora, poi;
   since then da allora
theory la teoria
there là, lì;
   there is c'è;
   there are ci sono
therefore perciò
thesis la tesi
thief il ladro, la ladra
thin magro
thing la cosa
to think (of) pensare(a)
thirsty: to be thirsty avere sete
this questo
thought il pensiero
thousand mille, (pl.) mila
through attraverso

Thursday il giovedì
ticket il biglietto;
  round-trip ticket il biglietto di andata e ritorno;
  ticket window la biglietteria
tie la cravatta
tight stretto
time il tempo; la volta; l'ora;
  it is time è (l')ora di;
  to be on time essere in orario
timid timido
tip la mancia
tire la gomma;
  flat tire gomma a terra
to tire stancare, stancarsi*
tired stanco
tiring faticoso
title il titolo
to a, in da
today oggi
together insieme
tomato il pomodoro
tomorrow domani;
  the day after tomorrow dopodomani
tonight stasera
too anche;
  too much troppo;
  Too bad! Peccato!
tooth il dente;
  toothache mal di denti;
  toothbrush lo spazzolino da denti;
  toothpaste il dentifricio
topic (for discussion) l'argomento
tour il giro, la gita;
  tour bus il pullman
to tour girare
tourist il/la turista
towel l'asciugamano
toward verso
tower la torre
town il paese, la città
toy il giocattolo
trade il mestiere
traffic il traffico;
  traffic light il semaforo
tragedy la tragedia
train il treno
to train allenarsi*
tranquil tranquillo
travel il viaggio;

travel agency l'agenzia di viaggi
to travel viaggiare;
traveler il viaggiatore, la viaggiatrice
to treat curare
treatment la cura
tree l'albero
trip il viaggio;
  business (pleasure) trip viaggio d'affari (di piacere);
  to take a trip fare un viaggio;
  Have a good trip! Buon viaggio!
trousers i pantaloni
trout la trota
true vero
truly veramente
trumpet la tromba
trunk (of a car) il portabagagli
truth la verità
to try cercare di + *inf.;*
  to try on provare
T-shirt la maglietta
tub la vasca
Tuesday il martedì
tuition la tassa universitaria
to turn girare;
  to turn on accendere (*p.p.* acceso);
  to turn off spegnere (*p.p.* spento)
to type scrivere a macchina
typist il dattilografo, la dattilografa
typewriter la macchina da scrivere

U

ugly brutto
umbrella l'ombrello;
  beach umbrella l'ombrellone
uncertain incerto
uncle lo zio
undecided indeciso
under sotto
to understand capire (-isc-)
unemployed disoccupato
unemployment la disoccupazione
unfavorable sfavorevole
unfortunately purtroppo
unhappy infelice, scontento

union l'unione (*f.*)
university l'università
unknown sconosciuto
unless a meno che (+ *subj.*)
unlucky sfortunato
unpleasant antipatico
until (*prep.*) fino a, (*conj.*) finchè;
  until now finora
unwillingly malvolentieri
urgent urgente
use l'uso;
  to use usare;
  to get used to abituarsi*
useful utile
useless inutile
usual solito;
  usually di solito;
  as usual come al solito

V

vacant libero, vuoto
vacation la vacanza;
  summer vacation la villeggiatura;
  vacationer il villeggiante
valley la valle
variable variabile
vase il vaso
veal il vitello;
  roast veal arrosto di vitello
vegetables la verdura;
  cooked vegetables il contorno
Venice Venezia
verb il verbo
very molto
victory la vittoria
video recorder il videoregistratore
view la vista
village il villaggio
vineyard la vigna
violin il violino
visit la visita
to visit visitare, esaminare, andare a trovare
vocabulary il vocabolario
voice la voce;
  in a loud voice ad alta voce;
  in a low voice a bassa voce
vote il voto
to vote votare

vowel   la vocale
voyage   il viaggio

W

to wait (for)   aspettare
waiter   il cameriere
waitress   la cameriera
to wake up   svegliarsi*
walk   la passeggiata;
   to take a walk   fare una
     passeggiata
to walk   andare a piedi,
   camminare
wall   il muro, la parete
wallet   il portafoglio
to want   volere
war   la guerra
wardrobe   l'armadio
warm   caldo
warmly   calorosamente
to wash   lavare;
   to wash oneself   lavarsi*
to waste (time)   perdere (tempo)
watch   l'orologio
to watch   guardare
water   l'acqua;
   drinking water   l'acqua
     potabile;
   water polo   la pallanuoto
way   il modo;
   anyway   ad ogni modo
weak   debole
wealth   la ricchezza
to wear   mettere, mettersi*;
   portare
weather   il tempo;
   weather forecast   le previsioni
     del tempo
wedding   il matrimonio
Wednesday   il mercoledì

week   la settimana
weekend   il fine-settimana
weight   il peso;
   to lose weight   dimagrire (-isc-)
welcome   benvenuto
well   be' (bene);
   to be well   stare bene
western   occidentale
what?   che? che cosa? cosa?
when   quando
where   dove
wherever   dovunque
which   quale; che
while   mentre
white   bianco
who, whom   che, il quale;
   who?, whom?   chi?
whoever   chiunque
whole   tutto;
   the whole day   tutto il giorno
whose?   di chi?
why   perchè
wide   largo
widow, widower   la vedova, il
   vedovo
wife   la moglie
willingly   volentieri
to win   vincere (p.p. vinto)
wind   il vento
window   la finestra, la vetrina
   (shop)
wine   il vino
winter   l'inverno
wish   il desiderio, l'augurio
to wish   desiderare, augurare;
   I wish   vorrei
with   con
without   senza, senza che
   (+ subj.)
witty   spiritoso
woman   la donna

to wonder   domandarsi*
wonderful   meraviglioso
wonderfully   meravigliosamente
wood   il bosco; il legno
wool   la lana
word   la parola
work   il lavoro, l'occupazione (f.);
   work of art   l'opera d'arte
to work   lavorare
worker   l'operaio, l'operaia
world   il mondo;
   worldwide   mondiale
worry   la preoccupazione
to worry   preoccupare,
   preoccuparsi* (di);
   worried   preoccupato
Wow!   Caspita!
to write   scrivere (p.p. scritto)
writer   lo scrittore, la scrittrice
wrong   sbagliato;
   to be wrong   avere torto

Y

yawn   sbadigliare
year   l'anno;
   to be . . . years old   avere...
     anni;
   New Year's Day   il Capodanno
yellow   giallo
yes   sì
yesterday   ieri;
   the day before yesterday
     l'altro ieri
yet   eppure;
   not yet   non ancora
young   giovane;
   young lady   signorina;
   young man   giovanotto
youth hostel   l'ostello per la
   gioventù

Index

Credits